U0727845

主　编：欧阳明

副主编：曹　东　魏良平

教师专业素养的修炼

Jiaoshi Zhuanye Suyang De Xiulian

教师的专业素养就像一座冰山。教师的专业知识、专业能力等素养是显性的，往往表现出的只是极小的一部分，如"冰山一角"；而教师的专业理念、职业道德等素养是大量隐藏着的，如"冰山海平面下的主体"。教师专业素养的全面提升，需要通过专业培训和教师自我修炼得以实现。

四川教育出版社

图书在版编目（CIP）数据

教师专业素养的修炼/欧阳明主编.
—成都：四川教育出版社，2015.10（2019.9重印）
ISBN 978-7-5408-6578-8

Ⅰ. ①教… Ⅱ. ①欧… Ⅲ. ①中小学—师资培养
—研究 Ⅳ. ①G635.12

中国版本图书馆 CIP 数据核字（2015）第 243188 号

教师专业素养的修炼

欧阳明　主编

责任编辑	赵　文　郑　鸿
装帧设计	金　阳
责任校对	伍登富
责任印制	杨　军　陈　庆
出版发行	四川教育出版社
地　　址	成都市槐树街 2 号
邮政编码	610031
网　　址	www.chuanjiaoshe.com
发　　行	新华书店
印　　刷	北京天宇万达印刷有限公司
制　　作	成都完美科技有限责任公司
版　　次	2015 年 10 月第 1 版
印　　次	2019 年 9 月第 2 次印刷
成品规格	170mm×240mm
印　　张	28
书　　号	ISBN 978-7-5408-6578-8
定　　价	62.00 元

编 委 会

主　编：欧阳明

副主编：曹　东　魏良平

编　委（以姓氏笔画为序）

文　欣　冯　泽　刘　炜　刘　颖　李煜波

张才扬　杨　俊　周荣华　罗德龙　郭　平

曹　琎　敬　文　蒲大勇　蒲葆秀　谭贵菊

目 录

前　言

　　一幅名叫"冰山一角"的照片，是美国全球海域石油钻探公司在纽芬兰岛的钻油平台上的潜水人员在风平浪静、海水清澈、阳光直射的情况下拍摄的，登载于美国《国家地理》杂志上。照片上肉眼能看到的，露在海平面以上的部分只是冰山的一角，占冰山总体积的 10％左右；而在海平面以下还隐藏着一个巨大的冰体，它却占冰山总体积的 90％左右。

　　对于教师专业素养，可以用冰山来做比喻。一名教师的专业素养就像一座冰山，表露出来的部分专业素养往往只有 10％左右，而大量的隐藏着的专业素养则占 90％左右。从教育部 2012 年颁布的中小学、幼儿园"教师专业标准"来看，教师的专业素养主要包括"专业理念与师德""专业知识"与"专业能力"三个维度。对于教师来说，教育教学实际工作中表现出来的专业知识、专业能力，只是专业素养的极小部分，如冰山一角，可称之为显性素养，而做好教育教学工作所应具备的专业理念与师德，如冰山下面隐藏的大部分，可称之为隐性素养。

　　就教师的专业知识素养而言，教师应当具有教育知识、学科知识、学科教学知识、通识性知识，提高学科素养、教育素养、人文素养和科技素养，使教育教学行为更具有科学性、艺术性和教师独特的人格魅力。没有扎实丰厚的专业知识，教师开展教育教学工作就会捉襟见肘，底气不足，难以做到运用知识时旁征博引，挥洒自如，令学生信服。

　　就教师的专业能力素养而言，教师应当具有教学设计、教学实施、班级管理与教育活动、教育教学评价、沟通与合作、反思与发展等方面的能力，能高质量地做好学科教学工作，能高水平地做好学生思想教育工作，能高效能地做好各项管理工作，能高标准地做好教育科研工作。没有极强的专业能力，教师开展教育教学工作，就会力不从心，应付敷衍，难以做到得心应手，左右逢源，令学生敬佩。

就教师的专业理念素养而言，教师应当对教育本质有着深刻而广泛的理解，形成正确的教育观和学生观，以指导自己的教育行为；教师应当不断总结教育新经验，学习教育新理论，探索教育新模式，树立正确的、先进的教育理念，把握教育发展的方向，培养社会和未来需要的新人。没有正确先进的专业理念，教师往往凭经验、凭感觉去开展教育教学工作，难以正确把握教书育人的方向，难以正确运用专业知识和正常发挥专业能力，也就不能取得良好的教育教学效果和培养出社会和未来所需要的人才。

就教师的职业道德素养而言，教师应当具有敬业、乐业的精神，对工作有着发自内心的热爱与崇敬，以教书育人为乐，因学生进步和发展而欢欣鼓舞；具有无私奉献的精神，对教育事业有执着的追求，甘于平凡，乐此不疲；具有认真负责的精神，对学生富有爱心、耐心、细心和责任心，有着高度的社会责任感，对学生和教育教学工作具有良好的态度与行为；具有自我提升精神，注重个人良好形象和行为的修养，心理健康，心态平和，有亲和力，言谈举止文明。没有良好的职业道德，教师往往把教育教学工作当成一种谋生的手段，就会缺少对教育教学工作的热情和激情，就会缺少教书育人的内在动力，难以激发教育教学智慧，难以激发教书育人的责任感、自豪感和幸福感，难以尽心尽责地创造性地做好教育教学工作，提高教育教学质量，促进教育教学的改革和发展。

教师的专业知识、专业能力，只是教师专业素养中的"冰山一角"，是显性的；而教师的专业理念、职业道德才是教师专业素养中的"冰山海平面下的主体"，是隐性的。教师的专业知识、专业能力这样的显性素养，是可以通过专业培训和教师自我修炼而提高的，在教师实际的教育教学工作中也可以明显看出效果，但它却不能完全代表教师的专业素养。而教师的专业理念和职业道德这样的隐性素养，却直接影响着教师专业知识的运用和专业能力的发挥，成为教师专业素养整体的重要组成部分和根本性的支撑因素。在深化基础教育课程改革、推进实施素质教育的新的历史时期，教师专业理念和职业道德素养的提升，显得尤其突出和重要，更需要通过专业培训和教师自我修炼而提高。

那么，教师专业素养的提升怎样通过教师自我修炼而得以实现呢？这就需要教师充分发挥主观能动性和具有不断进取的精神，在教育教学工作中，自主学习、勇于实践、自我反思，不断提升自己的专业素养。

自主学习是教师实现专业素养提升的重要途径。只有充分自主学习的教师，其智慧潜能才能得到充分发掘，其专业素养才能得到不断提高。自主学习强调的是学习的自觉性、主动性、独立性和自控性。

教师自主学习的方法主要有以下几种：

1. 问题解决式学习。教师要对自己的教育教学理念、教育教学水平、教育教学能力等进行梳理，确定存在的问题，形成学习专题，以解决问题为目标，循序渐进地学习。

2. 实践性学习。教师要在工作实践中学习。教师要根据工作的需要，不断学习新的知识和技能，要针对工作中出现和需要解决的新问题而学习，要将学习的成果应用到工作实践之中。在工作实践中学习是最为有效的学习。

3. 批判性阅读学习。教师要有意识地从批判的视角去阅读学习书本，学会与书本对话，养成在书本的边缘空白处写下评语、随感等阅读习惯。教师要学习教育理论，但对教育理论又不能照搬照抄，要进行批判性的吸收。

4. 自我调节式学习。它由四个环节构成：教师判断自己原来的学习情况；确定学习目标、内容、策略，做好规划；通过自我评价或者与同伴交流对学习过程进行监控，对学习策略进行调整；对这一阶段的学习作出总的评价，并制订出下一阶段的学习计划。以此形成学习的良性循环。

教师通过自主学习，可以不断增长专业知识，提高专业能力，升华专业理念，提升职业道德。

教育实践是教师专业素养提升的根本途径，也是教师专业素养提升的直接和现实的力量。教育实践是教师职业生活的基本构成部分，它的质量直接影响教师对职业的感受、态度和专业发展。教师自身的教育实践活动是教师专业发展的沃土，教育实践是发现问题、解决问题的过程，在这个过程中，教师才能获得多方面、多层次的发展。教师专业素养的提升，必须植根于教育实践这块沃土之中。教师的专业素养必须在教育实践的过程中，在不断发现问题、解决问题的过程中锻炼出来。

教师不应把日常的教育实践看成是一种外部强加的负担，而应将它作为增长聪明才智、修炼思想品格、实现自我价值的内在动因。教师应在创造性的教育实践中，通过出色的工作，实现自己的专业发展。

教师应在教育实践中积累教育实践智慧。教育实践智慧来源于教育实践，教师的实践智慧与教师的教育教学实际行为息息相关，它以教育的基本理论和学科知识为基础，是在教师的教育教学实践过程中逐步形成的。

教师教育实践智慧的形成，需要加强多方面的教育专业交流和经验传承；需要进行多方面的教育专业思考和实践感悟；需要开展多层次的教育专业合作研究；需要进行多角度的教育叙事；需要参与多领域的社会实践。教育实践智慧的获得，是教师通过长期的教育实践逐步形成和掌握的，并且是影响教育质量的重要因素。任何教师的专业发展，都离不开教育实践智慧的积累，都离不开教育实践的锤炼。

　　自我反思是教师专业素养提升的又一个重要途径。自我反思是教师个体以自己的教育教学行为为思考对象，对自己的教育教学行为以及由此产生的结果进行自我审视和分析研究的过程。通过反思，教师不断更新教育教学观念，改善教育教学行为，提升教育教学水平；同时形成自己对教育教学现象、教育教学问题的独立思考和创造性见解。自我反思在本质上是一种理解与实践之间的对话。一个成功的教师，总是善于在自己的教育教学中发现问题，并将这些问题作为分析与反思的对象，考察这些问题产生的原因，分析解决问题的种种途径。教师就是在这种不断反思中获得发展的。

　　美国学者波斯纳提出一个教师成长的简要公式：经验＋反思＝成长。他指出，没有反思的经验是狭隘的经验，至多只能形成肤浅的知识，如果教师仅仅满足于获得经验而不对经验进行深入思考，那么其发展将大受限制。可见，反思对于教师成长有着至关重要的意义。

　　在实际的教育教学中，自我反思最直接的效果就是能促进教师积极主动地探究教育教学问题。借助反思，教师对教育教学经验，特别是问题性经验作批判性分析，这样就能主动将与行为有关的因素纳入到教育教学过程中来，重审自己教育教学中所依据的思想，并积极寻找新思想与新策略来解决所面临的教育教学问题。

　　自我反思有助于提升教师的教育教学经验，改善教育教学思想和行动，发现和解决教育教学实际问题，为教师开辟一条专业发展的新路。

　　教师自我反思主要有以下一些途径：

　　1. 在教学过程中反思。教师通过课前反思优化教学设计，通过课中反思提高教学效益，通过课后反思积累教学经验等等。

　　2. 在理论学习中反思。教师通过反思才能知道自己是否具有先进的教育理论，是否会用先进的教育理论进行教育实践，是否实现了符合教育规律的高效教育等等。

　　3. 在交流比较中反思。教师通过交流比较，找出自己与别人在教育教学理念上的差异，在教育教学方法上的差距，在教育教学效果上的差别，进而及时采取有效措施进行自我提升。

4. 在质疑批判中反思。教师通过质疑批判，对自己的教育理念"挑刺"，对自己的教育教学行为"挑刺"，不断更新教育教学观念，开展教育教学新实践，不断完善和发展自我。

教师通过自我反思，能对自己的教育观念进行客观的、理性的认识、判断、评价，从而进行有效的调节，并最终形成教师独特的、先进的教育观念，不断改进教育教学工作，不断提高教育教学工作的自主性和创造性，提升自己的专业素养，实现自身的专业发展。

第一章　教师职业道德素养的修炼

21 世纪是一个充满竞争的时代，竞争归根到底是教育和人才的竞争。培养适应现代社会发展需要的人才是教师的工作，而能否培养出高素质的人才，很重要的一点取决于教师的综合素质和职业道德水平的高低。教师是教书育人、传递人类文明的人。教师的工作，联系着人类的过去、现在和未来，教师必须要有丰富的学识和高尚的品德。

教师作为人类灵魂的工程师，这一特殊的职业决定了其必须为人师表。因为广大的青少年学生正处于"染于苍则苍，染于黄则黄"的阶段，教师对他们的影响作用是非常大的，教师的思想、品德、知识、才能、情感和意志以及世界观、人生观，甚至对某一个具体事物的认识、所持的态度和处理方法都会对学生产生潜移默化的作用，所以社会对教师职业道德的要求就更高。教师在思想品德、理想情操、学识才能、言谈举止、生活行为等方面时时处处都要成为学生的楷模和榜样。

第一节　教师职业道德的含义

一、教师职业道德的基本结构

职业道德，就是同人们的职业活动紧密联系的，符合职业特点所要求的道德准则、道德情操与道德品质的总和，是职业品德、职业纪律、职业技能及职业责任等的总称，属于自律范围，它通过公约、守则等对职业生活中的某些方面加以规范。职业道德既是本行业人员在职业活动中的行为规范，又是行业对社会所承担的道德责任和义务。

教师职业道德，是指教师在从事教育教学活动中形成的，并符合社会要求的比较稳定的职业价值观念、职业行为规范和道德品质的总和。教师职业道德是调节教师与教师、教师与学生、教师与他人、集体和社会相互关系的行为准则，是社会对教师教育教学行为的基本要求和概括。教师职业道德的本质是教师在职业行为中正确处理个人利益和集体利益、当前利益和长远利益所必须遵循的原则和规范。教师职业道德包括教师的"道"和教师的"德"两个方面，即"师道"和"师德"。有其道方有其德，无其道就无其德，有其道未必有其德。师道是社会对教师职业行为的总体规范要求，基于社会客观存在，具有显在性、统一性和强制性的特征；师德是已内化到教师个体心理品质结构中，实际制约教师个体教育教学行为的心理品质，具有隐涵性、个体性和自觉性的特征。师道内化为师德；师德外化为教师操行。教师职业道德是教师职业理想、态度、情感、意志和行为等方面的综合展现，是根据师德原则调整教育过程中各种利益关系、判断教师行为是非、善恶的具体道德标准，是对教师教育教学行为的具体要求。

教师职业道德的基本结构，包括教师职业道德意识和教师职业道德行为两大部分。

教师职业道德意识包括三个层面：教师职业道德认知（简称师德认知）、教师职业道德情感（简称师德情感）、教师职业道德意志（简称师德意志）。

师德认知。认识是行为的先导，职业道德行为是一种自觉行动，只有使教师对职业道德的概念、原则、规范及其意义有一个明确的认识，才会产生自觉的行动。也就是说教师只有具备深刻的职业道德理性，才能产生良好的职业道德行为，增强履行职业道德义务的自觉性。提高教师职业道德理性是形成教师职业道德意识的重要基础和前提。

师德情感。师德情感是指教师根据其职业道德规范评价别人和自己在教育过程中的道德言行时所产生的情感。作为教师职业道德意识结构中的一个恒常的必不可少的内驱动力，师德情感是和教师的职业道德需要密切联系的。教师的职业道德情感并不是一种消极的本能的冲动，它是一种高级的情感，既是伴随着教师的师德理性而产生的对教育过程中的道德关系、道德生活喜好厌恶的一种高级情感体验；同时也是在一定的道德原则影响下对他人或自己的职业道德行为进行判断、评价时所产生的一种情感体验。

师德意志。心理学上把那种自觉地确定目的并根据确定目的支配和调节自己的行为克服障碍实现目的的心理过程叫作意志。其作用反映在自觉的目的对行为及心理状态的调节和控制上。师德意志是意志的特殊形式和高级形态，是意志在教师职业道德领域中的反映，是指教师追求职业道德理想过程中的心理控制能力。教师在履行道德义务的过程中必然会遇到各种各样的困难和障碍。师德意志是教师在履行道德义务过程中所表现出来的自觉地、有目的地克服一切困难和障碍，做出抉择的毅力和持之以恒的精神。教师职业的特殊性要求教师在任何艰难困苦的环境中，在利益矛盾和利益冲突中，都能抵制外部的腐蚀、利诱、威胁，出色地履行自己的义务。

教师职业道德行为简称"师德行为"，是教师职业道德最为重要的一环，是教师职业道德意识的外化，教师职业道德意识要通过教师的职业道德行为表现出来。道德知易行难，重在行。道德行为不仅与道德认知有关，还与道德实践能力有关。一个知道该救落水儿童的教师，并不一定有能力下水救落水儿童，一个知道怎样做是有道德的教师，并不一定能做到。多数情况下，教师都知道该怎样做，如爱学生、不从事有偿家教等，但其中有的人却不能按要求行事。因此提高教师职业道德能力是实现从职业道德意识到职业道德行为迈进的关键。

二、教师职业道德的主要特点

教师职业道德，是教师在其职业生活中调节和处理与他人、社会、集体、职业工作关系所应遵守的行为规范或行为准则，以及在此基础上所表现出来的观念意识和行为品质。

（一）教师职业道德价值的教育性

教师职业道德是关于教育领域是非善恶的专门性道德。教师职业道德的价值就在于它具有教育性。教师职业道德的教育性与示范性联系在一起，教师的人格特征影响教育内容。"学高为师，身正为范"，教师的人格特征是影响教育内容的重要因素。教师的人格特征对教育内容的影响可以从两个方面去理解。一方面，教师的道德人格会成为学生学习的榜样。教师在平时的教育教学活动中，学生的"向师性"都有使其成为"榜样"的最大可能性。为人师表，其实就是强调教师要率先垂范，做好学生的表率。另一方面，教师的人格特征也影响他对教学内容的再加工。不同性格气质的教师在课堂教学过程中给学生的感觉效果是不同的。情绪好的教师容易宽以待人、诲人不倦；而情绪不好的教师则容易苛求学生，草率行事。教师的根本任务是教书育人，为社会培育人才。具有高尚职业道德的教师，就能根据国家和社会的要求，把人类世代创造积累起来的知识、经验和技能认真负责地传授给年青一代，就会从德、智、体、美、劳等方面培养和塑造学生，使之成才。高尚的职业道德指引教师去积极努力地塑造学生的灵魂，培养他们的思想和品德；激励教师在提高人们素质的活动中起表率作用，在提高人们的能力上起引导作用，在促进社会发展中起推动作用。

（二）教师职业道德要求的一致性

教师职业道德与其他道德相区别的另一个特点，就是教书育人。可以说，这是教师职业道德的根本所在。教师职业道德的一切内容都是围绕这一根本问题而产生的，都是与这一根本目的相联系的。

古今教师职业道德的发展，始终贯穿着教书育人的要求。教书育人在教师职业道德中，不仅仅表现为只是一种要求，而且包含着如何实现教书育人的实践性要求。除团结协作、依法执教、廉洁从教、为人师表、学而不厌、诲人不倦等总体要求外，还有许多精微性的要求。这些充分体现了教师职业道德的一个基本特点，即教书和育人要求的一致性。教育家苏霍姆林斯基告诫教师："请你记住，你不仅是自己学科的教员，而且是学生的教育者、生活的导师和道德的引路人。"

（三）教师职业道德内容的全面性

在古今教育发展的长河中，教师职业道德越来越丰富，涉及了教师职业劳动的所有问题，充分体现了教师职业道德内容的全面性。在教师劳动价值上，它向人们提示了教师所从事的是造福人类的伟大事业，是社会物质文明、精神文明、制度文明发展不可或缺的；在教师职业社会地位上，它肯定了教师职业的崇高性，把教师视为联系历史和未来的一个活的环节，是太阳底下最神圣的职业；在教师职业职责上，它强调教书育人是根本，主张教书和育人的统一，反对只教书而不育人；在教师职业态度和情感上，它提倡爱岗敬业，以育人为乐；在教师职业形象上，它要求以身作则，为人师表；在教师职业行为品质上，它要求要尊重信任学生，关心爱护学生，要学而不厌，诲人不倦，关心集体，善于协作，要民主、平等、公正、自律；在教师职业情操上，提倡严于律己，宽以待人，廉洁从教，不慕虚荣；在教师职业业务上，提倡不断学习，刻苦钻研，不敷衍塞责，要求严谨治学，精益求精，尽心指导，循循善诱等等。总之，教师职业道德充分体现了教师这一行业所特有的职业理想、职业态度、职业责任、职业技能、职业规范、职业良心、职业信念、职业作风、职业荣誉、职业情操等。

（四）教师职业道德功能的多样性

教师职业道德的产生发展是社会和教师职业的需要，其功能具有多样性。它不仅对教师职业作出了重要的价值性论证和伦理性论证，而且有助于增强教师对自己职业的认识。教师职业道德作为教师这一行业所特有的伦理现象和精神文化，构成了教师这一行业特有的精神风貌，影响着从业者的内心世界，对从业人员具有很强的职业教化作用，使其认识自己的职业价值，培养对职业的敬重感、自豪感、责任感，形成坚定的职业信念，成为职业工作源源不断的精神动力。教师职业道德作为关于教师行为善恶标准和观念意识，它不仅是衡量评价教师职业行为及其水平的重要依据，对教师行为具有重要的引导作用，而且是教师在职业活动中对各种关系和矛盾加以调节或解决的重要依据，对教育活动中的人际关系以及对人与人之间的利益关系具有重要的调节作用。教师职业道德作为教师个体内在获得的道德信念和道德品质，不仅能够增强和提高教师对其职业道德的评价能力，而且能增强教师言行示范的自觉性，促进教师职业道德修养及道德水平的不断提高。这些都说明，教师职业道德具有功能的多样性。它包括职业工作的精神动力、人际关系和利益关系的调节、言行示范的自觉性等。

三、教师职业道德的核心内涵

（一）教师义务

教师在自己的生活领域既要对社会、对他人承担一定的一般道德义务，也要承担起教师的职业角色所要承担的职业道德义务。教师职业道德义务的核心内容就是要落实或践行教育公正与教育仁慈。

【案例·链接 1—01】

1993 年通过的《中华人民共和国教师法》规定："教师应当履行

下列义务：（1）遵守宪法、法律和职业道德，为人师表；（2）贯彻国家的教育方针，遵守规章制度，执行学校的教学计划，履行教师聘约，完成教育教学工作任务；（3）对学生进行宪法所确定的基本原则的教育和爱国主义、民族团结的教育、法制教育以及思想品德、文化、科学技术教育，组织、带领学生开展有益的社会活动；（4）关心、爱护全体学生，尊重学生人格，促进学生在品德、智力、体质等方面全面发展；（5）制止有害于学生的行为或者其他侵犯学生合法权益的行为，批评和抵制有害于学生健康成长的现象；（6）不断提高思想政治觉悟和教育教学业务水平。"

从道德修养的角度看，教师要养成良好的道德义务感至少要做以下几项主观上的努力：

第一，努力培养自己的道德义务认知水平。大凡对教育义务践行彻底的教育家及有成就的教育工作者，都会有较高的对道德义务的认知水平。道德认知不仅仅是对道德义务的认知，而且还包括对义务践行的实践情境和服务对象的认知。因此教师义务的认知应当包括依据学生的发展阶段以确定履行义务的合适方式。

第二，努力提升自己的教育事业意识水平。教师要对教育道德义务有较高的义务认知水平，一个重要的条件是有较高的教育事业意识水平。当教师有较强的教育事业意识时，教师就会很自然地将教育道德义务视为理所当然的事，并严格执行。而当教师对教育事业本身毫无热情时，任何道德义务的认知和教育都不可能达到增强教育道德义务感的预期目标。

第三，努力实现教育义务意识向教育良心转化。教育义务意识还只是一个道德认知为主的道德意识。仅仅有道德认知，义务感还处于较低的水平。要有真正和有效的义务感，教师还必须实现教育义务意识向教育良心的转化。实现教育道德义务意识向教育良心的转化的实质，就是要达成真正的教师道德义务践行上的主体自由。

（二）教师良心

教师良心是指教师在履行职业义务的过程中逐步形成的一种职业道德意识，是教师的道德责任感，是深存于教师内心的道德自制能力。教师良心是各种道德心理因素相互作用、相互融合的结晶。因此教师良心便成为一种稳定的、持久的精神力量。

教师良心主要表现为教师个人的师德意识，这种意识是师德认识、师德情感和师德意志的高度统一。师德认识是对教师应该做什么、不应该做什么的认识，对这些"应该"或"不应该"的理由的认识，对自身所处的道德关系的认识，是构成教师良心的最基本的方面。但仅有这种良知还不能构成良心的全部，它还必须情感化、意志化、行为习惯化。情感化则表现为师德情感。师德情感是建立在一定认识基础之上而形成的对各种行为、品德的态度、感情和情绪，如对教育事业的热爱和责任感、对学生的爱、对各种有损教育事业的丑恶现象的痛恨和仇视等，就属于师德情感。良心不仅仅停留在认识和情感的水平上，还表现为一种道德意志。正是通过这种道德意志，良心才得以实现对教师个人行为的稳定调节。

教师良心是情感化、意志化的道德准则，因此它是安装在教师心中的道德"指南"，是教师进行道德评价、道德选择的直接依据。正如指南针提高了人们的航海能力一样，良心也代表着教师进行道德评价和选择的能力。

总之，由于教师良心主要是一种自觉履行职业义务的道德责任感，因而表现为教师对社会的高度负责，对学生的高度负责，对工作的高度负责，对学生家长的高度负责。

（三）教师公正

教师公正是指教师在自己的教育活动中对待不同利益关系所表现出来的公平和正义。它表现在教师与自身、教师与同行、教师与学生等人际关系之中。教师公正是教育公正的核心内容。

从教师与学生的关系上说，教师公正就是指教师把每个受教育者应该得到的合理要求、合理评价给予他。作为教师个人的德行，教师公正含有优秀或完美的意思，表示教师个人的内在品质——给予他自己或他的每一个受教育者以应得的教育善之品质。

教师公正，即指教师在从教生涯中表现出来的正大光明、质朴和公道的品质，具体来说，是指教师在教育学生的态度和行为上，公正平等，正直无私，不偏袒，不偏心，对待不同相貌、不同性别、不同智力、不同个性、不同出身、不同籍贯、不同亲疏关系的学生，一视同仁，按照党的教育方针，满腔热忱地关心每个学生，热爱每个学生，从每个学生的不同特点出发，全心全意教育好学生。

（四）教师责任感

教师责任是社会及其群体对教师个人职业角色的期望，教师对这种期望的认同与承担就是教师责任感。教师承担起责任的首要前提是分清任务，认识到在规定的具体情境中所应承担的任务，学会在不同情境中如何跟学生发生相互作用，选择恰当的策略。

真正的教师责任感是一种完全自愿的行为，是对学生需要所表达的反应。

作为一个教师，首先教育自己，把自己造就成一个真正意义上的有高度职业责任感的人。试想要是人们放心大胆地、不加思考地把受教育者的道德、心智及其灵魂信托给教师，而教师却并未意识到这一伟大重托，那将会是一种不幸。无论如何，在教育界"安身立命"的教师，必须以受教育者的一切为最高旨趣。

每一个真正具有责任感的教师，会用自己对教师和教育的理解，明确自己的责任，并在特定的教育情境中尽心、尽力、尽职、尽责。

【思考·实践】

1. 教师怎样在教育教学工作中履行职业道德的基本要求？

2. 材料分析：

良好的师生关系对教师和学生都很重要。对于教师来说，与学生和谐交流能够给自己营造良好的心理环境，带领学生战胜学业困难，又能收获职业的归属感和成就感。对于学生来说，教师是他们的"重要他人"，如果学生认同师生关系，他们会在尊重师长、尊重权威、尊重公众标准中收获内心的平静与安宁；如果学生不认同师生关系，则可能形成挑战权威的行为习惯，对他们未来进入职场，协调与领导的关系都会产生负面影响。

请结合案例材料，谈谈教师处理与学生关系的基本要求。

第二节　教师职业道德的规范

教师职业道德是一种能使教师个人担负教师角色的品质，是教师在履行教育教学责任和义务的过程中所体现出来的道德力量，是教师在对为师之道体验的基础上所形成的内在的、运用自如的教育行为准则。

一、中小学教师职业道德存在的问题

（一）与时代发展和职业要求不合拍

建立社会主义市场经济，是一场伟大而深刻的变革。一方面，它极大地解放了生产力，使物质财富空前激增；另一方面，它又引发了人们思想观念的革命性变化。在传统价值体系备受冲击的形势下，某些教师的思想观念的误区日益显现。

1. 缺乏责任心。教师队伍的稳定与否不仅表现在教师流动的数量上，更重要的还表现在他们对从事教师职业的态度上。据教师问卷统计，在对待教师职业的态度上，仅有 32.8% 的教师表示"乐意从事教师职业"，50.3% 的教师仅把教师职业当作谋生的手段，超过 16.9% 的教师表示"有适当的机会就转行"。

2. 缺乏敬业精神。教师应该树立起新时期正确的教育价值观，教育质量观和人才观，增强教书育人、以身立教的社会责任感。但目前部分教师中存在着消极从教的现象，有的教师经常上课迟到、早退，有的教师十几年甚至几十年用同一份讲义，一到教室就是将自己的讲义在黑板上照抄一遍了事，而一概不管知识是否已经老化，或已被淘汰。

3. 缺乏师生沟通。造成这种现象，有其客观因素，如教师上课的特殊性以及学生生活的独立性，使得教师与学生不能及时交流沟通。但相当一部分教师在主观上没有和学生交流沟通的愿望，下课就走人，学生在课余时间也很少看到自己的任课教师。

4. 教书与育人脱节。教师不仅要加强对学生的文化知识教育，还要切实加强对学生的思想品德教育、心理健康教育，帮助学生树立正确的世界观、人生观和价值观。但相当一部分教师只注重教书，而忽视了育人，片面地认为教师的职责就是教书。

5. 价值取向滑坡。当下，教师的价值取向出现了很大的偏差。比如，教师收受学生的礼品，甚至是红包，这一现象在有的学校非常严重，以至于学校不得不制定有关的制度以杜绝这一现象。

（二）与教育改革和课程改革不合拍

1. 忽视自我修养提高。有的教师只注重提高学历，只满足于做好教学设计、提高语言表达能力、运用新的教学手段，不注重以良好的师德熏陶学生，把教书育人的本职工作降到最低层面，变成了典型的"教书匠"；有的教师从走上工作岗位就一直照本宣科，一本教案用到老，不注重进修专业知识和提高业务水平，教学水平长期低下；有的教师只重视职称的提高，不重视人格道德的提高，忽视道德修养在教书育人中的重要作用；甚至有的教师只图安逸，不思进取，以文凭、职称掩盖自己道德水平的低下。

2. 不尊重学生人格。有的教师对学生不是报以满腔热情，而是在班级管理和教学管理中家长制作风严重。对学生出现的问题不是循循善诱，做耐心细致的思想工作，而是给学生以心理压力、呵斥和责骂。有的教师还对学生进行挖苦、讽刺，甚至谩骂。这些行为不仅严重地损害了教师在学生心目中的形象，不利于学生的身心健康成长，还失去了学生对教师的尊重，导致有些教师除了以强制性手段让学生听课、维护课堂秩序外，根本无法把学生的心拴在课堂上。

3. 变相体罚学生。有的教师因为学生表现不好，对学生动辄罚作业、罚劳动、罚站，午餐时不让其吃饭，到放学时间不让其回家，以致一些本来行之有效的教育手段，如劳动、作业等失去了它本身应有的教育功能，成为惩罚学生的手段，可谓得不偿失。极少数教师素质低下，不注重师德修养，甚至殴打学生。这些行为严重违反了《教师法》和《未成年人保护法》，给学生的身心留下创伤。

4. "乱收""乱拿"现象存在。有的教师在物质诱惑下，采取各种方式向家长、学生伸手。一些教师不在课堂上下功夫，提高课堂教学效益，而是用"补课"、开展"课外活动"等形式作为"挡箭牌"，收取学生费用，拒不执行教育行政部门关于减轻中小学生过重负担的规定。极少数教师不仅收受学生财物，甚至明确地向家长开口要钱、要物，家长迫于压力，不得不给。这些行为在社会上造成了极其恶劣的影响。

【案例·链接　1—02】

她辱没了太阳底下最光辉的职业

吴雯雯是温州市第七中学初二（5）班的优秀学生，平时比较文静，性格比较内向。2005年10月，雯雯应班主任邱雪梅要求到其家补习数学，同时有十余位同学一起在邱雪梅家中补习，学费200元。邱雪梅多次向雯雯催要学费，雯雯说待考试结束到老师家拜年时一起交，邱雪梅显得很不高兴。2006年1月16日13点05分，雯雯在家洗过头后，由母亲吴芙蓉将她送到学校参加期末考试，进考场时被邱雪梅拦住，要她把辫子扎好以后再进考场。雯雯到校外小店买了扎头绳扎好辫子再回到学校时，老师以其已超过1点30分为由拒其进入考场。

当晚22点25分，因为一直找不到雯雯，雯雯父亲吴立俊向警方报了案。凌晨时分，警方在九山湖发现了雯雯的尸体，并在其书包里发现了一封遗书。

雯雯自杀后，吴氏夫妇要求校方承担相应责任并在当地媒体公开道歉，校方提出可给家属补偿7万元，但要求家属必须承认吴雯雯之死属意外事故。双方协商不成，雯雯的父母吴立俊和吴芙蓉以温州市第七中学和女儿班主任邱雪梅老师"非法剥夺考试权""管理不当"等为由起诉，要求被告赔礼道歉并赔偿女儿死亡补偿费、丧葬费、交通费、误工费和精神损失费共计60万元。

【案例·链接　1—03】

严禁教师违规收受学生及家长礼品礼金等行为的规定

为纠正教师利用职务便利违规收受学生及家长礼品礼金等不正之风，特作如下规定：

一、严禁以任何方式索要或接受学生及家长赠送的礼品礼金、有价证券和支付凭证等财物。

二、严禁参加由学生及家长安排的可能影响考试、考核评价的宴请。

三、严禁参加由学生及家长安排支付费用的旅游、健身休闲等娱乐活动。

四、严禁让学生及家长支付或报销应由教师个人或亲属承担的费用。

五、严禁通过向学生推销图书、报刊、生活用品、社会保险等商业服务获取回扣。

六、严禁利用职务之便谋取不正当利益的其他行为。

学校领导干部要严于律己，带头执行规定，切实负起管理和监督职责。广大教师要大力弘扬高尚师德师风，自觉抵制收受学生及家长礼品礼金等不正之风。对违规违纪的，发现一起，查处一起，对典型案件要点名道姓公开通报曝光。情节严重的，依法依规给予开除处分，并撤销其教师资格；涉嫌犯罪的，依法移送司法机关处理。

二、我国中小学教师职业道德规范的要求

2008年教育部修订并颁布了《中小学教师职业道德规范》，对中小学教师职业道德规范提出了六项要求，即爱国守法、爱岗敬业、关爱学生、教书育人、为人师表、终身学习。

（一）爱国守法

爱国守法，即热爱祖国，热爱人民，拥护中国共产党领导，拥护社会主义。全面贯彻国家教育方针，自觉遵守教育法律法规，依法履行教师职责权利。不得有违背党和国家方针政策的言行。

爱国是教师必须具备的一种高尚的情感，是教师对祖国最深厚的感情。正如苏联教育家加里宁所言："教师把自己的全部精力和血汗，把他所有的一切宝贵品质，都贡献给自己的学生，贡献给本国人民。"具体而言，人民教师在爱国方面必须做到：1. 具有爱国主义觉悟，领悟爱国主义的真谛。2. 具有爱国主义思想，做到祖国的利益高于一切。3. 具有爱国主义情感，做践行爱国的模范。4. 具有爱国主义意识，随时随地将爱国化为行动，为祖国建设鞠躬尽瘁。同时，教师还应在其本职工作中对学生进行爱国主义教育：1. 提高学生对祖国的认识与理解。2. 提升学生对祖国历史、文化的认同感。3. 教育学生时刻牢记自己是中国人。4. 教育学生关心国家大事，关心祖国的命运与前途。5. 积极开展民族团结教育。6. 教育学生爱国要从身边的件件小事做起。可见，教师要爱国，并把这种对国家的忠贞感染给学生，这才能真正体现为人师表。

对于教师而言，守法就是遵守教育法律、法规、法令，这是教师必须遵循的底线规定。每一个人都是社会的人，都是某一个国家或地区的人，教师也不例外，而为了维持某一社会、某一国家、某

一地区的秩序和稳定，通常需要制定法律来规范人的行为。法律是由立法机关制定、国家政权保证执行的一系列行为准则。它是一个社会、一个国家或地区的基本秩序得以维持的基本手段。每一位社会成员务必要知法、懂法、守法，用法律来规范自己的一言一行、一举一动，不做违法乱纪的事。教师这一职业的特殊性决定了：一方面，教师自身要学法、明法、守法，做一名遵纪守法的楷模，做一名依法执教的模范。另一方面，教师还要注意教学生知法、懂法、守法，做一名守法的公民。总之，守法既是人民教师的基本道德守则，也是现代社会对教师提出的底线要求，还是每一位人民教师应尽的义务。

总之，爱国守法是教师职业的基本要求，也是对人民教师提出的最基本的道德要求。其中，爱国是必须，守法是必要。爱国是一种高尚的道德情感，守法是一种最基本的道德规定。

【案例·链接　1—04】

施一公：回国效力育人才

施一公，世界顶尖结构生物学家。1998年任教于美国普林斯顿大学，2003年成为该校分子生物学系史上最年轻的教授，2007年被授予普林斯顿大学终身讲席教授；2008年2月，他放弃了在普林斯顿大学的高薪与荣誉，回归母校清华大学，出任生命科学学院院长，被众多媒体誉为华人归国科学家的旗帜性人物，吸引了海外科学家回国效力。

施一公归国理想是：第一，从事教育，影响一批年轻人；第二，在清华建立一个世界一流的结构生物学中心、一个世界一流的高级人才培养和尖端生命科学研究基地，与大家一起发展中国的生命科学和基础医学研究；第三，与一批志同道合的朋友一起推动我国科教体制的改善。

施一公对他回国效力发表感言说：我很幸运，从小学、中学到大学接受了良好的教育，得到驻马店小学和地区高级中学、河南省实验中学、清华大学多位老师的悉心指导和厚爱。如果没有这些先生的辛勤付出，就不可能有我的今天。这一点，我终身铭刻在心，也一直以此激励自己奋发努力，以不辜负恩师厚望。"教师"两个字责任重大，如今，我成为一名大学教师，唯有兢兢业业、尽力而为。希望我的学生青出于蓝而胜于蓝，敢担当、有作为，撑起中华民族的明天。

（二）爱岗敬业

爱岗敬业，即忠诚教育事业，志存高远，勤恳敬业，甘为人梯，乐于奉献。对工作高度负责，认真备课上课，认真批改作业，认真辅导学生。不得敷衍塞责。

没有责任就办不好教育，没有感情就做不好教育工作。教师应始终牢记自己的神圣职责，志存高远，把个人的成长进步同社会主义伟大事业、同祖国的繁荣富强紧密联系在一起，并在深刻的社会变革和丰富的教育实践中履行自己的光荣职责。

1. 教师要热爱教育，志存高远。教师要热爱教育事业，对教育工作绝不能敷衍塞责。教师对教育工作的敷衍塞责将对整个教育事业和学生的终身发展造成巨大损失，有的损失甚至是无法弥补的。教师要志存高远，对待教育事业要有远大的理想，不断进取，追求卓越，获得教师职业上的成功。教师职业上的成功包括两个方面：一是成就学生，让学生成才，让学生成人；二是成就自己，在成就学生的过程中，提高自己的教育教学水平，著书立说，成名成家。

2. 教师要甘为人梯，乐于奉献。教师要不断加强师德修养，树立高尚的道德情操和精神追求，甘为人梯，乐于奉献，静下心来教书，潜下心来育人，努力做受学生尊重、让人民满意的教师。甘为人梯，前提是一个"甘"字，就是要愿意；关键是一个"为"字，就是要做；落脚是一个"梯"字，就是铺路。甘为人梯，呼唤一种"配角"意识。中小学教育是一个事业，需要有人在台前，有人在幕后，有人在前方，有人在后方，有人当主角，有人当配角。不可能人人都往显处站，不可能人人都担当主角。不要总说自己的工作重要，别人的工作不重要；不要总说自己的工作难，别人的工作容易；不要总认为少了自己不行，少了别人可以；不要总感到自己吃了亏，别人占了便宜。

3. 教师要勤勤恳恳，认真工作。俗话说，业精于勤而荒于嬉，行成于思而毁于随。教师教学上的失误会影响一代人，因此教育无小事。备课既要突出教学的重难点，也要注意认真对待教学对象——学生，强调学生的主体性，注意教学的科学性、艺术性，注重教学评价课课清、日日清、周周清；批改作业时，细心认真地关注每一个学生的每一个题目，精心批改，在作业本中能体现教师对学生的爱；辅导学生不仅要重视对优生的锦上添花，也要兼顾对差生的雪中送炭。教师认真对待日常教育教学中的每一环节，必须对自己本职工作抱有一丝不苟、尽职尽责的责任感。

【案例·链接 1—05】

爱岗敬业的教师典范

仲威平，女，汉族，1966 年 10 月出生，黑龙江省伊春市铁力市工农乡中心小学教师。她独自一人坚守在偏远的教学点直至撤并，承担教学点的所有教学和勤杂事务，该教学点最多时有 10 多名学生，最少时只有 4 名学生，且多是家庭贫困甚至智障生。为了不让孩子们失学，她不计个人得失，每天骑车近 20 公里，往返在乡间小路上，数年来走过了近 10 万公里的"送学"路，骑坏了 4 辆自行车。为了教好孩子，她刻苦钻研，探索出一套"动静搭配"的独特复式教学法，按不同年龄进行授课。她曾获全国五一劳动奖章、全国优秀教师、全国五一巾帼奖等数十项荣誉。2014 年荣获"全国教书育人楷模"称号。

刘坤，男，汉族，1958 年 1 月出生，中共党员，广东珠海市第二中学教师、特级教师。从教 30 多年，他在教育教学一线模范履行一名普通党员教师的职责。两次病危，以超人的毅力战胜病魔，重返课堂。他积极参与新课程改革，开设校本课程，鼓励学生个性化发展，他创设的以"发展人、完善人"为终极目标的"思辨式教学法"受到学生的欢迎和同仁的赞赏。他带过18届高三毕业班，成绩斐然。他在当地开设关于读书、文化、人生、教育、励志等各类讲座70余场，为教育事业殚精竭虑、鞠躬尽瘁。他曾获广东省优秀共产党员等荣誉。2014年被列为"全国教书育人楷模"候选人。

（三）关爱学生

关爱学生，即关心爱护全体学生，尊重学生人格，平等公正对待每位学生。对学生严慈相济，做学生的良师益友。保护学生安全，关心学生健康，维护学生权益。不讽刺、挖苦、歧视学生，不体罚或变相体罚学生。

1. 平等公正。在新的历史时期，师生之间已不再是过去那种"一日为师，终身为父"的关系，建立一种新型的平等的师生关系已经成为时代的要求。"教师必须蹲下来看学生"，教师是"平等者中的首席"，这些新课程改革中反复强调的理念时时在提醒教师们，必须以平等的心态看待学生。有些教师在关爱学生方面存在误区，觉得给学生一点关怀，学生就应该马上感激涕零，拿出立竿见影的实际行动来回报教师。要公正对待不同学习成绩的学生。在以学生成绩考核教师的教育体制下，很多教师的心容易偏向学习成绩优秀的学生。虽然嘴上不说，但心里早已把学生分成了三六九等。对待成绩优秀的学生宠爱有加，学习上有疑问，大开小灶，班干部选举，优先考虑，评优评先，重点推荐。对待成绩落后的学生则厌弃冷漠，学习上有困难，不闻不问，班干部选举，不予考虑，评优评先，基本靠边。这样的教师只关爱部分成绩优秀的学生，这是有失公正的。每一个学生都是独立的人，都是平等的教育主体，享有同样的权利，理应受到教师同等的关爱。因此，以公正之心关爱全体学生，而无论其成绩优劣，是教师必须具备的职业道德。同等对待不同家庭出身的学生。学生来自不同的家庭，有的学生家庭条件优越，父母有钱有势；有的学生家庭条件不好，父母无钱无权。于是乎，个别教师对家庭条件优越的学生就特别热情，重点关爱，嘘寒问暖，无微不至；对家庭条件不好的学生就比较冷淡，缺少关爱。

2. 严慈相济。教师对学生的关爱不是一味纵容，宠爱溺爱，而是爱中有严，严中有爱，严慈相济。教师要善于把关爱和严格结合起来，这样完整的、适度的爱，才有利于学生健康成长。

俗话说得好："严是爱，宽是害。"可见"严"与"爱"是不矛盾的。没有严格的要求就没有理想的教育效果，学生高尚品德的形成，优异成绩的获得，强健体魄的拥有，无一不是严格要求的成果，所以古人才说"严师出高徒"。对学生的严格要求，乃是一种特殊的关爱，甚至可以说是一种更高层次的关爱。当然教师对学生的严格要求也要把握分寸，要严得合理。所谓合理，就是指教师对学生提出的要求要符合学生的年龄特点、身心特点。如果教师对学生提出的要求不符合学生实际，不利于学生的健康成长，那这样的严格要求就是不合理的。

关爱学生就要做到以慈母般的心体谅学生，宽容学生。

宽容学生的错误。学生处于成长之中，难免会犯下各种各样的错误。教师要提醒自己：犯错误是学生成长的历练，一个人的成长史不就是一段不断犯错改错、最终走向成熟的历程吗？要留给学生足够的时间去反思问题、改正错误，引导学生自己认识到问题所在，而不要动辄就毫不留情地批评或惩罚。

宽容学生的不足。全面发展的学生固然讨人喜爱，但毕竟是少数，多数学生还是存在这样那样的不足。关爱学生就要宽容学生的不足。如何才能做到这一点呢？答案是看进步，看长处，看优点。上海高中生韩寒文学天赋过人，却学不好数理化，以至于最终退学。但他退学后发表的小说《三重门》却受到了广大中学生的喜爱。多找找学生的优点，多看看学生的进步，自然就能更加发自内心地去关爱那些有着种种不足的学生。

3. 为学生着想。关爱学生就要处处替学生着想，想学生之所想，急学生之所急，这样的关爱才算是落到了实处。

保护学生安全。作为教师，如果看到学生有危险却不肯施以援手，那也就谈不上关爱学生了。保护学生安全是全体教师义不容辞的责任，也是对教师关爱之心是否真诚的考验。2008 年四川汶川地震灾区的教师们用鲜血和生命做出了光辉的榜样，赢得了全国人民的尊敬。当灾难来临时，每一个真心关爱学生的教师绝不会抛弃孩子独自逃生；没有灾难的时候，真心关爱学生的教师看到孩子有危险，也不会袖手旁观。教师们要本着关爱之心，时时处处提醒学生，教育学生，做到预防为主，防患于未然。如果遇到火灾、洪水、地震等紧急情况，首先要疏散学生，自觉做到学生利益优先。

关心学生健康。健康是人一辈子的事，马虎不得。尤其是广大中小学生正处在长身体的关键时期，教师要格外关注。关心学生健康包括关注学生心理健康和身体健康，提高教育教学水平，切实减轻学生课业负担。

维护学生权益。在学校，教师就是学生的知心人，是学生的依靠，主动自觉地维护学生的权益也是关爱学生的具体体现。例如：中小学生拥有的最重要也是最基本的权利就是受教育权，未成年人有依法接受规定年限义务教育的权利。

4. 对学生不体罚、心罚。"体罚"是指通过对人身体的责罚，特别是造成疼痛，来进行惩罚或教育的行为。"心罚"通常指教师用不适当的语言或行为对学生施行的心灵惩罚，如讽刺、挖苦和歧视学生等。这两种行为都是不被允许的，都是无视学生人格和尊严的典型表现，也是教师自身素质低劣的反映。

古人云："人非圣贤，孰能无过。"当学生犯错误时，我们要多给宽容，给他改正的机会，耐心地等待，帮助其自悟内省，那么学生就会从"自甘落后"的阴影中走出来，自信地抬起头，一步步走向成功。孩子摆脱幼稚，告别无知，健康地成长，都需要一个过程，教师要耐心等待，学会宽容，在等待中不忘播撒爱的阳光，让等待充满憧憬。

【案例·链接　1—06】

见义勇为最美教师——秦开美

2014 年 6 月 10 日，湖北省潜江市浩口镇第三小学发生一起劫持人质事件，教师秦开美大勇大义救出学生之举，感动着全国人民。

42 岁，身高 1.5 米出头的秦开美只是学校的代课教师，看起来十分弱小，但说起话来，让人感到很亲切。当手持炸药、自制手枪和刀具的嫌犯闯入教室时，秦开美镇定地与其周旋，再三说："我留下，让学生们走吧。"她留下来做了人质，班上 52 名学生迅速离开了教室。

其实，秦开美老师平时胆子很小，连一个人在家里睡觉都害怕。事后别人问她当时为什么那么镇定，她说："那么多学生在里面，我不镇定怎么行？"在秦开美的心里，保护学生的安危，是教师的天职。正因为她惦记着学生，热爱学生，所以在危难时刻可以挺身而出，义无反顾地保护学生救出学生。

（四）教书育人

教书育人，即遵循教育规律，实施素质教育。循循善诱，诲人不倦，因材施教。培养学生良好品行，激发学生创新精神，促进学生全面发展。不以分数作为评价学生的唯一标准。

第一，实施素质教育，培养学生良好品行。教师在教育教学中只有遵循教育规律，尤其是遵循教育要适应年青一代身心发展的这一规律，才能达到教育目的。教育要适应年青一代身心发展的顺序性，循序渐进地促进学生身心的发展。教育也要适应年青一代身心发展的阶段性，对不同年龄阶段的学生，在教育内容和方法上应有所不同。社会进步对教育内容提出了新的要求。素质教育正是顺应了社会和教育发展规律的要求。21 世纪信息传递的迅捷让我们的学生获得知识的途径更加广泛，因此知识的传授只是一个平台，而其中教给学生准确获取知识的方法和能力才是教育的关键。素质教育不能是一句空口号，而应落到实处，应加大步伐落实新课程改革，加大力度进行校本课程的研究与开发，让学生乐学、善学，能学以致用。

素质教育不仅仅是指学生的知识与能力方面的培养，学生良好品行和全面发展也是素质教育的重要内容。

第一，加强引导，培养学生良好品行。良好的思想品德为学生的发展指明了正确的方向，良好的行为习惯为学生的发展提供了保障。现代学生视野开阔，思维敏捷，善于接受新信息和新知识。如果学生们没有养成良好的思想品德和行为习惯，那么他们就容易走上歧途，迷失方向。例如现在随着计算机网络的迅速发展，青少年很快接受了这一新科技，但是部分学生缺乏自我控制能力和是非辨别能力，终日沉溺于虚拟的网络中，学业荒废，性格也变得扭曲，更有甚者走上犯罪的道路，实在让人感到痛心。

第二，因材施教，促进学生不断发展。世界上没有两片相同的树叶，也没有两个完全相同的人。如果教师们用千篇一律的教学方法、教学内容来教育学生，便会扼杀人才。我们的教育不仅要培养社会精英，更应该强调的是培养社会有用人才。教育家朱熹曾说过："圣贤施教，各因其材，小以小成，大以大成，无弃人也。"要做到这点，首先，教师要正确认识学生的个体差异性，从思想观念上把学生看成是平等而有区别的主体，而不是待加工的"零部件"。其次，教师要尊重每个学生，又要向他们提出一定的要求。教师应尊重学生的兴趣、爱好、意志、性格等方面的不同的特点，充分发挥学生的个性，并且从每个学生的实际出发，对他们提出相应的要求和制定相适应的发展目标。再次，教师在组织教育活动中要采用多种教学方法，努力让每个学生都参与其中，成为课堂教学活动的主体，实现每个学生潜力挖掘的最大化。

第三，着眼长远，培养学生创新精神。有创新才有发展，有创新才有进步。要培养出有创新精神的学生，前提是有会创新的教师，特别是具有科学精神和追求真理的教师。这就要求教师要突破旧的思维方法，探索新的教育教学规律，不断尝试新的教学方法与风格，以改进自己的工作。在新的时代背景下，能重新审视大家认为理所当然的事情，并进行新的解释和说明。在培养学生的创新精神时，教师要注意给学生创设一个平等、宽松、民主的环境，营造创新氛围，允许他们挑战权威。教师要尊重学生的观点，对新观点的提出要加以鼓励，还要进行探索方法上的指导。教师要激励学生的兴趣和好奇心，激发他们的求知欲。兴趣是学生最好的老师；好奇心强的人对新奇事物总是主动去探索，求知欲旺盛的人，对所面临的问题不满足于现成的答案或者已有的结论，他会更加积极地思考和探索，试图发现新问题，作出新解释。兴趣、好奇心和求知欲与创新精神是密切相关的，是培养创新精神的关键。教师要鼓励学生的独创性行为。新事物的出现起初多不为人所接受，多会受到他人的嘲讽、打击，会让创新者产生怀疑，感到不安。而独创性是创新精神最本质的内容。教师要允许学生按照自己的猜想去探索问题，鼓励他们用超出书本的知识去创造性地解决问题，按照自己的设想去进行实验。

第四，多维评价，促进学生综合素质提高。教育要培养社会所需的合格人才，就需要在正确的人才观的指导下，用正确的评价方式来引导教育教学活动。社会对人才的需求不仅体现在学生试卷上的分数，更体现在许多方面，比如良好的人际关系，吃苦耐劳的精神，自信、敏锐的观察力等。教师应该多维度评价学生，以合格及特长的标准对学生进行评价，不以分数作为评价学生的唯一标准。这样的评价方法才能有效地对教育进行导向，促进素质教育的实施。

【案例·链接　1—07】

孔子善于因材施教

孔子是我国春秋时期的一位伟大的思想家和教育家。他的一生诲人不倦，深受学生们的尊敬，对后世也有很深远的影响。

有一次，他的学生子路请教他："如果我听到认为好的意见就马上去做，这样对吗？"孔子严肃地告诉他："这样不对，你做事不能自以为是，应该听听长辈们的意见才对。"子路听完孔子的教诲点头称是，以后做事情的时候就总是先问问师长的意见，不会鲁莽从事。

又过了几天，孔子的另一个学生冉有也向孔子请教了和子路一样的问题。孔子听后，竟立即赞同地说："当然对了，只要听到好的意见，就应该马上去做。"冉有欣然接受了孔子的建议，从此他做事果断多了。

一直跟随在孔子身边的学生公西华看到老师在回答同一个问题时，答案却有不同的两种，对此很不理解，就问孔子说："先生，您为什么要给他们两个人不同的回答呢？"孔子笑着对公西华讲："因为冉有平时做事谨小慎微、顾虑重重，所以我要鼓励他勇往直前，让他听到好的意见后就马上去做。而子路却不同，他虽然勇敢，但做事鲁莽，所以我要他处事冷静一点、稳重一点，多听长辈的意见，三思而后行。"

公西华听后，对老师这种因材施教的做法佩服不已。

【案例·链接　1—08】

"四块糖果"的故事

著名教育家陶行知的教育思想中有许多闪光的东西，犹大海边的贝壳，俯拾即是。

有一次，在校园里，有位女学生受到高年级男学生的欺负，学生王友挺身而出，用泥块砸向那位男学生。校长陶行知见状上前制止，并对王友说："请你下午四点到我办公室。"王友准时来到校长办公室等着，待陶行知来后，便低着头说："校长，我错了！"并准备接受校长的教训和批评。

但是，没想到，陶行知非但没有批评他，反而给他一块糖，并说："这是奖给你的，因为你准时，我却迟到了。"王友惊疑地接过糖果。陶行知又给他一块糖果说："这第二块糖也是奖励你的，因为我不让你打人，你立即停止了。"王友瞪大眼睛接过糖。陶行知又给他第三块糖果："你砸那位男同学，是因为他欺负女同学，说明你能伸张正义，应该奖励你。"王友感动地说："我错了，我砸的不是坏人，而是同学啊……"陶行知满意地笑了，又给他第四块糖，说："你能认识错误，再奖励你一块糖。只可惜我的糖果用完了，我们的谈话到此结束吧。"陶行知"四块糖果"的故事在教育界广为流传，成为美谈。

五、为人师表

为人师表，即坚守高尚情操，知荣明耻，严于律己，以身作则。衣着得体，语言规范，举止文明。关心集体，团结协作，尊重同事，尊重家长。作风正派，廉洁奉公。自觉抵制有偿家教，不利用职务之便谋取私利。

所谓"师表"就是学习的榜样。为人师表常被作为对教师的道德要求，指的是教师的言谈举止、仪表风度应该成为学生学习的榜样，"师者，人之模范也"。

一名教师要做到为人师表，应该从哪些方面去努力呢？

第一，内在品质上做一个高尚的人。一个品质高尚的人，首先应是一个情操高尚、知荣明耻的人。改革开放以来，我们国家取得了巨大的进步，但拜金主义、享乐主义、极端个人主义的思想滋长蔓延，也对社会造成了不小的负面影响，其最突出的表现就是一些人见义不为、见死不救、为富不仁，有的人重金钱、重实惠而轻名誉、轻人格，假冒伪劣等社会丑恶现象泛滥。作为一名肩负着教书育人神圣使命的教师，作为社会的一分子，我们有责任、有义务率先高举"知荣明耻"的大旗，从自己做起，从小事做起，加强自身修养，处处为人师表，使自己成为一名具备高尚情操的人，为践行社会主义核心价值观，弘扬社会新风，促进社会道德发展尽一份力。

一个品质高尚的人，还应是一个严于律己、以身作则的人。凡是要求学生做到的，教师首先应该做到。以身作则就是以自己的行动做出榜样。所以，作为一名教师，要时时注意严于律己、以身作则，牢记"身教重于言传"的道理。

第二，行为举止上做一个文明的人。一个文明的人，首先，要做到衣着得体。其次，要做到语言规范。教师穿戴要整洁、大方、合体。教师要不讲脏话、粗话、荤话、黑话。提倡日常生活中讲普通话，文明用语。普通话无疑是教师的职业语言，然而现实中，有一些教师的普通话并不标准，甚至还有个别年龄较大的教师用方言授课，这都是不合规范的。教师文明的举止可以充分展现教师高雅的气质、翩翩的风度，赢得学生的尊敬甚至崇拜。

第三，正确处理各方面的关系。首先，是要正确处理个人与集体的关系。现代社会需要的是创新型复合型人才，培养这样的人才不是哪一位教师、哪一位班主任个人能力所能及的，这是教师集体团结协作的成果。因此，教师个人的工作与集体的合作是分不开的。同时，教师个人的成长也离不开集体，因此教师要自觉地把自己的发展与集体的命运联系在一起，依靠集体的发展来带动自己的进步。正因为如此，作为一名教师，要牢固树立大局意识，自觉维护集体的利益，关心集体的发展，树立"校荣我荣，校耻我耻"的观念，把自己融入集体之中，和集体共同成长。其次，是要正确处理与同事的关系。在大力发展市场经济的今天，各行各业都展开了激烈的竞争，教育领域也不例外。在教师中提倡竞争，能促使教师们振奋精神，发愤图强，在自己的教学岗位上做出更大的成绩。但是个别教师不能以良好的心态看待竞争，视自己的竞争对手为冤家对头，互相拆台，互相贬低，破坏了教师之间应有的合作关系。这些教师只看到了教师之间竞争的一面，没有看到教师之间更多的是合作的关系。当代社会倡导的就是双赢、互利，教师之间也不例外。大家互相学习，共同提高，一起进步，何乐而不为？再次，是要正确处理与家长的关系。教师一定要尊重家长，切忌趾高气扬，随意指责训斥家长。在学校办公室里，偶尔可以看到这样的一幕：班主任坐在靠背椅上，怒容满面，家长则陪着犯错的孩子，恭恭敬敬地肃立在一旁，接受班主任的训斥，何其委屈，何其难堪。学生犯了错，请家长到校配合教育本是情理之中的事，但不能伤害家长的自尊心，更不允许训斥家长，否则是不符合教师为人师表的要求的。

第四，拒绝牟取不正当利益。有些教师充分利用自己当班主任、当任课教师的权利，千方百计地为自己牟取不正当的利益。每当教师节快要来临的时候，个别教师就会采取各种不同的方式来提醒学生——教师节快到了，给老师准备点什么礼物呢？有的教师会在班上，隐晦地暗示学生；有的教师会吩咐班干部发动同学给老师买礼物，种种方式，不一而足。除了收受礼物之外，个别教师还盯上了学生家长手中的权力，利用家长为自己办私事、牟私利。在教师利用职务之便为自己牟取私利的行为中，社会指责最多、反响最大的当属有偿家教。有些教师热衷于此，乐此不疲，上班时马马虎虎，敷衍了事，下班后生龙活虎，干劲十足。学生、家长苦不堪言。不去老师那儿补课吧，怕学生掉队，跟不上；去老师那儿补课吧，确实有些负担不起，真是两难。试问这样的教师如何对得起"为人师表"四个字。

社会在进步，观念在变化，但为人师表作为教师的职业操守之一，永远具有存在的现实意义，作为一名教师，处处为人师表，应是自己永恒的自觉的追求。

【案例·链接　1—09】

教师楷模

陆繁伟，男，汉族，1971 年 5 月出生，中共党员，山东省枣庄市山亭区徐庄镇共青团希望小学校长。他是山区教育的"领跑人"，从教 23 年来，他走遍了镇内的每一个山村，翻越了 200 多座大小山头，到学生家里走访 2400 多次，写下了 46 本、几十万字的教育札记和家访日记。他用微薄的工资资助学生，累计金额达 8 万多元。他为了研磨课堂教学，不惜骑行 120 多里的山路，向名师请教。他带领教职工自己动手修建校园，用 1500 元干完了施工队报价 15000 元的工程。他在维修校舍的过程中不慎摔下，一个多月才转危为安。他创建乡村少年宫，让留守儿童的生活变得快乐而充实。他曾获全国优秀教师等荣誉。2014 年他被评为"全国教书育人楷模"。

袁滨渤，女，汉族，1967 年 2 月出生，中共党员，北京师范大学天津附属中学党总支书记，特级教师。从教 20 多年以来，袁滨渤一直担任高中班主任，创造性地用"笔谈集"这一方式为学生进行心理导航，写下 100 多万字的笔谈，出版 20 万字的专著《心灵的问候》，被誉为"心灵导师"。袁滨渤患有严重的颈椎病，仍每天坚持在校工作 12 小时以上，用自己的奖金和工资共计 4 万元，设立了班级"爱心基金"，帮助家庭经济困难学生完成学业。她曾获全国模范教师、全国师德先进个人、全国五一劳动奖章、全国巾帼建功标兵、全国三八红旗手、全国创先争优优秀共产党员等荣誉。2014 年她被列为"全国教书育人楷模"候选人。

（六）终身学习

终身学习，即崇尚科学精神，树立终身学习理念，拓宽知识视野，更新知识结构。潜心钻研业务，勇于探索创新，不断提高专业素养和教育教学水平。

中小学教师坚持终身学习，就要崇尚科学精神，拓宽知识面，更新知识结构；就要潜心钻研业务，勇于探索创新，不断提高专业素养和教育教学水平。在教育实践中，教师终身学习有三条可行性的路径：

第一，反思——从自己的教学中学习。教师的反思，简单地说，就是指教师在教学过程中，将自我和自己的整个教学活动作为意识的对象，不断地对自我及教学进行积极、主动的计划、检查、评价、反馈、控制和调节的过程。教师的反思能促使教师经验"量"的增加，反思性实践对教师经验"质"的提高也有帮助。传统观念认为，一个教师任教 20 年后都能随着经验的积累而成为专家型教师。而在反思型教师教育观看来，一个教师是否能发展成为专家型教师和学者型教师与其教龄不存在必然联系。如果不进行反思，教 20 年的书与教 2 年书或 2 个月书没有什么根本区别。反思性实践被认为是造就学者型教师的重要手段。反思性实践不仅帮助教师实现了追求教学合理化目的，而且也重新塑造了教师的角色形象，提升了教师专业地位，扩大了教师专业自主权。

第二，合作——在与同事的对话中成长。合作对于个人的学习非常重要。如果我们不与人交往，我们能学到的东西是有局限的。当今教师的学习与专业发展已经逐步从教师个体发展转向教师群体发展的趋势，权力的下放使学校有越来越大的权力来决定他们自身的需要，也改变着教师学习与专业发展中的个体需要与整个学校目标之间的冲突。因此，必须更新传统的教师学习与专业发展模式。学习不只是教师的个人行为和能力，更是一种组织的目标或功能。与其他教师沟通、交流既是一种学习的能力，又是一种学习的重要途径，更是提高教师及教师群体学习成效的重要手段。为此，向其他教师学习的能力与协助、指导其他教师学习的能力及愿望，都将成为教师学习和专业发展的重要内容。从国际视野来看，合作也是近年来西方发达国家极力倡导的教师专业发展途径之一。构建教师合作文化也是新课程改革向广大教师提出的突出要求之一。教师要实现专业的深入发展，必须突破教师彼此孤立与封闭的现象，学会与他人进行合作。

第三，共生——在与学生的互动过程中实现教学相长。"共生"，不只是"共同生存"的意思，而且包含"共同成长、共同发展"的内涵，是教师与学生的共同成长与发展，是教师发展与学生发展的有机整合。如果用中国传统的、人们耳熟能详的术语来代替的话，就是"教学相长"。学生的成长与发展可以为教师发展提供契机。学生的多样性、发展性、不确定性从理论上讲，总是不断地给教师提出需要解决的问题，刺激教师问题意识的产生，而问题意识正是学习和发展的契机。因此，成长发展中的学生通过刺激教师问题意识的产生，从而为其发展提供契机，成为教师发展中不可或缺的催化剂。同时，学生的成长与发展可以成为教师发展的动力源之一，学生的健康发展使教师从自己的劳动中获得一种自我实现感。正是这种自我实现感激发教师一如既往地投身于教书育人工作。

教师要认识到，学校教育的主要任务既要教学生学会学习以便自我发展、终身学习从而可持续发展；还要教学生学会思考、学会做人和做事的本领。现代学校追求的"学"，需要教师与学生共同学习。

【案例·链接 1—10】

每堂课用一生准备

苏联教育家苏霍姆林斯基在《给教师的一百条建议》一书中，讲了一个生动的故事。

有一天，一个有33年教龄的历史老师上了一堂观摩课。课上得很成功，听课的老师们都忘了记笔记，听得入了迷。课后，人们问那位历史老师："你花了多少时间来准备这堂课？"历史老师回答："对这堂课我准备了整个一生，可以说，对每堂课我都用一生来准备，但直接对这个课题的准备，则花了十五分钟。"

用一生的时间来准备每堂课，这种准备指什么？苏霍姆林斯基指出，这就是阅读，就是终身与书籍培养友谊。

【案例·链接 1—11】

腹有诗书气自华

苏静26岁，教学经历仅三年，她开辟了中国古诗教育的先河，被朱永新教授誉为"中国教育第一人"。她的五年级学生能在自由命题后两分钟内赋诗一首，能给每篇课文赋诗一首。她走上教学岗位8个月的时候，便在青岛市的新教师比武大赛中荣获一等奖。苏静之所以一鸣惊人，缘自她的读和背，她背了多少文章，背了多少诗，这是个未知数。在那节课上，苏静让学生进行诗词对垒演讲比赛。讲到中间的时候，她让在场的专家、评委给学生出两个题目，限定他们两分钟作诗一首。结果两分钟以后，全场的人都惊讶了，谁也想不到学生会作出这么好的诗。后来，《中国教育报》对此事进行了报道，朱永新教授拿着报纸找到教育部，没考试就把苏静特招成研究生。苏静的成功不是速成的，而是一本本书铺就的。

【思考·实践】

1. 简述我国中小学教师职业道德规范的基本内容。

2. 教师应如何落实终身学习的要求？

3. 材料分析：

某位女教师曾经采用了很多教育方法，坚持不懈地帮助班上一位性格孤僻、行为散漫、对学习不感兴趣的孩子。一次偶然的机会，她看到了《捣蛋鬼日记》，认真阅读后，对儿童的身心发展有了新的理解，开始反省自己对这个孩子的教育。当发现孩子的特长后，她积极鼓励他发展绘画能力，引导他参与班级活动。在她的呵护和帮助下，孩子逐渐变得开朗起来，对学习也有了兴趣，后来成了一名小有名气的画家。

上述材料是如何体现教师践行职业道德的？

第三节　教师职业道德的修养

教师职业道德修养是道德修养的一种，它是指教师为了培养职业道德品质所进行的自我锻炼、自我改造、自我陶冶、自我教育的过程。

一、教师职业道德修养的意义

（一）教师职业道德修养是教师道德人格完善的需要

教师良好的道德人格不是与生俱来的，也不可能自发地形成，而是在后天的社会实践中形成的。教师只有在教育实践中，通过努力学习，认识到社会发展的规律和特点，了解到社会主义教师道德的内容和意义，并通过自身的修养，将认识内化为自己的道德情感、意志和信念，进而转化为自己的道德行为和习惯，才能形成一定的道德品质。同时，还由于对进入社会生活中的每一个人来说，在道德品质上都有善有恶，从来就没有尽善尽美的"完人"。而社会又总是不断向前发展的，对教师道德水平的要求、教师道德人格的要求，也会越来越高，所以，这就必然要求教师不断随着社会的发展而面向未来，坚持不懈地进行教师道德品质修养，以便更好地培养出适应我国经济建设和教育发展需要的品格，从而更出色地担负起培养下一代的责任。

（二）教师职业道德修养是教师素质提升的需要

教师劳动的知识性、专业性、艺术性、复杂性、长期性、示范性与创造性的特点决定了教师素质构成的特殊性。大量理论和实验研究表明，教师素质是顺利完成教学任务、培养人所必须具有的身心的相对稳定的潜在的基本品质。其本质特点是指教师自身的质量，即教师身心发展的总水平。其构成要素主要是教师的身体素质、文化知识素质、道德素质与心理素质等。

（三）教师职业道德修养是教师做好教育工作的需要

一个合格的教师，不仅应掌握一定的专业知识，懂得教育的规律，具有教学和教育的各种能力，而且必须有较高的职业道德修养，这样才能在职业劳动中，不断提高对教师道德的认识，规范自身的道德行为，培养出崇高的思想情操和良好的道德品质，才能充分调动和发挥教师自身的积极性和创造性，在社会主义现代化建设中，有所作为，有所前进，完成时代赋予的教育任务。人民教师肩负着教育和培养社会主义一代新人的崇高使命，为了培养好青少年一代，必须重视职业道德修养。教师应当把自己修炼成为一个值得学生学习推崇的模范。

二、教师职业道德修养的原则

教师职业道德修养的过程实质上是一个多因素、多矛盾相互交织、相互作用的运动过程。在这一过程中，每一位教师要实现自身道德品质从无到有、从低到高的转变，就必须注意把握和坚持如下基本原则。

（一）坚持知和行的结合

在教师职业道德修养中，知和行是统一的。一个教师如果缺乏必要的道德知识，连起码的道德善恶是非也分不清，不知道哪些言行与自身职业相符合，哪些言行与自身职业相违背，是不可能形成正确的师德观念的。而学习了师德理论也并不能说明他就具备了某种道德品质，如果只学不用，只说不做或者言行不一，说得再冠冕堂皇也只能是徒有其名，培养高尚的师德品行只是一句空话。

坚持知行结合的原则，就是要把学习道德理论、提高道德认识同自己的行动统一起来，使理论与实践相结合。教师的师德观念不是自发产生的。教师只有掌握了科学的世界观、人生观、教育学、心理学、文学、伦理学、美学和教师职业道德的基本常识、基本原理，懂得了什么是善、什么是恶、什么是美、什么是丑、什么是高尚的行为、什么是卑劣的行为、什么是人民教师应当具备的职业道德品质、为什么应当具备这些道德品质等等，才能提高对师德的认识，形成师德观念，为师德修养提供科学的理论指导。因此，教师必须不断学习道德理论，从而不断激发出道德情感，增强自身的道德意志和信念，为形成道德品质打下基础。实践证明，教师关于道德修养的理论越正确、越全面、越深刻，按照道德原则和规范去行动的自觉性才会越强。教师还要努力去实践道德理论，用道德要求去规范自己的行动。夸美纽斯说："道德的实现是由行动，而不是由文字。"张载也曾指出："若要成德，须是速行之。"这就是说道德知识必须付之于实际行动，转化为道德行为。事实上，教师的道德风貌、道德水平的高低主要是由他们的行为和事业表现出来的。因此，每一位教师在师德修养过程中更要注重品德实践，注重行，自觉培养道德行为习惯，真正成为道德的高尚者。总之，只有坚持知和行的结合，才能真正提高师德修养。

（二）坚持动机和效果的结合

动机和效果是人的行为的互为存在、互为转化的两个要素。动机是人的行为的思想动力。离开动机，就不会有行为的发生，也就谈不到什么效果。效果反映一定动机，动机本身就包含着对一定效果的追求并指导行为达到一定的效果。动机体现在效果之中，并通过效果去检验。动机作为主观东西，只有转化为效果才能发生作用，否则动机就成了一种毫无意义的空想或假想。效果又是不断产生新的动机的基础。

教师职业道德的修养过程同样是动机和效果的相互依存、相互转化的过程。教师职业道德修养的动机来自于社会以及对职业、对学生所担负的责任；来自对师德修养意义和作用的理解。作为教师必须时时意识到以下几点：（1）自己的职业对象是活生生的人；（2）不仅担负着向下一代传授科学文化知识的重任，而且负有向学生进行思想品德教育的职责；（3）自身道德素质直接影响到学生的素质、影响别人的素质。当教师把这些认识和理解转化为自己的迫切需要和强烈欲望时，就形成了加强师德修养的内在动机。教师若要真正担负起为人师表、教书育人的职责，还必须把这内在动机转化为行动，用教师道德的基本原则规范自己的言行，将实践付诸自己的工作和生活，以提高实际效果。

教师要坚持职业道德修养的动机和效果的结合。教师要不断进行道德理论和知识的学习，加深对师德修养意义和作用的理解，不断增强修养的动力；同时要善于通过各种方式把良好的道德动机转化为客观的、外在的、现实的实际行动。在动机和效果的结合上实现师德境界的升华，既重视动机，又重视效果，教师才不会成为

"说话的巨人，行动的矮子"。在动机和效果的结合上对自己提出比较全面的要求，是师德修养中必须坚持的。

（三）坚持自律和他律的结合

自律和他律的关系，实质上就是内因和外因的关系。在师德修养中，教师自身的内因——内心信念是起决定作用的因素。一个教师只有真正懂得了师德要求的重要性，只有发自内心地对人民教师道德义务的真诚信服和培养强烈的责任感，才会在教育实践中恪守人民教师的道德要求，并会因为自己在教育活动中履行了某种道德义务而感到一种精神上的愉悦和满足，形成一种信念和意志，在今后的教育工作中勇于坚持这种行为。有了内在的师德信念，教师一旦发现自己的行为不合乎师德要求，即使没有受到别人的指责和舆论的批评，也会受到自己"良心"的责备，感到羞愧不安，促使对自己的行为作出自我批评，从而尽力避免今后再发生类似的事，纠正错误的行为。因此，内心信念——自律是师德修养的内在基础，是任何其他力量都不能代替的。尽管师德修养的内心信念是从教师内心发生的道德观念、道德情感和道德意志的统一体，但是这种内心信念不是自发形成的，而是教师在长期的教育实践中，在职业道德修养中有效地运用外部力量——他律形式，强化道德意识，坚持道德行为而形成的。

总之，教师职业道德的修养既要用外在因素进行自我约束，又必须发挥主观能动性，做到自律和他律的结合。

（四）坚持个人和社会的结合

在教师职业道德的修养中，个人与社会同样是相互作用的。教师职业道德修养首先是一种自觉意志的行为过程，是教师个体清楚意识到各种利益关系，遵循一定的道德准则，凭借自觉意志控制和处理感情和行为的结果，是教师个人自觉意志的凝结。同时，教师职业道德修养又离不开社会，离不开社会舆论的评价和监督。社会在道德上对教师提出了很高的要求，这就为教师进行师德修养提供了外在的动力和努力的方向。社会也通过教育实践为教师提供了师德修养的场所、机遇，有利于教师在精神上达到积极进取、美好和谐的境界，在事业中真正发挥个人的聪明才智，取得成就。在这个过程中，离开社会，师德修养就没有方向，就无法体现；而离开个人，社会提出的师德要求没有接受者，没有践行者，也就会落空。因此，在教师职业道德修养过程中要把个人与社会结合起来，把自我价值与社会价值结合起来。教师个人要了解社会，研究社会，以社会需要为目的，用社会对教师道德的要求检点自己，提高认识，付诸行动，在为社会做贡献中塑造自身人格，实现自身价值。社会要尊重教师的身份和地位，给每个教师提供道德行为选择的客观基础，并通过好的环境、舆论、评价等方式促使教师道德品质的升华，达到崭新的道德境界。

（五）坚持继承和创新的结合

师德要求并不是一成不变的，它是随着社会经济关系的发展变化而不断发展变化的。在进行师德修养中，创新与继承必须同行。必须在当代社会主义经济发展的基础上，在新的教育实践中，借鉴传统的优秀师德品质，重建新的更高的社会主义师德。社会主义教育事业是不同于以往旧教育的崭新事业，教师处于新的社会环境中，肩负着新的历史使命，会不断地遇到和提出新的问题，师德修养也就不能停留在一个水平上，而要不断创新。要对社会主义条件下教师职业活动中的利益关系、道德关系和行为规律加以认识，要保证教师工作的原则方向，实现教师对社会发展以及人类文明所担负的使命，就必须创造出新一代的师德规范体系和内容。

三、教师职业道德修养的方法

教师职业道德修养，在历史上有各式各样的方法。历史上的伦理学家指出过许多具体的条目。例如：儒家学派先提出的"内省"

"自讼""格讼""格物""致知""正心""诚意""躬行践履"等等。在社会主义条件下，人民教师职业道德修养方法尽管因人而异，但一般来说，有加强理论学习，注意内省和慎独，与教育实践相结合，虚心向他人学习，坚持不懈等。只有共同运用这些修养方法，教师职业道德修养才能富有成效。

（一）加强理论学习，注意内省和慎独

1. 教师职业道德修养要加强理论学习

人们从事改造客观世界的活动需要知识，这就必须学习。同样，人们改造主观世界，提高自己的道德水平，也需要学习。加强理论学习，是教师职业道德修养的必要方法。

第一，教师要认真学习理论，树立正确的世界观和人生观。不学习理论，就不可能科学地、全面地、深刻地认识社会，认识人与人之间的正确关系，因而也就不可能形成正确、科学的人生观和世界观。从根本上说，教师高度的社会主义师德觉悟，正是以正确的科学的世界观、人生观和革命理想为指导的。只有确立这样的科学的世界观、人生观，才能坚定不移地热爱社会主义祖国，热爱和献身于人民教育事业，自觉地把个人生命意义、价值与人民教育事业紧紧地联系在一起，把教育和培养好学生、为教育事业贡献一生看成是人生最大的幸福和快乐，才能矢志不渝，义无反顾，以坚韧不拔的精神，战胜前进道路上的一切困难，为人民教育事业而努力奋斗。

第二，教师要明确师德规范和要求，提高遵守师德规范和要求的自觉性。教师道德的规范和要求，是社会道德在教师职业活动中的具体体现。它作为伦理的一个分支，从社会主义教育事业的根本利益出发，批判地继承了古今中外一切优良的师德传统，正确地回答了教师个人与他人、集体、国家之间的利益关系，具体地向教师表明应该做什么、不应该做什么、什么是善的、什么是恶的，以保障教育事业的根本利益。要将师德要求转化为教师个人的内心信念，需要教师有一个自觉学习、接受教育的过程。有的教师违背师德要求，常常不是有意的，而是对遵守师德规范和要求的必要性、重要性缺乏了解和认识引起的，因而，教师学习和掌握社会主义师德的基本知识是非常重要的。

第三，教师要学习教育科学理论和科学文化知识，掌握教书育人的本领。教师学习教育科学理论，掌握教育规律，按教育规律办事，才能更好地完成教书育人的职责，这本身是教师职业道德规范的一个要求。同时通过学习教育理论，教师能进一步明确自己在教育教学中的主导地位，这就更能使教师进一步严格要求自己，加强职业道德修养。教师还应学习丰富的科学文化知识，只有广泛地学习自然科学和社会科学的知识，才能使教师从各种关系和联系中来认识和改造世界，认识社会和人生。只有这样，才能真正做到教书育人。

2. 教师职业道德修养要注重内省和慎独

"内省""慎独"，也是教师职业道德修养的重要方法，要注意在理论学习过程中进行内省和慎独。

内省，指自觉地进行思想约束，内心时时反省、检查自己的言行。内省是靠自觉性来约束的，不自觉或自觉性不高就难以真正进行内在的自我反省。

慎独，既是一种崇高的道德境界，又是一种道德修养的重要方法。它指的是在别人看不见、听不到的时候，在闲居独处的情况下，更要小心谨慎，严格要求自己，使自己的言论和行为符合道德要求。刘少奇同志对慎独也有一个界定：一个人在独立工作、无人监督、有做各种坏事的可能的时候，不做坏事，这就叫作慎独。

教师的劳动特点富有极强的自主性和独立性，没有慎独的修养，那就很难做好教育工作。

(二) 勇于实践磨炼，增强情感体验

人的道德修养不能脱离改造社会、改造世界的客观实践。与教育实践活动相结合，按照教师职业道德的规范和要求，不断进行自我教育和自我改造，是教师职业道德修养的根本方法。教育实践不仅是教师进行师德修养的现实基础，同时，也是检验师德修养的唯一标准。

教育实践也是教师职业道德修养的目的和归宿。教师职业道德修养的目的，在于培养良好的师德素质，提高教育实践能力。教师不仅要通过理论学习来分清是非善恶，更重要的是要求身体力行，把这些认识用以指导自己的行动，培养自己良好的品行。就像我国著名的教育家蔡元培先生指出的：道德不是熟记几句格言就了事的，要重在实行。

教育实践是正确师德观念的认识来源，只有在教育实践活动中，才能正确认识教育活动中的各种利益和道德关系，才能培养好自己的师德品质。教育实践还是不断进行教师职业道德修养的动力。教师道德品质修养不是一蹴而就的，而是要在教育实践中不断认识，不断提高，不断完善。

（三）虚心向他人学习，自觉与他人交流

师德修养不是教师个人孤立的、脱离社会的闭门修养，而是在教育实践中人与人相互交往、相互影响的社会性活动，是社会道德进步的重要组成部分。在社会生活中总是蕴藏和涌现着美好的思想品质和道德风尚，教师作为精神文明的传播者，同时也应该成为良好道德情操、思想风貌的效法者和学习者，因此，见贤思齐，虚心向他人学习，自觉与他人交流就是教师职业道德修养的一个好方法。

苏联教育家加里宁说："教师一方面要献出自己的东西，另一方面又要像海绵一样从人民中、生活中吸收一切优良的东西，然后再把这些优良的东西献给学生。"德国教育家第斯多惠在《德国教师教育指南》中讲过："只有当你不断地致力于自我教育的时候，你才能教育别人。"我国古代教育家孔子也曾说过："三人行必有我师。"这都说明，教师要加强师德修养，将自己的师德水准不断提高，就要有向他人学习的美德，善于发现别人的长处，虚心学习别人的优点，哪怕是很小的长处也要学。只有这样，才能积小善为大善、积小能为大能。

虚心向他人学习，要注意从教育家那里汲取思想营养。比如：在发展我国人民教育事业中有一大批革命教育家如徐特立、陶行知、吴玉章等，为教师留下了宝贵的精神财富。他们有热爱党、热爱祖国、热爱人民、热爱教育事业的高尚情操；有热爱学生、教书育人、钻研知识的可贵品格；有无私无畏、勇于创造的革命精神。教师只有主动了解他们的事迹，学习他们的优秀品质，才能升华自己的师德境界。

虚心向他人学习，要学习优秀教师的榜样。在我国社会主义教育事业中，一大批优秀教师成长起来了，如大家所熟悉的于漪、徐英杰等等。他们的教育实践和先进事迹，生动地体现新时代教师道德的崭新特点。是教师职业道德理论的具体化，同样是十分宝贵的精神财富。学习他们的先进思想和感人的事迹，既能帮助教师提高师德认识，又能诱导和激发教师的师德情感。

虚心向他人学习，要向教育对象——学生学习。古人讲："弟子不必不如师，师不必贤于弟子。"诚然，在教育中教师占着主导的地位，但学生也有许多方面值得教师学习，教师要善于发现学生身上闪光的品质，诚心诚意地向学生学习，在师生互学互勉中汲取精神营养，完善师德品质。跟学生学，你要让你的学生教你怎样去教他，如果不肯向你的学生虚心请教，你便不知道他的环境，不知道他的能力，不知道他的需要。那么，你即使有天大的本事也不能教导他。只有心甘情愿地跟你的学生做"学生"，他们才能把你的"思想的青春"留住，才能使你不落伍。

在师德修养过程中，教师要注意学习和汲取社会生活中一切有用的养料。社会生活是一座道德宝库，蕴藏着丰富的宝藏，每时每刻都有闪光的思想和行为。例如：各行各业在为社会主义现代化建设的艰苦创业中所涌现出来的许许多多新人、新事、新风尚，都是反映了时代特征的新的道德精华，不仅为各行各业职业道德的升华提供了营养，也为师德提供了借鉴。教师在师德修养中只要细心观察，虚心学习，就能够受到激励，找出差距，用好的道德风尚充实自己，使师德更加高尚。

总之，善于向别人学习的人，才是发展潜力最大的人，才是最有发展前途的人。在师德修养中，教师善于虚心向他人学习，自觉与他人交流，才有可能成为师德修养高的教师。

（四）确立可行目标，坚持不懈努力

师德修养同人们认识和改造客观世界的一切活动一样，不能是盲目的、无计划的，而必须有着明确的目标作为指导。

在教师职业道德修养中，指导整个修养过程的总目标是崇高的教师职业道德理想，它作为一面旗帜，为教师如何做人、如何胜任教书育人的责任指明了前进的方向和奋斗的目标，并成为教师生活的重要精神支柱，推动和激励着教师朝着更高道德境界奋进。但由于教师道德修养过程受到构成教师师德的各种要素的相互制约、相互影响、相互作用，个人原有的道德水平与社会道德要求之间的矛盾和不平衡性，使得教师道德修养的目标必然有着层次之分，每个教师必须从自身的实际情况出发，确立可行的目标，去努力实现自身师德从无到有、从现有层次向更高层次攀升。

师德修养实际上是教师道德认识、情感、意志、信念、行为和习惯诸要素从无到有、从低到高、从旧到新的升华过程，因此也就决定了它是一个长期的、艰苦的过程，这就必然要求教师要坚持不懈地努力。不管是师德认识的提高、师德情操的陶冶、师德意志的磨炼，师德信念的确立，还是师德行为和习惯的培养，都不可能是短时期的、轻而易举就完成的，不可能一蹴而就。一个教师在教育实践中要不断地完善自己的行为。随着教育实践活动的深入和发展，会提出许多新的问题，教师总是面临新的选择考验，教师道德修养也就不能只停留在一个层次上，而是永无止境的。所以每一个教师都要长期修养，不断磨炼，做到坚持不懈才能使自己的思想品德修养不断提高，达到更高的境界。

总之，师德修养是一个循序渐进、逐步提高的过程，既要有崇高的师德理想作为个人修养的目标，又要从自身实际出发，有切实可行的具体要求。师德修养要从实践中具体的问题入手，刻苦磨炼，坚持不懈，日积月累才能取得成效。

【思考·实践】

1. 根据自己的实际情况，作为教师，你认为应该从哪些方面着手来提高自己的职业道德素养？

2. 案例分析

2012 年 12 月 28 日下午，在南皮县乌马营中学读初一的 14 岁学生小军（化名），回到家中便躲进屋里一声不吭。母亲刘凤萍告诉记者，她发现儿子左右两侧的脸颊又红又肿，一再追问下，小军告诉她，当天下午第二节是语文课，叶老师讲课的时候，他接了一句嘴，惹得老师很生气，当场骂了他，孩子又小声顶了一句，结果彻底将老师惹怒了。随后，叶老师当着全班四五十位同学的面，连扇孩子几十个耳光。随后，老师又把他带进办公室，锁上门接着打。孩子说，等他从办公室里出来，嘴角都流血了。

请结合案例和《中小学教师职业道德规范（2008 年修订）》谈谈如何提高教师职业道德水平。

3. 案例分析

"教师节给老师送什么礼呢？"不少学生家长都为此感到头疼，为了孩子在学校能多被老师关照、为了给孩子调个理想的座位、为了让孩子不输在起跑线上，家长费尽心思。"如果大家都送，我不送的话，老师们会不会不理我女儿？"一位正考虑给老师送礼的学生家长说。

请结合案例谈谈导致教师职业道德缺失的原因。

第二章　教师健康心理素养的修炼

教师心理素养是指教师自觉灵活地运用教育学、心理学、教育心理学及相关学科理论知识，在从事教育、教学、科研、人际交往等职业活动中应当具备的素质与修养。它具有综合性、多元性、内隐性等基本特点，在不同的时期、不同的教育思想与理念的指导下，有着不同的内涵。随着社会进步和教育形势的发展，心理素养及其内涵正在进一步地丰富和完善。

教师的心理素养是教师各种素养中非常重要的一项，它直接作用于教师自身成长、自身的教育行为与教育能力，也对学生的发展产生直接的影响。

教师心理素养中一项重要功能性指标是教师心理健康。只有心理健康的教师才有可能培育出心理健康的学生，教师的心理健康影响教师的职业发展和幸福，更关系到学生的健康成长和社会发展。教师心理健康是指教师在教育教学过程中有意识地完善人格，发挥心理潜能，维护和增强心理各方面的技能和社会适应能力，预防各种心理疾病，使个人的心理达到最佳状态。教师的心理健康包含以下几个方面：一是指教师的心理状态，如良好的认识品质、稳定的情绪状态、坚定的意志品质、良好的行为习惯；二是指教师的各种心理关系，如良好的人际关系；三是指教师在教学、生活中保持良好的心理状态，培养健康人格，提高社会适应能力，使自己的潜能得到充分发挥。现代新型教师必须要具有健康的心理素养，教师健康心理素养主要应从教师心理压力的调适力、人际关系的亲和力、专业工作的胜任力等方面进行修炼。

第一节 教师心理压力的调适力

调适是指人与环境发生调和作用的过程，是一种动态的、积极的、可持续的过程。调适力是指个体在完成某一任务时，应对环境变化并与之保持平衡，控制或减轻压力的一种心力。教师调适是指教师个体对社会、教育、学生、专业等发展的接受、顺应、融合与平衡过程的一种心力，是教师在遇到压力事件或面临潜在危险情景时，以积极的方式调整适应的一种心力，而使自己不会长期处于压力状态。

一、教师心理压力的一般来源

教师职业是一种压力颇大的职业，我国教师普遍承受着较重的职业压力。有学者对黑龙江省三所中学的教师进行调查的结果表明：有半数以上（52.1%）的教师认为自己的压力很大或极大。据杭州市教育研究所对教师的一份调查研究显示：78%的教师感受到职业压力太大，并且13%的教师存在各种心理卫生问题。据一份对湖南省260位不同类别学校的教师调查结果显示：88.3%的教师感到有职业压力，其中37.7%的教师表示压力较大或很大。上海市师资培训中心、精神卫生中心和上海师范大学对教师的联合调查显示：教师存在心理障碍的检出率竟高达48%，其中12%有明显心理障碍，2%较为严重，表现为：焦虑、抑制、烦躁、神经衰弱、记忆力下降等。以上这些数字虽然不能绝对代表我国教师的职业压力状况，但是至少说明我国教师群体正承受着较严重的压力。教师职业压力的成因包括教师职业方面的外在客观紧张刺激和教师个体内部不同的个性行为，具体来说主要是来自社会、学校、个人三个维度。学生、社会对教师的高期望和高要求，教育的改革，教师的职业地位，学校环境，教师过强的感受力，教师的自我意识，人际关系，都是导致教师职业心理压力较大的主要因素。

（一）来自于社会因素的压力

教师不是孤立的社会成员，教师的工作无法避免地要面对很多人，其一言一行都受到社会的关注。随着社会的高速发展，人们对教师提出了越来越高的要求，而其中有合情合理的方面，例如：要求教师具有先进的科技知识和操作技能、先进的教育教学理念及方法和技能、更具服务精神的工作态度等；但也有苛刻、不合情理的方面，尤其是随着社会对教师监督的不断增强，新闻媒体和各种机构的扭曲报道和渲染，给教师带来了极大的职业心理压力，导致无法正常开展教育工作。

【案例·链接　2—1】

女教师下跪

一位女教师对一名学生严加管理，但这名学生却不服从管理。这名学生还以伤害自尊等各种理由，把这位女教师告到学校领导那里。学生家长找到学校，对教师不依不饶。让人意外的是，学校领导不仅不了解清楚情况，安慰教师，教育学生，反而要求女教师给学生及学生家长下跪认错。

（二）来自于学校因素的压力

1. 学生因素

学生因素是形成教师职业压力的最重要的外因。首先，信息化时代的到来，文化传播的途径越来越多，学校与外界的围墙已不复存在，学生在接受学校教育的同时，也面临着社会上的美与丑、文明与愚昧、先进与落后、规范与不规范的尖锐矛盾冲突，接受的信息良莠不齐。由于他们的选择能力、明辨是非的能力及自制力有限，正确的人生观、价值观、世界观还未完全建立，因此，他们受到不良信息的影响而出现的问题有所增多，在日常生活和学习中出现厌学等不良现象。这样，教师要尽职工作，就会比以前付出更多精力。其次，教师面临的是不断变化的学生生命个体，学生个性越来越张扬，教师在"尊重学生主体地位"的呼声下，崇尚学生个性自由，但当学生拥有这份思想上的自由时，有时却会扭曲成为纪律上的松弛。这就使有些教师对学生的管理无所适从，感叹"现在的学生难教"，但责任感和社会的期望要求教师不得不日复一日地面对这种局面，并作出应对，于是教师的职业心理压力便会很大。

2. 工作环境因素

学校是教师工作的直接环境，学校的很多因素影响着教师。一是学校对教师的人文关怀不足。例如：学校未将教师的需要融入学校的发展需要之中，教师的主体地位不强，需要得不到满足；教师的工作量超负荷，时间被大量占用；各种形式的检查和量化考核挤压教学时间；学校实行的满日坐班制；学校对教师上课实行全方位的电脑监控。二是学校工作条件较差。例如学校地理位置偏，学校没有幽静的环境，班级规模大等，都会让教师对工作产生疲惫感，出现压抑现象。三是学校学风不浓。一所学校学风不浓，学生成绩难以提升，教师个人事业难有进展，也会感到心理压力很大。

3. 人际关系因素

人际关系紧张，会给教师带来心理压力。教师在工作中不可避免地要与他人交往，包括与领导、其他教师、学生、学生家长的交往。有些教师会因为师生关系紧张而产生压力，影响情绪和教学效能感；学校中的竞争机制一方面可激发教师工作的积极性，另一方面也产生竞争压力，阻碍教师之间关系的和谐发展；教师在与领导交往的过程中也容易产生压力，例如：领导对教师要求苛刻或过高、领导对教师不理解、不尊重、不随和、不关心等，都会使教师感到心理压力很大。

（三）来自于家庭因素的压力

教师和其他人一样有很多的家务事要处理，操心全家人的生活，担心老人，关心子女，关注伴侣等。教师所承受的来自家庭的压力比其他人所感受到的来自家庭的压力更大。不少教师还要面临另一个重要的问题，即自己子女的教育问题：别人的孩子好教育，自己的孩子却不知道该怎么教育才好。正如"医者不自医"，很多教师可以理智地对待别人的孩子，可以用自己所学的知识和专业技能更好地教育别人的孩子，可一旦自己的孩子某些方面出了问题，却不知道怎样才能有效地改变状况。很多教师因为把更多的时间和精力放在别人孩子的教育上了，而觉得愧对自己的孩子，这种内疚感也会让这些教师感到压力。教师的家庭压力不仅体现在教师能否在繁忙的工作中处理好各种家庭事务，兼顾好对家人的照顾，还体现在能否得到家人的理解和支持等方面。工作和家庭是一个人一生的重心，只有家庭的各种事务处理好了，教师才能更全心全力、更高效地开展工作。所以，家庭因素也是教师压力不可忽视的来源。

【案例·链接 2—2】

教师无暇关心子女的愧疚

四川省三台中学近十年的教学质量连年攀升，综合办学水平名列全省前列，这些成绩与该校每一个教师的辛勤努力是分不开的。正因为每个教师都花了很多的时间和精力在工作上，该校相当一部分教师都觉得没有让自己的孩子得到更多的应有的关爱，一种强烈地内疚感也一直困扰着这些教师。教数学的陈老师有一个刚刚上初中的儿子，本来应该好好关注儿子到新环境，进入新的成长阶段的学习、交友等方面的情况。可是因为陈老师是班主任，必须花很多的时间和精力在学生身上，他没有足够的时间来关注自己的儿子，加之妻子工作也很忙，他们只能让儿子住校学习，因此，他对儿子充满了愧疚感。本来工作繁忙的陈老师不但没有从家庭里得到更多的轻松，反而一直带着对儿子的愧疚感工作，而且时刻牵挂着儿子，提心吊胆，害怕儿子学习、心理、性格、交友等方面出现问题。

（四）来自于自我因素的压力

教师职业来自于自我的压力是一种主观的内在的压力，它与外界压力、交往压力相比是最具可控性的。教师自我压力主要包括以下三个方面：工作能力、自我期望、自我感受。

1. 工作能力

心理学研究表明，在新环境下，那些缺乏控制能力和预测能力的个体，压力感会更加强烈。工作能力是教师实现自我价值最重要的条件，工作能力的强弱对每个人都至关重要。每个教师都知道要得到学生、学生家长、同事、学校领导和全社会的认可，就必须不断提高自己的工作能力。因此，他们不得不为工作能力而担心，这也势必造成一定的心理压力。

2. 自我期望

自我期望是指教师对自己现在和今后工作、生活等各方面所怀有的一种美好的期待和希望。当这种自我期望过高或脱离实际时就难以实现，这反而给自己造成了压力。教师对自己不切实际的职业期望及教师的自身素质或能力水平不能适应职业的要求，是造成职业心理压力的主要原因之一。所以，自我期望过高成为教师又一个内部压力。

3. 自我感受

强烈的自我感受会成为教师的心理压力。部分教师的自我感受力过于敏感，他们常常纠结于一些细枝末节，对领导、同事的言行、态度和评价过于敏感，难以释怀，甚至会无中生有地感受到一些别人认为毫无意义的事情，并陷入自己给自己的压力困境中。

【案例·链接　2—3】

教师难以承受校长的一句批评

吕老师是教语文的中年教师，他从事教育工作很多年了，可至今也没有得到学校领导的认可，这让他一直处于低落的情绪里。有一次，校长在全校教职工大会上说："教师不努力不仅耽搁了学生，也害了自己，学生成绩出不来和教师不认真钻研、不积极认真有很大的关系。"这句话在一般教师听起来好像没有什么，可吕老师却认为这是在批评他，是将他的学生学习成绩差的责任都推到了他的身上，是对他工作态度的一种怀疑。校长的这一番话让吕老师郁闷了好久，后来他实在是想不通，就去找校长给他说清楚，好在校长对他一番开导，才解开了他心里的疙瘩。

二、教师心理压力的负面影响

我们向一个气球内充气，气球因为受到空气的挤压而膨胀；可是如果无限制地往里充气，气球就会不断地膨胀下去，直到胀破。人们的身体就像是那个气球，人们受到外界的各种刺激而感受到了压力，就像气球受到空气的挤压而膨胀一样。如果说气球有一个承受压力的极限的话，那么人们的身体同样也有一个承受压力的极限。心理压力超过了承受的极限，就会产生各种生理、心理的病变。过高的心理压力可以对人的身心健康造成严重的危害。而教师这一特殊专业群体，其工作对象是学生，还要面向社会，教师过度的心理压力必将危害我国素质教育的实施和教育事业的发展，对教师自身、学生、教育教学等都会带来负面影响。

（一）对教师身心的负面影响

教师心理压力超过教师承受极限，就会对教师自身产生负面影响。主要表现在三个方面：

1. 导致教师不良情感认知的出现

一方面，教师心理压力过大会导致教师出现不良的情绪和心理状况。处于职业压力中的教师情绪多表现为：莫名的焦虑、压抑、烦恼、紧张、沮丧、暴躁，没有自信心，对工作不满意，自我效能感降低，精神不振等。另一方面，教师心理压力过大会导致出现认知方面的困难。对于一些教师而言，强烈的情绪会导致专心或注意不够、范围缩小，观察能力降低，容易遗忘，解决问题的能力削弱等等。

2. 导致教师生理疾病的产生

长期不良的情绪和心理状况，会通过影响神经生理机制、内分泌机制和免疫机制等损伤机体的功能，导致生理上的不健康，甚至病态。当压力过大时，许多教师会出现心跳加快、消化不良、胃口不好、失眠、身体不适等反应。医学专家认为，大约有一半或四分之三的疾病与压力过大有关，例如：心理压力大的人感冒的发病率是正常人的 3—5 倍。压力过大会使承受者心跳加快加强、血压增高、内分泌系统功能旺盛、新陈代谢活动发生紊乱、呼吸急促、消化液分泌减少、头晕头疼、食欲减退、腹痛腹泻等，长期持续下去，个体便会患上各种慢性疾病甚至诱发潜在的心身疾病，如心脏病、胃溃疡等。

3. 导致教师消极行为的增多

消极情绪和生理的适应性反应常会导致教师出现消极行为。例如工作专心程度下降，消极怠工，对学生冷漠、谩骂或体罚，减少或放弃正常的社会应酬等，更有严重者甚至会出现不良嗜好，如嗜烟、酗酒等。

（二）对教师职业的负面影响

过大的心理压力会影响教师的职业兴趣、职业态度和职业行为等。

1. 对教师职业兴趣的影响

教师只有在工作得心应手、才能得到充分发挥时，自身价值才能得到自身和外界的认可，教师也才能感到职业带来的幸福。相反，教师就会感到压抑，工作兴趣也会降低。

【案例·链接　2—4】

教师职业压力与兴趣调查

表1　教师职业压力的感受程度比率（%）

选项 教师 类别	没有压力	有点压力	一般压力	压力较大	压力很大
小学	12.0	40.0	16.0	24.0	8.0
中学	0	33.3	8.3	41.7	16.7
大学	21.4	39.3	14.3	21.4	3.6
总体	11.7	37.7	12.9	28.6	9.6

从表1可以看出，有11.7%的教师没有压力，有38.2%的教师感到压力较大或很大。其中，41.7%的中学教师感觉压力较大、16.7%的中学教师感觉压力很大；24%的小学教师感觉压力较大、8%的小学教师感觉压力很大；大学教师压力较大的比率占21.4%、压力很大的比率占3.6%。总体讲，中学教师压力大于小学教师，小学教师压力大于大学教师。

表2　教师职业兴趣调查（%）

选项 教师类别	喜欢	基本喜欢	说不清	不喜欢
小学	16.0	44.0	28.0	12.0
中学	29.2	29.2	20.8	20.8
大学	34.5	34.5	20.7	10.3
总体	26.9	35.9	23.1	14.1

从表2可以看出，有41.6%的中学教师对教师职业兴趣"说不清""不喜欢"；有40%的小学教师"说不清""不喜欢"；大学教师对教师职业兴趣"说不清""不喜欢"的占31%。

对表 1、表 2 进行综合分析可以看出，感受职业压力较大的中学教师，相应地对教师职业兴趣不喜欢的比率也高于其他群体；教师职业压力感受比率最低的大学教师，对教师职业感兴趣的比率也最高。

2. 对教师职业态度的影响

教师职业态度是指教师对自己担任的职业所持有的评价和行为倾向。

由于教师压力的存在，教师对自身从事职业的态度也会持有消极态度。

【案例·链接　2—5】

教师职业态度调查

表 3　如再次择业，是否继续做教师的比率（％）

选项 教师类别	是	否	说不清
小学	12.0	40.0	44.0
中学	12.5	41.2	33.3
大学	41.4	17.2	31.0
总体	23.1	32.1	35.9

从表 3 可以看出，大学教师选择"是"的比率最高，中学教师选择"否"的比率最高。

对表 1 和表 3 进行综合分析来看，感受职业压力比率低的大学教师，对职业的认同态度也相应较高；感受职业压力最强的中学教师，相应地对教师职业持消极态度的比率也最高。

3. 对教师职业行为的影响

教师心理压力的大小影响教师职业的兴趣、态度，而教师职业的兴趣和态度又具有情绪和动机作用，影响教师的信念，投射到教师职业行为上。例如：教师过度的心理压力会导致教师个体消极行为增多，如工作专心程度下降、消极怠工、谩骂或体罚学生等。

（三）对学生成长的负面影响

教师职业的特殊性决定教师需扮演多重角色，在传授知识的同时，还要充当学生行为的示范者、心理的保健者及人格的塑造者等等。教师的不良情绪都会投射到学生心灵上，对学生的发展产生不良影响。有学者指出："在个体人格发展方面，教师的影响仅次于父母。一个孩子如果拥有甜蜜的家庭，享有父母的爱，又得到一个身心健康的教师，那是无比幸福的。相反的，如果他既不能在父母那里得到足够的关怀和爱护，又受到情绪不稳定的教师的无端困扰，必将造成许多身心发展的问题。"如果教师缺乏健全的人格，心理不健康，对学生冷漠无情或随意惩罚学生，久而久之，学生就会出现焦虑、恐惧、逃学等心理问题和行为问题，危害学生心理健康。

1. 对学生人格方面的影响

俄国著名教育家乌申斯基曾说过："在教育工作中，一切都应当建筑在教师的人格基础之上，因为只有从教师人格的活的源泉中才能涌出教育的力量……没有教师对学生人格方面的影响，就不可能有深入性格的真正教育。"学生，尤其是小学生，善于模仿，教师也是他们最经常、最直接、最权威的榜样，教师的一言一行、一举一动，都是他们不自觉的模仿对象，教师的不良心态或行为都被学生看在眼里，在潜意识里留下不可磨灭的印象。如果一个教师不顾自己的社会角色，过分张狂、虚荣、浮躁，那么人格未定型阶段的学生也会受其影响，形成某种病态人格。

2. 对学生认知方面的影响

无论是在课堂教学中还是在学校日常活动中，教师对待事物的态度、解决事物的思路和方法，以及在认知方面所表现出的灵活性、独特性都会对学生产生重要影响。教师在认知方面存在的问题，例如思维偏执、思路狭窄都会对学生的认知发展带来阻碍，影响学生认知能力与习惯的形成。

3. 对学生情绪方面的影响

教师的情绪与学生的情绪呈正相关，情绪稳定的教师容易安抚学生的情绪，情绪不稳定的教师容易把不良情绪发泄到学生身上，如对学生进行体罚或变相体罚，而学生受到教师的体罚，容易产生转向攻击，变得暴躁、好斗，形成不健康的心理状态。正如美国教育联合会（NEC）在《各级学校的健康问题报告》中所说："一个无法控制脾气的，严重忧郁的，极度偏见的，凶恶不能容人的，喜欢讽刺的，对别人刻薄或习惯于谩骂的教师，其对于儿童心理健康的威胁，犹如肺结核或其他危险传染病对儿童身体健康的威胁一样严重。"

4. 对学生学习方面的影响

教师积极的情绪，对于促进学生学习心境的愉快，对于师生关系的协调和良好课堂气氛的形成，有密切的关系。如果教师在良好的心境下上课，自然是和颜悦色，充满激情，其课堂也会生动活泼，教师的教学水平能得到好的发挥，学生受教师情绪的感染，也愉快开心，学习兴趣激增，充满主动性、积极性，学生的积极同时也鼓励着教师加倍努力地挖掘自己的潜能，从而形成良性循环，收到理想的教学效果。相反，情绪不良的教师，出现暴躁的情绪或是发脾气等，容易使学生形成逆反心理从而产生抵触情绪，影响学习效果；也有部分教师对心目中的优生无论优缺点都一并宽容，对学困生则抱有偏见，挫伤学生积极性，造成学生情绪低落，影响学生的学习兴趣，成绩下降。

三、教师心理压力的调适策略

教师心理压力的自我调适可分为两个方面：一是处理情绪；二

是处理问题。既从客观上控制职业压力的致因，又要提高自身适应职业压力的能力，同时从主观上对已产生的职业压力问题进行调适。

（一）调整自我认知系统

认知是指一个人对一件事或某对象的认识和看法，包括对自己的看法、对他人的想法、对环境的认识和对事物的见解等。调整认知系统就是对自我认知进行改变，其主要着眼点是通过改变个体对己、对人或对事的看法与态度来改变并改善所呈现的情绪和行为问题。以消极念头看自己的人，会产生许多无谓的压力，就像参加一个考试，100 分满分，拿了 90 分，持积极认知态度的教师会把注意力放在得到的 90 分上，而持消极认知态度的教师会把注意力放在丢掉的 10 分上。积极的认知会使人更多地看到事物积极的一面，教师学会"选择性注意"可以将注意力集中于有益的相关信息，使自己增强信心。而对于消极认知的教师，可以"移步换景"，重新建构自己的认知，去除事件的负面影响，寻找事物的积极内核，变压力为动力。

（二）树立合理职业观念

美国心理学家奥尔波特认为，经济的、宗教的、艺术的、政治的、社会的和理论的六种价值观表现，可能同时存在于一个人身上，也可能作为可变的价值取向，以不同的程度在一个人的观念体系中组合起来。比如：社会型，即以爱护他人、关心他人为高尚职责，热心社会活动，肯牺牲自己；经济型，即重实物，讲享受，追求实用价值；宗教型，即相信命运，注重超自然的力量和感觉的东西；艺术型，即注重心灵的感受，用美来衡量客观事物。教师的职业价值观可以反映出教师对人生各种需要的重视程度。在职业生活中，有些教师常常依赖荣誉、声望和"实物"来获得安慰与衡量职业的价值。一个教师只有真正理解现代"教师职业"的价值与意义，他才会真正超越声望地位因素的需要与动机，真正实现自我。教师如果能认识到作为一个教师的工作意义在于工作中所体现出的人性光辉，而远不是荣誉、声望和"实物"所能衡量的，他就会拥有积极而坚定的职业信念，以社会型和艺术型主导自己的价值观，从而形成教师职业特有的荣誉感，把教师职业当作个人达到自我完善的境界，成为生命不可分割，无法舍弃的部分。

（三）构建和谐人际关系

心理学家认为，知心朋友多的人、有较多亲密关系的人以及能和别人讨论深刻感受的人，通常较能应付压力，不会轻易被危机击倒，能振作起来，面对挑战。教师与学生、同事、领导、朋友之间的关系问题是教师无法逃避的问题，因此教师必须积极对待。一是加强师生沟通。教师要以自然真诚的原则适当地表达对学生的关爱，积极倾听学生的心声，设身处地去了解学生，对学生的需求有适度的回应，善于控制与疏导自己的情绪而不迁怒于学生。二是强化与同事及领导之间的关系。教师要做到同事间心理的互助，对同事的成功表示真诚的欣赏和赞美；使领导及时了解自己的需要、理想和心理状况，获得他们对自己工作的支持和理解。三是重视家庭生活。教师要重视与亲朋好友及其他能纳入自己关系网中的人的交往，定期与他们接触、交流和沟通。

（四）宣泄消极情绪

精神分析学家曾提出宣泄理论，其依据是人有情绪总得发泄，不是积极地发泄就是消极地发泄。作为一名教师，其情绪宣泄应采用积极的方式：将自己的烦恼和苦闷向值得信赖的人倾吐或写在纸上，或做一些平时感兴趣的事情来分散注意力，多运动等等。另外在无法改变某种无奈的现实时，应善于在"无奈之中求出路"，可采用"白云想象法"来缓解压力。

【案例·链接　2—6】

白云想象法

1. 想象自己仰躺在夏日的草原上，凝视着广阔的蓝天，这时你是轻松的、快乐的，天空很明亮、很美丽。

2. 独自一人躺着，轻松地、愉快地望着天空，这时，发现天际线上出现了一朵小小的白云，它以蓝天为背景，在天空中自由地漂浮。

3. 这时，想象着小白云慢慢向你移来，放松自己，反复地想象着小白云还在慢慢地向自己移来。

4. 慢慢地欣赏着小白云向自己移来，终于，小白云停在自己头上了。这时你可轻松、仔细地欣赏美丽的小白云了。

5. 想象着自己沉醉于小白云中，自己也成了一朵小白云，并且能自由分散，和小白云融合成一个整体。

一般情况下，当人们情绪不稳定时，做几次"白云想象法"即可使自己的心情平静下来。

（五）适度休闲放松

俗话说"劳逸结合"，休闲作为生活中不可或缺的一部分，对个体的生活乃至整个社会都有很大的作用。古希腊哲学家亚里士多德认为，休闲是一种深思的状态，是一种不需要考虑生存问题下心无羁绊的状态，亦即古希腊哲学家所推崇的沉思、从容、宁静和忘我。人有了休闲不是拥有了驾驭世界的力量，而是由于心态的平和使自己感到生命的快乐。因此，休闲对于教师而言不应该仅仅是娱乐和休息，而应该成为追求个人价值的一个途径。教师休闲的方式可以多种多样。

表 4   教师的休闲方式

分类标准	休闲类型	具体方式
目的不同	逃避性的活动	为了逃避日常工作而从事的休闲活动，如阅读课外书籍、看电影和电视等
	一般教养性及鉴赏活动	充实人生的活动，如观看演出、学习技能等
	创造性的活动	自己去创造生产的活动，如作曲、绘画、陶艺、缝纫等
	服务性的活动	以服务为目的的休闲活动，如义务工作、社区服务等
性质不同	知识性休闲	如读书、参加展览等文化活动
	健康性休闲	如球类运动、登山、跑步、游泳、跳舞、练瑜伽等
	乐趣性休闲	根据自己的兴趣和爱好进行休闲活动，感到快乐就好
	服务性休闲	参加社会服务和义务机构工作，从中获得喜悦
时间不同	片刻休闲	家居或工作处所的休闲，如在学校课间伸伸懒腰、提提腿、散散步等，以短暂零碎时间的运用为主
	日常休闲	在生活圈内的休闲，如公园赏花、购物布置家居等，以半天或一天为时间段
	周末休闲	远离工作的烦扰，到郊外参观名胜古迹，进行短途旅游等，利用好周末的休闲时光
	长假休闲	可以到所居住的省、市外的地方旅游放松，观光游览、旅游度假等，安排好长假时间

总之，休闲是教师最好的心理按摩。不管选择何种休闲方式，

对于教师来说，主要是有意识地培养自己的休闲观念，在紧张的工作和高强度的压力下学会"忙里偷闲""忙中取乐"，这样才能真正做到事半功倍，保持长久的健康。

（六）及时接受心理咨询

心理咨询是指运用有关心理学的理论方法，通过解除咨询对象的心理问题，来维护和增进其身心健康，促进其个体发展和潜能开发的过程。过度职业压力造成教师的心理不适、心理障碍，乃至各种身心疾病，通过教师自己的摸索、调整、领悟，的确可以解决自身的问题。教师接受心理咨询辅导，可以帮助自己更迅速、更有效地解决问题，缩短困扰时间。教师应摒弃接受心理咨询就是自己"不正常""有问题""被人歧视"的错误观念，要正视问题的存在，积极有效地促进自我身心和谐发展。

【思考·实践】

1. 你作为一名中小学教师，当前有哪些心理压力？你将采取什么方法进行自我解压？

2. 结合所在地区的实际情况，分析中小学教师心理压力来源于哪些方面。

第二节　教师人际交往的亲和力

"亲其师，信其道"，教师拥有了亲和力，就能赢得学生的尊敬和信任。教师的亲和力是指教师为有效完成教育教学任务，在与学生交往中，采用易被学生接纳、喜爱的亲近行为，使师生关系达到和谐的能力。学生所喜爱的优秀教师，都具有很强的亲和力。

教师的亲和力具有教育性、生本性、和谐性的特点。

一是教育性。亲和力是有效教育教学的必要条件，应是教师的必备素质。所以，教师的亲和动机应来自于对所承担的教育教学任务的认识和自身专业发展的需求，是教师科学的教育教学观和专业发展观的体现，具有鲜明的教育性。

二是生本性。首先，教师的亲和力应真诚地指向学生。如果教师出于某种私利，一个灿烂的微笑、一个帮助的手势、一句友好的话语、一个暖人的身体接触，可能表现出的是不屑一顾而不是真诚，这样就不会得到学生的认可。其次，学生是衡量教师亲和力的主体。学生是教师亲和力的指向者，也是教师亲和力有无或高低的衡量者，教师的亲近行为必须是学生接纳或喜爱的。

三是和谐性。亲和力的关键语素是"亲""和"。"亲"为亲近、亲切、亲爱；"和"为和好、和睦、和谐。"亲"的行为所追求的是"和"的目标。所以，师生关系的和谐性是教师亲和力的价值追求。和谐的师生关系要消解教师的唯我独尊，但也绝非"学生无错、学生无过"、学生可以目无师长、我行我素，而是相互尊重、相互理解。民主、平等、合作是和谐师生关系的理想模式，也是教师亲和力的必然追求。

一、教师亲和力的构成要素

教师亲和力的构成要素主要有四个方面：

（一）高尚的职业道德

教师的职业道德是教育学生、受到学生热爱的保证。教师要以高尚的情操和人格影响学生，以优良的德行吸引学生、教育学生、感染学生，在学习上给学生诲人不倦的帮助，在生活上给学生无微不至的关心，善于发现学生的点滴进步，并及时指出学生的错误，从而获得学生的敬重和爱戴。

（二）真诚的情感交流

苏霍姆林斯基指出："学校里的学习不是毫无热情地把知识从一

个头脑装进另一个头脑里，而是师生之间每时每刻都在进行的心灵的接触。"这种"心灵的接触"，主要是通过情感交流来实现的。因此，教师必须树立正确的师生观，尊重、理解学生，通过情感交流，促进师生关系的和谐，才能拥有亲和力。

【案例·链接　2—7】

以面部表情为主的体态语言的重要作用

有人曾以《教态对课堂教学效果的影响》为题，向100名不同年龄阶段的学生做了问卷调查。调查结果表明，学生十分重视教师的教态，普遍认为教态对教学效果会产生重要影响。美国一位心理学家麦热滨曾总结出一个公式：信息的效果＝7%的文字＋38%的音调＋55%的面部表情。由此可见，以面部表情为主的体态语言在传递信息中起着重要作用。

（三）亲切的语言表达

教师的口头语言要亲切生动。苏霍姆林斯基曾说："教师的语言修养在很大程度上决定着学生在课堂上的脑力劳动的效率"。教师的语言素养和语言表达能力，还是反映其教学水平的一个重要标志。一个真正热爱教学的教师，应不断提高语言表达能力，提高语言表达的质量。在教学中不应照本宣科，了无生气，而应该根据教学的内容，用富有亲切感、分寸感和节奏感的语言，把自己的真实感情融入讲课之中，做到抑扬顿挫，"未成曲调先有情"。例如：导入新课时采用设疑的语言，舒缓前进；分析问题时，用准确、犀利的语言，波澜起伏；总结阶段的语言，一字一句，重点突出。教师这种富有感染力的语言，可以吸引学生的注意力，引起学生心灵的共鸣，增强教师的亲和力，提高教学效率。教师的体态语言要亲切生动。体态语言是指人们在交际过程中运用的面部表情、衣着、手势、目光、动作以及通过它们传达的个人气质来帮助口语信息传递、表达感情、表示态度的一种辅助形式，是一种无声语言，它具有沟通、交流感情和补充、强化口语信息的作用，同时又能表达语言行为难以表达的感情和态度。每天清晨，教师走进教室，开口说话之前，从教师是否得体的衣着中传达出来的个人综合信息就决定了学生对教师的认同程度，也决定了学生对教师所带来的所有信息的接受程度；上课过程中，教师运用有声语言和无声语言与学生交流时，教师亲切、热烈的面部表情，关注每一个学生的温和、宽容、热切的目光，配合教学内容自然生成的得体而富于表现力的体态动作，决定了教师对学生的吸引力，也间接决定了本堂课的教学效果。

（四）广博的知识素养

当今世界是一个科学技术飞速发展的世界，新知识、新技术不断涌现，新信息、新观念迅速传播，新编教材反映时代需要，内容丰富，要求教师对各方面的知识都要有一定的了解。苏霍姆林斯基说过："只有把知识的百分之一用于课堂讲授就够了的教师，才能适应教学的需要。"为此，教师应通过不断学习来充实自己，不断扩大自己的知识面，提高自己的文化素养。只有知识广博，教师讲课时才能旁征博引，生动活泼，有利于师生间感情的交流，便于培养学生的探索精神和创新意识。

二、教师亲和力的一般表现

教师每天与学生生活在一起，教师在与学生的交往中要具有亲和力。教师对学生的亲和力主要包括对学生的热爱、对学生的赞美、对学生的感染。

（一）对学生的热爱

教师对学生的热爱是教师亲和力表现的重要方面，需要教师付出毕生的精力与热情。

1. 对学生问候

陶行知说过："运用朋友的关系，彼此自由交换学识，是比摆架子好得多，你要了解学生的问题，体谅学生的困难，处处都显示出你愿意帮助学生，而没有一丝一毫的不耐烦。"教师应让学生感到每天见面都很高兴，经常关心和问候学生："天冷了，加衣服了吗？"学生上课睡觉时，教师轻轻走到他身旁："有什么不舒服，需要我帮助吗？"昨天晚上又熬夜了吗？""有什么困难吗？我想我们可以共同克服。"这些礼貌、委婉的话语，像涓涓细流，使学生感到亲切。教师应走近学生，了解学生，与学生进行思想和情感上的交流，教师从中获取信息，可以更好地帮助学生。学生则能从与教师的交流中感觉到自尊，树立信心，增加亲切感。

2. 对学生微笑

微笑是一个人最美丽的表情，是一种善意和热情的表示。微笑作为教师在教育教学中的重要体态语言，具有极强的暗示性和感召作用。教师时常微笑，会唤起学生愉悦的心情，是与学生最佳的情感交流方式，是建立师生良好关系的最佳媒介。教师不仅在课后坚持微笑，课堂上教师也要面带微笑，使学生感到亲切，得到放松，在和谐的教学氛围中以更高的效率来学习知识。

3. 对学生宽严相济

今天，教师面对的已不是过去的"很听话"的学生，学生们追求个性化，有时会表现得很"另类"。这就要求教师在接受学生优点的同时，也要接受他们的缺点，对学生应宽严相济。教师对学生一味地宽或一味地严都有可能让学生丧失尊严。教师在课堂上不能一味包办代替，应把学习的主动权交给学生，让学生在探索之中享受成功。教师应做学生的指导者和引路人，相信学生的能力并想方设法锻炼和提高学生的能力，应少对学生说必须如何做，多对学生说："想一想，应该怎么做呢？"教师从人品上，更是应该充分信任学生。其实学生的缺点或错误，无非是迟到、与同学发生小矛盾、作业没有完成、成绩不理想等等，对学生的缺点或错误，教师应宽容。当学生感受到这种宽容时，就会更容易接受教师所讲的道理。这就是"亲其师，信其道"。当然，教师的这种宽容是有原则的，对有一些错误必须要严厉批评。

（二）对学生的赞美

心理学家研究发现："人类本性中最深刻的渴求就是受到赞美"，"最真诚的慷慨就是赞美"。教师对待学生应该"多赞美少批评"，赞美学生比批评学生的效果来得好。人人都需要他人的赞美，处于成长中的学生尤其需要，教师一句激励的话语，一个赞美的眼神，一个鼓励的手势，往往能给学生带来意想不到的收获。赞美学生是人文精神在教育教学过程中的渗透，要求教师看到人性的美好，看到每个学生都有聪明、好学、向善的一面，让学生在"我是好学生"的心态中成长。

1. 赞美学生的良好表现

教师对学生的良好表现应准确及时地加以赞美，让学生明确自己所做的什么行为得到了肯定，从而有利于学生良好行为的强化，使学生不断培养学习、生活、纪律等方面的良好习惯，帮助学生扩大良好表现。

2. 赞美学生的努力过程

教师对学生应该经常说，"你很刻苦""你真善解人意""你很有耐心""你很有毅力""你的书面很整洁""你很细心"等等。尽量少说"你很聪明"。教师要鼓励学生努力学习的过程，而不要过多赞美结果，否则学生为了得到教师赞扬会弄虚作假。

3. 赞美学生的自我进步

如果一定要对学生进行比较不可，教师应尽量把学生现在的状况与他过去的状况相比，而非把学生与他人比较。每一个人的出发点都不尽相同，每一个人在该领域上展露光芒的方式也不尽相同，因此，最好的比较，就是看一个人是否超越了过去的自己，是否比昨天的自己又进步了一点。教师对学生进步的赞美是传递给学生的，让他终身受益无穷的重要态度。

（三）对学生的吸引

教师对学生的吸引主要靠教师自身的人格魅力。

1. 修饰外表

教师要具有良好的外表形象，才能让人看起来舒服，增强对学生的吸引力。教师服装应整洁，得体大方；头发要干净，梳理整齐，不要留有头屑；指甲要勤剪，不要留有污垢；要经常洗澡、刷牙，不能带有体味、口味。教师良好的外表和精神面貌，让人看起来舒服，不仅会使学生愿意亲近自己，还会给学生树立良好的榜样。

2. 完善自我

在新的教育形势下，学生知道的东西很多，有的学生涉猎的范围比教师还广。在这种情况下，教师必须要加强业务进修，不断扩大、充实、加深自己的知识面，努力提高教学效率。这样，学生才会尊敬和佩服你，亲近你。教师还要养成与学生共同研究问题、共同讨论、共同学习的习惯，在学生面前不能有唯我独尊的思想。教师也要通过"走出去，请进来"，学习他人先进的工作经验，弥补自己的不足，兢兢业业地做好本职工作，为学生树立良好的榜样。这样，学生自然会尊敬你，亲近你，师生关系才会和谐、融洽。

3. 真诚待生

每个学生都有一个神秘的内心世界，教师要想步入那神秘的世界并不容易。那么，如何使师生之间产生心灵共鸣，达到心灵的沟通呢？最重要的是教师要尊重学生，真诚对待学生，平心静气，因势利导，变对立为平等，化怒气为微笑，这样才能使学生信任教师。教师教育学生不是演戏，不能搞双重人格，只有教师表现出表里如一、言行统一的美好品德，才能对学生产生潜移默化的教育作用。此外，教师的一举一动都被学生看在眼里，教师真诚对待学生，学生才会真诚对待他人。教师要求学生做到的，自己一定要先做到。

三、教师亲和力的提升策略

教师的亲和力是一种隐性课程资源，是强化师生关系的黏合剂，是师生感情交流的润滑油。教师只有不断地提升自己的亲和力，才能使自己成为学生信赖、敬佩的良师益友，才能使教育教学达到事半功倍。

那么教师应如何提升自己的亲和力呢？

（一）努力创设平等、宽松的氛围

创设平等、宽松的氛围是以教师和学生的情感交流为基础的。

1. 尊重学生

苏联著名教育家赞可夫曾经说过："当教师把一个学生认识到他是一个具有个人特点的、具有自己志向、自己智慧和性格的人的时候……才有助于教师去热爱儿童和尊重儿童。"学生是有着主观能动性、发展着的人，他们有着不尽成熟的思维方式和行为特征。因此，教师要站在学生的角度去理解其言行的合理性，尊重学生身心发展的需要，尊重他们人格上的独立性。比如对学生崇拜的明星、喜欢的歌曲、喜欢的书籍、从事的娱乐活动等，教师要潜下心来揣摩，用学生的大脑去思考，用学生的眼光去观察，用学生的情感去体验，才能使师生之间心相通、情相连，学生才会向教师敞开心扉。

2. 了解学生

教师要认真地了解和分析学生的个性特征，采取不同的教育方式。对直爽开朗、不拘小节、课堂上大胆发言的学生，教师要着力表扬，当然也要明白无误地点出他存在的问题；对倔强刚毅、勇于吃苦、喜欢质疑的学生，教师要多加鼓励，从而树立其良好的学风；对沉默寡言、自信心不足的学生，教师要点拨精当，不能因答错一题而横加指责，要找出其身上闪光点；对自负傲慢、不求甚解、夸夸其谈的学生，教师要在承认其"勇气可嘉"的同时，抓住其不足之处，着力剖析，以不可置疑的事实让他知道"人外有人，学无止境"的道理，从而使他确立更高的目标。只有了解学生的思想与现状，教师才有与学生交流与沟通的基础，才有可能发挥教育的功能。

3. 欣赏学生

教师要欣赏学生，调动学生的积极性，让学生感受到教师在关注着自己。教师要对每个学生充满期望，根据学生的个体差异及其自身的优势来确定相应的目标，并通过具体的方式表达出来。教师要让学生明确自己的奋斗方向，并依照它来规范自己的行为，随着教师的期望值适度提高，学生也会不断地进步。教师应及时发现学生的进步，并给予赞赏，一个微笑、一句"很棒"、一个点头示意都能增进学生的自信心。教师在批评教育学生时，应切忌直截了当的指责和偏激的唠叨，应避免伤害学生的自尊心。教师不应激起他们的反抗情绪。谈心式的批评是一种行之有效的方法，在宽松的环境下，教师从赞美欣赏的角度开始与学生沟通，诱导学生对其自身行为进行评价，达到自我教育的目的。

(二) 不断提高自身素养

教师广博的学识、精湛的专业技能、多方面的才艺、幽默风趣的语言风格、无私的高尚品质等都是吸引学生的魅力所在，而教师的魅力提升，需要教师从不断提高自身素养中去获得。

教师个人素养的提高应包括两个方面：

1. 提高文化素养

教师必须努力学习，经常"充电"，不断地充实自己，树立"学无止境"的意识。教师要具有较高的教育科学理论素质和拥有全新的教育教学理念，才能对学生的成长给予及时到位、准确的指导，学生才会从心里敬佩教师。同时教师还要了解、认知学生感兴趣的东西，尤其要了解学生胜过教师的方面，并且愿意向学生学习，这样不仅不会削弱教师的威望，还会为学生树立一个实事求是、虚心好学的榜样，增进师生间情感的交流。

2. 提高品德素养

师德对于受教育者具有很广、很深的穿透力，德是师之本，德是师之魂。高尚的师德品格包含无私的敬业精神、深厚的专业知识、广博的文化素养、严谨的生活作风、熟练的教育技巧，师德在育人中具有重要的心理导向、道德导向和价值导向作用。教师要塑造师德、垂范师表，以自己饱含人生智慧的学识和充盈人格魅力的德行，影响学生、教育学生、感染学生。教师要以高尚的情操、优良的德行吸引学生，获得学生的敬重和爱戴，从而起到潜移默化的教育作用。

（三）大胆展示真实自我

教师应敢于在学生面前展示一个真实的自我。在日常生活工作中，教师要让学生感到自己是一个坦诚的人，没有伪装、没有矫揉造作、没有文过饰非，从而让学生在潜移默化中培养自己真实的人生体验和思想感情。教师真实自我的展示，会使学生知道教师想什么，做什么，无须琢磨便会按教师要求去做，也会使学生感受到教师自身的亲和力。

【案例·链接　2—8】

心理测试　你是个有亲和力的人吗？

针对下列 10 项问题，请从 A，B，C 选项中挑出最接近自己想法的一项。

1. 彼此能够认真地讨论，坦率地批评对方。

　　A. 是的　　　　　　B. 无所谓　　　　　　C. 不

2. 害怕破坏了相处（交往）时的气氛，尽量避开深刻（严重）的话题。

　　A. 是的　　　　　　B. 无所谓　　　　　　C. 不

3. 通常都是插科打诨，讲些逗趣的话或笑话，很少交谈彼此的心事。

　　A. 是的　　　　　　B. 无所谓　　　　　　C. 不

4. 刻意淡化严肃正经的话题，尽可能谈些轻松、愉快的话题。

    A. 是的　　　　　　　B. 无所谓　　　　　　C. 不

5. 只要有个念头（心念一生），彼此都无顾虑，随时可以交谈。

    A. 是的　　　　　　　B. 无所谓　　　　　　C. 不

6. 彼此都不深入接触对方的世界（问题），保持泛泛之交。

    A. 是的　　　　　　　B. 无所谓　　　　　　C. 不

7. 为了避免自己受到伤害或伤害了对方，所以刻意保持距离。

    A. 是的　　　　　　　B. 无所谓　　　　　　C. 不

8. 一般人认为绝对不可暴露的秘密（或自己沮丧的一面），你能坦然自若地说出口。

    A. 是的　　　　　　　B. 无所谓　　　　　　C. 不

9. 极力避免认真正经的交往所带来的密切关系。

    A. 是的　　　　　　　B. 无所谓　　　　　　C. 不

10. 你期待的是相处之际进行彼此心事的交谈。

    A. 是的　　　　　　　B. 无所谓　　　　　　C. 不

请累计各题得分：

题序	A	B	C	总计
1	2	1	0	
2	0	1	2	
3	0	1	2	
4	0	1	2	
5	2	1	0	
6	0	1	2	
7	0	1	2	
8	2	1	0	
9	0	1	2	
10	0	1	2	

结论：

得分 13—20 分：属于热情型的人。这种类型的人，在与亲密朋友的交往中，总是尽可能缩小心理上的距离，有什么心事，则毫无隐瞒，直话直说。他们会直率地批评对方，同时也希望对方在自己做错的时候也能提出批评的意见。他们有时会显得很严肃，纵使有时产生碰撞（发生冲突），还是期待彼此深入的交往。

得分 8—12 分：一般型。属于普通的交友方式，给人一种不冷不热的印象。

得分 0—7 分：冷淡型。这种类型的人，与最亲密的人之间，也要划清界限，除非必要，绝不靠近或越界。不太干涉或关心对方的事，也不希望他人过多地去关注自己，对于彼此的私生活或私事，非常重视。他们以洒脱而愉快的交往为目标，一有不愉快的话题出现时，就讲些笑话，轻描淡写地带过。

【思考·实践】

1. 教师对学生的亲和力应主要表现在哪些方面？

2. 教师应从哪些方面提高自身的亲和力？

第三节　教师专业工作的胜任力

胜任力是指动机、特质、自我概念、态度与价值观、知识与技能等能够可靠测量并能把高绩效与一般绩效员工区分出来的个体特征。教师胜任力是指在中小学教育教学过程中，教师满足学校环境内教育教学工作需要的个性心理特征和行为能力。这些个性特征和能力是区分优秀教师和普通教师的个体潜在因素，其指标体系包括教学组织管理能力、沟通合作能力、责任心、主动性、学习能力五大类指标。

一、教师专业工作胜任力的影响因素

影响教师胜任力的因素有很多。从外部因素来看，校园的环境、教育目标等都有可能对教师胜任力的提高和发挥产生影响；从教师自身因素来看，知识、认知、性格及自我分析能力等都是影响教师胜任力的根本因素。

(一) 外部因素

首先，校园的环境氛围会影响教师胜任力。学校只有不断地提升自己的知名度，获得社会的认可，才有可能为教师提供一个更高的交流平台；教师也只有不断地参与实践，活跃于专业和相关领域的最前沿，提出独特的教育观点，才能不断地提高自己的专业胜任能力。其次，教师的需求是否得到满足会影响教师胜任力。学校可以通过尽力满足教师需求，提高教师的积极性来提高教师胜任力。最后，学校共同愿景也会影响教师胜任力。教学是一种教育宗旨、学校目标和教师目标相统一的活动，如果其中两个发生冲突，就会使教师持被动接受的态度，这样教师的胜任力就不能很好地发挥出来。

(二) 内部因素

内部因素包括以下几个方面：一是教师自身的专业知识技能。教师的专业知识技能既源于教师在入职前所受的教育，也源于工作过程中经验的不断积累和学习。教师扎实的专业知识和娴熟的专业技能是教师工作胜任力的保证。二是教师对教育事业的动机和态度。强烈的动机和正确的态度是维持一个人长期进行一项事业的必要条件，在胜任力的结构中也被称之为热情。教师对教育事业的热情在一定程度上表现为对学生和对教育事业的热爱。三是教师教龄的长短。教师的胜任力会随着教龄的增加而有所提高，这可能是因为教学在很大程度上也是一种经验的积累，教龄越大，经验越多，综合创新能力越强，教学研究的见解也更独到，应变和教学监控的能力会更强，这些都是教师胜任力的重要因素。四是教师的人格特点。人格是构成一个人的思想、情感和行为的特有模式，是一种相对稳定而统一的心理品质。教师健全的人格是工作胜任力的基础。

二、教师专业工作胜任力的行为要求

对教师专业工作胜任力的行为要求包括教师对学科体系的熟练掌握力、教师对学生理解学科知识的促进力、教师对学生心理的理解与引导力、教师对教育技术与教学的整合力、教师对多种评价手段的灵活掌握力、教师对课程的深度开发与实施力、教师教学环境的营造与调控力、教师的专业承诺与组织融入力、教师的专业实践反思与研究力等九大方面。每一方面的行为都应首先达到基本层次，进而达到优良层次。

（一）教师对学科体系的熟练掌握力

1. 基本层次

教师备课时能大体把握学科知识点或技能要领及它们之间的逻辑关系、学科探究方法与步骤及蕴含的人文价值；在教学中教师能基本驾驭学科知识、技能及方法，较少犯错。在教研活动中，教师能偶尔运用学科知识、技能或方法进行专业交流与研究。教师能偶尔用学科知识、技能及方法为社会提供服务。

2. 优良层次

教师备课时能熟练且深度把握学科知识点或技能要领及它们之间的逻辑关系、学科探究方法与步骤及其中蕴含的人文社会情感与价值；教学过程中，教师能精湛驾驭学科知识、技能及方法，极少犯错。教研活动中，教师惯于熟练运用学科方法及精湛技艺进行专业交流与研究。教师惯于熟练运用学科知识、技能及方法为社会提供服务。

（二）教师对学生实践、理解学科知识的促进力

1. 基本层次

教师备课时基本能找到学生已有学科结构与所教学科结构的结合点及学生学习的兴奋点；教学中教师基本能引导并支持学生基于已有学科结构，探究新知识、习得新技能、运用新方法，产生思想升华；教师能偶尔创设与学生生活或其他学科相关联的学习机会，让学生的知识与技能、探究方法及思想情感融为一体。在教研活动中，教师偶尔能与同事交流学科体系转化为学生意义学习的经验；偶尔能与同事合作为学生进行学科意义学习创造条件。

2. 优良层次

教师备课时能熟练而精确地找到学生已有学科结构与所教学科结构的结合点及学生学习的兴奋点，并能基本将这些结合点与兴奋点联通起来；教学中教师常能及时且熟练地引导并支持学生基于已有学科结构，探究新知识、习得新技能、运用新方法，产生思想升华；教师惯于营造与学生生活或其他学科相关联的丰富多样的学习氛围，让学生的知识与技能、探究方法及思想情感融为一体。在教研活动中，教师常常与同伴深入交流学科体系转化为学生意义学习的经验；教师惯于与同事展开具体合作，为学生学科意义学习创造多种条件。

（三）教师对学生心理的理解与引导力

1. 基本层次

教学中教师能大体觉察到学生心理变化并及时调整教学节奏；教师能大体顾及不同家庭学生具体情况，较少犯忌。教研活动中，教师偶尔与同事研讨及合作解决学生学习与心理问题。教师课外能偶尔与学生交流或参与学生自己的活动或家访；教师有时会留意学生身心变化并能从中发现问题并采取措施；当学生有身心疾病或发生灾害与事故时，能及时联系救治。

2. 优良层次

教学中教师惯于留心学生心理微妙变化并及时调整教学节奏；教师惯于从学生的不同家庭环境考虑，不犯忌。教研活动中，教师惯于与同事研讨及合作解决学生学习与心理问题。教师课外惯于与学生交流，参与学生自己的活动或家访；教师惯于留意学生身心细微变化，能从中发现问题并采取措施；当学生有身心疾病或发生灾害与事故时，能采取专业防护或及时联系救治。

（四）教师对教育技术与教学的整合力

1. 基本层次

教师基本能依据学科结构与学生已有结构的结合点与兴奋点设计整体教学流程及各环节的具体教学活动；基本会用 PPT、Excel、Flash 中的一两种软件，优化教学内容的呈现形式；基本能够但较少通过图书馆、专业网站及专业交流等获取资源，充实课程内容、优化教学设计及支持学生学习；基本能够且常常通过在线学习、同伴互助、知识管理等非正式教学手段中的一两种，提高学生学习效率。教研活动中，教师基本能运用录像机、录音笔、微博、微信等设备或网络互动平台中的一两种，进行教研或学习。教师基本能够且常常通过网络等使自己的专业知识与教学惠及更多学生、教师及研究人员。

2. 优良层次

教师能熟练地依据学科结构与学生已有结构的结合点与兴奋点设计整体教学流程及各环节丰富的教学活动；能熟练掌握且常用 PPT、Excel、Flash 等软件，优化教学内容的呈现形式；熟练掌握且常常通过图书馆、专业网站及专业交流等获取资源，充实课程内容、优化教学设计及支持学生学习；熟练掌握且常常通过在线学习、同伴互助、知识管理等非正式教学手段，提高学生的学习效率。教研活动中，教师能熟练掌握且常用录像机、录音笔、微博、微信等多种设备或网络互动平台，进行教研或学习。教师能熟练掌握且常常通过网络等使自己的专业知识与教学惠及更多学生、教师及研究人员。

（五）教师对多种评价手段的灵活掌握力

1．基本层次

教学中教师基本能够，且常常通过向学生提问、学生合作或独立完成任务、学生间互评等形成性评价中的一两种，准确了解学生学习效果，及时反馈给学生并据此调整教学；学期或单元教学前教师基本能够，且常常通过基于课程标准编制测试对学生做出诊断性评价或引导学生建立学习档案袋；学期或单元教学结束时基本能够，且常常通过基于课程标准编制测试，对学生做出总结性评价。教研活动中，教师基本能够，且常常通过与同行交流评价学生的策略及合作研究设计测试题目。教师基本能够，且常常通过与家长等相关人员互通信息，共同努力以学生学习上的进步来鼓励其弥补目前的不足。

2．优良层次

教学中教师常能熟练地通过向学生提问、学生合作或独立完成任务、学生间互评等多种形成性评价，准确了解学生学习效果，及时反馈给学生并据此调整教学计划；学期或单元教学前教师常能熟练而精确地基于课程标准编制测试，对学生做出诊断性评价或引导学生建立学习档案袋；学期或单元教学结束时教师常能熟练而精确地基于课程标准编制测试对学生做出量化评价并依据学生学习档案袋给予公正合理的质化评价。教研活动中，教师常能熟练地与同行交流评价学生的策略及合作研究设计测试题目、问题解决式活动及学生学习档案袋。教师常积极地与家长等相关人员互通信息、相互配合，以学生学习上的进步来鼓励其弥补目前的不足。

（六）教师对课程的开发与实施力

1．基本层次

教师基本能够摆脱照本宣科的教材复述，根据课程标准三级目标选择、改编和丰富教材内容；教学过程中教师偶尔能够根据教学进展的需要，与学生一起调整、丰富及优化课程内容；教师偶尔以学生兴趣或社会应用为主题开发综合实践活动课程，并能基本用于学科教学中。教研活动中，教师偶尔作为边缘参与者参与学校校本课程开发或教学资源库建设，并在教学中审慎地选择及运用这些资源；在集体备课等教研活动中偶尔与其他教师进行有效合作，部分分享自己开发的课程资源，并虚心从他人的课程资源或建议中吸取精华以丰富及优化自己的课程。教师偶尔作为边缘参与者同学生、其他教师、家长、专家或其他人员一道参与校本课程开发及教学资源库建设，并在教学中审慎地选择及运用这些资源。

2. 优良层次

教师能够完全摆脱照本宣科的教材复述，根据课程标准三级目标选择、改编和丰富教材内容；教学过程中教师常常能够根据教学进展的需要，与学生一起调整、丰富及优化课程内容；教师常能以学生兴趣或社会应用为主题开发综合实践活动课程，并能将综合课程融汇于学科教学各环节中。教研活动中，教师常常作为主要参与者参与学校校本课程开发或教学资源库建设，并在教学中审慎地选择及运用这些资源；在集体备课等教研活动中，教师常能与其他教师进行有效合作，完全分享自己开发的课程资源，并虚心从他人的课程资源或建议中吸取精华以丰富及优化自己的课程。教师常常作为主要参与者同学生、其他教师、家长、专家或其他人员一道参与校本课程开发及教学资源库建设，并在教学中审慎地选择及运用这些资源。

（七）教师教学环境的营造与调控力

1. 基本层次

教师基本能基于学生与学科的结合及兴趣点设计教学流程，营造适合教学活动开展的教学环境；教学中教师偶尔能够根据教学进展及时调整预设教学流程；教师基本能够为学生创设多元开放、安全有序及民主公正的教学环境，使多数学生都参与到教学中从而得到发展。教研活动中，教师偶尔与其他教师进行有效合作，分享自己的教学环境设计方案与教学调控经验，并虚心从他人经验或建议中吸取精华以提升自己。

2. 优良层次

教师常能基于学生与学科的结合及兴趣点设计教学流程，营造适合多种教学活动开展的教学环境；教学中教师常能根据教学进展及时调整预设教学环境设计；教师能游刃有余地为学生创设多元开放、安全有序及民主公正的教学环境，使所有学生都参与到教学中从而得到发展。教研活动中，教师常与其他教师进行有效合作，分享自己的教学环境设计方案与教学调控经验，并虚心从他人经验或建议中吸取精华以丰富及优化自己的课程。

（八）教师对专业承诺与对组织的融入力

1. 基本层次

教师根据自己的个性与能力，并与其他职业工作强度、收入及社会地位相比，发现教师职业是目前比较适合自己的职业；考虑到自己的能力，并与其他学校的工作强度、收入待遇、发展空间及所处区位环境相比，发现工作单位是目前较理想的选择；教师尽管基本适应所在学校及教研组等中层组织的文化，但也偶尔作为边缘参与者参与组织管理，偶尔也会针对管理模式、分配制度及具体专业活动中的问题提出改良方案。

2. 优良层次

教师职业已经不单是一种谋生手段，更是事业的追求，尽管也遇到过挫折与更好的转行机会，但始终无法舍弃对教育事业的执着追求；教师对自己所在学校有感情、信任领导、同事关系融洽，不愿轻易跳槽；尽管比较适应所在学校及教研组等中层组织的文化，但也常常以主要参与者的身份参与组织管理，偶尔也会针对管理模式、分配制度及具体专业活动中的问题提出改良方案、促进组织变革。

（九）教师对专业实践的反思与研究力

1. 基本层次

教师对不同的教育教学观念与方法、模式与流程、资源与技术，基本持开放学习的态度；教学中教师基本能根据学生反应及自我效能调整教学进程；课后教师偶尔通过二次备课、教学日志与微博、微信、反思录像、学生座谈等形式中的一两种，对教学实践进行反思。教研活动中，教师在公开课、随机听课、集体备课、师徒结对、专业交流或校本培训中的一两种场合里，基本能虚心听取他人的建议或批评，反思和提升自己的教学实践，且偶尔会有所保留地对他人提出建设性的批评或意见，促动其提升教学实践。教师基本能虚心听取学生、家长、教育行政及其他相关人员的部分合理建议或批评，促进自己反思和提升教学实践水平。

2. 优良层次

教师对不同的教育教学观念与方法、模式与流程、资源与技术，常常持开放学习的态度，并能据此不断朝专业化发展；教学中教师常适时根据学生反应及自我效能调整教学进程；课后教师常常通过二次备课、教学日志与博客、反思录像、学生座谈等多种形式，对教学实践进行系统反思。教师在公开课、随机听课、集体备课、师徒结对、专业交流与培训等多种场合中，常能虚心听取他人的合理建议或批评，反思，提升自己教学实践水平，且偶尔会畅所欲言地对他人提出建设性批评或意见，促动其提升教学实践。教师常能虚心听取学生、家长、教育行政及其他相关人员的大多数合理建议或批评，促进反思提升教学实践水平。

三、教师专业工作胜任力的提升策略

（一）掌握教学管理技巧

教学组织管理是一个复杂、漫长又很耗费心力的事情，作为一名中小学教师，应该随着工作的深入不断积累有益的教学组织管理经验。一是注重日常小事的处理。教师的教学组织管理能力更多的是在日常点点滴滴的小事里体现，并非是在处理重大的突发事件上体现。有时候一个教学管理的小技巧可以起到很大的作用，比如轮流安排全班学生担任班级管理的职务，他们每个人就都可以公平平等地享受到被教师、同学重视和信任的自豪感与荣誉感。恰恰是这些不起眼的小技巧就能够真正发挥教学组织管理的作用。二是注意观察学生平时的表现。学生如果在课外或校外出现问题，那么一定会在课堂上有所表现，比如心不在焉、无精打采等，这些表现严重时会导致学生学习成绩的下滑，如果由于教师对此没有足够的重视，而导致学生的问题积重难返，那么对于教师而言，解决起来就相当困难了。因此这就需要每名中学教师都应具备敏锐的观察能力和及时采取有效方法解决问题的能力。三是发现学生的闪光点。学生是很敏感的，其实每个学生都能够感受到教师对他们的态度。尤其是问题学生，教师应该努力发现他的优点和闪光点，从正面教育，通过表扬和鼓励使他重拾信心。

（二）学会沟通合作

沟通合作包括几个方面。一是师生之间的沟通。现在教师的职责已经更少的表现在传授学生知识上面，而更多地应表现在如何激发学生积极有效地进行独立思考，学会独立自主的学习上面；教师应成为学生学习征途中的顾问和引导者，引导并帮助学生发现真理而不是直接将真理拿给学生。教师必须拿出更多的时间和精力去与学生相互交流和讨论，对学生进行激励和鼓舞，引导学生学会独立思考，独立学习。二是教师与家长之间的沟通。学生是一个特殊群体，他们自制能力差，学校、家庭和社会需要对他们进行全方位、立体式地关注。家长在学生的教育中起着极其关键的作用。因此，能否与家长顺畅地沟通就有着极其关键的作用。教师与家长之间的沟通其核心在于换位思考，教师只有站在家长的角度来看待学生，才能真正了解家长的想法和要求。三是教师之间的沟通。教育是一个全方位、多角度的工作，教师与教师之间的沟通不能忽视。教师之间可以分享教育经验、共享教育资源，做到取长补短，求同存异。教师只有通过互相学习，取人之长，补己之短，才能真正达到互相提高的目的。

（三）增强工作主动性和责任心

教师工作的主动性和责任心不仅仅体现在课堂教学中对学生表现的关心，更重要的是体现在对学生日常生活、心理状态、习惯的养成的关心。

有很多新手教师或普通教师仅仅关心学生在课堂教学中的表现，而对课余时间中每个学生的成长情况却并不是很关心。其实校外和校内的教育是相辅相成的。学生的学习成长和他的日常生活是息息相关的，教师只有做到既关心学生学习又关心学生生活，才能真正把学生培养好。

学生的心智性格尚未定型，正处于发展的关键阶段。作为教师，不能不关注学生的心理状态。在很大的程度上，教师不适宜的教学方式可能会给学生的身心健康造成永久的创伤。

从某种意义上讲，一个好的习惯往往会影响人的一生，甚至会决定他的命运，因此，培养学生养成一个良好的学习习惯，比让学生学习知识更重要。基于这一点，中小学教师不仅要做好课堂上的教学工作，而且要把工作延伸到课外，要促使学生形成良好的学习生活习惯。

（四）终身不断学习

面对今天的知识经济时代，每个人都应该树立终身学习的观念。而作为教师，面对着越来越多的挑战和转变，想要一劳永逸地安于职前师范教育的专业基础，这只能导致教师安于现状、不求上进。因此对专业的钻研精神、积极主动的学习和创新成为具有胜任力的教师的必备素质。关于教师继续教育学习的观念，则经历了把教师当成问题，到把教师当成解决问题的工具，再到现在把教师作为解决问题的主体这样一个渐进的过程。教师可以通过电子化自主学习和融入学习共同体学习进行专业胜任力提升。

1. 电子化自主学习

随着互联网的日益普及，教师为了有效提升自身素质，可以对网络上丰富的教育资源进行合理运用，同时还可以通过采取电子化学习的方式实现自主发展的目的。第一，电子化学习可以提供丰富的教学知识，使教师可以根据自己的实际需要自主地选择学习内容。第二，电子化的学习方式只需账号和密码，教师就可以自由地选择适当学习时间，这种方式可以让教师更加灵活地分配时间，并能充分利用业余时间来提升自身素质。第三，在电子化学习过程中教师有很大的自主性，可以通过自己上网搜素来学习自己当前最需要的课程。

2. 融入学习共同体学习

学习共同体是一种有目的地促进学习，并使学习效果达到最佳的共同体。在这个学习共同体中，每个人既是老师，又是学生；共同体中的所有资源对所有人来说都是有效的；该群体会定期反思他们自己的学习；每个人对自己的学习负责，并珍惜这个群体的学习机会。教师要融入学习共同体，在共同体学习中，教师的收获和感受得到关注，教师转化激发自我的潜能得到促进。

【案例·链接 2—9】

新教育实验下的学习共同体

在朱永新教授倡导的"新教育实验"中，广泛存在着专业学习共同体，并且"新教育实验"将专业学习共同体作为促进教师专业成长的核心内容之一加以强调。在宝应翔宇新教育实验学校里，每天晚上都会由新教育实验项目负责人带领从外地到新教育实验学校学习的教师进行专业阅读，阅读的内容包括一些哲学原著、教育学经典文献等，有不明白的地方大家互相讨论。组织访问教师听课，每次听完课必然进行包括授课教师在内的评课、议课，以深化对课程的认识，明确课程中的优秀和不足之处。每逢周五晚上还组织学校范围内的"相约星期五"活动。主要内容：包括首先针对这一周的一些有代表性的课进行评课、议课，然后由一位教师提供一个学生的案例，大家进行分析并给出解决方案，最后还会为本周过生日的教师送上祝福和礼物。这充分体现了学习共同体的特点：宽容、以诚相待、共享思想、分担责任。

【思考·实践】

1. 请你结合自己所在学校的工作目标与自身实际，制订一份自己今后的教师职业生涯规划。

2. 你认为作为一名中小学教师，应该怎样在实际工作中提高自身的胜任力？

第三章　教师形象魅力素养的修炼

教师形象一般是指教师的外在形象，即教师的仪表、语言、举止、礼仪等给人的印象，它是教师道德修养、文化素养、审美情趣、精神面貌的外在显现。

教师职业是一个特殊的职业，教师所面对的学生不是物，而是人，教师站在讲台上，无意中就在展示自己的形象。学生在接受一位新教师时，总是从对其外在形象的审视开始的。

教师一走进课堂，自然成了学生注目的中心。学生首先以审美的态度向教师投以注意的目光，教师整洁大方的服饰衣着、庄重优雅的举手投足、亲切热情或幽默睿智的神情，都能使学生产生愉快感，都会对学生产生一种初始魅力。

魅力，就是对人的吸引力。人有魅力，别人就愿意与之交往。教师有魅力，学生就愿与其亲近，愿聆听其教诲。古往今来，大凡成功的教育家，无不是有魅力的教师，而且教师的魅力指数越大，影响也就越大。《学记》有云："安其学而亲其师，乐其友而信其道。"所以，教师只有不断提升自身的魅力，才能激发学生去赞叹、仰慕、效仿，从而增强学习的信心。

捷克教育家夸美纽斯说："教师的职务是用自己的榜样教育学生。"教师形象魅力就像一面镜子，学生可以从中认识到什么是善、什么是恶，什么是美、什么是丑，什么是高尚、什么是卑劣，什么是应当做的、什么是不应当做的。教师用身教来印证平日的言教，对学生是最具说服力和感染力的，能有力地推动学生在人格塑造中由"知"向"行"转变。

教师的形象魅力主要表现为和谐自然的职业美和现代美。一般说来，教师和谐自然的职业美和现代美是从仪表美、语言美、举止美、礼仪美四个方面体现出来的。

第一节　仪表美

仪表，是指一个人的外在表象，由容貌、体态、服饰等构成，是社会个体具有审美价值的外现。人的仪表可以反映出一个人的精神状态和礼仪素养，左右着人们与其交往的"第一印象"，对于社交的成功和事业的顺利发展均有较大的影响。

教师仪表，是教师在职业道德的支配下通过服饰、容貌、体态等外在形式表现出来的个人特有的举止风范和行为特征。教师仪表最直观地反映出教师的精神面貌，是教师的职业形象，也是教师的审美形象。教师仪表潜移默化地影响和作用于学生的情感和思想，并对学生的学习兴趣和学习态度有着直接的影响。

一、教师仪表美的特点及意义

仪表美是人的容貌、举止、态度的美，通常表现为风度、风韵的高雅、俊美。它包含三层意思：其一，仪表美是指人的容貌、形体、体态的协调优美。这是一种自然美，是仪表美的基础。其二，仪表美是指通过修饰打扮以及后天环境影响产生的美。这是一种修饰的美，是仪表美的发展。其三，仪表美是一个人纯朴高尚的内心世界和蓬勃向上生命活力的外在表现。这是一种深层次的美，是仪表美的本质。前两者称之为外在美，后者称之为内在美。一般说来，二者是密切联系的，外在美要受内在美的制约，而内在美则要通过外在美来显现，互为表里，相得益彰。二者的统一才为完善的仪表美。可见，仪表美不仅是躯体的外壳，也反映抽象的内在灵魂。

（一）教师仪表美的特点

1. 统一性

仪表美要外在形式和内在本质的和谐统一。即仪表美既要有一定的外表形式，又要有其内在本质。教师仪表美既要体现在外在的发型美、服饰美、形体美、行为美上，又要体现在内在的气质美、性格美上，并要将内在与外在的美集于一身。

2. 社会性

仪表美的本质属性是社会属性，具有社会性。教师仪表美没有永恒不变的固定标准，不同民族、不同的阶段和时代有不同的标准，社会交往要符合特定环境的审美要求。

3. 整体性

仪表美具有整体性，是各个组成要素美的协调配合、和谐统一。教师仪表美要体现教师职业要求，每位教师外显的形象、气质，不仅要展现教师个人内在的素养，在一定程度上也是教师群体形象及教育形象的展现。

4. 模范性

仪表美具有模范性，代表某一职业形象，具有教育示范作用。教师仪表美要做到仪表整洁、举止安详、表情愉快、风度文雅，在社会伦理道德所统辖的风俗、习惯、礼仪、时尚和社会生活所涉及的规章、制度、纪律及守则各方面都可成为"楷模"。

（二）教师仪表美的意义

仪表美是教师自重自爱的需要，更是尊重他人的表现。教师仪表美能给人留下良好的第一印象，从而产生"首因效应"，有助于教师自己在交际中获得成功。

1. 榜样力量

黑格尔说："教师是孩子心中最完美的偶像。"车尔尼雪夫斯基曾说："要把学生造就成什么样的人，自己就应当是这种人。"教师有什么样的风度仪表，就会把学生教成什么样，这就是为人师表的榜样力量。我国汉代学者杨雄在《法言·学行》中讲到"师者，人之模范也。"青少年学生，尤其是低年级学生，对教师具有很强的崇拜心理，再加上他们的好奇心重和模仿性强，因此常喜欢模仿教师的穿着打扮、言谈举止。苏联教育家加里宁指出："教师每天都仿佛蹲在一面镜子里，外面有几百双眼睛在不停地盯着他。"教师的风度仪表真可谓"无言之语""无语之教"，对学生具有极强的潜移默化的作用。

【案例·链接 3—01】

教师的榜样力量

记得那是一个仲夏之夜，黑绒幕般的夜空，镶嵌着银光闪闪的群星，我们一群十来岁的孩子，围坐在学校的小操场上，听他指着天空，告诉我们：这是牛郎星，那是织女星，这是银河，那是北斗七星。只记得他姓"车"，写得一手工工整整的仿宋字，好漂亮噢！他经常穿着干净整洁的白衬衣、黑西裤，梳着中分头，那时候对于我们农村娃来说，这些都是极大的吸引与美慕。他因为当年没有考上大学，来到我所在的小学任教，但他并没有放弃，每每学习到深夜。两年后，听说他考上四川师范大学，从此我们就再也没有见到过他了。这么多年过去了，经历了太多的坎坷和风雨，但这一幕仍像电影一样，那么清晰地印在我的脑海里。因为他，我曾爱好过天文学，立志要做天文学家；因为他，我模仿他的字体，练了好一阵宋体字；他在简陋的宿舍里，挥汗苦读的情景，使我第一次懂得了什么是"奋斗"、什么是"做学问"、什么是"成功"。

【分析】教师对学生的榜样力量是不可忽视的，甚至影响学生一生的发展。车老师的仪表美使学生在美的环境中，不断接受美的熏陶和滋养，日积月累，在不知不觉中形成完美的高层次心理结构和心理定向，对自己的整个精神世界产生影响。

2. 光环效应

心理学研究表明：当对一个人的某一方面的品质作出一种好或坏的判断之后，往往会对这个人的其他方面形成肯定或否定的判断，这种现象被称之为"光环效应"。这种现象同样存在于师生之间的交往过程中，学生对教师的某一方面品质的判断必然会影响到对教师其他方面品质的判断。在教师的多种品质之中，仪表具有较强的外显性，且最容易为学生所感知。教师一走进课堂，在他没有开口的时候他的仪表已经展示在学生的面前了。学生对教师的仪表的感知和判断将直接影响到对教师整体形象的判断，影响到对教师内在品质、智能结构等的判断。教师不修边幅，会给学生一种放荡不羁的感觉；教师歪头、弓背，会给学生一种萎靡不振的感觉；教师歪歪扭扭、摇头摆脑，会给学生一种轻浮的感觉。在这些情况下，即使教师有渊博的知识和高超的技能，也难以达到理想的教育效果。

【案例·链接 3—02】

讲究仪表，让人气宇轩昂

马老师是小方上初中二年级时的语文老师，小方认为马老师是他心目中的一位良师。

马老师现在是位八旬老人了。马老师曾经因为一顶"右派"的帽子在农村劳动多年，满头青丝变为白发。马老师的头发永远整齐，衣履永远洁净，谈吐文雅，表情淡泊，周身洋溢着学者的气韵。当时的小方生性顽皮，懵懂中不知被多少老师骂过、罚过，他已记不得了。但只要看见马老师，小方都会收起玩性，努力变得文雅起来。是马老师让小方等孩子看到了完美的人性所应有的光芒。

或许马老师不知道自己对一个孩子产生的巨大影响，小方认为马老师决定了他一生中在心灵上对完美的追求。

【分析】马老师之所以如此吸引学生，与他讲究仪表美有很大关系。因此，要想成为一个受学生欢迎的教师，讲究仪表美是必不可少的。

二、教师仪表美的修炼

（一）仪容

仪容，主要是指一个人的容貌。它主要包括面部、头部、颈部、手部等直接裸露在外的部分。在教育活动中，每个教师的仪容都会引起交往对象的特别关注。

仪容作为教师仪表美的重要组成部分，在教育活动中起着举足轻重的作用。修饰得当的仪容，看上去精神焕发、神采飞扬，具有自信与敬人的双重功效，是教师在教育活动中取得成功的重要因素。修饰不当的仪容，看上去萎靡不振、无精打采，不仅会丧失自信、失敬于人，还极易削弱教育的作用甚至导致教育活动的失败。因此，每一位教师都应十分注意自己仪容的修饰，给学生留下一个温文尔雅、亲切端庄的印象。

1. 教师的面部

面部，又称面孔、脸部、脸面。一般来讲，它所指的是人的头的前部，包括上至额头、下到下巴这一部分。它是人的仪表之首，是人际交往中为他人所注意的重点。美国有一句谚语说："当你同别人打交道时，他注意你的面部很正常。可他要是过多地去打量你身体上的其他部位，那就有一些不正常了。"教师的面部应干净、整洁、卫生、自然。

（1）眼

教师应随时注意眼部的清洁卫生，避免眼睛出现浮肿，黑眼圈的现象，及时除去眼角的分泌物。

眼镜的佩戴要求：一是眼镜的质量、度数、款式是否适合于本人；二是眼镜需经常擦拭和清洗；三是注意佩戴墨镜（太阳镜）的场合。墨镜主要是在室外活动时佩戴，但在讲课或进入写字间、居室时应及时摘下。

眉毛的形状是容貌的重要组成部分，它能表现人的个性，对人的脸型也起到相当的修饰作用。教师不能文眉，但可精心修剪眉毛。

（2）口

教师应保持口腔清洁，坚持刷牙，防止产生异味。刷牙最好做到"三个三"，即每天刷三次，每次刷牙宜在饭后三分钟进行，每次刷牙时间为三分钟。

教师应剃须，修整边幅。男教师最好坚持每天剃须，这样既让自己显得精明强干，又充满阳刚之气。如果"胡子拉碴"地与人交往，往往给人印象不佳。

教师应护唇，即呵护自己的嘴唇，防止嘴唇开裂、暴皮或生疮，还应避免唇边残留分泌物或其他异物。

嘴是教师表达语言的工具，是教师一生教学之中运用最多的部位。教师的嘴部与眼睛、眉毛一样，能表达着复杂的思想感情。如：嘴巴大开表示惊讶恐惧；咬紧嘴唇表示自省或自嘲；含住嘴唇表示努力或坚持；撅起嘴巴表示生气或不满；嘴角一撇表示鄙夷或轻视；嘴巴努向某个方向表示怂恿或支持；上拉嘴角表示倾听；下拉嘴角则表示不满或固执。教师可通过这些嘴部动作配合面部表情，以便组织教学活动。

（3）耳、鼻

教师要保持耳朵清洁卫生，去除耳孔的分泌物。教师还要利用耳朵表达自己的情感。如：侧耳表示关注；耸耳表示吃惊；捂耳表示拒绝；摸耳表示亲密。

教师要保持鼻腔清洁，去除鼻孔的分泌物。教师还要注意观察学生鼻部动作，及时发现学生的心理变化以及学生对所授课程的兴趣。如：学生缩鼻表示拒绝或厌弃，说明教师的教学方法可能有问题；学生皱鼻表示好奇或吃惊，说明学生的兴趣正浓。

教师一定要注意，对耳、鼻进行保洁的操作不能当众进行，不能随处吸鼻子、擤鼻涕。

（4）颈

颈部是人体最易显现年龄的部位，因此教师要对颈部进行保养和清洁，并加强颈部的运动与按摩，使颈部皮肤紧绷，光洁动人。

（5）脸

脸是人的最佳名片。教师的职业特点决定了教师要养成以正确方法勤洗脸的良好习惯，这样才能使人精神焕发，充满朝气，显得神清气爽。不可像猫咪洗脸一样，三下五除二就完事了，一定要清洗脖根、耳朵。若脸上生了疱疹、疖子，要立即去看医生，并遵照医嘱进行治疗。不要听之任之，或是乱挤、乱抠，弄得脸上伤痕累累，十分难看。

总之，教师要在日常生活中注意健康，防止疾病，善待和爱护自己的仪容，使之整洁、清爽。平时可备口香糖用以清新口气。不要喷过浓的香水，否则会影响学生听课。

2. 教师的头发

教师的头发要做到干净整洁、发型适宜。其基本要求是，教师不能散发、头发蓬乱，不能留奇怪的发型，发型不能男女不分，不染彩色发。

（1）干净整洁

头发处于人体的"制高点"，其干净、整洁与否，往往是他人一目了然的，也往往是他人的视线最先注意的地方。

①洗头发

定期勤洗头发。一般情况下，至少做到三天洗一次；若是油性头发，则应两天左右洗一次；遇上特殊的情况，应随时清洗。爱掉头发或头屑过多的教师，每次出门之前要精心地检查，发现头屑及时清理干净。

②剪头发

对头发定期进行修剪。在正常情况下，男教师应半个月左右修剪一次，女教师可根据个人情况而定，但最长不应超过一个月。

③梳理头发

教师遇以下情况应及时梳理自己的头发：一是出门上班前；二是进入课堂前；三是摘下帽子时；四是下班回家时；五是其他必要

时。

（2）发型适宜

发型是一个人的形象标识，教师选择发型时，要美观大方、自然得体。在这一方面，除了个人偏好可适当兼顾外，最重要的是要考虑个人条件、身份差异及年龄差异。

个人条件，包括发质、脸型、身高、胖瘦、年龄、着装、性格等等，都会影响发型的选择。其中脸型对发型的选择影响最大。

不论是男性，还是女性，作为教师都不应煞费心机地在自己头发上搞花样。不留大鬓角，不剃"阴阳头"，不在发型上不男不女，让人难辨性别。对男教师来讲，就是头发在头的前面不超过额头，后面不超过衣领，两侧不遮挡耳朵。当然，自然的谢顶、秃顶等情况除外。

总之，教师良好的发型可使人仪表端庄，显得彬彬有礼。蓬头散发不只是对自己不尊重，也是对别人不礼貌。

3．教师的手、臂

手是代表人身份的特殊名片，除了面部之外，每个人的手都是为他人所关注的另一个重要部位。在教学过程中，教师的双手用得最多，所以教师的双手堪称是自己的"第二张名片"。

（1）手掌

手掌，是人们日常交际中"制作"形形色色的手语的关键媒介。

教师要勤洗手，清理指甲缝。

教师要勤剪指甲。不得留长指甲，以不过指尖为标准，也不用牙齿啃指甲，更不当众剪指甲。女教师一般不用指甲油，要用就选用与肤色统一或无色透明的指甲油。同时除去"暴皮"。

教师要防伤残。对于手部要悉心保养，不让它带伤。若皮肤粗糙、红肿或是皲裂，应及时护理、治疗。若长癣、生疮、发炎等，要及时治疗，并避免接触他人。

（2）肩臂

在非常正式的教学或其他公务活动中，教师不宜穿着半袖装或无袖装，手臂和肩部都不应当裸露在衣服之外，而在其他非正式场合，则无此限制。

（3）腋毛

教师在他人面前，尤其是在外人或异性面前，腋毛应不外现，否则视为无礼。

4. 教师的腿、脚

腿、脚在近距离之内常为他人所注视，在修饰仪容时自然不能忽略。

（1）腿

在正式场合中，男教师的着装不能暴露腿部，女教师可穿长裤、裙子，但不得穿短裤，或穿暴露大部分大腿的超短裙。一般说来，越是正式的场合，女教师的裙子应当越长。在庄严、肃穆的场合，女教师的裙长应在膝部以下，同时应穿袜子，但在非正式的场合，则无此规定。在正式场合，男教师不能穿短裤、卷起裤管、腿毛外露等。

（2）脚

脚是人的"第二张脸"，在正式场合中，不能光脚穿鞋子，否则既不美观，又可能被人误会。

教师要保持脚部清洁。鞋子、袜子要勤洗勤换，脚每天洗一次，袜子每日一换，以防臭气熏人。不要穿残破、有异味的袜子。在非正式场合中光脚穿鞋子时，要确保其干净、清洁。不要在他人面前脱下鞋子、趿拉着鞋子，更不要脱下袜子抠脚丫子。此类不良习惯，令人作呕，有损教师的个人形象。

教师要勤剪脚趾甲。脚趾甲每周至少修剪一次。在正式场合时，教师的脚趾与脚跟不露出鞋外。

（二）着装

【案例·链接 3—03】

"服装一枝花"

小赵老师在上学时有学校"服装一枝花"的"美称"，工作后，在单位依然着装新潮。

小赵担任班主任，不管有课无课，每天必须到班里巡视。她几乎每天一身新衣服，一个学期几乎没重样过。街上流行紧身衣，小赵买来一件就套在身上；街上流行的红裙子，不管有否配套上装，不管是否适合自己，买来就穿上；街上流行低胸上衣，小赵也没有落伍。总之，流行什么就穿什么，久而久之，每天早上，她所带班级的学生就在下面嘀咕：今天老师会穿什么呢？有时别班的学生也会问：今天你们老师又穿什么衣服了？

有人说：不知道流行什么时髦衣服，就都看小赵吧，不用去街上看。

教师该如何着装，一直是大家比较关心的话题。在"团结、紧张、严肃、活泼"的校园里，特别是中小学教师，面对的是天真活泼、充满求知欲的青少年，教师的一言一行对学生起着潜移默化的作用。服装是一种无声的语言，教师的着装对学生有着极大的影响。像上面案例中的小赵老师，着装过于时髦，对于模仿力极强的学生会起到不良作用。那教师到底该如何着装呢？

1. 着装的原则

（1）整洁、和谐、文雅原则

着装不一定追求高档时髦，但要庄重整洁，避免邋遢。"美在和谐"，着装要与年龄、性别、职业、体型、肤色、季节、场合等相协调，隐丑显美。着装文雅就是要求着装文明大方，符合社会的传统道德和常规做法，忌穿过露、过透、过短、过紧的服装，也不宜追求怪异。如矮个子的男性适合穿两扣西服，高个子男性可以穿宽翻领的四扣西服。

（2）三色原则

首先，西服、衬衫、领带、皮鞋、手帕、袜子等加起来全身的色系不超过三个。

其次，小三色：手表带、腰带、皮鞋的颜色要力争一致，至少是一个色系的。

（3）TPO 原则

TPO 是英文里时间（Time）、地点（Place）和目的（Objective）三个单词的缩写。教师的着装必须要适应具体的时间、地点和目的要求，而不能自以为是。着装要注重时间变化、因地制宜及出席活动的意图要求。

（4）"五忌"原则

①忌露。教师工作与外出时，着装不能露出乳沟、肚脐、脊背、胸毛、腋毛、腿毛等。

②忌透。教师衣服再薄，天气再热，也不能使内衣、背心、文胸、内裤等若隐若现，甚至一目了然。不能让内衣外穿之风刮进校园。

③忌紧。教师衣服过于紧身，让内衣、内裤的轮廓原形毕露，既不文雅，也不庄重。

④忌异。教师不是时装模特，着装不能过分新奇古怪，招摇过市。

⑤忌乱。教师不可穿着不讲究，如卷袖子、敞扣子，颜色过乱、饰物乱配，衣服脏、破、皱，不烫不熨，衣服上布满油垢、牙膏迹等污渍。

2. 女教师的着装

女性的服装比男性更具个性特色，但是女教师着装要注意自己的身份，自己的榜样作用，导向作用，在校园不要穿得过分性感，过分艳丽，过分奢华，要体现高雅、大方、端庄的风度。

（1）西装

①西装配西装裙的职业套装更能显露女性的高雅气质和独特魅力。

②女士西装款式多样，要根据自己的年龄、体型、皮肤、气质、

职业等来选择；要讲究皮鞋、袜子、皮包、饰物、发型、化妆与西服的配套协调。

③挑选西装时，选择基本色最好，黑、褐、灰或者条纹、碎点的图案比较好。衣服面料质地要好。

（2）裙装

裙装最能体现女性的体态美。在一般的社交场合，可穿连衣裙或穿中式上衣配长裙，但穿裙子时不允许不穿衬裙，衬裙颜色应与套装裙颜色一致协调，以免内裤为他人所见。

（3）鞋、袜

鞋子和袜子在西方被称作"脚部时装"和"腿部时装"。在正式或非正式社交场合，一般穿黑色半高跟皮鞋，不穿鞋跟太高太细的高跟鞋，以免走路时步伐不稳，影响形象。穿西装不能穿旅游鞋、布鞋及凉鞋。否则被视为不懂礼仪，缺乏教养。

穿裙子时要配长筒丝袜或连裤袜，颜色以肉色、黑色最为常用，修长的腿可穿透明丝袜，腿太细可穿浅色丝袜，腿较粗可穿深色的袜子。袜口不能露在裙摆或裤脚外边，不在公开场合整理自己的袜子。不穿花网袜，也不穿一长一短两层袜子。

女教师着装要强调"四不"原则：

①不宜衣服过大或过小。在学生面前不穿低腰裤和露肚脐，上衣最短齐腰，西服裙子最短到小腿中部，要合体典雅，体现服饰美。

②不宜衣服不系衣扣。敞胸露怀不文雅。

③不宜内衣外现。这样有失身份。

④不宜着装随意搭配。套装不能与休闲装混穿，不能与牛仔服、健美裤、裙裤"混搭"，黑皮裙、黑皮靴也不能当正装来穿。

3. 男教师的着装

（1）西装

①西装的穿着要求

一是西装的大小要合身。袖长以达到手腕为宜，坎肩要做得贴身。

二是衣扣的扣法。在隆重场合要系扣，一个扣的要扣上；两个扣的只需扣上面的一个，平时可以都不扣；三个扣的，扣中间一个；双排扣西服，通常情况下，纽扣全部扣上。

三是对西裤的要求。裤线笔直；长度以裤脚接触脚背为妥；穿西裤时，裤扣扣好，拉锁拉严。

四是整理西装衣袋、裤袋。上衣外侧的衣袋不可装物，小的物品可装在上衣内侧的衣袋里。裤袋一般也不可装物，裤子后兜可装手帕、零用钱。

五是西装款式的选择。西装款式的选择要与人的脸型、体型、身份、场所、季节、年龄和性格相适应，以显示个人的身份。

六是拆除西服袖口的商标。因为拆除商标是对外宣告该西装已被启用，否则就会贻笑大方。

七是穿西装时里面通常不提倡穿毛衣。如果要穿毛衣，只可穿一件薄型"V"形领的单色毛衣，若毛穿在衬衫外时，领带应放在毛衣内部，若穿羊绒衫，则可穿在衬衫内，但衬衫内不应露出里面衣服的领子。

②衬衫

衬衫为单一色彩，以无图案为佳，衣袖为长袖。其要求：衬衫大小要合身；袖长要适度，袖长应比西装上衣袖口长出1.5厘米左右；衬衫下摆要掖好，忌放在西裤外；衬衫衣扣、领扣、袖扣都要系上。不打领带时，领扣应打开。

③领带

在正式场所应系上领带，既礼貌又庄重。要求：打领带时衬衫应系好领扣；领带结打法要求是令其挺括、端正，并在外观上呈倒三角形，其大小与衬衫领型相协调；领带质地、颜色要与西装、衬衣的条纹相协调；一般为领带尖盖住皮带扣，忌领带太短；领带夹夹住领带与衬衫的位置一般在衬衣第三、第四粒纽扣之间。

④皮带

皮带颜色要与裤子的颜色配合，可采用同一色、类似色和对比色。一般说来，黑色皮带可配任何服装。皮带上不要挂其他物品。

⑤鞋、袜

穿西装时，一定要穿打油上光的皮鞋，黑色或深褐色皮鞋为佳；袜子要与裤子、鞋同类颜色或较深颜色，忌穿浅色袜子。

（2）中山装

中山装要穿上下同色、同质料子的服装，配黑色皮鞋。中山装既可以在出席正式场合时穿，也可以平时穿。穿着时，要扣好领扣、领钩、裤扣。衬衫不要放在裤外，袖口不可卷起，衣袋内不要放很多东西。

（3）便装

便装，又称便服，通常是指在非正式场合即休闲场合所穿的服装。一般说来，便装也要遵守风格协调完美、色彩和谐统一、面料般配舒适等相关礼仪，突出"舒适、随意、自然"。注意，正式场合一般不宜穿便装，但仍应因时而宜。

（三）饰物

教师为了展示人体美，可在课堂教学外等场合佩戴饰物，如帽子、手套、围巾、手提包、胸花、戒指、头饰等；可在交际场合佩戴墨镜、耳环、项链、手镯等。

佩戴饰物与着装巧妙搭配，形成和谐的整体，以衬托仪表，体现个性，展示出教师的内在气质、丰富魅力、高雅品位。

1. 饰物佩戴原则

（1）数量原则。佩戴饰物以少为佳，点到为止。一般说来，女教师至多不能超过三件，并且场合越正规，佩戴就应越少；男教师适宜佩戴结婚戒指。

（2）场合原则。一般说来，只有在社交场合或休闲场合，教师才能佩戴饰物，而课堂教学、执行公务、运动或旅游时则不宜佩戴。

（3）体形原则。佩戴的饰物要与自己的体形相配，显优藏拙，突出个性，不盲目模仿，扬长避短。

（4）搭配原则。饰物搭配上要协调。如，猫眼石、钻石不要与珍珠首饰同时佩戴，不要显得过分夸耀；如果已佩戴胸花，就不宜再戴耳环等突出女性魅力的饰品。色彩上要力求同色。还要懂得饰物的寓意，避免尴尬。

2. 饰物佩戴方法

（1）戒指

戒指的戴法最为讲究，戴在不同手指上，则暗示着不同的信息：戒指戴在食指表示目前独身且觅偶；戴在中指表示正在热恋中；戴在无名指上表示已婚；戴在小指上表示持独身态度。戒指不要乱戴，也不要别有用心地暗示对方。如果已婚女士不愿暴露婚姻状况时，可以不戴戒指。戒指一般戴左手上，如戴在两只手上则要左右手对称。

（2）手镯、手链、手表

除课堂教学外，教师休闲时可戴一只手镯，通常戴右手上；也可戴两只，但一只手上最好只佩戴手镯、手链、手表其中任一样饰物，手链通常只宜戴一条。手镯和手链的戴法也有不同暗示，戴在右臂，表示"我是自由的"，而戴在左右两臂或仅是左腕，说明已婚。

（3）手提包

手提包要求小巧、新颖、别致、协调，颜色要与季节、服装、场合、气氛相协调。如：颜色较暗、形状较方正的提包在社交场合使用；颜色鲜艳的羊皮小包或缎面小包适合舞会或宴会使用。夏季提包小巧淡雅，冬季提包艳丽明快，以展示教师的独特魅力。

（4）墨镜

参加室内活动不要戴墨镜；与人交谈，也不要戴墨镜。若有眼疾必须戴时，要向对方表达歉意。

（5）胸花、胸针

胸花、胸针这类饰物一般佩戴在左胸部位，要高雅、精致。其佩戴高度，应于衣服从上往下数的第一、第二粒纽扣之间。

（6）手表，又叫腕表。佩戴手表，通常意味着佩戴者时间观念强、作风严谨。

3. 男教师饰物的特殊要求

男性拥有的饰物一般应少而精，但它们的实用性更强。男教师的饰物更应符合礼仪规范。

（1）公文包

正式场合使用的公文包，一般以深褐色或棕色、质地以皮革较好，做工精细，不选发光发亮、印满广告或图案的皮包。公文包中，应准备好钢笔、记事本、电话本、计算器等。

（2）手表与笔

手表、金笔和打火机在西方被称作男士三大配饰，被认为是身份的象征。男士在公务活动或社交活动中应携带一支笔，笔可以放在公文包内或西装上衣内侧的口袋内，

（3）皮夹与名片夹

皮夹是男士重要的随身物品，颜色可选含有华贵之感的暗咖啡色和黑色，皮夹中不宜塞满东西。名片夹应以皮制的最好，金属的次之。

（四）化妆

化妆，是指使用美容产品，有意识、有步骤地修饰自己的仪容、美化自我形象。有人说："化妆是使人放弃自卑，与憔悴无缘的一剂良药，让人们表现得更加自信，更加光彩夺目。"

1. 教师化妆的原则

教师应化淡妆，淡妆的主要特征是简约、清丽、素雅，具有鲜明的立体感。其原则为：自然、清新、优雅、整体协调。

2. 教师化妆的步骤

（1）清洁面部，拍打化妆水。

（2）使用营养霜，涂敷粉底。

（3）修眉描眉，画眼线。

（4）美化鼻部。

（5）涂腮红，修饰唇形。

（6）修正补妆。

【思考·实践】

1. 仪表美的基本含义是什么？

2. 教师讲究仪表美有何意义？

3. 教师仪表美的基本内容有哪些？

4. 怎样正确理解教师仪表美的特点？

第二节　语言美

语言美就是指人们在具体的语言环境中，用恰当的语言表达自己恰如其分的思想情感。"言为心声"，语言美是心灵美的直接体现，它既表现于和气、文雅、谦逊，又表现于准确、鲜明、生动。语言美不美，直接关系到工作是否顺利，家庭是否和睦、同志是否友爱和社会是否安定等等。

一、教师语言美的特点及意义

（一）教师语言美的特点

1. 科学性

表现为语言的准确、规范、精练、逻辑性、系统性，用词恰当、简洁明快、干净利索。像鲁迅先生说的那样："用最简练的语言表现最丰富的内容。"准确、精练的语言像"敲钉子声声入耳"。

2. 教育性

表现为语言健康、文明、进步。杜绝用粗俗、低级、落后、讽刺、奚落、挖苦的语言去教育学生，避免伤害学生的自尊心。所谓

"良言一句三冬暖，恶语伤人六月寒"。

3. 启发性

表现为语言含蓄蕴藉、耐人寻味、发人深思。启发性，就是"用语言把人们的心灵点亮"。古人说得好："令人惊不如令人喜，令人喜不如令人思。"正如刘熙载在《艺概》中所说："寄深于浅、寄厚于轻、寄劲于婉、寄直于曲、寄实于虚、寄正于余。"

4. 创造性

主要表现在两个方面：一是运用巧妙、机智、灵活和独特的语言，丰富的语汇，清亮甜美的语音，抑扬顿挫的语调，缓急快慢、变化有致的语速等，创设优美的语境；二是拥有丰富充实的内心世界，运用磨砺创造性这把艺术利剑，形成教学语言的鲜明的个性，达到"言为心声""言如其人"。

5. 形象性

表现为语言生动、形象，富于理趣、情趣。英国文学理论家锡尼指出："形象的语言更能打动和深入人们的心灵，更能占据其心田。"

总之，教师美丽的语言是人类最美的语言：抑扬顿挫的节奏美；诙谐幽默的机智美；声情并茂的情感美；逻辑严密的理性美；启迪心灵的道德美。语气平和说明稳重；语气温和表明耐心；语气坚定反映信念。语句连贯表明熟练；语句清晰反映准确；语句完整体现思维缜密；语句优美彰显扎实的功力。

（二）教师语言美的意义

1. 优美的语言有助于教师教学的成功

教师成功的教学无不得力于教学语言的功力。教师的语言表达，是教学艺术和个人魅力最重要的组成部分，直接影响着教学效果。如：教师悦耳动听、抑扬顿挫的语言，赋予学生听觉的舒适，从而使他们形成良好的接受心态；教师审美语言的情感性和生动性可以吸引学生的注意力，激发学生的学习兴趣。为了出色地完成教学任务，教师要努力提高自己的语言素养，掌握语言艺术，增强语言的表现力。有的教师把语言学家的用语准确、数学家的逻辑严谨、哲学家的哲理深邃、演说家的论证雄辩、艺术家的情感丰富集于一身，这是他们通过教学实践，自觉刻苦锻炼的结果。这也是提高教学效率的重要手段。

2. 优美的语言是培养学生能力的重要途径

著名科学家爱因斯坦说过："一个人的智力发展和形成概念的方法在很大程度上取决于语言。"教师语言不仅影响到教师教学任务的完成，更重要的是它能直接影响到学生多方面能力的发展。

【案例·链接 3—04】

一位老师准备课前小测，一走进教室，他就发现很多学生没精打采，昏昏欲睡。他对学生说："同学们，今天我们先来玩一个游戏，但是大家要听清要求。"学生一听到玩游戏，马上全部精神抖擞，认真听老师说。这位老师继续说："游戏时间是十五分钟，要求是每人都要参加，不准弃权；游戏规则是不准作弊。"说完，就把小测试卷发下去，学生都很认真去完成。

可见，教师美的语言对教育教学具有至关重要的作用，在课堂上，教师的话讲得得体就是感染力；讲得精彩就是影响力；讲得深情就是冲击力。所有这些"力"加起来，就是一种强大的驱动力，它能推动着教育教学活动顺利高效地向前展开，推动着学生健康地成长。

3. 优美的语言是实现师生情感交流的桥梁

白居易说："感人心者，莫先乎情。"只有情动于衷，才能形声于外。语言，从本质上说，就是思想和感情的直接现实。教师声音平板、毫无激情地上课，一定会使学生觉得寡淡如水，甚至会昏昏欲睡，更不用说提起学习的兴趣了。即使学生有那么一点点兴趣，也会在这种氛围中消失殆尽。而同样的内容，如果教师采用抑扬顿挫的语调，使之激情四射，则教与学的效果明显提高。

【案例·链接3—05】

评书进入小学课堂

2013年10月23日重庆商报讯：大渡口百花小学夏子莉是一名数学老师，还是一名评书爱好者。在学校里，她身着旗袍、手拿折扇将评书带入课堂，并把评书穿插进数学教学中，让原本枯燥的课堂瞬间生动幽默，听她的课，学生绝对不会想睡觉。一位学生喜滋滋地说道："我现在最期待的就是上夏老师的课，听夏老师讲的故事，能学到很多东西。"

【分析】夏老师把评书融入数学课里面，具有鲜明的个性色彩，其目的是为了增加学生对课程的兴趣，融洽师生之间的关系，实现师生情感交流，增强教学效果，同时开拓学生眼界。夏老师的教学语言兼具教育性与艺术性，能得到同学们的认可，是教学中的一个师生情感交流亮点。

4. 优美的语言能给人一种最美的教育享受

听一堂名师好课，就像观赏一幅名画，心旷神怡，流连忘返；就像欣赏一首名曲，余音在耳，袅袅不绝。再观听课的学生，个个双眸凝神犹如被磁石吸引般地听着，想着，表现出精神上的充实和满足、紧张和愉快，显示出教学语言的魅力和审美价值。可见，教师优美的语言能给学生一种美的享受。

【案例·链接3—06】

刘一心老师在讲述朱自清的《春》时，讲到"春雨图"，就引导学生以"春雨潇潇"为题进行古诗文竞背活动。许多关于春雨的古诗文名句一下子使课堂显得多姿多彩。韩愈的"天街小雨润如酥，草色遥看近却无"写出了初春微绿的生机；杜甫的"好雨知时节，当春乃发生"把诗人见春雨飘然而下的喜悦心情表现得颇为充分；赵师秀的"黄梅时节家家雨，青草池塘处处花"描绘了江南黄梅天多雨、处处蛙鸣的乡村景致；徐俯的"春雨断桥人不渡，小舟撑出柳阴来"表达了虽春雨把桥淹没，诗人无法渡河，然而，柳阴下小舟悠悠而来给人的喜出望外！

【分析】学生在背诵中深深地感受到语文的魅力，对语文的兴趣自然会提高，享受着最美的教育。同时这堂课刘老师优美的语言给学生一种最美的教育享受！

二、教师语言美的修炼

马雅可夫斯基说："语言是人的力量的统帅。"作为一名教师，需要用语言来统领学生，而美的语言更加具有力量，所以更需要进行语言美的修炼。教师的语言分为课外语言和课堂语言。

（一）课外语言美的修炼

1. 教师应学会赞美，赞美是谈话成功的关键

学会赞美他人是人际交往的艺术之一。西方国家是一个非常注重口头赞美他人的国家，而中国由于传统思想比较保守，很多赞美话不轻易地说出口，中国人在人际交往过程中普遍存在不会当面赞美他人的现象，即使有好的话，也是不好意思开口。其实经常开口赞美他人可以为你带来意想不到的效果。教师与学生谈话应以表扬为主、批评为辅。作为教师，往往对学生寄予厚望，希望愈深，对学生的短处就"恨"之愈切，这样难免就会高谈阔论，用大话说教，处处加以批评指责。可是，学生并没有听进去，把教师的话当作耳边风或带着很大的抵触情绪，更严重的还可能产生报复情绪。

【案例·链接 3—07】

王平不仅作业写得好，平时表现也特别优秀，老师在评语中这样写道："你是个聪明活泼、品学兼优的学生，你的勤奋、你的毅力、你的上进心深深感动着老师，老师相信你的未来不是梦，努力吧！"

【分析】俗话说："良言一句三冬暖，恶语伤人六月寒。"一句评语，一颗爱心，给了学生永久的希望。评语运用得好，就会起到不

可估量的作用，这同时也是联系教师与学生的一条无形的纽带。

从心理学的角度讲，每个人都需要赞美。赞美是一种驱人奋发向上、锐意进取的动力源泉，能激励学生"百尺竿头，更进一步"。

2. 教师应学会尊重，尊重是谈话成功的前提

美国哲学家、诗人埃墨森说过："教育成功的秘密在于尊重学生。"为此，教师要明白学生不仅是我们的教育对象，而且也是我们的服务对象，因此尊重学生是师生交往成功的重要法则。教师与学生谈话要维护学生的自尊心。教育的核心，就是让学生始终体验到自己的尊严感。每个人都有尊重的需要，尊重的需要包括自尊和他尊的两个方面，前者指个人对自己的尊重，如自信、自强、求成、独立、支配等，后者是他人对自己的尊重。

【案例·链接 3—08】

一天，刚放学，教室门口骚动起来，老师一看，一个男生与他的同桌打起来了，他的同桌是个女生。男生挥着拳头往同桌的头上猛擂，那女生却是坐着，两手遮着头躲闪着，嘴里不停地哭着、骂着。老师见状跑过去，对着那男生大喝："住手！你想干什么？"一边把那男生扯离了座位。但这男生十二分的不服气，往前冲着去打女生的头。老师一看急了："你还是男子汉呢，看看你有没有男子汉的样子！妄顶了个男人头！"这句话，他倒站在那里不动了，但梗着脖子，两眼注视这老师，咬着牙，两个拳头握得咯吱咯吱响。当时老师感觉血往上涌："你想搞什么？老师错讲你了么？"他一言不发，仍怒目而视。老师想了想这样僵持下去也不是个事，就对他说："先到办公室，喊你爸来学校，再和你算账。"说着老师就向办公室走去，刚走了几步，突然听到那男孩在嘟囔什么，老师猛回头，那男生并没走，仍是梗着头，两眼盯着老师，看那口型好像是在骂，他声音并不很小，他的骂声周围好多同学能听到。当时这位老师真想上去揍他，但只好假装没听到，回头向办公室走去。事情也就不了了之。

【分析】由于该教师的言语过激，不仅没有起到教育学生的效果，反而使学生和教师之间产生了隔阂，让老师的教育工作开展得很不顺利。任何人都有一个独立的、丰满的精神世界，尊重每个人的独立性，必然会激发其自尊、自重的意识，促进其能动性的发挥。教师随意责备、讽刺、体罚，势必伤害学生的自尊心，造成学生扭曲的人格。

3. 教师应学会宽容，宽容是谈话顺畅的基础

教师几乎每天都与学生接触，与学生交谈，如果没有诚恳的态度，谈话就成为训话。要想谈话有成效，就不能只是教师说，学生听，我训你服，而应是教师以宽容的心态，和学生站在平等的位置上，以达到教师和学生的人格相容，心心相通，这样既不失教师的威信，也让学生感到教师的爱心，从而达到良好的谈话效果。

【案例·链接3—09】

外号风波

一天，某记者采访全国著名班主任郑立平。

记者：我听说，你的学生曾当面给你取外号。这在成人眼里会觉得没有面子，让人下不来台。你是怎样处理这次"外号风波"的？

郑立平：一个学生给我的外号是"老卷"。怎么处理他？发火、狠批、揪他到教导处、叫家长？……我努力控制着自己，迅速调整着思维的角度。

过了一会儿，我左手一摸自然卷曲的头发，右手轻轻拍了拍他的肩膀，笑着说："好小子，你可真行！虽然我听着不雅，但你抓住了老师的外貌特征，还很有些创意呢！"

那学生似乎还没有从惊恐中回过神来，有些哆嗦地辩解说："老，老，老师，其实我也是觉着亲切才那样叫的，以后再也不敢了……"没等他说完，我便安慰道："不要紧，我知道你也没有什么恶意。如果你觉得亲切，就尽管叫好了。"说完，我就扭头走了。

这起学生恶作剧事件就这样被我轻松化解。说来也怪，那个非

常调皮的孩子竟从此文静了许多。好几年后，我收到他从大学里寄来的信。信中说，那件事对他触动很大，使他第一次懂得了什么是真正的宽容。为了报答老师的这份信任，他发誓改过自新。

【分析】从生命的个体属性说，班主任是"人"，学生也是"人"，他们在人格上是完全平等的。孩子们之间可以叫外号，成人之间可以叫外号，那么学生善意地叫老师几句外号也就无可厚非了。如果班主任能放下师道尊严的架子，以宽容、博爱之心为孩子们开辟一处自由、平等的人性绿洲，那么孩子就能快乐成长。

4. 教师应选择谈话时机，时机是取得良好效果的条件

教师要选择恰当的时机与学生谈话。不同的场合和时间说不同的话。表扬型谈话，要及时；批评型谈话，就要讲究艺术性了，谈话时间场合可根据不同的情况进行不同的选择。譬如：有一个学生有经常迟到的习惯，如果将他叫到办公室，当着其他教师的面教训一番也未尝不可，然而这样做是否能有效果呢？被批评的学生也许会这样想：我反正被批评过了，办公室也进了，面子都丢光了，自尊心受到伤害，破罐子破摔，以后照样迟到。假如教师换一种方法，选择一个比较轻松随意的地方，比如在回家的路上单独批评学生，可能会收获意想不到的效果。

【案例·链接 3—10】

"投票决议"风波

2010 年 4 月 7 日，河南洛阳孟津西霞院初级中学学生雷梦佳，因为与另一名女生打架，被班主任交给全班同学进行民主处理——投票决议如何处罚雷梦佳。投票结果是雷梦佳被要求强制回家接受教育一周。一天以后，雷梦佳便在学校附近黄河渠边的青石板上留下三句遗言，投渠自尽。

【分析】教师怎样处理学生的违纪行为是一门艺术。一句看似简单的训斥，损伤的是学生的自尊，影响的是集体的氛围，更重要的是损害了师生间的和谐关系。因此，教师在对待违纪学生时切忌简

单粗暴。心理学研究表明，谁都不愿意把自己的错误"曝光"在公众面前，一旦被人"曝光"，就会感到难堪或恼怒。因此，教师一定要学会克制和冷静，把握好处理的分寸，绝不能因一时生气而当众羞辱和训斥学生，而要以智慧的方式，既保住"调皮"学生的面子，又及时制止他的错误。

（二）课堂语言美的修炼

著名教育家夸美纽斯说："教师的嘴，就是一个源泉，从那里可以发出知识的溪流。"教师的课堂语言美就像一把精致的钥匙，它不仅能开发学生情绪和记忆的潜能，而且能深入到学生大脑最隐蔽的角落。

1. 课堂语言要具有民主性

（1）教师有声语言的民主化

有声语言是指教师口头表达出来的语言，它通过听觉作用于大脑，实现信息的传递和交流。教师有声语言的民主化，应坚持以下几点：

①禁止"暴力语言"

教师应当禁止使用一切讽刺、挖苦、打击学生、伤害学生自尊心的"暴力语言"。如："你真笨！""你是猪头吗?""不想上课给我滚出去，不想再看见你！""这么简单的知识都不会，笨得要命！""你真笨，无药可救了！""咱们班的脸都让你丢尽了！""看看××，你有他的一半就行了！"此类语言的特点是用语言对学生实施变相体罚，表现了教师的专制、粗暴和霸道，与教育民主格格不入，最令学生深恶痛绝，极易导致师生关系的恶化。因此，无论何时何地，教师都必须杜绝"暴力语言"的出现。

【案例·链接3—11】

江苏一名15岁的中学生考试不及格，老师在批评他的时候说了几句："就这题你还错，简直比猪还笨！"，"你考这么点分，拖了全班的后腿，简直就是个废物！"结果，这名学生留下一纸遗书，纵身从 7 楼跳下，结束了如花一般的生命。

【分析】教师讽刺、挖苦类"冷暴力"语言对学生的身心乃至生命的损害很重！它不仅会毁掉一个人的信心，更要命的是，它会让一个人彻底地失去对生的欲望。

②多使用协商性、礼貌性、鼓励和赞赏性语言

A. 协商性语言

课堂上师生是一种平等的关系，教师在向学生提问、要求学生完成某件事情时，应采用商量的口吻、协商的语气、轻柔的语调，多问孩子"怎么办"。如："请你上讲台来给我们演示一下，好吗？""请告诉我正确的答案，好吗？"

B. 礼貌性语言

教师应"请"字当先，"谢"不离口。礼貌语言的使用，既体现了教师自身的文明素养，给学生以文明礼貌的示范，又使学生感受到教师的和蔼可亲、平易近人和对自己的尊重。因此，教师应将"请""谢谢""对不起"等礼貌语言贯穿于教学语言之中，如："请你把课文朗读一遍。""谢谢，你回答得真好，请坐下。""对不起，我没听清楚，请你再说一遍，好吗？""不懂请来问老师。"

C. 鼓励和赞赏性语言

教师应使自己的教学语言更具鼓励性、赞赏性，以保护和激发学生的好奇心、求知欲和学习积极性。如："你真棒！""你的回答太精彩了！"特别对教师的提问不能回答或回答错误的学生，教师更应给予鼓励，尽可能避免否定的、批评性的语言。如："别紧张！请你继续往下说""再想想，你准行！""没关系，下次你一定会做得更好！"

③注意使用第一人称"我们"

不少教师习惯用"你们"来称呼班上同学，看似一个简单的称谓，却在不经意间给师生画上了一道无形的心理鸿沟，拉大了师生的心理距离。教师应多用"我们"一词指代班集体，如"我们班上"

"我们今天要学习的内容"等等。这样就能将教师融入学生之中，让学生感受到教师是学生中的一员，是班集体的一分子。师生心理距离缩短，教师更易为学生所接纳。

（2）教师无声语言的民主化

无声语言又叫体态语言，是指教师在课堂教学中，身体有关部分所发出的有意义的动作的总和，它通过视觉作用于大脑，实现信息的传递和交流，使有声语言更加形象生动、富有表现力。

①要体现对学生的尊重、重视与赞赏

学生回答问题时，教师认真倾听的专注状态、不时点头的肯定动作；学生回答完毕后，对学生竖大拇指、拍手或带领全班同学有节奏地鼓掌等，都能让学生感受到教师对自己的尊重、重视与赞赏，其精神上将受到莫大的鼓舞。

②要用全身心的热情与微笑表现对学生的关爱

爱是无穷的教育力量，教师应当以热情饱满的精神状态出现在学生面前，用全身心的热情与微笑去呵护和温暖自己的学生，用自己丰富的表情、动情的眼神告诉学生："我喜欢给大家上课，我乐于和大家在一起，我爱班上的每一个人。"

③适当使用接触性语言

接触，包括身体的接触和视线的接触。教师恰当使用接触性语言，会使学生感到亲切，受到鼓舞。如：学生回答问题后，教师拍拍学生的背，把手放在学生的肩上或头上；对注意力不集中的学生，教师轻轻刮一下他的鼻子，摸摸他的耳朵等；教师还应保持与学生的视线接触，特别要注意扩大目视范围，把全班学生置于自己的视线范围内，使他们都能感受到教师的重视与关注。

④巧妙使用空间距离语

空间距离语是指因身体位置的移动而引起人与人的空间距离的变化，它同样传递信息，表达情感。教师应当根据教学的需要适时调整自己与学生的空间距离。如：教师可以走下讲台，使讲台与前排之间的空间成为自己的活动区；靠近学生座位和学生一起讨论、研究问题，指导和帮助学生；经常适当地走近后排学生，使他们感到教师对自己的亲近感；向学生提问、与学生交谈、倾听学生谈话时，走近学生、身体适当前倾或弯腰等。

无声语言在教学中起着特殊的作用，它是为有声语言服务的。因此，教师在运用无声语言过程中应特别注意把握好"度"和"量"，做到适度、自然、协调。

2. 课堂语言要具有艺术性

教师的课堂语言要感情充沛，富有艺术性。实践证明，教师富有情感的语言，能激发学生相应的情感体验，增强他们的理智感，刺激其求知欲，使学生在"动之以情"的过程中，更好地接受和理解所学的内容。教师的音量、语速、语调过大过小、过快过慢，都会影响学生听课的情绪和效率，都违背了高效课堂的宗旨。

【案例·链接 3—12】

于漪老师的语文课

一位专家在评价于漪老师的示范课时是这样说的：教学，尤其是语文等科目的教学，很大程度上是情感与艺术的交流。教师用饱含情感的语言，进行声情并茂的教学活动，学生就会在情境的河流里畅游。在课堂里，只有教师很快进入角色，学生才会很快进入状态。这方面，于老师是情感教学法的高手。于老师在教学《周总理，你在哪里》一课时，开始的寥寥几句导语就将对周总理的深情浓浓地表现了出来，引领与课者到新的一种境界中去。特级教师是这样，普通教师也要敢于追求教学的高境界。教师平时教学中应根据授课内容、教学目的等创设一定的教学情境，让学生迅速到达一定的情境里，忘我学习，刻苦学习。教师要提升教育教学的水准，变普通为不普通。

由此可见，教师在教学过程中，运用情感丰富的语言，创设合适的教学情境，让学生乐于学习，主动学习，带着情感学习，这就是教师语言的艺术性。

3. 课堂语言要具有科学性

（1）课堂语言的规范化

语言的规范化与否，不仅影响学生获取知识、训练技能的效果，而且还影响教师表情达意的效果。如：逻辑严谨的陈述句用来进行推理论证；疑问句用来深化知识点；反问句用来加强印象或者成为教学内容的过渡，承上启下；感叹句用来抒发情感，进行道德教育；祈使句用来推动教学进程。

有的教师讲"一个数缩小 10 倍，就减少 1 个零，缩小 100 倍，就减少 2 个零……"这种说法是有失偏颇的数学语言；另外，还有教师讲到"三角形的面积等于平行四边形面积的二分之一"时，"同底等高"这个条件一定不能忽略；教师更不能用生编硬造的土话和方言来表达概念、法则、性质等。

（2）课堂语言的准确化

陶行知先生说过："做学问最忌的就是玄想、武断"。这就要求教师讲解时用语要准确，字斟句酌，严格遵守语言的科学性。

【案例·链接 3—13】

一位教师在上《蜘蛛》一课，讲到蜘蛛怎样捉飞虫和甲虫时，没料到学生提出这样一个问题："老师，蜘蛛的网有黏性，能粘住飞虫、甲虫。那么，它自己在网上爬来爬去，怎么不会被粘住呢？"教师瞪了学生一眼，随口就说："这是它天生的！"很显然，这位教师对学生所问问题的回答是信口开河，违背了科学性这一要求。

【案例·链接 3—14】

有一位教师上课习惯用"啊""这么""那么"等词语，有次课上，一个学生竟数出了 120 多个"那么"，其效果可想而知。教师用语缺乏语言表达的准确和简洁，过多重复，废话连篇，就会让学生感到空洞、茫然、了无趣味。

教师只有严格、规范、准确地使用饱含知识信息的教学语言进行教学，才能使学生掌握比较扎实的基础知识。所以，教师不能信口开河地下定义，不能想当然地解释一个词语，不能含含糊糊地解释某一个定理。

（3）课堂语言的简洁化

苏霍姆林斯基说过："教师高度的语言修养是合理利用时间的重要条件，并在极大程度上决定着学生在课堂上脑力劳动的效率。"这就要求教师对教学语言要加以提炼，把抽象的问题讲具体，把复杂的问题讲明白，用语简洁，把握分寸，干净利落，言简意赅。应当"要言不烦"，"约而达，微而藏，罕譬而喻"。因为这样不仅可以突出重点、难点，用最简练的语言表现最丰富的内容，而且还可以最大限度地发挥时间效益，提高课堂教学效率。

【案例·链接 3－15】

特级教师林伟彤老师针对学生刚开始学写议论文，感到枯燥、难懂、不会写的情况进行辅导。他说："议论文并不神秘，我三岁的小孙女也会作议论文。有一次小孙女说，'我最喜欢爷爷了（论点）。爷爷喜欢我，不骂我，买冰棒给我吃，还带我到儿童公园去玩（四个论据），所以我喜欢爷爷（结论，与开头呼应）。'"整个教室里充满了笑声，在笑声中学生理解了议论文的基本特征，消除了对写议论文的畏难情绪。

【分析】林老师讲课生动形象，言简意赅，寥寥几句既揭示了议论文实质，又扣人心弦。

（4）课堂语言的有序化

在要求课堂语言"少而精"的同时，还要注意课堂语言要富有逻辑性，要言之有序。在教学中，教师应对每课教材进行深入钻研和细致分析，弄清要讲的知识的来龙去脉，掌握其确切的含义及其规律，精心组织教学语言，确定怎样开头，怎样过渡，哪些应该先讲，哪些应该后讲，哪些应该贯穿课程始终，怎样结尾。这样在"序"上多下点功夫，思路井然有序，讲解就会条理清晰，使学生在重点、难点、疑点等关键问题上能够得到透彻的理解，也可以使学生的思路随着教师的讲解，一环紧扣一环，顺水寻源。

【案例·链接 3—16】

　　教师在对朱自清先生的《荷塘月色》一文的讲解中，想理清作者思想感情的线索，只要紧扣开头的"心里颇不宁静"，中间的"自由的人"和结尾的"无福消受，一波三折，曲径通幽"，便可将作者"淡淡的忧愁和淡淡的喜悦的交织"的感情揭示出来。

　　4. 课堂语言要具有个性

　　不同的教师，其气质、性格、修养、学识、思维方式千差万别，这必然反映在课堂语言的运用上。有的语言系统深刻、有的语言深入浅出、有的语言简洁严谨等，这些形成了风格化的课堂语言。教师的语言应有个性特征，或擅长形象描述，绘声绘色，让人听了情思涌动，沉浸在美的享受中，或讲起话来从容不迫，风趣幽默，让人听了兴趣盎然，在轻松愉快的氛围中不知不觉学到知识。

　　（1）学会委婉含蓄

　　含蓄是一种美，是一种艺术，课堂教学的语言离不开含蓄。教师在教学中用"说半截话"或一语双关的办法启发学生积极思考问题，勇于发表自己的意见。这种做法常有"千言说不透，一语破真谛"的妙用。有的教师为了激发学生的求知欲，不直接告诉学生答案，而是绕着弯子设问，层层深入，启迪心智，让学生学知识、明事理、受教益。有的教师为了使那些注意力不集中的学生受到教育，从不挖苦讽刺，而是从尊重学生的人格出发，善意地予以提醒和启发，收到了较好的效果。

【案例·链接 3—17】

　　作文课上，老师发现一位男生在回复情书。为避免伤害他的自尊心，使他产生对抗心理，老师只字不提"早恋"二字，只是指着教室外面一棵果树，悄悄对他说："你看，现在是早春，树枝上长满了花芽，这些花芽将来都要开放成美丽的花，再以后就会结出又大又甜的果实。但是你看，在枝头上早开了一朵花，现在还没到开花季节，没到开花季节开的花是一朵不结果实的花!"学生听到这里，心里顿时明白了老师话里的含义，认识到了早恋的严重后果，从此专心学习。

【分析】显然，这是一段极富暗示性的教育语言。这位教师通过委婉含蓄的语言劝服了学生，使学生认识到自己的错误，并及时改正了错误。这样的语言也避免了对学生的直接批评，维护了学生的自尊心。

（2）学会诙谐幽默

教师诙谐幽默的教学语言，能使学生在笑声中受到启迪和教育，能缩短师生间的距离，产生亲近感。如果教师能像相声演员那样，恰当的使用幽默性的语言授课，往往能够调节教学气氛，改变教学情景，提高教学效果；教师适当说些富有哲理性、知识性和趣味性的笑话，会使学生兴趣倍增，形成愉快的教学氛围。

【案例·链接3—18】

特级教师于永正在教学《小稻秧脱险记》时，文中描写杂草被大夫用除草剂喷洒过后说："完了，我们都喘不过气来了。"有一位学生朗读这句话时声音非常洪亮。于老师笑了笑说："要么你的抗药性强，要么这除草剂是假冒伪劣商品，来，我再给你喷洒一点。"说完，于老师就朝那位学生做了个喷洒农药的动作，同学们都笑了。该同学也会心地耷拉着脑袋有气无力地又读了一遍，这次读出了效果。

【分析】于老师的课堂语言生动形象，诙谐幽默，动人心弦，调节了课堂气氛，启迪了学生的智慧。不错，一个生动形象的比喻，犹如画龙点睛，给学生开启了智慧之门；一种恰如其分的幽默，引来学生会心的微笑，如饮一杯甘醇的美酒，给人以回味和留恋。

列宁说，幽默是一种优美的、健康的品质。教师把幽默请进课堂来吧，在幽默的欢声笑语中，给学生以智慧、情感、力量。

5. 课堂语言要具有鼓励性

教师鼓励学生可以激发学生的学习兴趣，树立学生的学习信心，促使学生走向成功，所以，教师课堂语言要具有鼓励性。学生需要鼓励，教师的鼓励有时会像涓涓小溪，能缓缓流进学生心里，滋润学生那块干涸的心田，从而使学生萌生希望的幼芽，并逐渐发展、壮大，最终长成参天大树。

【案例·链接 3—19】

"坐下"三例

同是学生被教师的课堂提问难住，甲、乙、丙三位教师的课堂语言各不相同。

教师甲：（语气很重，冲着该生）整天上课开小差，结果怎样？这么简单的问题都不能回答，太笨了！坐下！

教师乙：（生气，但不表现出来）坐下。谁来帮他？

教师丙：（微笑、和蔼地）别急，回忆一下我们昨天学过的内容，当时你听得很认真。想想，昨天××同学是怎样回答的？

学生：（思索片刻，说出了与问题答案相关的一句话。）

教师丙：（很兴奋）对呀！看来，你是很棒的！

学生：（体面地坐下，并投入到后面的学习中。）

【分析】当学生遇到困难时，教师丙耐心点拨，鼓励学生积极思考，而不是冷言冷语，甚至讽刺挖苦。可见，教师使用鼓励性的课堂语言能促使学生在后面的学习中走向成功。

6. 课堂语言要具有情感性

古人说："感人心者，莫先乎情。"教师富有情感的课堂讲述，可以激发学生学习知识的兴趣，可以启迪学生的学习智慧，开发其潜能；可以潜移默化地提高学生的思想水平。教书育人，若没有情感的润滑作用，教书就会成为照本宣科的念经，育人就会成为干巴巴的说教。

【案例·链接3—20】

在学习朱自清的《背影》时，语文老师饱含深情，用极富感染力的语调去感染学生，让学生深深地被背影所凝聚的父爱感染。联想到父亲对自己的种种关爱，学生们非常感动，表示决不辜负父亲的期望，努力去做一个对社会有用的人，去回报自己的父亲。

【分析】实践证明，教师富有激情的语言才能深深地吸引学生，深入学生心灵，达到"润物细无声"的教育效果。

苏霍姆林斯基曾说："学校里的学习不是毫无热情地把知识从一个头脑装进另一个头脑里，而是师生之间每时每刻都在进行心灵的交流。"所以，教师的课堂语言要具有情感性。

7. 课堂语言要具有启发性

英国教育家罗素说："一切学科本质上应该从心智启迪开始，教学语言应当是导火线、冲击波、兴奋剂、催化剂，要有撩人心智、激人思维的功效。"教师用富有感情的语言拉开讲课的序幕是很重要的。

【案例·链接3—21】

一堂《月光曲》公开课中，学生对贝多芬为什么要给茅屋里的盲姑娘弹了一曲又一曲的行为很不理解。教师给学生讲了一个典故，说："古代有两个人，一个叫俞伯牙，一个叫钟子期。伯牙喜欢弹琴，弹得非常好，钟子期在旁听着，十分欣赏。有一次，伯牙刚弹到描写高山的时候。钟子期就情不自禁地说：'善哉，峨眉兮若泰山！'（弹得真好呀！高呀！高峻像泰山一样！）伯牙非常高兴，觉得世界上没有人像钟子期这样了解自己，他是自己的知音。后来，钟子期死了，伯牙就再不弹琴。因为……"教师话没说完，一位学生举手站起来说："老师，我明白了。盲姑娘像钟子期一样，是贝多芬的知音。贝多芬既同情盲姑娘，又看到她是自己的知音，所以心情很激动，愿意为盲姑娘弹了一曲又一曲。"

【分析】这位教师运用俞伯牙、钟子期的"典故"唤起了学生的联想，启发了学生获取正确答案的思路，思路一通，豁然开朗。教师这种利用知识之间类比、联想的启发性，不但有利于学生突破难点，而且进一步丰富了学生的知识。

8. 课堂语言要具有创新性

素质教育的重点和核心是创新教育，素质教育的突破口也在于创新教育。教师若具有了创新意识、创新思维方式、创新能力，那么创新课堂语言就犹如自来水管里的水，只需打开它，清新之水就会汩汩而来。

【案例·链接 3—22】

How much?

五年级英语课上，教师发现多数学生一上课就精神不振，兴趣荡然无存。从心理学角度来看，小学生的兴趣只能维持一段时间便会逐渐消失，咋办？教师突然发现一个学生当天穿了一件很帅气的T 恤衫，便邀请他来到讲台，以"How much?"发问，引导同学们猜价格。同学们顿时激动起来，情绪高昂，由此轻松地进入了新课学习。

【分析】这位教师没有采取唱歌、背数字等激趣的一般形式来激发学生的学习兴趣，而是用创新性课堂语言打开学生进入知识学习之门。

总之，优秀教师的语言是一种技术，更是一种艺术，曼妙、细腻、唯美、豪迈；优秀教师的语言是一种知识，更是一种思想，深邃、练达、智慧、仁爱；优秀教师的语言是一种功力，更是一种品味，情趣、意境、仁爱、魅力。教师的课堂语言只有在不断地积累之后，在不断地锤炼之下，在不断地创造之中，才能美丽常驻、魅力常在。

【思考·实践】

1. 教师语言美的基本含义是什么？

2. 怎样理解教师语言美的重要意义？

3. 如何理解"尊重是师生谈话成功的前提"？

4. 教师联系工作实际，说说什么样的学生尤其需要宽容？

第三节　举止美

举止，指的是人在日常生活中的活动、动作，以及身体各部分在其过程中所呈现的姿态，即是指人的肢体所呈现的各种体态及其变动的行为动作和表情。人在日常生活中的站、坐、行（走）等姿态，一举手一投足，一颦一笑都可称为举止。人们的举止，由于在日常生活里时刻都自觉地或不自觉地表露其思想、情感以及对外界的反应，因此，它被视作一种无声的语言，能在很大程度上反映一个人的素质、受教育的程度及能够被别人信任的程度。

教师举止是指教师个体在教育教学和日常生活中空间活动变化的行为动作和表情。

教师在人际交往过程中要讲究行为动作与表情美，能给人以举止文明、优雅、敬人、有度的印象。

一个人的气质、涵养、风度往往从他的举止中就能表现出来。因此，教师更要注意自己在各种场合的行为举止，做到大方、得体、自然、不虚假，这样才会使自己的形象更美、更有风度。

一、教师举止美的特点及意义

（一）教师举止美的特点

1. 举止文明

举止文明，就是指教师的举止自然、大方、高雅而不俗。其表现有以下两个方面：

①良好行为习惯

在任何情况下，一位有教养的教师都会对自己的行为习惯多加注意，并对一些细节倍加重视，因为这是自己文化素质的表现。一名教师的个人教养和基本素质往往体现在其行为习惯的具体细节中。例如：见面要打招呼，是一项起码的礼节，握手是世界上通行的礼节。如不愿握手，微微欠身鞠一躬，或者抱拳作揖也是很有礼貌的，容易被他人接受。对一面之交，或不相识者，可点头致意，面部略带微笑。对一天多次见面或者经常见面的熟人，也可以点头微笑致意。可以说见面打招呼，形式多种多样，既不冷淡失礼，也不过分热情，而是恰到好处。又如在公共场合乱扔果皮和纸屑，随地吐痰，抖动腿脚，揉鼻、挖耳、剔牙，在外人面前整理个人服饰等行为就是不礼貌的行为。

②稳重与成熟

为人稳重和表现成熟，不仅可以说明自己的阅历丰富，而且也可以显示自己处世有方。因此，教师要做到稳健沉着、不温不火、有条不紊、泰然自若。例如：不大声喧哗，即不要放开嗓门大声说话，也不要旁若无人地高声谈笑。在相互交谈时，声音的大小，以能使谈话对方听得清楚为适宜。说话时，手势不要过多，也不能用手指或刀叉、筷子指着对方说话，那样做显得既不礼貌又太过霸气。在图书馆、博物馆、医院等公共场所，应保持安静。在举行隆重的仪式时，或是在听演讲、听音乐时，要保持肃静。走动时，一般应保持正常速度，不宜快步疾走，或者狂奔而去。前去拜访他人时，应首先敲门或者按响门铃，获得许可后方可入内。千万不能直接推门而入，也不能用拳擂门或是用脚踢门。

2.举止优雅

举止优雅，就是指教师的举止动作美观、自然、大方，能够给人以赏心悦目的感觉。其表现有以下三个方面：

①举止美观

举止美观，就是指教师举止雅致耐看，给人以美感。例如站有站相，坐有坐相。坐时，腿不能摇晃，更不要跷二郎腿；女士要双腿并拢。站立时，身子不要歪靠一旁，也不能半坐在桌子上或椅背上。走路时，脚步要轻。不要在别人正在交谈或照相时，从他们中间穿越而过。在剧场、电影院，如必须从别人的座位之前穿越进出，则必须说声"对不起"，侧身而过。

②举止大方

举止大方，就是指教师在举止上表现得洒脱、大方、不卑不亢。例如在面对交往对象时，不论对方是熟人还是陌生人，是同性还是异性，都要敢于正视对方，以示对对方的尊重。否则就会给人以过于害羞、小家子气的感觉，甚至会让人产生目中无人或心怀不轨的误会。

③举止自然

举止自然，就是指教师的举止做到顺理成章或水到渠成，防止过分程式化、过分脸谱化和过分戏剧化。否则就会使举止显得勉强、做作、敷衍了事，或者矫揉造作、华而不实。

3. 举止敬人

举止敬人，就是指教师诚心诚意地通过自己的举止来向交往对象表达敬重之意，以体现出对对方的尊重、友好与善意。例如鼓掌时用掌声来表达重视对方；有长者、尊者到来或离去时，起立以表敬重。

4. 举止有度

举止有度，就是指教师的一切举止都合乎常规、符合身份、匹配对象、符合具体场合。只有举止有"度"，才称得上是举止得体。例如行进时为贵宾开道，落座时请客人先坐，在尊长面前正襟危坐、不苟言笑即表示重视。

①热情有度

热情有度，就是指教师在工作和生活中，既要注意为人热情，又要把握好为人热情的具体分寸。例如自己的所作所为，应不影响对方、不妨碍对方、不给对方增添麻烦、不令对方感到不快或不便、不干涉对方的私人生活、不损害对方的个人尊严。千万不能过度热情而越位，最后导致好心办坏事。

②动作适度

动作适度，就是指教师在正式场合里必须有意识地控制肢体动作的幅度，适度减少肢体动作，从而使自己的举止不至于让人感到夸张或者被人误解，并给人以教养良好、稳重而成熟的感觉。

（二）教师举止美的意义

教师的举止在教学过程中起着潜移默化的作用，因此，教师举止美在教育中的意义是有形象示范的效应。我国教育学家孙敬修先生曾指出：教师的一言一行对孩子都是很有影响的，孩子的眼睛是"录像机"，耳朵是"录音机"，脑子是"电子计算机"，录下来的信号装在"电子计算机"里，储存起来，然后指导他们。

教育心理学研究表明：教师的榜样作用对学生的影响是极其巨大的，从幼儿园儿童到大学生都有模仿教师行为的倾向。在学校，学生最崇拜的便是教师，教师在学生面前的一举一动、一颦一笑都通过学生的眼睛在其脑海里留下印象，对他们的精神世界产生无声无息的影响，进而转化为学生自己的个性特征。如果教师的文明修养不高，举止轻浮粗俗、态度恶劣，必然有损自身形象，影响教学效果，同时也将潜移默化地影响学生的行为习惯和文明素质，待其走出校门步入社会后，将难以适应现代社会文明交往的需要，也难以赢得人们的尊重和信任。因而，教师要努力培养高尚的文明行为，举止得体、文雅谦和、言而有礼、行而有矩，尽量以自身良好的礼仪风范来影响学生。教师要像对待教案和教学设计一样有意识地讲究礼节风度，时时谨慎，处处垂范。见面时的一个微笑，分别时的亲切摆手，课堂上表情自然和蔼，举手投足从容大方，从点点滴滴处熏陶，朝夕濡染，学生自会受到感染和教育，逐渐养成彬彬有礼的文明习惯，成为受社会欢迎的人。

【案例·链接3—23】

一位幼儿园教师的教学日记里记录了这样一个故事：今天午餐过后，我从包里拿出一袋饼干，分给了进餐认真且不挑食的孩子们。

平时吃饭挑食严重的温子涵今天表现得不错，我喊了一声："温子涵，来。"我把一块饼干递到他手里，他拿着饼干一声不响地坐到了自己的位子上去了。这时，陈然站起来说："你怎么不说谢谢老师呀？"温子涵这时候忙转过头来说："谢谢郑老师。"

我微微地笑了，又想起自己平时也这样叮嘱孩子："你有没有谢谢老师？你有没有跟小朋友道歉？……"平时和本班老师在一起时互相之间给个东西，我们都会说声谢谢，看来这一点还是很重要的。

由此可见，教师的言行举止对学生来说，是很重要的，尤其是幼儿和中小学生，学生的年龄小，处处会模仿教师，因此，作为一名教书育人的教师来说，要谨言慎行，为自己的学生做出好榜样。

二、教师举止美的修炼

"为人师表"是人们形容教师最常用的四个字，就是要求教师在日常生活中，特别是在学校里要严于律己，以身作则，以自己的一举一动去感染学生，教育学生。"教师是学生的镜子"，学生可以从教师的举止中认识到什么是善，什么是恶，什么是美，什么是丑，什么是高尚，什么是卑劣，什么是应当做的，什么是不应当做的，教师用身教来印证平日的言教，这对学生最具说服力和感染力，能有力地推动学生在人格塑造中由"知"向"行"的转变。

学生对教师特有的期望和依赖，往往使他们在观察教师时产生一种"放大效应"：教师的一件小小善举，会使他们感到无比的欣喜；教师的一点小小瑕疵，则会使他们产生莫大的失望。教师的一举一动都处在最严格的监督之下。那么教师该如何修炼自己举止美呢？

（一）表情

一个人在任何时候都有一定的面部表情，它是人物性格和内心世界的外在表现，能反映出人的喜怒哀乐。

1. 目光

面部表情中最关键的是"眼睛"，眼睛是心灵的窗户，目光是信息传播器。眼睛如同我们的舌头一样，我们从一个人的眼睛里可以看到他的内心。目光可以传达各种感情——鼓励、责备、抚慰等，它能表达许多语言不易表达的复杂微妙的意思。"目光交流"是教师在课堂上的第一原则，所以，教师在课堂上艺术地用好眼睛，利用非语言交流来辅助教学，提高教学效果，这至关重要。此外，眼睛还可以帮助教师观察学生的动态，接受学生的反馈信息，从而改进课堂教学中的不足，更好地提高教学水平。比如：有的时候学生低语暗议，互相交换眼神，这时教师可能意识到自己读错了或是讲错了，可以及时纠正；有的学生目光呆滞，心不在焉，这时教师就知道该生走神了，就可以采取一些措施，提醒其注意。

2. 微笑

面部表情中最美好的当数"微笑"，而教师的微笑更是一种最富有诗意的表情语言。有一首小诗曾这样写道："教师的微笑，是阳光，可以消除脸上的冬天；是春风，可以催开心灵的蓓蕾；是栈桥，可以沟通师生的心灵；是军号，可以给人以力量；是天使，可以唤起学生对美的追求。"由此可见，教师的微笑在教育教学中有着不可替代的作用。

教师对学生要求严格，这毫无疑义，但这不等于教师在学生面前要不苟言笑，板着面孔说话，对学生凶神恶煞。一个教师在课堂教学中，应当笑口常开，这样才能赢得满堂春风，既有利于活跃课堂气氛，提高课堂效率，又有利于学生健康人格的形成。教师在学生面前从来不摆教师架子，总是一副笑容可掬的样子，会很受学生欢迎。

【案例·链接 3—24】

下面是一篇六年级学生的作文：

一位老师五彩的笑

我们的班主任宋老师一天到晚总是笑着，宋老师的笑也和万花筒一样五颜六色、各不相同。

看见老师"粉色"的笑，就如春风拂面，因为那是亲切的笑。这时，老师的嘴角微微上扬，眉毛舒展，比蒙娜丽莎的微笑还让人感到舒心。每天早晨老师站在教室门口就是用粉色的笑迎接我们的到来，每天放学又用粉色的笑送我们离开。

老师"红色"的笑像一朵绽放的木棉花，这是热烈的笑。当班级合唱进入最后的展演时，台下的她像个小学生一样乐得手舞足蹈；当我们考试进步时，她的嘴就笑得合不拢了，眼睛也乐得眯成了一条线，她更会为一个差生的进步激动得笑出眼泪来。

当同学答不出问题时，老师就会报以"橙色"的鼓励的笑，并投以鼓励的目光。这时老师的嘴角上扬，露出几颗牙齿，充满期待的目光让人充满自信，鼓励的笑如一缕阳光温暖人心。

当然，老师也会露出"灰色"的冷笑，那你就得小心点了！被罚的滋味真的不好受。我们还清楚地记得有一次美术课我们"大闹天宫"，老师露出"灰色"的冷笑，结果就是每人被罚写 500 字的反思。

看，我们宋老师的笑是不是五彩缤纷的呀？

【分析】笑能使教师赢得每个学生对自己的喜爱，能催开学生的心灵之花，它的作用是不可低估的。雨果曾经说过："笑就是阳光，它能消除人们脸上的冬天。"

"你今天对顾客微笑了没有？"这句话是著名企业家希尔顿经营的名言。那么，就让"老师，你今天对学生微笑了没有？"也成为教师教育的名言吧。

（二）形体动作

教师的形体动作包含站、坐、走、立、点头、手势等内容。教师的形体动作是学生学习、效仿的重要内容。无论是在课堂上、教室里、学校中，教师的走相、站相、坐相以及举手、鼓掌，都有可能深深铭刻在学生的心灵上，具有重要的示范作用。

1. 教师的站姿——挺拔、轻松、自然

教师在学生面前表现得最多的姿势就是站姿。良好的站姿能衬托出美好的气度和潇洒的风度。

站姿的基本要求：抬头，两眼平视，面带笑容，胸腹距离拉长，双臂自然下垂，或相搭放置腹前。两腿直立，男教师自然开列，女教师双膝靠拢。不要耸肩或过于昂头，也不要身躯歪斜、弯腰驼背、双腿大叉等。

2. 教师的坐姿——端正、文雅、自如

坐姿的基本要求：一般从椅子左侧入座，入座要轻，上体自然挺直，双肩平正放松，目光平视前方或直视交谈对象，面带微笑。女教师双膝靠拢或交叉，双手交叉放于两腿上，如果穿裙装入座时应整理裙摆后再坐下。男教师两腿自然分开，两膝平行，双手自然放置大腿上或小臂放置桌上，身体不东倒西歪、不前倾后仰。

3. 教师的走姿——从容、平稳、轻盈、充满自信

走姿的基本要求：上体正直，跨步均匀，双膝靠近，步伐稳健有节奏感。不要大摇大摆或左右摇晃，不要东张西望，敞开衣襟，不要拖着鞋走路，也不要勾肩搭背，并排而行，走路时不要吸烟、吃东西。

4. 教师的蹲姿——自然得体

下蹲时，左脚在前，右脚在后，双腿合力支撑身躯，避免滑倒或摔倒，左右手各放于膝盖附近，挺直上身，抬头，目视前方。女教师下蹲不要两腿展开平衡下蹲，应将腿靠拢，臀部向下，屈膝靠紧，慢慢下蹲；着裙装时，下蹲前需整理裙摆。

5. 教师的手势——运用恰当

手势是一种极其复杂的符号，能够表达一定的含义。手势是最有表现力的一种"体态语言"。教师恰当地运用手势，才能起到良好的沟通作用，增强教学效果，显露教师心灵深处的情感体会与展现优雅的举止，使自己的形象更美、更有风度。

（1）教师的基本手势

①垂放，是教师最基本的手势。

②背手，多见于站立、行走时，既可显示教师的权威，又可镇定自己。

③持物，即拿东西时应动作自然，五指并拢，用力均匀。忌跷起无名指与小指，故作姿态。

④鼓掌，是用以表示欢迎、祝贺、支持的一种手势，多用于会议、演出、比赛或迎候嘉宾。以右手掌心向下，有节奏地拍击掌心向上的左掌。必要时，应起身站立。

⑤夸奖，这种手势主要用以表扬学生。伸出右手，跷起拇指，指尖向上，指腹面向被称道者。

（2）应用手势的规范

应注意手势的幅度，大小；多用具有柔和曲线的手势，自然亲切；恰当适时；简洁准确。一般来说，向上、向前、向内的手势表示成功、肯定、赞赏，而向下、向后、向外的手势表示失败、悲伤、惋惜等。

（3）教师的手势禁忌

①忌当众搔头皮、掏耳朵、挖鼻孔、抠眼屎、剔牙、抓痒痒、咬指甲等。这些动作会令学生极为反感，严重影响形象与风度。

②不要用手指指点他人，用手指指点他人的手势是非常不礼貌的，含有教训人的意味。忌交谈时指手画脚、手势动作过多过大。

③讲课时忌讳敲击讲台、黑板，或做其他过分的动作。忌玩弄粉笔等。

【思考·实践】

1. 教师举止美的特点是什么？

2. 怎样理解教师举止美的意义？

3. 为什么说教师的微笑在教育教学中有着不可替代的作用？

4. 怎样正确理解教师举止美的示范性？

第四节　礼仪美

礼仪，是礼节、礼貌的总称。所谓礼仪，是指人们在进行社会交往中相互交流情感信息时所借助的某种原则和方法的总和。它与一定的社会伦理要求、风俗习惯相联系，属于一定的行为规范和行为模式。

教师礼仪，是指教师所具有的遵循职业道德，以美的形象、美的行为去感染教育对象、培养教育对象的基本的行为规范。教师礼仪的根本含义是为人师表，以身作则，为学生、为社会树立光辉的榜样。

礼仪，是教师应该具备的基本素质之一，是展示榜样形象的最佳途径。具有良好的礼仪素质的教师，一方面必然会展示其良好的外在形象，另一方面也具有其内在美的感染力。具备良好礼仪素质的教师，能够以良好的教育方法、教育技能来贯彻和实施教育方针，实现教育目的。

礼仪，是教师的职业道德内容之一。它要求教师不仅要传播知识，还要传播礼仪文明，培养教育对象的礼仪素质。荀子曾说过："礼者，所以正身也；师者，所以正礼也。无礼何以正身？无师，吾安知礼之是也？"他的意思是说，礼仪是规范人的，教师则是修正礼仪的，没有礼仪怎么能修正人的行动，没有教师又怎么能知道礼的正确与否呢？今天看来荀子的这番话仍有一定意义。

礼仪，还是教师参与社会实践活动，进行社会交往所应当具备的基本素质之一。教师的礼仪行为是一种社会美的表现。教师职业的特点，使教师被赋予了传播人类文明的使者的角色。教师在学校教育中起着榜样的功能，在社会生活中同样也起到模范作用。

礼仪美是合乎道德规范的，以一定的、约定俗成的方式来表现的律己、敬人的完整行为，是一种社会美，涉及穿着、交往、沟通等内容，力求于个人的外在美与内在美的统一。

一、教师礼仪美的特点及意义

（一）教师礼仪美的特点

1. 示范性

示范性是指教师的榜样作用。它是由教师职业特定的社会功能所决定的，因此也就决定了教师礼仪的示范性。"为人师表"就是社会对教师礼仪的示范性的一般要求。

教师的示范作用，体现在教育活动的各个方面。教师是教育教学活动中最活跃、最积极、起主导作用的因素，对学生影响是最直接、最强烈的。教师的思想品德、常识、才能、独特的个性语言风格、行为习惯等都影响和感染教育对象。同时在教育教学活动中的教师与学生是双边活动，所以，在这方面，教师还将受到学生的严格监督。譬如：学校生活中有些教师常被一些调皮的学生戏称为"机关枪""高音喇叭""吓一跳""牵慢羊""蜜蜂阿姨"等。这些绰号虽是很不礼貌的，但其中却包含学生对一些教师不良的教学礼仪等缺点的批评和讽刺。

荀子说，人无礼则不立，事无礼则不成，国无礼则不宁。因此，教师要自尊，树立教师礼仪示范形象。我国用"先生"一词来尊称教师，既然人们尊称教师为有学识的先生，那么教师更应该自重、自尊，而不应骄傲自大。

【案例·链接3—25】

德国教育家第斯多惠说得很好："教师本人是学校里最重要的师表，是最直观、最有教益的模范，是学生最活生生的榜样。"他还说："要是自己还没有培养和教育好，他就不能发展、培养和教育别人。"教师的示范作用，是强有力的教育因素。当他能够自觉运用时，其教育影响最大、最广、最深远，直到学生毕业后也不会消失，仍将继续影响学生的生活、家庭，乃至一生。我国著名数学家苏步青小时候爱好语文、历史。念初二时，数学老师杨霁朝先生指导他学习数学，使他的兴趣发生了变化，这为他后来专攻数学、成为数学家奠定了基础。

2. 审美性

审美性是指教师职业的礼仪文明对学生以及对他人的感觉、领悟等方面的影响。表现为教师行为、教师活动、教师外在形象的美观等给他人以一定的教育影响力和精神上的满足感。

教师礼仪审美性的特点，一是教师有仪表形象美的感染力；二是教师有仪态形象美的感染力；三是教师有语言美的感召力。语言美是一个较高的要求，必须要做到"言之有礼"。这些时刻都在展现教师礼仪审美性的新时代魅力。

3. 综合性

综合性是指一切礼仪在教师身上的综合体现。它包括以下几个方面。

①敬德，指教师实施礼仪，表现出求真、严谨、无私、谦虚和宽宏的品质。教师礼仪是以教师职业道德为基础的。有人说，教师应该对学生做到"严如高山，爱如大海"。严在于求真和严谨，爱在于无私奉献和宽宏；求真，指教师要热爱科学，坚持真理，这是敬德的重要内容。

②谦虚，古今中外皆以谦逊为美德。一方面，谦虚包括自信，在对内对外的一切场合，应当提倡人的自尊，又懂得尊重别人。另一方面，谦虚指虚怀若谷，容纳百川。爱因斯坦曾说，用一个大圆

代表自己所学到的知识，而圆圈的外面却是更大的空白，对他自己来说即意味着无知。而且圆圈越大，其周长越长，所连接的无知也就越多。

③无私，是教师礼仪中最重要的原则。"心底无私天地宽。"教师拥有无私之德，才会"不独亲其亲，不独子其子"，以育人为重，以国为重，以"青出于蓝而胜于蓝"的品德，欣看"长江后浪推前浪"。爱，需要无私奉献，也只有无私，爱才会如大海一样广阔。历史上对学生爱心奉献的教师不胜枚举。

④敬文，体现在教师博学达理方面。它是一种"博学于文，约之以礼"的君子形象。我国古代十分重视礼仪教育功能的阶段性。孔子言，三十而立，四十而不惑，五十而知天命，六十而耳顺，七十而从心所欲，不逾矩。按照孔子所言划分人生阶段，人生的每个阶段都有一定的社会教育意义。作为教师，一方面，要针对不同的教育对象而因人施教，针对不同的交往对象而因人施礼；另一方面，要能够随时以自身阶段角色来规范自己的礼仪行为。

⑤敬人，体现在教师尊敬他人的文明修养方面，即是教师恭俭庄敬的礼仪风度。也体现在教师能够因材施教，理解学生，尊重学生；能以乐观、幽默、诙谐情绪感染学生；关爱学生，能够倾听学生诉说，能够正确对待犯错误和失礼的学生，不施用粗野举动的行为。教师在公共场合更应注意生活小节，做到为人师表，遵守秩序等。苏霍姆林斯基说过："让每一个学生都抬起头来走路!"

总之，教师是社会的一分子，他的礼仪美不能只在校园里发挥良好作用，而要在社会生活的各个方面发挥良好作用。

（二）教师礼仪美的意义

1. 倡行教师礼仪美是加强新世纪教师队伍建设的需要

21 世纪是我国政治、经济、文化和教育等各个方面高度发展的阶段，历史赋予了我们艰巨而光荣的任务。党、国家和人民对教育寄以很大希望。振兴教育的关键在教师。

【案例·链接 3—26】

中共中央、国务院《关于深化教育改革全面推进素质教育的决定》中指出："建设高质量的教师队伍，是全面推进素质教育的基本保证。教师要热爱党，热爱社会主义祖国，忠诚于人民的教育事业；要树立正确的教育观、质量观和人才观，增强实施素质教育的自觉性；要不断提高思想政治素质和业务素质，教书育人，为人师表，敬业爱生；有宽广厚实的业务知识和终身学习的自觉性，掌握必要的现代教育技术手段；要遵循教育规律，积极参与教育科研，在工作中勇于探索创新；要与学生平等相处，尊重学生人格，因材施教，保护学生的合法权益。"这是党中央、国务院对教师队伍建设提出的总体要求，指明了教师队伍建设的方向。加强教师队伍建设，就要围绕这一总的要求着力提高教师的整体素质，提高教师实施素质教育的能力和水平。

加强教师的师德修养，培养教师忠诚于人民教育事业的奉献精神、爱岗敬业、爱生的高尚品德和良好的文明习惯及道德修养，都是教师队伍建设的首要内容。

教师礼仪美教育是师德教育的重要组成部分，结合当前教师队伍的实际，这显得更加重要和迫切。从整体上看，广大教师是讲究礼仪、讲究文明的，对学生，乃至全社会起到了为人师表的作用。但是，一些不文明、不文雅的问题也存在，甚至有的还很突出。如有的教师不注重自己的仪容仪表，衣冠不整，不修边幅，身穿背心，脚穿拖鞋走进教室；有的教师过于追求服装时髦，尤其是个别女教师打扮过于艳丽，穿着太暴露等。教师这些穿着破坏了课堂的美。有的学校领导或教师穿拖鞋、背心接待客人，或与人谈话时姿态不文明，把鞋脱掉用手摸脚，或把脚放在椅子、桌子、茶几上等，这些举止影响了校长、教师为人师表的形象。有的教师语言粗俗，对学生不尊重，动辄训人、挖苦讽刺或体罚学生。在教育活动中，教师对学生进行教育、传播知识的过程，不是一种简单的作用与反作用的过程，而是师生之间的思想、感情、品德、知识等相互影响和作用的过程。教师在学生面前不仅仅是抽象的知识化身，而是一个富有思想感情、人格魅力和鲜明个性的师长，是学生面前最乐观、最有魅力的活生生的榜样。因此，教师在学生心目中的地位和形象，会直接影响到教育活动的成效。卢梭曾大声疾呼："榜样！榜样！没有榜样，您永远不能成功地教给儿童以任何东西。"可见，教师的人格、教师的榜样作用是教师做好教育工作的根本和前提。

2. 倡行教师礼仪美是两个文明建设的需要

进入 21 世纪，我国在建设高度物质文明的同时，必须要建设高度的精神文明，这是我国社会主义现代化建设事业的必然要求，也是人类社会发展的必然趋势。讲究礼仪美是社会高度文明的重要标志之一。作为人类文明的传播者——教师，应当首先提高自己的文明素养，应当成为文明形象的化身。

新世纪的文明，要求人们加强合作意识，提高信誉，加强交流与合作，创造人与人、人与自然和谐发展的生产条件以及生存条件。但我国人才素质结构中的合作素质、创新素质远不能适应知识经济社会的要求，教师队伍自身基础性素质也有待进一步加强。

中国素有"礼仪之邦"的美称，讲文明礼貌是我们的优秀传统。在加强社会主义两个文明建设，推行讲文明懂礼貌的风尚的今天，倡行教师礼仪美，对于塑造文明的社会形象、学校形象和教师形象等均具有重要的推动作用。

3. 倡行教师礼仪美是加强爱国主义教育的需要

《爱国主义教育实施纲要》中明确指出："提倡必要礼仪，增强爱国意识，对学生进行优秀文化传统教育。对中小学生还要进行文明行为的养成教育。教师应当把德育贯穿和渗透到教育教学的全过程中，以自己的楷模作用，使学生全面成长。"加强礼仪文化建设，要在家庭、全社会中推行文明的礼仪文化。教师一定要以身作则，积极引导和教育学生及其他公民施行必要的礼仪，发扬爱国主义精神，强化民族自信心，提高民族自豪感，努力履行职责和神圣使命。

二、教师礼仪美的修炼

（一）教师形象礼仪

形象，对一个人来说，是其综合素质的最初展示，具有强烈的心理暗示功能。教师形象，不仅全面地反映出教师的思想、文化修养的程度，而且还能反映他所代表的学校组织的管理水平及质量的高低。因此教师形象礼仪必须讲究美的仪容仪表、美的言表风纪。

教师的仪容仪表是否能够注意修饰，不单单是个人问题，同样也存在敬人的礼仪问题。容貌齐顺，衣服整洁，是实施礼仪的先导程序。《礼记·玉藻》中讲到过一种"君子之容"的标准，如"足容重，手容恭，目容端，口容止，声容静，头容直，气容肃，立容德，色容庄，坐如尸，燕居告温温。"这里美的仪容仪表的意思是，走路时要稳重稳健，举止要对人恭敬，目光要注意端正，说话要分清场合，声音不得高声，表情要端庄，落座身体要端正。日常一举一动都有礼仪规范，是一名教师起码要做到的礼仪标准。

教师的言表风纪，对学生对社会都有很强的影响力。苏联教育家苏霍姆林斯基曾说："我们每一位教师，都不是教育思想抽象的体现者，而是活生生的个性，他不仅帮助学生认识世界，而且帮助学生认识自己本身。这里起决定作用的是：学生从我们身上看到教师是什么样的人。我们对于学生来说，应当成为精神生活极其丰富的榜样。只有在这样的条件下，我们才有道德上的权利来教育学生。"所以，教师身为"人类灵魂工程师"应该从自身做起，从身边小事做起，用个人的仪表美、仪态美来影响社会。

（二）教师校园礼仪

1. 教师进出校门时的礼仪

（1）教师进入校门时，将工作牌佩戴在左胸前。主动向门卫及值班教师问候"早上好""下午好""你好"。自行车（电瓶车）推行、汽车慢行至指定地点，整齐排好车辆。离开校园时与门卫及值班教师道别："再见!"遵守交通法规，主动避让其他车辆和行人。

（2）教师在校园遇到同事或来宾，应主动微笑地问候、致意。校内一律以岗位职务相称；对外，了解对方职务的，以职务相称，不了解的，男士可称"先生"，女性可称"女士"或"小姐"。

（3）教师行走在校园中，不随手扔杂物，主动捡拾杂物，用实际行动给学生做榜样，维护校园的公共卫生。

2．教师课堂上的礼仪

（1）进教室前，教师整理好上课用品，整理好自己的仪表，关闭通信工具，或将通信工具设置成无声状态。

（2）上课开始时，教师组织教学的礼仪如下：

上课预备铃响，教师和蔼、微笑地走进教室，轻轻地摆放好上课用品，并了解学生上课的准备情况。

上课铃响，教师从容地走上讲台，然后肃立（规范地立正）。

教师："上课!"

值日生："起立!"

教师："同学们好!"

全班同学："老师好!"

教师面带笑容，用温和的目光环视一遍全班同学："请坐!"

3．教师组织教学时的礼仪

总的要求是：微笑、和气、文雅、不恶语伤人。

（1）教师要用普通话教学，并多用敬语"请"字和表示尊敬的手势。如"请某某同学回答问题"。

（2）教师要认真、耐心地倾听学生发言，不中途打断发言。

（3）教师要用目光关注每一个学生，不侮辱学生人格，不挖苦讽刺学生，不体罚或变相体罚学生。

（4）教师的语气、语调要友好、冷静、诚恳，对学生不使用蔑视、讥笑、讨厌、憎恶的语气，不对学生粗暴地大喊大叫。

（5）教师要仪态举止优雅。如讲课时不坐着，不靠着，也不过多地来回走动。

（6）教师要珍惜学生的上课时间。不讲与课堂教学无关的内容，不长时间责备学生等。

（7）教师在学生做练习时，要认真耐心地巡回辅导，关注每一个同学，不做与辅导无关的事。

【案例·链接 3—27】

"香肠风波"

我国古代教育经典著作《学记》中曾指出："善歌者使人继其声；善教者使人继其志。"这里指教师善于运用教育艺术实施教育活动。这是教师礼仪的基础。要提高教学、教育的艺术素质，教师需要具备良好的教育学、心理学基础，能够不断总结和探索教育艺术，掌握一定的教育方法，如"愉快教学法""审美教育法""创造能力教育法""情感教育法"和许许多多行之有效的教学方法，并且具备较强的教学组织和管理技能。其中最重要的是教师要注重教学礼仪，活跃课堂气氛，提高教学质量。

在一次生理卫生课上，大家忽然听到一阵轻微的咀嚼声，同学们的注意力被分散了。教师暂停了上课，问道："有人在吃东西吧？"一个小胖子站起来，嘴里还嚼着东西。"你在吃什么？""香肠"。"你别着急，不然会噎着。慢慢嚼，我们等你。"等了一会儿，教师既亲切又认真地问道："都咽下去了吧？好，这会儿你说说，现在你的口腔、胃、肠里都发生了什么事情？"小胖子本来是准备挨批评的，没料到教师提出了这样一个问题，显得有些措手不及。教师提醒他："我们不是刚刚讲完消化系统吗？你好好想想再回答。"这样，小胖子和同学们的注意力就被重新吸引到科学知识上来。同学们都饶有兴趣地上了一节课。

【分析】这位教师注重了教学礼仪，收到了很好的效果。而教学礼仪，实质在于尊重学生的求知心理，使其较快地明白事理，实现教育目的。

4. 教师下课时的礼仪

下课时，教师要与学生礼貌告别，保持愉快的心情。其礼仪程序是：

教师（面带笑容）："下课！"

值日生："起立。"

教师（点头致礼）："同学们再见！"

全体学生精神抖擞地回应："老师再见！"

教师切忌：一是拖堂；二是学生施礼时，自己埋头收拾东西或急匆匆离开教室。

5. 教学实践活动的礼仪

教学实践活动礼仪，主要是指教师在校园第二课堂活动管理中所具有的教育管理艺术和方法。一般来说，小学教师礼仪特点是以礼规导，示范教育；中学教师礼仪特点是亲其人，信其道。中小学校经常利用各种节庆日，如国庆节、儿童节、植树节、清明节、节水日、爱牙日等，来开展丰富多彩的实践教育活动。因此，教师应当具备良好的组织活动能力和礼仪意识，以及需要加强一定的艺术修养。其实这不单单是指教师应该具备一定的音乐、美术的一般技能，更重要的是指具备良好的审美情趣和审美能力，提高教师礼仪美的吸引力。

（三）教师办公室礼仪

办公室是教师在学校工作和休息的地方，也是教师集体生活的场所。

1. 以礼相待

在办公室，早晨相遇，主动打招呼，互问："早上好！"课间相见，点头微笑，互致："你好！"下班道别，说声："再见！"得到别人帮忙，赶紧说声："谢谢！""辛苦了！"

2. 言行高雅

在办公室，不打听别人私事，不背后议论其他教师，不散布是非，不闲聊谈笑。在办公室要保持安静，认真工作、认真学习、认真研究，不说不做与教学无关的事。

3. 清洁整齐

做好办公室的清洁卫生和物品摆放工作，办公用品的摆放应保持整洁、美观。上班时第一个进入办公室的教师，主动打开门窗；最后一个离开办公室的教师，把门、窗、灯、饮水机关好。

4. 热情待客

在办公室，有客人（或家长）来访时，应热情欢迎，微笑起立，让座请茶，并问候"您好""请坐""请喝茶"。接待客人时如果要离开，或手头正有要紧的事要处理，应讲"对不起，请稍后"。回来后或处理好事了，应说"不好意思，让您久等了！"

有客人来，如果被访的教师正好不在，其他教师也要热情接待，并帮助寻找被访者。客人走时应起立送至门口道别："欢迎您下次再来！""慢走！""再见！"

5. 不妨碍别人

集体办公室内不得吸烟，不高声讲话，不做体育游戏，不玩电脑游戏，不高声放录音等。

6. 电话礼仪

（1）打电话的礼仪

当电话接通后，应首先说："您好！我是×××。"无论是给家长或同事打电话，说话时要保持一种高兴的语气和声调，忌冷漠无情，也忌声音过大。交谈结束后，应客气地道上一声："再见！"并轻轻挂断电话，切忌鲁莽地将电话挂断。

（2）接电话的礼仪

当听到电话铃一响（一般不应超过三声），便要拿起话筒，用普通话说："您好！我是×××，请讲。"通话完毕，应谦恭地问一下对方："请问您还有什么事情吗？"然后再道一声："再见！"在一般情况下，接电话者应让对方先挂机。

（四）教师与学生交往礼仪

1. 与学生相遇时的礼仪

师生相遇时，通常由学生主动向教师打招呼，教师应面带微笑地回应学生的问候："早上好！""同学好！"或说："同学再见！"

2. 与学生谈话时的礼仪

（1）提前通知，有所准备

教师找学生谈话，可能是学生犯了某种错误，需要对他进行批评、帮助和教育；也有可能是学生做了好事，取得了一些成绩和进步，需要对他进行鼓励、表扬，督促其继续前进等。但无论出于什么原因，谈话最好提前与学生打招呼，这既是一种礼貌，又是对学生的尊重。

找学生谈话，教师要做好准备，确定谈话对象，了解谈话对象。"知己知彼，百战不殆。"谈话前要对谈话对象的思想、心理、产生问题的原因以及社会、家庭、学习生活环境等心中有数。

（2）热情迎候，师生平等

学生如约到来时，教师要热情有礼，不能板着面孔，冷冰冰地说话。谈话前，可请学生就座；谈话时，与学生座位距离要适当，要让学生坐在与自己平等的位置上；谈话后，应送学生离开。

教师谈话时要认真，虚心倾听学生意见（包括片面的、错误的意见），然后真诚地、实事求是地谈出自己的看法。因为只有尊重学生，才能教育学生；没有尊重，就不可能有真正意义上的教育。教师应该做到"蹲下来跟孩子说话"。

（3）分清场合，合情合理

教师找学生谈话，应仔细选择有利于学生接受意见的地点和场合。如果为了进行表扬、商讨或研究工作等方面的谈话，就是在办公室进行也无妨；对学生进行批评教育，或向其了解不宜公开的情况，则一般应选择较清静、不引人注意的地方为宜。在这种情况下，采用说"悄悄话"的方式，学生一般会更容易听得进去，更容易接受意见，也更容易畅所欲言。

此外，教师的表情、语气、语调要与谈话对象、内容协调一致，合情合理。慰问、安抚类谈话，既要深沉、严肃地与学生分担痛苦，又要坚定自信，给人以力量和鼓舞；反映问题类谈话，既要细心听取，全面了解，不厌其烦，又要把握政策，以理服人，苦口婆心；工作谈话，既要简单明了，讲求效率，抓住实质，又要态度和蔼，有涵养，不失风度；说明问题、批评类谈话，要先消除对方的畏惧心理，缩小与对方的感情差距，然后提出中肯的批评，表情一般要严肃、认真。

教师与学生进行谈话时应注意：忌言过其实，故意夸大或缩小；忌对学生拉长语调，要放慢语速，压低音量；忌传播不利团结或道听途说的事情；忌批评时事实不清，不分场合，要尽可能不使学生难堪。

（4）了解学生，因材施教

教师说话要灵活多变，切不可千篇一律，要因人而异、因事而异。学生在思想言行上可能存在或出现的问题多种多样，各不相同，教师只有善于把握不同学生的性格特点和思想状况，分析他们的言行动机，找到问题存在的原因和症结，然后对症下药，方能取得良好的效果。教师应事先把握谈话对象的性格、心理和爱好差异，对那些性格开朗、易于接受批评的学生，可直接指出他们存在的缺点和错误；对那些"吃软不吃硬"的学生或性格倔强的学生，要避免顶撞；而对那些"吃硬不吃软"的学生，就不能过于迁就，但不能对其挖苦、讽刺、训斥。

（五）教师与同事交往礼仪

教师之间互相尊重，团结互助，密切配合，是正确处理教师之间关系的重要原则。如果同事之间关系融洽、和谐，人们就会感到心情愉快，有利于工作的顺利进行，从而促进事业的发展；反之同事关系紧张，相互拆台，经常发生摩擦，就会影响正常的工作和生活，阻碍事业的正常发展。

1. 尊重为先，亲密有度

礼仪的核心就是尊重。相互尊重是处理好任何一种人际关系的基础，同事关系更需要尊重。

首先，尊重要讲究信誉。一方面，平时讲话要算数，不要滥开空头支票，自毁信誉。另一方面，对于双方已有的合同、协议，一定要认真遵守，照章办事，绝对不准以任何借口，去做毁约、违约之事。这种尊重还包括礼节性的问候、虚心听取别人对工作的观点、取人之长补己之短。此外，还要充分尊重别人的隐私。

其次，在办公室里，提倡交往有度，不冷淡，也不过分热情。除非他人主动提及私人事宜，否则一定要把握尺度，不问不该问的问题。如果过分关心别人的私事，会被认为很没有修养、个人素质不高。

2. 遵守"白金法则"

白金法则，即别人希望你怎么对待他们，你就怎么对待他们。简单地说，就是不要以自我为中心，要学会真正了解别人，然后以他们认为最好的方式来对待他们，而不是我们中意的方式。教师要善于花时间去观察和分析身边的人，然后调整自己的行为，以便让他们觉得更称心和自在。

3. 分享快乐，不要招摇

自己有了什么得意高兴的事情，可与同事分享快乐，但不要有意无意地显露出优越感。例如：家里买了名牌汽车，假期与爱人去度假等等，这些都会无形之中给同事增加压力。分享快乐的方式有很多，比如外出旅行后给同事带一点小小的礼物，礼轻情意重，证明你心里没忘了同事们，这样大家都会开心。

4. 择善而从，多赞美，少嫉妒

"三人行，必有我师"，要善于向同事学习。不以自己的喜恶标准评价同事，对于不合自己标准的事物，不要表现出反感。"择其善者而从之，其不善者而改之"，多从他人身上寻找优点，吸收学习；对于他人的缺点多宽容、理解；同事取得成绩，要由衷地赞美祝贺而不是嫉妒排斥。多寻找自己和同事间共同的兴趣爱好，在互相学习中共同提高。

5. 化解误会，求同存异

由于不同的个体间工作习惯、世界观、价值观存在差异，同事之间相处久了，难免会有一些细小的分歧，细微的误会。"度尽劫波兄弟在，相逢一笑泯恩仇"，不要让一些小情绪影响了彼此的心情和工作的效率，遵循求同存异的原则，一切以大局为重，以工作为中心，不计较一些小利益的得失，各退一步，海阔天空，力求殊途同归，圆满完成工作。

6. 尊重同事，语言得体

语言是交际心理现象，展现交际心理过程，所以必须做到说话得体，恰如其分。语言得体对教师来说显得尤其重要，任何夸大其词，或是不看对象、词不达意，都会影响交际心理的展现，妨碍相互间的交流。

交际中言语也要注意分寸，该说则说，不该说则一句都不说，说话的程度应视对象和交际目标而定。

（六）教师与领导交往礼仪

1. 合适得体，避免逢迎

教师接触领导不同于接触学生与同事，对学生与同事要保持尊重，对领导则要保持必要的尊敬。一个在言辞上对领导不尊敬的人，即使他再有才华，也很难得到领导的赏识和重用。

2. 符合身份，避免越级

教师与领导接触时，说话一定要符合下级的身份，不能讲一些越级的话。

【案例·链接 3—28】

一位教师接了一个关于小学生综合性学习的科研课题，学校校长专门拨款让他购买参考资料，又积极促成他到外市参加相关会议。

该教师感动之余对校长说："您辛苦了，您的做法太让我感动了，我非常满意您的表现。"领导本来挺热心该教师的课题，听了他的这些话后，反而不再过问他的课题了。为什么呢？就因为这位教师讲话是处在领导者位置讲的，好像一位领导对下属工作表示满意的一种口气，这当然会招致校长的不满了。

3. 适可而止，避免较真

教师与领导较真的情况多出现在以下两种场合：一种是领导不同意自己的意见，据理力争；另一种是受到领导错误批评时，不依不饶。

领导出于某种考虑，否定教师的意见，或一时分辨不清，对教师进行了错误批评，对教师来说，的确是件让人不高兴的事。但此时教师切记不要与领导过分较真，不然，事情会对自己更加不利。

【案例·链接3—29】

一位教师精心策划了一次班级活动，准备带领学生到某社区体验生活，但向校长请示时，校长却因经费问题拒绝了该教师的请求。该教师争取了好几次，校长都没有同意，该教师认为领导故意为难自己，非常郁闷，找到领导后非要领导同意他的请求不可，并列举了其他教师开展相关活动得到批准的事实，质问校长为什么同意别的教师的活动要求，却单单否定了他的方案，是不是对他有什么偏见。其实，领导否定该教师的请求并没有针对教师个人的想法，只是从学校开销上考虑。教师这么质问校长，让校长很不高兴。事实上，该教师向校长争取了几次校长都没有同意，教师就没有必要争取下去了，更没有必要把校长的决策同自身联系起来，这样太较真，只能让领导对自己产生不好的印象。

有的教师在受到领导批评时，反复纠缠、争辩，希望弄得一清二楚，这是没有必要的。假如确实是领导不了解情况错误地批评了某位教师，这位教师可以找一两次机会表白一下，点到为止。领导如果仍不为你澄清事实，就不要再与领导纠缠不休。

（七）教师与学生家长交往礼仪

教师与学生家长的关系，是教育过程中客观存在、不容忽视的重要关系。教师的一个重要职业责任，就是主动和家长的交流合作。与家长密切配合，才能对学生发挥积极的教育影响作用。

1. 家长会礼仪（包括在校会见家长时的礼仪）

（1）教师要服饰庄重，举止文雅，给家长以亲切和信任感。

（2）教师要尊重家长，语言礼貌。要求：实事求是地介绍学生的情况；对学生多一些表扬、鼓励，少一些批评指责；对家长应用商量的口吻，不能用命令的口气；使用热情、关心、委婉的语气和家长平等对话，风趣幽默更佳；多给家长一些发言机会；不要把家长当作发泄的对象，不要教训家长。

【案例·链接3—30】

在一次家长会上，某班班主任当着全体家长的面说："我们班同学的期末考试成绩都写在黑板上，请家长们自己看。全班除了某某同学以外，都考得比较好，真是一粒老鼠屎坏了一锅汤，不知家长是怎么教育的……"话说到这里，那位学生家长当即离席而去，临走时回敬了一句："我不配当家长，你更不配当教师！"全体学生家长愕然，家长会不欢而散。

教师绝不能以违反师德规范的言行损伤家长的感情，须知爱子之心乃是学生家长与教师合作的最坚固的心理基础。因此，教师一定要理解和尊重家长这种特有的感情，维护好这一合作的基础，才能做到密切合作，协调一致。

（3）教师要做好准备，重点突出，内容丰富，热情待客，使家长高兴而来，满意而归。

2. 家访礼仪

（1）选好时机，预约前往。

教师家访前应写便条或打电话预约，并把家访的主要内容告诉家长，让家长有思想准备。预约的口气，应该是友好、请求、商量式的。

（2）举止稳重，温文尔雅。

（3）用语合理，避免单纯的"登门告状"。

（八）教师参加学校集会礼仪

1. 升旗礼仪

（1）精神饱满，态度严肃，脱帽、摘墨镜，规范立正。

（2）向国旗行注目礼，高声唱国歌。

（3）切忌自由走动、东张西望、心不在焉、马虎应付、窃窃私语。

（4）自觉穿统一校服，即使寒冷的冬天，也不把手插在口袋里。

2. 集会礼仪

（1）遵守会议纪律，按指定地点入座，准时有序，不中途离开。

（2）关闭通信工具，认真聆听，认真记录，不看报纸、杂志，不做与会议无关的事情。

（3）尊重报告人。掌声热烈，静听专心。

（4）在室外集会时，不打伞。站姿或坐姿端正，用自己规范的礼仪感染和教育学生。不要有"窃窃私语、剪指甲、打哈欠、掏耳朵、挖鼻孔"等不文雅的举动。

3. 听课礼仪

（1）提前进入听课地点，做好听课准备。听课座位选择在不影响上课的位置。

（2）听课时与学生一样和教师互致问候；安静专心，认真记录。不交头接耳、评头论足，不无故中途离场，不做任何与听课无关的事。

（九）教师社交礼仪

教师作为一个社会人，要和社会的各个层面打交道，需要懂得基本的社会交往礼仪。教师的社交礼仪活动是教师礼仪的一个重要内容。教师的社交礼仪，主要体现为教师的日常行为礼仪和人际交往活动的方式礼仪。如称呼礼仪、问候致意礼仪、握手礼仪、登门造访和接待来访礼仪、打电话礼仪、参加晚会礼仪、宴请礼仪、组织会议礼仪、参观礼仪和国际交往、民族交往礼仪等方面。教师社交礼仪如何，会体现教师文明修养的程度。教师需要积极地参与到社会活动当中去，在社会交往中充实自己，增长社会知识。社交礼仪基本要求尊重他人，礼貌待人；约束自己，自律自重。

【思考·实践】

1. 教师礼仪的基本含义是什么？
2. 怎样理解教师礼仪与新世纪教师队伍建设的关系？
3. 教师礼仪的基本内容有哪些？
4. 怎样正确理解教师礼仪的示范性？

第四章　教师"五课"能力素养的修炼

　　教师"五课"能力是指教师应有的备课、上课、说课、观课、议课这五种与课堂教学相关的基本能力。"五课"是教师职业生存的主要体现，是教师区别于其他行业人员的主要标志。

　　备课，二次开发。教师将每次备课都看作是一次对课程进行开发的过程，是以新课程理念为依托，以学生发展为目标，根据教学要求、学生特点、自身风格所进行的教学设计的过程。

　　上课，动态生成。课堂上，师生互动、对话讨论是课堂教学的常态。课堂教学不再是教师一成不变地反映教案设计的流程了，而应根据课堂的实际生成情况不断地调整教学设计。

　　说课，反思探究。说课是课堂教学的延伸与扩展，是教师对自身教学进行的较为系统和细致的梳理过程。说课应成为一次教师反思教学行为、探究教学存在的问题、明确教学努力方向、积聚教学实践智慧的良机。它是甄别教学设计与实际教学进程之间的差距进而实施教学行为研究、开展校本研修的重要手段。

　　观课，全息透视。观课就是观课者将课堂教学中教师的教学行为以及学生的学习行为都纳入到观察的视野中来，将教师的课堂教学设计以及设计意图的实现程度等作为观察的对象。定性与定量观察相结合，要观察教师哪些教学理念转化成了教学行为，还要观察学生的整体和个体学习情况。

　　议课，讨论分析。议课是教师群体对课堂教学进行讨论分析的行为，可以通过议课者与上课者的对话，激发教学智慧，积累教学经验，进一步提高教师教学水平，发现教育教学需要探讨的新问题。

备课、上课、说课、观课、议课这五种教学行为是紧密相连的，没有备课中的"二次开发"，就难有上课的"动态生成"，开发的理念体现在课堂上，就是生成的理念。没有教师自身说课的"反思探究"，也就难有观课者的思考分析，没有观课的"全息透视"，也就无法实现议课的"讨论分析"。

第一节 备 课

备课，是指教师在充分地学习课程标准、钻研教材和了解学生的基础上，弄清为什么教、教什么、怎么教以及学生怎么学，创造性地设计出目的明确、方法适当的教学方案的过程。备课包括两个层次：一是要统观全局，从宏观上考虑制订学期（或学年）的教学工作计划；二是深入章节，从微观上考虑制订课时（或单元）教学计划方案（即教案或教学活动设计）。

一、备课的一般类型

（一）从备课形式上分为个人备课和集体备课

个人备课是指教师要先熟悉、钻研和掌握教材，然后再根据自己的经验、所教学生的具体情况和教材内容的性质等方面进行分析，写成教案的过程。在教案中要明确教学目标、重点、难点，教具的使用等，要说明教学过程中各个教学环节的教学方法、提问的方式、教学重难点的处理方法、学生活动形式及时间安排等。

集体备课是在个人备课的基础上，同年级或不同年级（班数较少的学校）同学科教师坐下来，对某一教学内容进行讨论研究，从多角度、多方面去想学生之所想，疑学生之所疑，共同解决教学中遇到的各种困惑的一种校本教研活动。集体备课以教师团队为纽带，既有分工，又有合作，设计出既凸显教学共性与个性特色，又达到资源共享的生态教育理念的文案。

（二）从备课内容上分为学期备课、单元备课和课时备课

学期备课是教师制订学期教学进度计划。

单元备课是教师在学期进度计划的基础上，制订出每一单元的教学进度计划。

课时备课是教师根据学期进度计划和单元进度计划，对每一节课进行的设计。

（三）从备课时间上分为课前备课和课后备课

课前备课是指教师在上课前进一步研究教案，熟悉教学过程，经过深思熟虑，使教学的课时计划得以充分落实的过程。

课后备课是指教师在上课后对课堂上的反馈信息进行思考总结，为进一步改进教学工作做好准备。

二、备课的主要内容

（一）研究课程标准

教师要研究课程标准对课堂教学的指导作用。

1. 研究课程标准提供的教科书编写的基本思路和基本要求。
2. 研究课程标准提供的教学内容的学段目标要求。
3. 研究课程标准提供的对教学评价和学生发展评价的建议。
4. 研究课程标准提出的"课程资源开发与利用"的建议。

（二）研究教材

教师要认真钻研教材，理清知识与技能，过程与方法，情感态度价值观等三维目标在教科书中的具体体现，准确理解重点、难点，确定教学的关键，制定切实可行的三维目标。

教师要整体把握教材，明确教学内容的内在联系，对教材内容

进行合理的、科学的加工和再创造，挖掘教材中可发掘的学生的智力因素和非智力因素，确定教学的重点和难点。

（三）研究学生

教师要深入了解不同层次学生的学习基础和思想状况，选准本课的起点和基点，使分层教学渗透到教学的每一个环节。

教师要研究学生的认知特点、知识基础、能力水平、心理及情感状况、所处环境，以便有针对性地施教。

（四）研究例题习题

教师要精心选择和设计例题、随堂练习题，确保教学的效果与覆盖面。例题和习题的题目要紧扣课程标准、教科书和学生实际，要兼顾深度、广度，体现层次性，能因材施教，分层教学。

（五）研究教育素材

教师要找出教学内容的教育渗透点，特别是要关注每名学生的参与积极性，以及培养终身可持续发展的能力与意识。教师还要充分利用课内资源，恰当选用课外资源为完成教学目标服务。

（六）研究教法和学法指导

教师要根据自身的优势和特长、学生现有的基础，选择恰当的多样化的教学方法，并加强对学生的学法指导，从而收到良好的教学效果。

（七）制定教案

教师要进行教学设计，写出教学方案。所写教案应有明确具体的三维目标要求、教学内容分析（即重点、难点、关键点）、教学过程（包括目标要求、重点、难点处理方法、教学手段、教育因素的体现、教学小结等），保证一定数量和质量的练习作业、板书设计等。

（八）课后反思

教师授课后要及时反思自己的教学行为，尤其是针对课堂教学或学生作业中出现的问题进行具体剖析，以提高自己的教学能力。教学反思占用的时间一般不少于总课时的三分之一。教学反思要用文字记录下来。

三、备课的基本要求

（一）教学目标要明确

教学目标明确是指制定的教学目标既要符合课程标准的要求，又要符合学生的实际情况，既不是低标准的，又不是高不可攀的。一节课的教学目标是根据教学课程的总体目标和本节课的教学内容而确定的，教学目标是设计教学过程的依据，是课堂教学总的指导思想，是上课的出发点，也是进行课堂教学的最终归宿。

教师进行教学目标设计要考虑三项内容：一是知识点和能力点目标；二是充分考虑学生学习过程的落实和学习方法的运用；三是考虑学生积极主动学习、积极主动参与合作、积极主动参与交流等目标。

（二）内容选择要合理

选择合理的教学内容是备好课的前提，教学内容的选择要依据知识的特点、教材的编写意图、完成教学任务需要的时间和学生的实际情况等因素来决定。

教师在选择一节课的教学内容时，要具体情况具体对待，以能顺利完成一节课的教学任务和所授知识有利于学生理解和掌握为准，既不要多选，也不能少选，多选不利于学生理解和掌握所学知识，少选则会造成课堂教学松散，浪费课堂教学时间。

教学参考书上一课时的内容安排一般都是比较紧的，它是在理想的教学情况下确定的课时安排，有的内容安排得过松，有的内容安排得过紧。教师在备课时一般都要对教参上的课时安排进行适当调整，有时需要增加 20%～30%，有时一个单元需要放宽一两个课时，甚至在教学顺利时，可以压缩一两个课时。

（三）教学重点难点要鲜明

几乎每节课都有它的教学重点和难点。重点、难点部分的教学是一节课的关键，教师课堂教学的水平主要体现在重点的突出和难点的突破上。一般说来，一节课中学生要掌握的主要知识就是本节课的教学重点，学生在理解和接受上存在困难的地方就是教学难点。

（四）学生主体地位要突出

学生已有的知识、经验和智力能力水平，是确定学生的学习方法，教师选择教学方法和设计教学方案的重要依据。如果学生对相关的旧知识掌握不好，就会影响学生对新知识的理解和掌握。因此，在备课时，教师要根据所教内容，找出新旧内容之间的关联，弄清学生的现实水平，明确未来要达到的水平，以便确定学生的"最近发展区"。这就是常说的"备学生"，只有这样，教师在备课、上课时才能有的放矢。

（五）学法制定要恰当

学生的学习方法是课堂教学的一个重要方面，它既能反映教师的教学理念，又能影响学生的课堂学习效果和新课程目标的实现。目前，学生的学习方法有很多，归纳起来可以分为两种：接受性学习和探究发现式学习。

接受性学习可分为机械接受性学习和有意义接受性学习。探究发现式学习可分为指导性的探究发现、独立探究发现、合作探究发现和创新性学习。在教学中，教师要根据教学内容、教学目标和学生的实际情况来为学生选择相应的学习方法。

（六）教学方法要精选

常用的教学方法有讲授法、谈话法、演示法、实验法、发现法、自学辅导法、引探教学法、合作教学法、探究式教学法等。在实际教学时，没有固定不变的教学模式，同样的教学内容和学生，不同的教师，同样的教学内容和教师，不同的学生，同样的教师和学生，不同的教学内容，采用的教学方法各不相同。因为每种教学方法都不是十全十美的，都有各自的优点、缺点和适用范围，超出这个范围就不适用了。所以教师在备课时要根据教学内容、学生的年龄特点、接受能力以及自己的教学风格，选择恰当的教学方法，以达到最佳的教学效果。

特别要注意，一节课中采用的教学方法也不是固定不变的。在实际课堂教学中，教师应根据教学的需要和实际教学的进程交替使用多种教学方法，有的教学内容可以用几种不同的方法进行教学，这就要结合实际情况择优选择。总之，教学方法的选择要依据教学的内容、教师的教学风格、学生的理解和接受能力而定，以达到课堂教学效果最优化为准。值得一提的是，选择教学方法要符合学生的认识规律，要有章可循，有法可依，绝不能凭空想象，不切实际。

（七）问题设计要精当

课堂教学是师生之间、生生之间信息交流的多边活动，师与生、生与生之间的交流活动主要是靠教师的提问、学生的答问、生生之间的信息传递来实现的。学生在教师的提问之下进行思考和信息交流并受到启发，同时教师从学生的回答和信息交流中了解学生的学习情况，从而调整课堂教学的进程。因此教师课堂提问要在学生有疑之处，这样的问题才能引起学生探究的兴趣。问题要难易适度，简单来说就是符合"最近发展区"原理，形象而言就是"跳一跳可摘到桃子"。同时，问题还要具有"启发性"，能激发学生探究的兴趣，引起学生认知中的矛盾，启发学生的创造性思维。

（八）教学细节要周密

课堂教学中的细节问题虽然是一些细小的问题，但是也能影响一堂课的教学效果，细小的问题也能酿成大的失误。教师在备课时不要轻易放过每一个细节问题。细节问题包括的内容很多：板书设计的问题，如板书是否科学、合理、简洁、实用；提问、演示、作图的问题，如问题是否准确，无歧义，演示是否到位，准确无误，作图是否科学、合理；前后衔接的问题，如有没有过渡性语言，过渡性语言是否简洁、明了；教学设计的问题，如是否对各种可能出现的情况作了充分的估计，是否设计了两套甚至几套细节上的方案，以应付课堂教学中的突发事件等；对学生作业书写格式的指导问题等。教师在备课时要通盘考虑各个教学环节，处理好课堂教学中的每一个细节问题，使课堂教学自然、流畅、扣人心弦。

（九）教具和课件准备要充分

教具和多媒体课件是必不可少的辅助教学手段。它可以使抽象的知识具体化、直观化、形象化。较好地制作演示教具、多媒体课件可以帮助学生理解和掌握数学知识，提高课堂教学效率。因此，教师在备课时要根据教学内容制作必要的多媒体课件和教具。教具和多媒体课件的制作要具备色彩鲜明、直观性强、便于操作演示、能反映知识的本质等特点。教具和多媒体课件制作好以后，教师还要先进行操作演示，看看还有什么不足之处，需要如何改进，确保课堂演示万无一失。

在教学中，特别要根据教学的需要合理选择教具、多媒体课件等辅助教学手段，并注重实效，关注信息技术与课程内容的实质性整合。

（十）练习设计要精心

课堂练习是为学生巩固所学知识服务的，学生通过练习来理解和掌握所学知识，形成技能和技巧，发展智力，培养能力，所以，教师对课堂练习要精心设计。不仅要有一定的数量和质量，而且要有层次、有坡度、有变化、有发展。不仅练习设计要有针对性，突出重点，而且要设计一些新旧知识的对比练习，使学生真正理解和掌握所学知识。

四、备课的基本步骤

教师备课一般有以下五个基本步骤：

（一）教学任务分析

首先，是对教学对象的分析。当代心理学家指出，学习者对某项学习目标的学习所具备的知识和技能，重视和了解的程度，是教学成败的关键和决定因素。因此，在设计教学时要根据平时积累的经验和对学生有目的的了解，充分搜集每个学习者在学习时所具有的一般心理特点和起点能力的有关证据，要明确从事某项特定学习任务的基础与技能。

其次，是对教学内容的分析。这需要教师将准备的知识跟学习的知识联系起来，将要学习的技能跟要学习的知识联系起来。

（二）教学目标

教学目标是教学过程中师生预期达到的学习结果和标准。它是课程目标的进一步细化，在方向上对教学活动设计起指导作用，为教学评价提供标准和依据。教学目标明确了，那么整节课的各个教学环节要达成的目标也就明确了，构成每个教学环节的基本因素，如提问、阅读、讨论、学生活动等也就有了目标，而目标明确是提高课堂教学效率的关键和前提。

（三）教学重点与难点

教学重点主要从教学内容、要求中确立学习的核心内容；教学难点则更多考虑学生的学习现状，从学生学习知识的角度确立学生在知识上和思维上的障碍点。

（四）教学设计思路

教学设计要有明确的思路，重点是明确选择突出重点的方法和策略以及突破难点的方法和策略。

（五）教学流程

教学要从内容和方法两个维度按教学顺序展开设计，把握教学的各个环节，周密思考各环节、各步骤之间的衔接与呼应；精心考虑导入环节的设计、问题和情境的设计、学生活动和师生互动的设计等。教学设计必须把教学目标的实施作为一条主线贯穿在教学流程中，前后要有清晰的逻辑关系，要符合学生的认知过程。

部分学科的教学设计的基本格式

语文	数学	外语	物理	历史
教材分析	设计思路	教学内容	教学任务分析	教学目标
学情分析	教材分析、学情分析	学情分析	教学目标	教学重点、难点
教学目标	教学目标	设计思想	教学重点、难点	教学设计
教学重点、难点	教学重点、难点	教学目标	教学设计思路	资料附录
设计思路	教学策略与手段	教学重点、难点	教学资源	板书设计
教学流程	课前准备	教学过程	教学流程	训练设计
板书设计	教学过程	板书设计	板书设计、作业设计	
	板书设计、作业设计			

五、备课的常见误区

误区一：备课＝写教案＝抄教科书

很多教师认为，备课就是写一份教案，而教案的内容也就是抄一遍教材。殊不知，备课的内涵远不止于此。

1. 教师要在内容上要找准重点和难点

如果备课的重点和难点不明确，教学中主次不分，这样的课学生是无法学好的。因此，在备课过程中，教师应掌握教材内容的系统性，找出教材前后章节之间的内在联系，明确让学生掌握的基本知识和技能。根据对学生掌握知识的三个不同要求：了解（对知识的含义有感性的初步认识，能知道"是什么"）、理解（对概念和规律达到理性认识，能说明"为什么"）、运用（在理解的基础上，运用所学知识迅速解决问题，知晓"怎么做"），确定每次课的教学重点，结合学生实际，恰当安排教学内容。另外，即使同一科目对不同的学生要求也不同，备课的侧重点也就大不相同了，而学生也能根据教师的要求，掌握重点内容，将所学的知识很好地运用到今后的工作中去。

2. 教师要了解的知识面不能仅限于教材

"给学生一杯水，教师需有一桶水。"因此，教师在备课时不仅要看教材，还应查阅相关资料，根据所教学科与其他学科的联系，找到合适的切入点进行链接，根据社会发展情况，对教材中滞后内容及欠妥之处进行必要调整，使教学内容成为适宜的、完善的知识体系。只有教师的知识丰富了，重点突出了，才能使课讲得生动，才能有利于学生的学习和发展。

误区二：备课＝背课

教师在备课过程中很多内容都要牢记于心，有些教师就把备课过程转变成"背课"过程了，将要教的内容记在心中，上课时就平铺直叙。从表面上看，教师讲得似乎滔滔不绝，功底深厚，而实际上授课已在不知不觉中转变成了演讲。教师是演讲者，而学生则转变成了听众。教师备课不仅要备内容，还要备学生、备教法。

误区三：备课就是抄已有的教案

1. 不加思考，照抄名师教案

有些教师备课不是去认真钻研课程标准要求和教材要点，不是认真研究学生的学习实际，制定相应的教学策略，而是舍本逐末，通过购买《名师优秀教案选》或《教案》之类的书，把别人的教案一字不漏地照搬下来。检查起来，既有"数量"，又有"质量"。学校对教师的备课检查，过分强调数量，检查只是停留在"数教案"这一机械模式上，忽视备课的内在品质，致使许多教师出现了应付检查式的抄教案，甚至补教案。这种无效的劳动浪费了教师大量的时间及精力，缺乏实效。

2. 改头换面，重整旧案

有些教师在新学期备课时，虽没有照抄现成的教案，却打起了往年备课本的主意，更有甚者，索性将往年的备课本换上新封面当作本学期的备课，权且应付了事。

3. 大刀阔斧，化繁为简

有些教师备课连"备"都觉得麻烦，干脆在"备"的过程中，拿着购来的《教案》，简单地摘录"重点环节"，并美其名曰："取其精华，去其糟粕。"

4. 直接拿来，照本宣科

有些教师备课更是走"捷径"，直接拿着教案，为己所用。他们认为，《名师优秀教案选》或《教案》本身就是优秀的结晶，不需要再加工，没有"写""备"教案的必要，直接拿来，照本宣科就行了。

误区四：集体备课流于形式

一是集体备课变拼课，将各自的备课简单地拼接在一起；二是集体备课成为个人备课，由能力较强的教师备课，一个人说了算；三是集体备课不备学生，教师只关注课，不关注学生。

【案例·链接　4—01】

七年级语文《散步》教学案
——以小见大话亲情，举轻若重道美感

【设计理念】

新课程倡导自主、合作、探究的学习方式，它要求教师善于发现学生在学习活动中的闪光点，激励他们自主参与合作、主动发现探究。教师要尊重学生的学习体验，鼓励他们独特的思路和想法，以自身的学习体验自主交流思想、展示成果。学习活动中的质疑问难、探究拓展可以从任何角度进行延伸反思，让学生在相互合作、交流讨论中愉快地获得知识，何乐而不为呢？

《散步》为我们描绘了一幅牧歌式的情景，文章内容不仅浅显易懂，还体现了语言美、诗意美、人性美。本文主要侧重对学生审美阅读的启蒙的训练，让学生在阅读中进入课文，运用"自主、合作、探究"的学习方式，品味文章语言"举轻若重"的特点，寻找美点，培养学生对语言文字之美、对情感意境之美的体验。

同时，因为语言的学习、情感的体验远远不是一篇课文所能完成的，所以在教学设计中，我希望能把学生的关注点引向更广阔的空间。空间一，是课外阅读，希望学生在课堂教学中获得理性认识，能够把自己的阅读积累兴趣调动起来；空间二，是更广阔的社会生活，把社会生活作为学生自己学习的内容。

【学情分析】

七年级的学生正处于发展独立思维的重要阶段，他们的主动性和求知欲都已大大提高，不再喜欢被动地接受知识，已初步具有自主、合作、探究学习的能力。但同时缺乏良好的观察生活的品质，对生活缺少体验，对散文知识知之甚少，由于受社会上许多不良因素影响和家庭误导，许多学生没有形成正确的家庭道德伦理准则。

因此，我通过引导学生去自读、自悟，运用自主探究的方法学

习，通过朗读、圈画、质疑、小组讨论、比较研究与拓展强化，让学生对散文有初步的了解和鉴赏，体会课文浓浓的亲情，并从中感悟出正确的家庭伦理道德准则。

【教学目标】

1. 知识与能力目标：整体感知课文；继续练习朗读和圈点勾画，积累语言表达方式；锻炼理解能力和表达能力；发展思维能力和想象能力。

2. 过程与方法目标：抓住关键语句精读课文，自主、合作、探究，领悟课文深长的意味。同时借鉴"举轻若重""以小见大"的写法。

3. 情感态度价值观目标：感受文章字里行间的亲情与责任感，培养尊老爱幼、珍爱亲情、珍爱生命的思想感情。

【教学重点】

品味文章语言"举轻若重"的特点，感受课文浓浓的亲情，学习表达生活之美。

【教学难点】

如何组织小组活动，寻找典型词句，体会文章语言"举轻若重"的特点和课文深长的意味，初步学会运用"举轻若重"的写法。

【教学过程】

一、唤起共鸣，导入新课

师：相信同学们和我一样，在生活中曾被许多小事感动过，比如平平常常的一天，收到了来自远方朋友的祝福；伤心失败的时候，一位平常不是特别亲近的人默默地为你递上一张纸巾，轻轻地对你说"我们知道你尽力了"……这些虽然都是小事，但总能让人读出许多的真情。在生活中，你有过这样的经历吗？请大家说说。

请两至三位同学讲述自己的经历，与大家交流。

师：今天，就让我们走进莫怀戚的《散步》，看看作者是如何把生活中最细微的小事写得让人感动的。（多媒体投影《散步》）

（于细微处见真情。导入既与学生交流情感，亦定下课堂基调。

虽未涉及文本，却已"意在言中"。同时以学生现有的生活积累为学习的前提，可锻炼学生积累生活、感悟生活的能力，达到教材与生活、作者与读者情感上的沟通。）

二、诵读课文，整体感悟

1. 朗读比赛。以班级为单位，大家推选一名代表和老师比赛，借助多媒体播放背景音乐《秋日思雨》。其他同学从以下三个方面给予评判：

（1）音准；（2）句读的停顿；（3）语气、语调的处理。

2. 通过讨论，统一意见。本文基调愉快而深沉；语调平稳，不过高或过低；语气亲切、温和，并含有庄重感；语速以中速为主，朗读第四自然段时语速应快些，第六、第八自然段应慢些。

根据讨论结果，自由读课文。思考：本文叙述了一件什么事？初读课文，你感受最深的一点是什么？

师生互动，形成板书。

（为了激起学生的学习兴趣，激起他们的求知欲望，我利用中学生争强好胜的心理，以竞赛的形式，并且是与老师竞赛的形式强化他们的主体意识，那种追求成功的兴奋可促使他们全身心地投入，为自己、为集体争光。同时，通过朗读，初步感知了课文内容，并不知不觉地神游其中，与作者在情感上产生共鸣，促使学生更加积极主动地投入对作品的理解中。）

三、师生合作，初步发现

1. 师生共同探讨第一、二节。

学习第一节：多媒体投影第一节"我们在田野散步：我，我的母亲，我的妻子和儿子。"请同学们轻轻地把这句话读一遍。（生读第一节）

师：从这样一句话的表述中，你能读出作者在写这句话时所含的情感吗？自己再轻轻读一遍。

（冰山只露一角。以猜读、体味作者的创作，学生以最自然的状态进入文本的情感世界。）

（不急于让学生回答，给他们时间再次阅读。）

（生轻声读。纷纷举手。）

（让学生猜想，并给予一定时间。对开放性的问题，不仓促评价。鼓励学生"仁者见仁，智者见智"。）

师追问：这样的内容平常习惯是怎样表达的？作者这样选用词语和选择句式，你能否发现什么"特别"之处？

通常习惯的表达有：

（1）我们一家四个人在田野上散步。

（2）我、母亲、妻子和儿子在田野上散步。

……

归纳比较结果：文章选用的句式有强调的意味，突出"我"对母亲的尊敬及对一家人的爱，郑重其事地推出一个镜头。

（进一步朗读并感受课文语言，切入到本课主要目标——语言的探究，通过比较发现用词、句式的不同寻常，感受文章浓浓的亲情。）

学习第二节：自主发现句式比较特殊的句子；推选用得巧的词语，体验其中蕴含的真情。

句子：她现在很听我的话，就像我小时候很听她的话一样。词语：信服。

（学生通过自己的探究，会发现句式与词语的选用上都有一种"举轻若重"的感觉，更深入地把握作者如何把小事情写得很重，写得意义不凡。）

2. 学生归纳本文语言的主要特点。

作者用心选用句式与词语，整篇文章给人一种"举轻若重"的感觉，使一件平常的生活小事显得那么不同寻常。

（归纳的环节非常重要，它把对具体内容的推敲上升到理性的规律性的认识。）

四、自主探究，小组合作

1. 小组学习，圈画交流。

出示要求：在前面学生自己阅读、发现的基础上，圈画后面几节文字中比较特殊的，也就是有"举轻若重"感觉的句式与词语，进一步探究语言。

（小组活动，师生互动。教师适当帮助有疑问的小组，到一定时候教师要提醒小组及时总结，准备交流。这一阶段也可以将文章分成几部分，分别交给不同的学习小组探讨，这样有利于深入推敲每一部分文字。）

2. 班级交流，共享发现。

每个小组派代表把最重要的发现与全班共享，可选择一个句子或一个词语。

▲可能有的句子：

（1）前面也是妈妈和儿子，后面也是妈妈和儿子。

（这句话从小孩的嘴里出来，显得特别的天真、可爱，可让学生仿读，进行品味。）

（2）我的母亲老了，……在外面，她总是听我的。

（教师可不失时机地问：为什么他们都听"我"的？引导学生探讨。）

（3）这南方初春的田野，……这一切都使人想着一样东西——生命。

（非常普通的景色，在作者的笔下却是那样地富有诗意，并且使它与庄重的话题"生命"联系在一起，教师可引导学生探讨"作者为什么看到这田野美丽的春景会想到生命""这与前文写母亲有无联系"等问题。并让学生动笔仿写，深入理解语言美。）

（4）我的母亲虽然高大……就是整个世界。

（这是一句有着深刻含义、富有哲理的话，也是文章的主旨所在，它暗示中年人肩负着承前启后的重任，对生活有一种使命感。在探讨中，应鼓励学生对这句话发表独特见解。）

（培养学生寻找关键语句理解课文主旨的能力，并且通过让学生自主探究，交流合作，最终挖掘出课文主旨，充分体现学生在学习过程中的主体地位，培养学生发现问题、分析问题、解决问题的能力。同时，在探讨中穿插朗读加深学生对课文内涵的理解。"读是吞食、咀嚼，是最简便同时也是最有效的阅读方法。"——沈江峰《主体阅读的实践形式探析》)

▲可能有的词语：

太迟、总算、熬、分歧、责任的重大、委屈、水波粼粼、慢慢地、稳稳地、仔细

(在探讨这些词语时，要主要分析这些词语是如何"举轻若重"的，是如何把小事看成大事的。教师在交流中适当引导，可创设问题情境引发学生思考，培养他们的发散思维，如：述说母亲过冬天时为什么说成"熬"？母亲和儿子两人意见不统一，为什么要用"分歧"这么大的词？，文中的"我"为什么会感到责任的重大？假设文中的"我"，毫不犹豫地依从了儿子走小路，母亲会怎样想？为什么"我"和妻子要慢慢地、稳稳地、仔细地背呢？等等。这些都是开放性的问题，教师要尊重学生，鼓励他们发表自己的见解，同时要渗透情感教育，教学生做人的道理。)

(分享学生的发现有助于培养学生的信心与兴趣，把学习的乐趣、发现的乐趣还给学生。教学目标的真正达成在于学生自主的发现与交流中。语文教学不仅要注意语言、情感，也要教学生做人的道理。语文托起的，是一个大写的"人"。)

五、拓展：强化发现

1. 与作者原文比较，推进研究。

文章选进教材时删了三处文字，出示这三句话，讨论编者删改的意图，并且评价删改的效果。

括号内为原文删去的三句话：

(1) 有一些老人挺不住，(在清明将到的时候死去了) 但是春天总算来了。

(2) 一霎时我感到了责任的重大，(就像民族领袖在严重关头时那样)。

(3) 我决定委屈儿子了，因为我伴同他的时日还长，(我伴同母

亲的时日已短）。

（教学中，讨论编者的删改意图对于初一的学生有一定难度，可以先请学生评价删改的效果，再揣摩编者的意图。）

（教师根据学习情况决定是学生个体独立思考还是小组讨论交流。教师尽量引导学生发表自己的意见，养成平等审视的意识，作者、编者与我们是同等的，每个人都有自己的理解与发现，都可以充分发表自己的意见，放任思维的发散。"且放杜鹃林中啼"，只要合理、能说得通就可以。）

2. 调用积累，向课外拓展。

师：举轻若重的语言能把小事情写得庄重、意义不凡，有些能使文章变得轻松幽默，在生活中或者阅读中，我们经常会遇到这样的例子，如"扛着一支铅笔"。你能否也运用"举轻若重"的写法，写几句话，描述生活中感受到的亲情？

学生先小组交流，然后全班交流。

（这个环节的设计，让学生读与写结合，同时也希望把学生的关注点引向更广阔的空间。学语文，更应该用语文。用中才会思学，学也才会其乐无穷。）

六、比较：验证发现

速读课后短文《三代》，和《散步》进行比较阅读。

师：《三代》与《散步》相比较，哪个故事更感动你？说说你的理由。

（提示：可从情节、主旨、写法和语言等方面任选一个角度。）

（比较是研究性学习经常用到的方法，《散步》与《三代》的主题相近，又有差异，情节差别较大，语言风格也就各有千秋，这两篇文章作为一组教学材料，比较它们的语言风格，是一个很好的学习角度。阅读是个性化行为，"感动"这种情感更是个性化的，说《散步》更感动人，可以；说《三代》更感动人，也可以，能言之成理就好。当然，教学中不要赶进度，来不及1课时完成，可以把这一项任务放在课后，作为一次研究性的作业，向课外拓展，深入探究。）

七、反思与小结

1. 师：通过这节课的学习，你学到了什么？感悟到了什么？

（由同学谈本节课的收获与启示。）

2. 师总结：《散步》是一篇秀美隽永、蕴藉丰富的精美散文，也是一曲用 580 字凝成的真善美的颂歌。它是人的心灵在亲情、人性、生命这三点构成的轨迹上的一次愉悦而高尚的旅行。我们学习这篇文章，就是想让我们珍爱亲情，珍爱生命！最后我们一起唱首歌，来感受这人间最美好的感情——亲情。教师放歌曲《常回家看看》，学生齐唱。

（这处空白点的设计，不仅使学生在回味中对本节课巩固了认识，同时也培养了学生良好的学习习惯。最后，以大家齐唱《常回家看看》来结课，再次把课堂气氛推向高潮，增强学生的情感体验。）

八、作业布置

1. 老师的建议：大家把文章带回家和爸爸妈妈一起读，也许会有更多的收获。

（与父母共读，是多角度阅读的一种形式，也是孩子与成人的一种交流。）

2. 观察自己的生活，想一想是否真的有许多值得一写的"生活细节"，展现语言魅力，描绘生活之美。

（引导学生观察生活，关注生活，品味生活。实践是最好的学习途径，读与写的有机结合会相得益彰，事半功倍。）

九、板书设计

（板书图示是直观教学的一种手段，是一种科学，但同时又是一种特殊的艺术再创造，是激发学生的学习兴趣、加深学习印象的一个重要手段。本课的板书，分成主板和副板，主板设计了一个围着"爱"字的心形，四个人物的位置也作了相应的处理，这些都紧扣住了文章的主旨。同时，也让学生在有限的课堂时空中获得无限的美的享受。副板的设计突出了本节课的教学重点和难点，起到"画龙点睛"的作用。）

【思考·实践】

1. 教师备课与写教案的关系是什么？

2. 结合本学科特点，教师研究教材时要注意哪些细节？

3. 教师备课时如何将地域环境与教材研究、学生研究有机结合？

第二节　上　课

上课，就是教师和学生在课堂上进行交往、互动的教育教学活动过程。上课是教师"教"和学生"学"的统一活动，其统一的实质是交流、互动、共谋发展的活动，即教什么、怎么教、学什么、怎么学。

现代教学论认为，教学过程是师生交往，积极互动，共同创造，共同发展的过程。教学在本质上是交往。交往意味着人人参与，交往意味着师生平等对话，交往意味着合作性意义构建。它不仅是一种认识活动过程，更是一种人与人之间平等的精神交流。没有"教"与"学"的交往、互动，就没有"教学"。当师生为一个共同的目标协同努力时，学习是最有效的。

一、上课的基本要求

（一）上课提前候课

预备铃响时，任课教师应站在教室门口等候，铃声一停走进教室上课，下课铃响后马上下课，不拖堂，要上足课时，不提前下课。不在本班教室上的课，如实验课、信息技术、艺术类等课，任课教师应提前将学生带到上课地点，上课所需物品要提前准备好，带入教室。

（二）珍惜课堂时间

教师授课时注意讲练结合，精讲精练，充分调动学生的积极性、主动性，构建高效课堂，贯彻备课意图，不随心所欲，不上无准备之课；教师要根据学科、教学内容及学生的特点选择教学方法，启迪学生思维，培养学生的能力；教师课前组织教学，要清点人数，有无故缺勤的学生应及时与班主任沟通；教师上课期间不会客，不接打手机，不擅自离开课堂，不做与本节课无关的事。

（三）树立良好教风

教师要认真讲课，尊重科学，实事求是，不掩饰错误，不弄虚作假。为学生着想，做到敢教、敢管，对学生既严又爱，不允许对上课时出现的不良现象不批评、不制止。教师要提高管理艺术，尊重学生的人格和自尊心，对违反纪律的学生，要耐心说服教育。不挖苦辱骂学生，绝不体罚和变相体罚学生。

（四）不得剥夺学生上课时间

教师上课时不得把学生赶出教室，依法保障学生受教育的权利。教师上课期间，不派学生离开教室去做别的事情。其他任何人不得随意打断教师上课，不得随意将学生调离课堂。不允许占用上课时间把学生叫到办公室批评或做别的事情，有特殊情况，需报教务处批准。利用实验室、电教设备或公共教室上课的，课前认真做好准备，不耽误有效授课时间。用广播通知事情，应在上课时间之外通知，应掌握通知的时机，无紧急情况，不要干扰上课的正常进行。

（五）注重良好言行举止

教师上课要精神饱满，声音洪亮，富有激情，要使教室每个位置的学生都能听清楚。教师课堂上的穿着打扮要得体，仪表端庄大方

（不能分散学生注意力），不准在教室里抽烟。教师要教态稳重，举止文明，上课使用普通话，语言文明、规范、有亲和力，态度和蔼。

（六）创设良好课堂学习氛围

教师要努力创设宽松愉悦的课堂学习氛围，尽量让创造性思维在课堂教学中散发魅力。教师可通过师生互动、生生互动，让学生多动眼观察，多动脑分析思考，多动手操作，多动口交流评价等，培养学生的实践能力与创新精神。教师要尽量让学生在自主、合作、探究以及展示中学习。一节课时间里，教师不要满堂灌，要留给学生一点自主、合作、探究、展示的时间。

（七）正确处理课堂偶发事件

对于课堂上的偶发事件（如学生生病或体育课上学生意外碰伤等），教师应及时、科学地处理。对于课堂上有些学生捣乱、不守纪律、不认真上课的行为，教师应根据情况，能当场制止的当场制止，当场制止有困难的，课后冷处理。处理原则是不影响正常教学进程和教学秩序。

（八）保持教室卫生

上课时间，任课教师负责督促学生保持教室内卫生。保证地面整洁，无纸屑、果皮、零食袋，视情况开关电灯、电扇等。

二、上课的主要原则

（一）整体性原则

整体性是指教师上课时要全面考虑教学任务、教学目标、教学内容、教学组织形式、教学方法、学习方式方法等因素。使多种因素能够协调一致，相互适应，向着共同的目标形成合力。

（二）主体性原则

主体性是现代教学的本质特征，其表现为三个不同层次：自主性、主动性和创造性。教师在上课时把学生当作学习的主体，一切教学内容和活动设计都要为学生全面发展和个性发展服务。教师要自觉实现角色转变，成为学生学习的促进者、引导者、组织者。

（三）发展性原则

"一切为了学生发展"是新课程改革的根本理念。学生的发展是全面的发展，包括知识、技能、情感、价值观等方面的发展，以及学生个性的充分发展。教师要让学生参与到教学中来，与教师共同研讨、共同探索、共同提高，共同发展。

（四）过程性原则

现代上课区别于传统上课的一个显著特征就是"过程重于结论"。教师要让学生亲自体验知识的发生、发展过程，掌握学习的方法，主动探究知识。学生明白"这是怎么来的""为什么是这样"。让学生体验到学习过程的乐趣，增强学习的直接动机。

（五）开放性原则

新课程理论主张课程是开放的。因此上课实施的基本途径也应该是开放的。教师应营造一个宽松、和谐的课堂学习气氛，使学生的心态和思想不受拘束，保持自由与开放，让学生展开想象与思考的翅膀，去学习、研究，实现自身生命的价值。教师要加强对学生开放思维的训练，培养学生敢于质疑、勇于探索、不信权威的意识。

（六）体验性原则

教师要善于创设良好的学习环境，激发和改善学生学习心态与学习行为，为每一个学生提供并创造成功的条件和机会，让学生获得知识的体验，让学生积极参与到教学活动中来，获得成功的体验，经历挫折与失败的考验。

三、上课的一般策略

（一）以生为本是基础

以学生为本，就是以学生的发展为核心，充分尊重、理解、关心和信任每一位学生。根据学生的不同特点，让学生获得平等、和谐、自主的发展，从而为他们一生的发展奠定坚实的基础。教师在上课过程中，把学生当成根本，指导学生主动参与，乐于探究，勤于动手，培养学生搜集和处理信息的能力，获取新知识的能力，分析和解决问题的能力以及交流与合作的能力。

那么，教师在上课的具体过程中，怎样才能树立以学生为本的观念呢？一是尊重、宽容每一位学生。尊重学生就是尊重学生的存在价值和人格尊严，尊重学生的思想情感和行为方式，尊重学生的心灵、感受。建立互相尊重、真诚理解的平台，创造良好的发展条件，实现最大和最好的服务。二是民主、平等地对待每一位学生。没有民主就没有学生的自由发展，教师必须一视同仁，公平、公正地对待每一位学生，真心诚意地与每一位学生平等地交往和交流，在民主、和谐、融洽的气氛中与学生共同探讨问题、共谋发展，切实为学生创造更多自由发展的空间，把话语权主动还给学生，最大限度地发挥学生的积极性、主动性和创造性。三是增强每一位学生的自主意识。学生作为具有独立意识的个体，有自我观念、自我需要，有自己的兴趣、爱好、追求和个性。学生不是消极地接受教育，而是以强烈的自我意识对不同的教育内容、教育方法，甚至不同的教育者，能动地做出不同的反映和选择，教师必须充分认识到学生主观能动性的重要性，而不是对其忽视甚至压制。同时，教师要用发展的眼光看待学生，着眼于学生的未来，对学生的一生负责，善于引导和培养学生独立的主体意识，最大限度地挖掘每一位学生的发展潜力，以积极的姿态期待他们、欣赏他们，帮助他们找到各自发展的最佳路径，让每一位学生都抬头走路、自信做人。

【案例·链接 4—03】

老师在上小学数学《测量》一课时，请学生用各自喜欢的方式测量他们喜欢的东西的长度。老师发现，多数学生是将零刻度对准物体起点，只有一个学生将起点对准刻度 20 厘米处。"你们是怎么量的？"老师问。学生纷纷站起来说，但是这个学生却没有举手。老师直接走到他的身边："你虽然没有举手，但是，老师还是要问你。因为你的方法和大家的不一样。"学生大胆地说出了自己的做法。老师除了鼓励他的做法，还启发其他学生思考："有什么不一样？""他的方法可以吗？"

思考：

1. 老师在上课的时候，真正地注意到了学生在干什么吗？了解学生到底需要什么吗？通过观察学生的思维方式、学习过程，教师发现其中的闪光点了吗？

2. 学生在听到一种完全不同的做法时，他的思维是在接受碰撞吗？尤其是当这种挑战来自同学，而不是老师的时候，碰撞会更加激烈和深入吗？

(二) 发现创新是核心

"给"永远只能给的是死知识，而"导"却能成为激活思维的源泉。教师习惯直接"给"知识，这已经成为一种无意识的行为，教师没有真正理解什么样的学习才是发现学习，教师对探究学习的理解过于狭隘。教师的任务是还原生动活泼的知识生成过程，帮助和引导学生进行知识再创造，点拨和引导学生在探究问题的过程中，自己去发现知识或者对其创新，而不是把现成的知识灌输给学生。

【案例·链接　4—04】

老师在上《比较水的多少》这节课时，摆出三个形状不同、大小不同的瓶子，但瓶子里面装有相同高度的水。老师问："谁能告诉我哪个瓶子装的水多，哪个瓶子装的水少，哪个瓶子装的水居中？"学生在经过各种各样的回答后，得出的答案是凭眼睛观察是不能判定的。老师接着说："目测不准，但我们可以统一标准，比如用一个大小相同的杯子来比较就可以了。"老师的回答非常精彩，但只可惜是老师说的，而不是学生说出来的。

思考：

1. 这节课教师没有经过引导，直接把方法告诉给学生，学生受到启发了吗？

2. 教师怎样注意学生的好奇心、求知欲，充分调动学生的积极性，挖掘学生的潜力呢？

3. 教师怎样鼓励学生用自己的脑子去想，用自己的眼睛去看，用自己的耳朵去听，用自己的嘴巴去说，用自己的心灵去悟呢？

4. 教师怎样做到不再用填鸭式的教学给学生灌结论呢？

（三）体验探究是途径

学生对周围的世界具有强烈的好奇心和积极的求知欲，教师应提供学生直接参与和能动的探究活动的机会，让他们自己去提出问题、解决问题，这样比单纯的讲授训练更有成效。亲身经历以探究为主的学习活动是学生学习的主要途径，教师应向学生提供充分的探究机会，使他们体验学习的乐趣，增长探究能力，形成尊重事实、善于质疑的态度。让学生自己提出问题，大胆地猜想，最好以小组的形式自行设计实验去探究、验证，最后得出实验的结论。

【案例·链接　4—05】

本节课的目标是认识空气至少是由两种以上的气体组成。教师先出示一组演示实验：点燃两支同样长短的蜡烛，同时用一大一小两个杯子将蜡烛罩上，观察有什么现象发生。

师：两个杯子里的蜡烛为什么都熄灭了？

生：杯子里的空气烧完了。

师：空气是一种看不见、摸不着的气体，怎么证明我们的想法是正确的呢？

学生讨论……

生：将杯子连同玻璃片一起放入水中，然后拿开玻璃片，如果杯内有气泡冒出，说明杯内仍然有空气，如果没有气泡冒出，说明杯内没有空气。

学生实验，得出结论：杯内有气泡冒出，说明杯子里有空气存在。

思考：

1. 学生通过实验，得出结论：杯内有气泡冒出，说明杯子里有空气存在。这个结论正确吗？

2. 整个实验的过程有没有问题，科学吗？

3. 有没有某个学生在实验过程中得出不同的结论呢？

（四）小组合作求高效

作为新课程倡导的三大学习方式之一，小组合作学习是区别于传统教学的一个最明显的特征。它有力地挑战了教师的"一言堂"，也首次在课堂上给学生自主合作的机会，其目的是培养学生团队的合作和竞争意识，发展交往与审美的能力，强调合作动机和个人责任。小组合作学习时，教师应该事先给小组成员进行分工，小组成员先独立思考，把想法写下来，再分别说出自己的想法，其他人倾听，然后讨论，形成集体的意见。这样，每个人都有思考的机会和时间。小组汇报完后，还应该组织学生追问，让大家对他们的意见发表见解，在具有团体性质的争论中，学生就容易发现差异，在思维的碰撞中，学生对问题的认识将会更加深刻。教师应特别关注在上课过程中突然生成的问题。小组讨论的时候，教师不是等待、观望，也不是干自己的其他事情，而应深入到小组讨论中，了解学生合作的效果、讨论的焦点、认知的进程等，在各小组探究过程中当参谋、当顾问、出主意，启发学生自己拿主意、想办法，及时纠正学习过程中出现的错误。这样，小组合作学习才是有效的，才能在课堂上真正发挥作用，而不是热热闹闹走过场。

【案例·链接 4—06】

老师在上《测量各种物体的温度》一课时，听取小组汇报时，有一个学生说："我量的自来水的温度是40℃。""是吗？"老师再一次追问。坐在旁边的一位学生提醒了一下："是28℃。"这个学生终于说出了合理的答案。为什么会出现这种情况呢？就是因为小组里没有人做记录。这不仅仅涉及对测量数据的严谨科学态度的养成问题，深层次的原因其实正是来源于小组里没有分工，因而没有真正的合作。很明显，这样一来，合作学习就没有意义了。

思考：

1. 小组讨论的时候，教师应该做什么呢？

2. 几乎在所有的课堂上，我们都可以看到小组式的合作学习。这说明，教师已经有意识地把这种形式引入课堂。但是仔细观察就可以发现，多数讨论只是停留在形式上，是吗？

3. 课堂上的情形往往是教师一宣布开始小组讨论，前排学生就立马转到后排，满课堂都是嗡嗡声，四至六个人的小组里，每个人都在张嘴，谁也听不清谁在说什么。几分钟过去了，教师一喊"停"，学生立即安静下来，站起来发言，学生一张口就是："我怎么怎么看……""我觉得应该如何如何……"学生关注的仍然是"我怎样"，而不是"我们小组怎么样"。你的小组建设也是一样的吗？

（五）整合"三维目标"成惯性

实现知识与能力、过程与方法、情感态度与价值观"三维目标"的有效整合是上课的焦点和难点。知识的获得、能力的提升是在掌握科学方法的基础上，通过在学习过程中的实践来实现的，同时在学习过程中也培养了学生的情感态度与价值观，它们不是三个孤立的板块，而是一个有机整体。实际上它是学生探索新知识的经历和获得新知识的体验，学生在心理上自我激励，在学习过程中遇到问题、挫折、失败而努力去克服，这样，学生就体验了全面的过程，自觉不自觉地达成了"三维目标"。在学习过程中，对学生知识、技能的教学，与学生参与教学过程，掌握学习方法以及学生情感、态度、价值观的形成是交融在一起的。由此，教师上课关注的是知识的生成，真正地把教育放在关注学生作为一个完整的人的成长之上。"三维目标"的有机整合，真正的困难在于，许多教师仍然抱着知识本位不放，还没跳出过去的传统教学的框架，没有摆脱学生被动接受学习的教学惯性。

【案例·链接　4—07】

教师给学生提供了各种不同质量的砝码、各种长度不等的线、秒表等，让学生观察测量摆动的时间、重量与摆线长度的关系。通过让各组研究后分别汇报测量、计算的结果。报出来的数据差别较大，教师以此为契机，教育学生要尊重客观事实，认识到测量是有误差的。而减少误差，一是要有科学态度，尽可能地认真、仔细测量；二是要教育学生实验并不是一次就能完成的，要有耐心多次测量，再取平均值。

思考：

1. 教师在教学过程中，学生知识的获得、能力的提升是在掌握科学方法的基础上，通过学习过程中实现的吗？在学习过程中培养了学生的情感态度和价值观吗?

2. 通过学生观察测量摆动的时间、重量与摆线长度的关系时,教师怎样实现"三维目标"有机整合呢?

3. 专家说现在的教材都已经把知识的数量和难度降了下来,但是,现在教师上课越来越不好上,教师感觉课时不够用,学生越学越苦,这是为什么呢?

四、上课的基本环节

教师上课的类型大致可分为:新授课、复习课、训练课、讲评课、实验课和答疑课。

教学有法,教无定法,贵在得法。新授课大致都包含以下几个方面的内容:引入新知识(导入)、自主学习(独学设疑)、合作探究(对学、群学)、展示提升(生讲师拨)、检测反馈(反思校正)、课堂的提问、课堂的精讲精练、课堂的练习设计、上课媒体的使用、课后的作业布置等方面。

(一)课前导入

良好的开端等于成功的一半。首先,教师要根据既定的教学目标来精心设计课前导入,要为学生学习学生学习新知识做好思想上的准备,它能激发学生的学习兴趣,吸引学生的注意力。其次,教师要抓住关键,为学生学习新知识架桥铺路,打开迁移通道,温故而知新,承上启下。导入的设计要短小精悍,一般两至三分钟就要转入正课。

(二)自主学习

自主学习,即让学生独学设疑。教师指导学生按教学案预习,明确学习目标,完成基础性知识或准备性知识训练,找出学习中的困惑,同时教师检查学生自主学习的进度和效果。

（三）合作探究

合作探究，即让学生对学、群学。针对重点、难点、核心知识问题，教师组织学生讨论求证，或小组合作探究，达成共识。

（四）展示提升

展示提升，即学生讲述，教师点拨。在教师指导下各小组将组内合作探究的成果展示给全班，其他小组对其展示的成果进行修正、完善、补充、追问，促进知识的迁移和拓展延伸。教师对学生在探究、展示过程中存在的问题或共性问题进行释疑修正。

（五）检测反馈

检测反馈，即反思校正。教师以练习、问答、回想、小结等多种形式，检测学生对知识掌握的效果，查漏补缺。

（六）课堂提问

课堂提问就是边学边问。教师可以给学生提问，学生也可以给教师提问，学生与学生相互提问。有效而恰当地提问是师生交流、学生交流的桥梁。师生通过提问，可以检查学生对已学的知识、技能掌握的情况；可以开阔学生思路，启发学生思维，帮助学生掌握学习重点，突破难点；可以发挥教师的主导作用，及时调节教学进程，使课堂教学沿着预先设计的思路进行；可以活跃课堂气氛，增进师生之间的感情，促进课堂教学的和谐发展。

（七）精讲精练

精讲，就是教师以教学任务和学生实际水平为依据，以科学的、艺术的教学方法为手段，做要言不烦的适度讲解。只有教师精讲，才能在短时间内高质量地完成教学任务，也才能留出充足的时间在课堂上对学生进行能力训练，把知识转化成能力。精讲要求教师要锤炼教学语言，把课讲得清清楚楚、明明白白，讲授精华，讲精要的方面，讲精要的情节，讲精要的词句。

精练，是教师以成教学任务和学生的实际为依据，以科学的、艺术的训练措施为手段，指导学生做典型精要的适量练习，精练是针对教材的重点、难点，针对学生的实际水平，教师精心设计最具有典型意义的练习，使学生通过练习达到举一反三、事半功倍。通过练习把知识转化成能力。精练能减少学生大量重复性的作业，使学生具有自己的学习主动性。

（八）练习设计

课堂练习是课堂教学内容的一个重要的有机组成部分。一般课堂上学生在学习完新内容之后，要靠练习来巩固。课堂练习要从既定的教学目标出发，为巩固所学的教学内容服务。教师进行练习设计的基本要求是：一方面要对教材中的练习进行筛选，选择典型题让学生练习，另一方面要适当设计一些能开发学生智力、发展学生能力的补充练习。课堂练习设计要有层次、有梯度，使学生循序渐进，逐步提高。

（九）多媒体使用

教师是否使用多媒体上课，以及什么时候该使用多媒体，取决于是否能更好地达成一定的教学或学习的目标。在现实教学中，教师要根据教学实际，使用多媒体。在课件的帮助下，会使学生的学习过程形象化、趣味化，维持他们的注意力，扩大课堂容量，弥补学生感性材料的不足，促进学生由感性认识上升到理性认识。在课件的帮助下，教学活动能极大地激发学生的学习兴趣，拓宽他们的知识面，丰富他们的思维，使他们在轻松愉快的氛围中，接受、把握和运用知识，从而提高课堂的效率。

（十）课后作业布置

作业不只是教学过程的一个环节，而且是课程与教学的一种组织方式。作业不只是教师指导下学生的独立学习，还是师生之间、学生之间的互动。教师布置课后作业，不能搞题海战术，加重学生学习负担，应该通过课后作业尽可能发挥学生潜能。教师给学生布置的课后作业的形式要多样化，例如预习作业、复习作业、思考作业、口头作业、书面作业、实践作业等。教师布置作业时要对作业进行指导，学生作业完成后，教师要对作业进行检查或批改。

【案例·链接　4—08】

初中语文课堂教学实录：《武陵春》

教学目标：

1. 掌握"舴艋""载"的读音，能有感情地朗诵；

2. 掌握几种表达感情的方法：直接抒情、借景抒情等，学会运用诵读、品词、对比、知人论世等方法赏析古典诗词；

3. 感受古典诗词的音韵美、节奏美、语言美；

4. 感悟词人的情感，理解词人的内心世界。

一、对联猜名，导入新课

师：初次见面，给同学们带来一份见面礼，这份见面礼是一副对联，上联是"大河百代，众浪齐奔，淘尽万古英雄汉"，下联是"词苑千载，群芳竞秀，盛开一枝女儿花"。聪明的同学们，一定已经猜出这朵女儿花的芳名是？

生：李清照。

师：对，正是这位宋代婉约派女词人，以她卓尔不群的气质与横空出世的才华，在中国古典文学的阆苑中独树一帜。今天我们就要走近这位旷世才女，拾起从她衣袖中飘落的一瓣春花，轻嗅她的芬芳，倾听她的叹息。

点评：教师在情景导入中，既有相声中"逗"的技法来激发学生的兴趣，又充分体现了语言的文学性特点。

二、朗诵文本，体会情感

1. 教师范读。

2. 学生跟读：教师一人的朗读似乎有些落寞，能否邀请同学们轻声地跟着教师，模仿教师的节奏、语气、语调，试着读准字音，读准节奏。

3. 学生自由朗读：从同学轻轻的跟读声中，教师已经能够感受到词的节奏美了，但是跟读总是不过瘾，不如请同学们自由朗读，用自己的心灵静静地体会词人的情感，想想《武陵春》所表达的是何种情感。（自由朗读）

师：每位同学都读得特别认真投入，下面请一位同学为我们朗诵一遍。

（一名学生朗读。）

师：你感受到这首词所表达的是何种感情？能用《武陵春》中的一个词语表达么？

生："愁"。

师：同学们通过反复的吟诵，已经能够体会词人的愁情了，我们不妨让前后几位同学组成一个单位，用你们认为可行的组合，和最能渲染愁情的方式演绎《武陵春》。老师可以提供一些参考，比如推选一位读得最好的同学跟刚才朗诵的同学比一比；可以用齐读的方法加重愁的浓度；也可以借鉴音乐上双声部的唱法，造成一唱三叹的艺术效果。当然充满智慧的同学也一定有更好的方法展示。

（学生自由组合，朗读。）教师抽取2组、3组同学。

点评：在此环节里，学生的主体性展现很充分，采用不同的读法，让学生感受词中的韵律美，体味蕴于其中的愁苦之情，教师并没有对学生进行强行灌输。

师：我们的同学调动了自己的机智，全力地传达了李清照的愁情，那么在朗诵过程中，同学们感受到词的哪句话最直接、最强烈地抒发了这种愁情？

生："物是人非事事休，欲语泪先流。"（学生回答）（板书：直接抒愁）

师：我们知道人在最激动的时刻，常常借眼泪来宣泄内心的痛苦。苏轼因梦见亡妻而"相顾无言，惟有泪千行"，柳永因和爱人分别而"执手相看泪眼，竟无语凝噎"，而李清照呢？她欲语泪先流，又是为何呢？请大家从文中找出原因。

生："人非"（丈夫去世）。

师：至亲至爱的夫君六年前在南京因病去世，这无疑是人生中最沉重的打击，更何况李清照曾一度沉浸在爱情的甜蜜中（展示幻灯片：婚姻生活的一个片段）。

师：能用一两个词语形容这对夫妇的婚姻生活么？

生：幸福美满，琴瑟和谐，夫唱妇随，志同道合……

师：可是那么美满的生活、那么美好的人物却消失在眼前，一切都成回忆，李清照能不泪湿衣襟，能不发出"物是人非事事休"的感叹么！事事休啊，什么叫事事休？

生：万事皆休，她感到万事皆休。

师：表现在行动上呢？哪句话？

生："日晚倦梳头"。

师：请再读一遍，你会把重音落到哪个字上？

生："倦"。

师：倦的本义是疲倦、懈怠，你认为在句中还是这个意思么？梳头是人物的动作，是生活中极常见的极细微的动作，而对梳头的懈怠，代表着对生活的什么态度？

学生讨论总结：倦是身心的疲乏，是对生活的放弃、绝望！词人用生活中的细节传达了内心的悲愁！

师：（板书：细节传愁）

师：想起曾相亲相爱的丈夫，想起美满的生活，怎么不令人流泪？可又是谁勾起了对六年前的生离死别的回忆？是谁让本已悲凉的心海又泛起苦涩的愁波？触动这份愁情的是什么？李清照见到了什么才"泪湿衣襟"？

生："风住尘香花已尽"。

师：能描述一下这个景么？

生：风停了，花都凋零了，连泥土也都沾上了花香。

师：词人说"物是"景物依旧，那么我们不妨拿起她早年写就的《如梦令》作一番比照，看看是否能够印证"物是"，请一位女生朗读，其他同学画出与"风住尘香花已尽"相类似的词语。

（女生朗读。）

师：相似点在哪里？

生："绿肥红瘦"与"花已尽"，"雨疏风骤"与"风住"。（学生讨论总结）

师：情感一样写？

学生讨论小结：《如梦令》表达的是对大自然、春天的热爱与不舍，语气轻快。但是《武陵春》所描写的暮春的景色却更多地勾起了词人的伤痛。

师：（板书：触景生愁）

师：春天依旧落花，可国已不成国，家也不成家，美好的事物、美好的人都随落花而逝，因此当词人道出"物是人非事事休"时，其愁其哀是何等沉痛！请用沉痛的语气朗读最强烈、最直接地抒发词人情感的这句话。

生齐读："物是人非事事休，欲语泪先流。"

师：我们再连起来把上阕朗诵一遍，请传递出词人因景生愁和物是人非的沉痛之情来。（读上阕）

师：已经能读出词人的沉沉哀愁了，看下阕，我们发现李清照的心情似乎发生了转变，请一位同学朗读下阕，同学们找出能体现词人心理变化过程的词。

男生朗读并作答："闻说、也拟、只恐"

师："闻说"是什么意思？

生：听说。

师：听说什么？

生：听说双溪的春天还好，花可能还没有全凋谢，春景不错。

师：这个消息对于李清照来说是好是坏？为什么？

生：好，因为可以去赏春，去散心。借眼前的美好景色和事物忘记心里的忧愁。

师：心动了么？

生：心动了。

师：你怎么看出来的？

生："也拟"，也打算。

师：用什么方式排遣忧愁？

生："泛舟"。

师："泛舟"的"泛"字能表现什么样的心情？

生：舒适悠闲。

师：作者在"泛舟"之前加上"也拟"，表明她也希望排遣忧愁，达到悠闲舒适的境界，可是计划实行了么？如果没有，又何处可见？

生："只恐"，担心的意思，表明词人又打了退堂鼓，还是没去成。

师生总结："闻说"给李清照的黑暗世界带来了光明和希望，也传达了词人对光明的向往，词的感情调子在这里有所昂扬，我们的心情仿佛也欣喜了许多，但是"只恐"一词又把我们的希望、欣喜打破，将词人再次拉回了愁苦的深渊。感情一波三折，跌宕起伏，所以我们朗读时前两句可以读出轻快、欣喜的语气，而最后则要凝重、低沉。

活动：请女生读前两句，最后一句齐读。

师：请把最后一句再读一遍，（齐读）奇怪，愁怎么能用船去载？这个词是不是用错了？

（引导）：愁是什么？它是什么状态？感情是抽象的东西，是无形、无影、无声无息的。而能用船装载的是什么？

生：东西，货物，有形，有重量。

师：词人如何把无形、抽象的情感当作有形、具体的事物，化虚为实，有什么目的？

生讨论分析：用比喻、夸张的手法，突出了心中愁重的特点。

师：回想前人曾写下许多描摹愁的诗句，能说出一两句么？

生：李白的"抽刀断水水更流，举杯消愁愁更愁。"（把愁比喻成水，表现愁的绵绵不绝）

生：李煜的"问君能有几多愁，恰似一江春水向东流。"（把愁比喻成春水，显现愁的绵长）

生：李煜的"剪不断，理还乱，是离愁，别是一般滋味在心头。"（把愁比喻成丝麻，纠缠在一起，纷繁芜杂）

师小结：李白写出了愁的韧度，李煜量出了愁的长度，而李清照呢，别出心裁地称出了愁的重量，其才情可见一斑。（板书：比喻摹愁）

师：我们再读下阕，此时不仅要读出感情的起伏，而且要读出愁的分量。

（齐读）

点评：在这个环节中，教师的引导功能有所强化；在以"读为基础，悟为辅助"的基调下，学生的个性解读更明显，教学目的在于让学生体悟词中深层的情感。

师：那么浓重的愁，那么层层压迫的愁，让词人喘不过气来，也让读词的人倍感抑郁，于是有人评论李清照的词风格过于低沉，同学们是怎么看待的呢？

师：当谈到评价文人的作品时，我们有时不妨用知人论世的方法。（打出幻灯片："颂其诗，读其书，不知其人，可乎？"《孟子·万章下》）

学生讨论回答。

教师补充总结：从词人的人生经历来看，她曾享受过幸福美满、富足悠闲的生活，也曾历尽了国家破败、家乡沦陷、丈夫去世、文物丧失等等苦难。这些苦难淤积于心，无人可诉、无法可解，因为在男权社会中，根本无人愿意聆听她内心苦闷的呐喊！她曾词动京华，名噪一时，可这早已经违反了封建社会为妇女所规定的种种教条，因此她的词也被斥为"无辜藉"，她对幸福的追求又被诬蔑成"无检操"，甚至连我们心仰望之的陆游对她也颇多微词。

　　李清照晚年时想把自己一生所学悉心传授于孙姓少女，不料，这位天资聪颖、悟性颇高的少女用她十来岁孩子的童音冷冷地拒绝了词人："才藻非女子时也。"是啊，社会上有才情的女子有何用？她奢望关心国事，著书立说，传道授业，她收集的文物汗牛充栋，她学富五车，可到头来报国无门、情无所托，周遭的人都视她为异类。作为一个文人，她处在社会思想的制高点，作为一个女性，她又处于封建社会的最底层，巨大的落差注定了她的一生将忍受着这份旷世的孤独。（板书：孤独）这份孤独在本已沉重的国愁、家愁、离愁中又添上了深重的一笔！

　　师：李清照小小的一个"愁"字包含了那么多丰富厚重的意义，那么也请同学们拓展一下思维，用这个"愁"字组个词语，比如悲愁，愁苦……

　　生：离愁、愁苦、愁绪、愁眉苦脸、悲愁、忧愁、乡愁……

　　师：再请同学们用你们刚才组的词造个句子来表达你对《武陵春》这首词的最大感受。老师先造两句，算是抛砖引玉。（展示幻灯片：①人生几处闲愁，而易安的愁苦却是双溪扁舟上不能承载的生命之重。②花落人去，阴阳两岸的离愁怎不令人扼腕叹息！）

　　学生写作，教师巡视。

　　学生作品展示，教师点评。

　　小结：同学们用一句话表达了自己内心最大的感受，教师想借用一篇短文来表达自己的感受。

　　教师朗读《春天的最后一树梨花》。

　　师：或许《春天的最后一树梨花》难以慰藉词人悲愁寂寥的内

心，但是我们可以用饱含感情的朗读去应和九百年前那位旷世才女孤独而高贵的灵魂。

师生齐读。

点评：教师忠实于文本，又突破文本的界限，将学生的思维打通古今，古为今用，从而获得情感和语言的"美感"教育。

师：今天我们通过学习《武陵春》，感受到李清照内心愁苦的情感，领略了她遣词造句的文学才华，还在潜移默化中运用朗诵、品词、对比以及知人论世的方法赏析诗词，课后请同学们有意识地运用这些方法去赏析李清照的另外一首词《声声慢》，希望同学们能爱上李清照，爱上中国古典诗词。

【案例·链接 4—09】

初中数学课堂教学实录：《合并同类项》

教学目标：

1. 在具体情境中理解同类项的定义。

2. 通过对具体问题的分析及运用分配律，了解合并同类项的法则，能进行同类项的合并。

3. 经历观察、类比、思考、探索、交流和反思等数学活动，培养创新意识与合作精神。

教学重点、难点：

（1）理解同类项的含义。（2）同类项的合并。

教学过程：

一、创设情境

（讲桌上乱七八糟地放着几本书、几个本子、几支笔。）

师：谁能帮助老师把讲桌整理一下？

生1：（把所有的书本摞放在一起，放在桌子上任一位置，笔放在一起。）

生2：（把书籍按书名分类堆放，把本子单独放在一起，笔放在一起。）

师：哪种方法比较科学？为什么？

生：第二种方法更好，因为把它们分成几类，便于管理使用。

师：在生活中经常把各种事物进行分类，而在数学领域，我们也要学会分类。

点评：教师让学生给日常生活中经常见到的物体进行分类，使他们懂得相同用途的物品可以分为一类，初步感知"同类"的概念，这体现了新教材中数学与生活之间的相互联系、相互渗透的思想，调动了学生参与活动的积极性。

二、游戏导入

师：（把 8 张卡片分给 8 名学生。并在大屏幕上投影出 8 张卡片的内容：$-5n$、$6xy$、$8n$、$-7a^2b$、$-\dfrac{1}{2}xy$、$2a^2b$、$0.2x^2y^3$、$-3y^3x^2$）请拿到卡片的同学根据卡片上的内容找"朋友"，并和找到的"朋友"一起站到讲台前面。

生：（8 生活动，其他学生观察。）

生：（观察的学生提出意见）手拿"$6xy$"、"$0.2x^2y^3$"两张卡片的同学站在一起是不正确的；手拿"$-\dfrac{1}{2}xy$"、"$-3y^3x^2$"两张卡片的同学站在一起也是错误的；"$6xy$"的"朋友"是"$-\dfrac{1}{2}xy$"；"$0.2x^2y^3$"和"$-3y^3x^2$"是一对"朋友"。

师：（把大屏幕上的卡片，按上面的分组将"朋友"拖到一行。）为什么要这样分呢？

生：因为"$6xy$"、"$-\dfrac{1}{2}xy$"所含的字母相同。

师："$6xy$"和"$0.2x^2y^3$"所含的字母也相同，它们俩是不是"朋友"呢？为什么？

生：不是，因为字母的指数不相同。

师："x^3y^2"与"$0.2x^2y^3$"是不是"朋友"呢？

生：也不是，"x^3y^2"中的 x 指数是"3"，而"$0.2x^2y^3$"中的

"x"指数是"2"。

师：回答得非常好！也就是说，相同字母的指数要相同。我们就把满足这样条件的"朋友"叫作同类项。（板书：同类项）谁能把同类项满足的条件再重复一遍？

生：1. 所含字母相同。2. 相同字母的指数相同。

师：（板书上述内容，并提示学生）判断几个式子是否是同类项与代数式的系数无关，与代数式中字母的排列顺序无关。

师：（大屏幕投影）判断每组两个代数式是否是同类项？理由是什么？如何把它们改成同类项？（大屏幕投影：$2ab^2$ 和 ab^2；$-5x^2y$ 和 $2xy^2$；$\frac{1}{2}xy$ 和 $1.5yx$；$3ac$ 和 $3acb$；$2a^2$ 和 $-3a^3$；x 和 y；-125 和 3。）

生：（在判断，"-125"和"3"是不是同类项时有些迟疑。）

师：（指出）数字和数字也是同类项，能够进行运算。

师：（大屏幕投影代数式：（1）$3x-1+5x^2-1-2x-6x^2$（2）$8x^2-9x^4+2x-x4-2x+x^2$　（3）$-xy-y^2+3x^2+xy+x^2-y^2$）找出上述代数式中的同类项。

（学生交流，教师重点强调找同类项时不要漏掉单项式前面的符号。）

点评：当学生对日常生活中非常熟悉的物品会合理分类时，再通过一个小游戏出示数学知识的分类题，让学生根据分类情况进行讨论、分析，在教师的引导下发现并归纳出同类项的概念，这样学生掌握起来就比较容易，并让学生经历了由实际问题抽象为代数问题的过程，使本节课的重点内容得以突破，让学生体验到探究成功的乐趣。

三、应用拓展

师：有一长方形由两个小长方形组成（如图），求大长方形的面积。

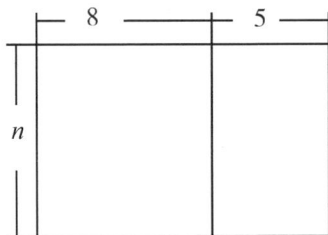

生1：$8n+5n$

生2：$(8+5)n$

师：（板书：$8n+5n=(8+5)n=13n$）

师："$8n+5n=(8+5)n$"好似我们以前学过的什么定律？

生：乘法分配律。

师：利用乘法分配律计算：每本练习本 x 元，小明买 5 本，小华买 3 本，二人共花多少钱？小明比小华多花多少钱？

生：$5x+3x=(5+3)x=8x$；$5x-3x=(5-3)x=2x$

师：那么你会利用乘法分配律计算"$-7a^2b+2a^2b$ 和 $-xy^2+3xy^2$"吗？

生：（计算并交流。）

师：以上计算过程叫合并同类项。观察上述计算过程，你能得出合并同类项的方法吗？

生：把系数和起来，字母和字母指数和起来。

师："和"起来是什么意思？相加？还是相乘？

生：系数是加起来，等号右边的字母和字母的指数与等号左边的是相同的。

师：（总结并板书：把同类项的系数相加，字母和字母的指数不变。）

师：能否用乘法分配律计算代数式"$2a+3$"；"$2a+3a+1$"，为什么？

生：第一个代数式不能。第二个代数式中"$2a$"和"$3a$"可以合并为"$5a$"，不能和"1"合并。因为它们不是同类项。

师：（强调：只有同类项才能进行合并。）

点评：通过计算由“两个小长方形组成的大长方形的面积”和学生常见的“买练习本”的实例，借助乘法分配律的运算过程，采取教师与学生进行交流和学生相互交流、探究的方法，让学生根据代数式变换思维角度，联系系数与字母的变化规律进而得出合并同类项的法则。

四、巩固练习

师：（出示例题：1. $a^2 - \dfrac{1}{2}a^2 + 6a^2$　　2. $3a + 2b - 5a - 6b$

3. $-4ab + 8 - 2b^2 - 9ab - 8$）

师：（总结）要合并同类项，首先把代数式中的同类项找出来并写在一起。

生：（师提示后，独立完成，并相互交流、纠正。）

生：（完成随堂练习1，一生板书。）

生1：板书：(2) $3b - 3a^3 + 1 + a^3 - 2b$　　　　　　　　　　　　　(1)

$\qquad\qquad = (3b - 2b) - (3a^3 + a^3) + 1$　　　　　　　(2)

$\qquad\qquad = b - 4a^3 + 1$　　　　　　　　　　　　　(3)

师：大家共同讨论分析一下这个解答过程有什么不对。

生：由（1）到（2）不是相等的。

师：$-(3a^3 + a^3) = (-1)(3a^3 + a^3) = -3a^3 - a^3$ 与原代数式不符。应该把代数式中各项相加。

生：（订正为）原式 $= (3b - 2b) + (-3a^3 + a^3) + 1 = b - 2a^3 + 1$

师：当 $x = 2$ 时，代数式 $3x^2 + 5x - 0.5x^2 + x - 1$ 的值如何来求？谈谈你的方法。

生1：把 $x = 2$ 代入 $3x^2 + 5x - 0.5x^2 + x - 1$ 中得：$3 \times 2^2 + 5 \times 2 - 0.5 \times 2^2 + 2 - 1 = 21$

生2：代数式 $3x^2 + 5x - 0.5x^2 + x - 1 = (3 - 0.5)x^2 + (5 + 1)x - 1$，再把 $x = 2$ 代入 $(3 - 0.5)x^2 + (5 + 1)x - 1$ 中得：$(3 - 0.5) \times 2^2 + (5 + 1) \times 2 - 1 = 21$

生3：$3x^2 + 5x - 0.5x^2 + x - 1$

$$= (3-0.5)\ x^2 + (5+1)\ x - 1$$
$$= 2.5x^2 + 6x - 1$$

把 $x=2$ 代入 $2.5x^2+6x-1$ 中得：

$2.5 \times 2^2 + 6 \times 2 - 1 = 21$

师：比较三种做法，哪一种方法简单？

生：（板书并交流如何计算。）

师：（回顾反思）同学们，这节课你们都学会了哪些新知识？掌握了哪些新的解题方法？

生：（整理交流）1. 认识了同类项。2. 学会了合并同类项。3. 合并同类项的时候带上本身的符号。4. 生活中学会了分类整理。

点评：通过典型的例题让学生巩固合并同类项的方法，并掌握合并同类项的技巧。通过变式练习让学生得以迅速提高，使学生知识技能螺旋式上升。最后的小结培养了学生的概括能力、表达能力和逻辑思维的能力，并拓展了学生的思维广度。

教学反思：

本节教学内容，教材上安排非常简单：从"求大长方形面积"的问题出发，引入了同类项合并的方法。但我觉得本节课的首要环节应该是让学生认识同类项，那么怎样让学生从身边的事例中认识呢？

我先创设了一个"整理讲桌"的情境教学，帮助学生温习了日常生活中的分类问题。接着我又考虑如何把学生形成的感性认识继续下去，并转入到对同类项的认识中呢？我又采用"找朋友"的一个小游戏导入本节的第一个重点内容——理解同类项。经过一系列的探索活动，学生充分理解了同类项的概念，在此基础上再进行合并同类项的学习就比较容易了。在探索合并同类项的方法时，我既使用了课本上的"求大长方形面积"的例子，又自行设计了学生常见的"买练习本"的问题，让学生从具体的、简单的生活实例中提炼出合并同类项的方法，体现了数学"源于生活又作用于生活"的思想。

本节课我注重从学生已有的生活经验出发，让学生亲身经历将实际问题抽象成数学模型，并进行解释与应用的过程，进而使学生获得对数学理解的同时，在思维能力、情感态度与价值观等多方面取得进步和发展。

【思考·实践】

1. 课堂教学中，如何应对课堂生成与教学预设之间的冲突？

2. 课堂教学中如何处理好师生对话的问题？

3. 结合本学科特点，课堂上组织小组合作学习应该注意哪些问题？

第三节　说　课

说课是指教师在备课的基础上，面对同行、专家，以语言为主要表述工具，系统而概括地解说自己对具体课程（如某一学科某一节课或几节课）的理解，阐述自己的教学观点，表述自己具体执教某一课题的教学设想、方法、策略以及组织教学的理论依据等，然后由大家进行评说。

一、说课的准备

（一）知识准备

知识是说课的基础，没有比较丰富的知识，要想说好课是不可能的，所以，说课前首先要做好知识准备。知识准备的内容很多，其中比较重要的是课程标准、教材知识以及其他相关知识。

1. 熟悉课程标准。学科课程标准是学科教学的指导性文件，教材是根据课程标准编写的，说课教师往往忽略这一点。说课前，教师一定要熟悉课程标准，掌握课程标准所规定的教学任务、教学目标以及各年级的教学要求，教学中应遵循的原则，尤其是要根据教学内容分解课程标准所规定的教学目标。离开课程标准的具体要求，说课就会迷失方向。

2. 钻研教材。教师要熟悉所说教材的编写意图和教学目标，了解知识的承接性和延续性，对知识系统的内在联系要做到心中有数。还要掌握本课在本册书中的地位和作用，明确重点和难点。

3. 涉猎边缘学科的知识。教师要扩展知识视野，具备多学科多层次的知识结构。这样才可以在本学科的天地里游刃有余，使说课具有深度和广度。

(二) 理论准备

说课的理论因素很浓，教师没有一定的理论水平，是说不好课的。说课一定要在理论指导下进行教学内容的分析、过程的设计、教学方法的运用。否则说课就没有高度，就是无本之木。因此，教师在说课前要针对教学实际需要，有计划、有步骤地学习教育学、心理学、学科教材教法等有关理论。要明确教育规律，掌握所教年级学生的生理、心理特点，掌握课堂教学所要遵循的教学原则，掌握本学科的主要教学方法及要求。只有这样，教师才能不断提高教育理论的素质，为说课打下理论基础。

(三) 技术准备

1. 明确说课的内容和要求

教师要想说好课，首先明确说课要说什么。关于说课的内容，没有什么固定不变的"框框"，通常包括说教材分析，说学情分析，说教学目标的确立和实现教学目标的基本思路，说突出重点与突破难点的策略，说优化教学过程结构的设想，说教学方法的选择和教学手段的使用，说教学效果的预测这七项内容。

说课要求教师不但要说出怎样教，而且还要说清"为什么这样教"的理论依据（包括课程标准依据，教学法依据，教育学和心理学的依据等），使听者既能知其然，又能知其所以然，达到理论与实践的有机结合。

2. 掌握说课的技巧

（1）加强说的功夫

说课有不同的类型、不同的目的，但都得用语言表述。教师要动口，就要加强说的训练，要有说的功夫。要注重语气、语量、语调、语速、语感；要进入角色，脱稿说课不能用背诵的语调，要用"说"或者"讲"的语气；设计意图则用说明性语气。教师所处的位置要和讲课相同，板书和演示操作等活动要自然和谐、落落大方。

（2）对说课的内容要分清主次

教师在说课时对说课的各方面内容，不能平均使用力量，不能眉毛胡子一把抓，要分清主次。重点是要说清"是什么"和"为什么"。

3. 准备好说课所需的教具

教师说课前要准备好本次说课所用的尺、挂图、小黑板、卡片、幻灯片、录音、录像等教学用具，以及表演和板书需要的饰品和图形，以便说课时根据需要做必要的介绍和演示。

（四）心理准备

由于说课是一种新生事物，许多教师根本没有接触过。它又要求教师在短时间内谈完一节课设计的整体思路，所以说课教师容易心理压力过大，而导致在说课时失去心理平衡，形成心理障碍，从而影响正常水平发挥。这就需要教师在说课之前，做好充分的心理准备。

1. 充分认识说课的重要性

说课活动是在短时间内较经济的大面积提高教师素质的最佳形式，也是大面积提高教学质量的有效途径。教师要充分认识到这一点，从而积极踊跃地参与这项活动，由压力变动力，积极主动地学习现代教育理论，认真钻研课程标准、教材、教法，使自己的理论水平和业务能力在原有基础上有较大进步。

2. 增强自信心

教师要消除紧张心理，说课时从容自如，同时要正确地估价自己的实力，使能力得到应有的发挥。

3. 注意自我心理调节

教师说课是在没有学生配合的情况下，一切靠自己完成，有时可能出现漏洞，这时需要具有应变能力，恰当而又不留痕迹地加以弥补。这种自我控制的心理能力不能一蹴而就，需要教师在平时就加以训练。

"凡事预则立，不预则废"，"不打无把握之仗"，这都说明事前准备的必要性。充分准备是说课成功的起点，也是教师自我提高的过程。只有说课准备充分，才能提高说课的质量，才能不断提高自身业务素质。

二、说课的特点

说课是说课者与同行、专家之间相互交流，共同提高的一种教研活动。

说课活动由两部分组成，依次为解说和评说。解说是以教师口头表达为主，以教育科学理论和教材为依据，针对师生具体情况和课程特点，以同行为主要对象，在备课与上课的基础上所进行的教学研究系统。它要阐明的问题是教什么、怎样教和为什么要这样教及其理论依据。评说则是针对教师解说，同行、专家进行的评议、交流和研讨。

说课具有以下特点：

（一）说课具有鲜明的理论性

理论在说课中占有突出的地位，可以说是整个说课的灵魂所在。这是因为说课不仅要说出教什么、怎么教，而且要说出为什么要教这些、为什么要这样教。其根据，一方面来自现实，另一方面靠的是教育教学原理。这就迫使教师去学习教学理论，认真思考问题。

这是教师从理论上去认识教学规律的过程。说课还需要教师写讲稿和演讲，这又是提高教师写作能力和语言表达能力的过程。

（二）说课具有鲜明的阐发性

说课，不仅仅局限于对教学设计或教学方案的简要说明和解释上，它不是教案的复述，说课也不仅仅是对上课的预测和预演。它是在兼有上述两点的基础上更突出地表达教学理论对教学方案、教学案例的指导关系。即以备课为前提，以教案为素材，站在一定的理论高度去阐发案中之理、理中之案。因此，说课的表达方式既有说明，也有证明和阐明。而备课只要心知肚明、纸上写明即可。

（三）说课具有鲜明的演讲性

说课是对备课的解说、上课的演示，主要靠语言来表达。这使它具有了演讲性的特点，即教师对同行或专家领导发表自己的施教演说。同时，与教师上课的"讲"又大不相同，上课是面对学生"讲"，要通过"讲"去激发和指导学生学习和领会。而说课的"讲"，则应该讲得尽可能精彩些，要通过"讲"让听者心悦诚服。

（四）说课具有鲜明的高层次性

说课的理论性促使教学研究从经验型向科研型转化，促使教师由教书匠向教育专家转化。说课的阐发性，要求教师把理论与实际紧密联系起来，用理论指导实践、说明实践；用实践去印证理论，发展理论，使教师向着教育专家靠近。说课的演讲性对教师最基本的教学技能——教学语言及口语表达能力提出了更高的要求。所以说，说课是一种高层次的教研活动。

（五）说课具有鲜明的可操作性

尽管说课的层次性较高，但并不因此降低它的可操作性。这种可操作性由下列因素决定：第一，说课的内容及其要求十分明确、具体和科学，具有规范性；第二，说课不受时间、地点和教学进度的限制，有其灵活性；第三，说课的演讲和表演特点对教师有激励性；第四，说课纳入管理者的工作范围，增强了组织力度而使之具有约束性。

三、说课的意义

（一）说课有利于教师提高素质

说课时，教师不但要说清教什么，还要说明为什么这样教，即新课程理念、标准有什么要求、有关的教育理论是怎样阐述的等理论依据。为了说清这一类问题，说课前，教师必须认真学习有关的理论和资料。这样有利于促进教师自觉研究教育理论，研究课程标准、课程目标、教材和教法，使教师由经验型向理论型转变，实现由感性认识到理性认识的飞跃，达到由理性认识向创造性认识的升华，从而提高教师素质，最终实现全面提高教育教学质量的目的。因此，教师长期坚持说课，必然促进理论学习变得越来越广博而深刻，理论应用变得熟练而有效，从而促进教师业务素质产生飞跃性的变化，即由经验型教师逐步变为理论型教师、科研型教师。

（二）说课有利于教师理论联系实际

备课、上课是运用理论进行实践的过程，而说课则侧重于理论，运用教学理论分析，阐述备课、讲课的目的要求和程序。教师要说好课，就必须以现代教育理论指导全过程。这就促进了教育理论与实践的相结合。

新课程标准的实施，要求教师在教育理念、教学方式、教育评价等方面进行改革。为适应课改的要求，教师必须学习大量新的教育教学理论。如新课程"通识培训""学科培训"等各类与课改有关的培训，都是理论性的学习。如何把课改新理念、新方式落实到课堂教学中，使理论与实践紧密结合，这是很值得探讨的问题。

课程标准的实施，为说课提供了广阔的空间，说课为课改提供了良好的教育平台。在课改中，各类教研活动会更加活跃，说课这种教研方式将发挥更重要的作用。

（三）说课有利于营造教研环境

说课活动往往和议课活动结合在一起进行。通过议，发挥了说课教师的作用。通过议，又使教师集体的智慧得以充分发挥。说课者要努力寻求现代教育理论的指导，议课者也要努力寻求说课教师的特色与成功经验的理论依据，说、议双方围绕着共同的课题形成共识，达到取长补短、优势互补的效果，说课者得到反馈，进而改进、提高和完善自己的教学方案；听者从中得到比较、鉴别和借鉴，得到案例示范和理论滋养两方面的收益，从而营造较好的教研环境。

说课是教师综合能力的体现，通过说课，可以在一定程度上对教师的综合素质进行评价。

四、说课的内容

说课的内容包括四个方面：说教材、说教法、说学法、说教学过程。

（一）说教材

教材是课程的载体。教师能否准确而深刻地理解教材，驾驭教材，合乎实际地处理教材，科学合理地组织教材，是备好课、上好课的前提，也是说课的首要环节。

说教材包括内容、地位及特点、知识目标、能力目标、德育目标、重点及难点。

说教材主要说明"教什么"的问题和"为什么要教这些"的道理。重点说明本课题内容在整个教材体系或本单元教材中的位置、地位和作用；教材编排的意图和特点；本课题涉及主要知识点及其与前后的联系；与教学内容有关的附件（如图片、资料等）处理要点；确定课题重点难点及理由。

还应说执教者本人进行教材处理的打算以及进行修改、增减的理由和依据。

说明如何精选教材内容，并合理地扩展或加深教材内容。说明教材处理上值得注意和探讨的问题。

说教材的要求有：

1. 说地位

说清楚本节教材在本单元甚至本册教材中的地位和作用，即弄清教材的编排意图或知识结构体系，教材的安排目的。

例如：从前后联系来看，有利于巩固学生对……的认识，在理论推导过程中的……有利于强化学生对……的认识，为今后……打下了必要的埋伏，起到承上启下的作用等。

2. 说目标

说明如何依据教材内容（并结合课程标准和学生）来确定本节课的教学目标或任务。课时目标是备课时所规划的课时，以及结束时要实现的教学结果。课时目标越明确、越具体，反映教者的备课认识越充分，教法的设计安排越合理。

分析教学目标要从知识与能力、过程与方法、情感态度与价值观三个方面加以说明。就是要把课程标准中的课程目标（三维目标）作为本课题教学的指导思想和教学依据，从课程理论的高度驾驭教材和指导教学设计，要重点说明有关课题教学目标、教学内容及教学操作等在课程标准中的原则性要求，从而为自己的教学设计寻找到有力的根据。

（1）知识、能力目标

例如：在本节课之前，学生已有了……的初步知识和实验基础，学生一般能较熟练地掌握……，这就从理论上和实验上为学生理解……奠定了比较坚实的基础，因而本节课的知识目标是……通过运用……解决……问题，使学生初步领会……了解……的基本思想，规范学生……良好习惯。

（2）能力、方法目标

例如：应用……知识，设计出……；让学生通过…，学会使用……，并总结出……的方法和规律，这节课有利于培养学生……能力。

（3）情感、态度目标

例如：激发学生的学习兴趣；关心环境、能源、卫生、健康；辩证唯物主义；爱国主义；培养社会责任感以及勤奋、坚毅、合作等品德。

（二）说教法

说教法重要的是说为什么这样教，要求教师说出设想和做法所运用的教育教学理论，所根据的心理学规律、认识规律和学生的实际。说明课堂教学的具体策略，采取何种教学方法。在战术上介绍导入新课、难点突破设计、课堂提问设计、例题设计、课后小结和作业设计的目的、内容。说明不同层次学生如何实行分层教学，每节课里每个学生都能达到相应目标。

说教法主要是说明"怎样教"和"为什么这样教"的道理。在确定教学目的要求后，恰当地选择先进的教学方法是至关重要的。

说教法要解释教者是用的什么方法落实"双基"的；还要说出教者在教学中是如何发挥主导作用的，在精华要害的知识上进行点拨，在能力生长点上强化训练，以及如何处理教与学，讲与练的关系；同时说该课时如何使用教具、学具或电教手段。

教师所选教学方法手段要根据教材特点和学生实际，各种不同方法和手段要优化组合。

说教法，应说出"怎么教"的办法以及"为什么这样教"的根据，具体要做到以下几个方面：

1. 要结合学生实际、教材特点说出本节课所选择的教法理论依据和教学理念，以及所依据的教学原理或原则。

2. 要说出本节课所选择的一组教学方法、手段，对它们的优化组合及其依据。无论以哪种教法为主，都是结合学校的设备条件以及教师本人的特长而定的。要注意实效，不要生搬硬套某一种教学方法，要注意多种方法的有机结合，提倡教学方法的百花齐放。充分体现"教师主导，学生主体"的教学原则。

3. 要说明教师的教法与学生应采用的学法之间的联系。

（三）说学法

说学法要求说课者必须说明如何根据教学内容、围绕教学目标指导学生学习，教给学生什么样的学习方法，培养学生哪些能力，如何调动学生积极思维，怎样激发学生的学习兴趣等。说课活动中虽然没有学生，看不到师生之间和学生之间的多边活动，但从教师的说课过程中要体现以学生为主体，充分发挥学生在学习活动中的作用以及调动学生的学习积极性，在最大程度上体现课改精神——教师是课堂教学的组织者、引导者、参与者、启发者。说课者具体要说清两大问题：

1. 针对本节教材特点及教学目的，学生宜采用怎样的学习方法来学习它？这种学法的特点怎样？如何在课堂上操作？

2. 在本节课中，教师要进行怎样的学法指导？怎样使学生在学会的过程中达到会学？怎样在教学过程中恰到好处地融入学法指导？学法的指导是否体现了学生规律、学习原则以及学习的生理和心理规律，学生的基础、习惯能力等情况？

教师要根据教学的重点、难点，分析学生学习过程中可能遇到的障碍及其原因，怎样针对这些障碍加强对学生的指导。指出重点突破口、难点、理解点。指导学生掌握基本知识和基本规律，掌握基本的解题、应用以及使用课本的能力，如何体现素质教育，面向全体学生的要求，调动优秀学生的积极思维，激发后进学生的学习兴趣，使优、中、差生在各自原有的基础上都有相应提高等。

说学法主要说明学生要"怎样学"的问题和"为什么这样学"的道理。

（四）说教学过程

说教学过程主要说明教学设计的具体思路，课堂教学的结构安排和优化过程，以及教学层衔接与教学环节转换之间的逻辑关系。

教学过程是说课的重点部分，因为通过这一过程的分析才能看到说课者独具匠心的教学安排，它反映了教师的教学思想、教学个性与风格。通过对教学过程设计的阐述，能看到教师教学安排是否合理、科学，是否具有艺术性。说教学过程要做到以下要求：

说出教学全程的总体结构设计，即"起始——过程——收束"的内容安排。说教学程序，要把教学过程所设计的基本环节说清楚。

说教学过程的具体内容只需概括介绍，只要听讲人能听清楚"教的是什么""怎样教的"就行了。不能照搬教案，像给学生上课那样详细地说明教学的具体过程，而是要说出教案中几个主要过程安排的理论根据和组织者对它的理解，从而使备课建立在严密的理论与丰富的教学经验的基础之上。

说教学过程要说清教学过程设计的总体框架和设想，说出教学过程的整体结构、教学内容的详略安排和教学板块的时间分配。说出主要环节的教学设计，重点如何突破，难点如何化简。

五、说课的方法

（一）说课要突出"说"字

说课不等于备课，不能照教案来说；说课不等于讲课，不能视听课对象为学生去说；说课不等于背课，不能按教案只字不漏地背；说课不等于读课，不能拿事先写好的说课稿去读。说课时，教师要抓住一节课的基本环节去说，说思路、说方法、说过程、说内容、说学生，紧紧围绕一个"说"字，突出说课特点，完成说课进程。

说课的方法很多，应该因人制宜，因教材施"说"：可以说物、说理、说实验、说演变、说本质、说事实、说规律、正面说、反面说，但一定要沿着教学法思路这一主线说，以防偏题。

（二）说课要语言简练准确

教师说课，应要精神饱满，要充满激情。要使听课者首先从表象上感受到说课者说好课的自信和能力，从而感染听者，引起听者的共鸣。

说课的语言应具有较强的针对性。针对教师同行，语言表达应十分简练干脆，避免拘谨，力求有声有色，灵活多变，前后整体要连贯紧凑，过渡要流畅自然。

（三）说课要把握说的"度"

教师说课的对象不是学生，而是教师同行。教师说课时不宜把每个过程说得过于详细，应重点说出如何实施教学过程、如何引导学生理解概念、掌握规律的方法，说出培养学生学习能力与提高教学效果的途径。说课要重理性，讲课注重感性和实践，因此，用极有限的时间完成说课内容不容易，必须做到详略得当、简繁适宜、准确把握说的"度"。说得太详太繁，时间不允许，也没必要；说得过略过简，说不出基本内容，听众无法接受。

如何把握说的"度"呢？最主要的一点是，教师要因地制宜，灵活选择说法，把课说活，说出该课的特色，把课说得有条有理、有理有法、有法有效，说得生动有趣；其次是，教师要发挥个人的特长，说出个人的风格。

（四）说课要利用辅助手段

教师说课要注意发挥电教多媒体的作用。所说之课在教学手段上如果运用了多媒体课件，说课时要选择重点内容而又精彩的片段予以演播，说课材料中要写明操作指示语。另外，若说课材料未印发给听众，则可将材料中的大纲小目制作成投影片或光盘按序播映，以增强视觉效果，从而提高说课的质量。

教师说课要适当板书。由于受说课时间的限制，有些教师在说课时不板书。其实，在说课的过程中适当的板书是非常必要的。如在介绍自己的说课篇目时，可以把内容有重点地写在黑板上，这些板书可以向听者展示说课者的书写才华，又能牵引听者的视线，吸引听者的注意力，关键是能让听者知晓本课的重点。

教师说课时要做到：衣着整洁、形象动人、举止端庄、仪态自然；普通话准确，语言规范，生动流畅，富于情感。说课是说不是读，不要照本宣科，要口语化。不要做播音员传信息，要做主持人传情感。

说课的时间不宜太长，也不宜太短，通常可以安排一节课的三分之一或四分之一的时间。

六、说课稿的撰写

说课稿的撰写，没有某种固定的模式和格式，目前有很多不同的方式方法，说课者个人的修养与能力有差异，说课稿就体现出不同的风格。归纳说课的内容，大多如下：

说课开场白要说出说课的课题，介绍说课者的基本情况，上课班级、时间等。说课题要说出课题所在教材的出版社名称、教材几年制第几册第几章第几节的课题。

说课的内容可以划分为四大块。即教材分析、教学方法（参考或使用的主要配套资料、教辅材料、教学设施等）、教学过程、板书设计等。

（一）教材分析

1. 分析本节教材的课程标准；

2. 分析本节教材（授课知识）在整个教材体系中的地位和作用，教材的前后联系等；

3. 分析本节教材的主要知识体系与主要内容；

4. 分析教材的重难点与来由。

（二）教学方法

1. 教学目的要求、分析与说明：
（1）知识目标（智力目标）；
（2）能力目标（技能目标）；
（3）德育目标（情感目标）。
2. 教学方法的使用与分析。
3. 教具与学具的准备。

（三）教学过程设计

教学过程的设计方法很多，可以将教学过程划分为导入、复习、新授知识、小结、练习、反馈矫正、作业等若干板块来加以说明，也可以提炼主要线索进行说课，还可以将教学过程的设计按某种系统来加以说明。相同之处是既要说明教学过程的设计，也要巧妙地说出依据、原因和理由。如按教学体系说课：

1. 导入语与知识过渡语的设计；
2. 课堂读书设计；
3. 突破教学重难点的方法设计；
4. 电化教学的软件制作与设计；
5. 练习与教学小结的设计。

上述这些设计也可以增补内容，根据不同学科内容或不同教师的教学风格来增删教学设计的内容。也可以将其中一项单列出来进行特殊说明，如电化教学的软件制作与设计，说出制作的类型、使用的顺序、设计的创意、在教学中的作用和要注意的事项等。若使用已有的软件，要说明软件的出处等。

（四）板书设计

板书设计主要是要将教学的主要内容简明扼要地书写在黑板上，让观课者一看便一目了然。

总之，说课方式多种多样，不是一层不变的。教师在说课过程中，不管使用哪种方法，都要体现三条线索的连续性和完整性，使人听后感觉到条理清晰、内容精练。三条线索为：知识发展线，即课堂主要知识点的传授过程；教师引导线，即连续的教法，教师活动；学生内化线，即学生掌握知识的过程，学生活动。

七、说课的评价

对教师说课要进行定量评价，就先要有一个定量评价的量表。定量评价量表的制定最好结合本地区教师教学实际以及每一次活动的任务、评价的目的、组织形式来制定。评定量表的制定应坚持科学性、整体性和可操作性的原则。

教师说课评价量表

姓名：　　　　　　课题：

考核项目		赋分	得分	项目得分
教材分析（20分）	1．教材简析，课标相关要求，说明本课内容的地位、作用，理清教材基本思路	10		
	2．三维教学目标编制具体、明确、恰当	5		
	3．教学重点、难点提出准确、科学、合理	5		
学情分析（10分）	1．对学生知识基础、生活经验背景以及学生兴趣态度分析	4		
	2．对学生学习起点能力分析	3		
	3．对学生年龄特点及个体差异分析	3		
设计理念（15分）	根据课标要求、教材和学生的实际，阐述设计的依据目的（既不能就事论事，也不能空谈）	15		
方法策略（16分）	1．教学方法针对教材和学生实际运用，恰当灵活，一法为主、多法配合	6		
	2．教学方式以学定教，学生动口、动脑、动手，自主、合作、探究有效	6		
	3．现代教学手段运用适当	4		
教学流程（25分）	1．教学思路清晰、环节步骤安排合理、恰当	10		
	2．教学设计新颖巧妙，有智慧	10		
	3．板书设计言简意赅，有启发性、艺术性	5		
教学准备（6分）	1．教具学具准备充分、适当	4		
	2．教学资料、场地准备科学、实用	2		
基本素养（8分）	1．语言表达清楚，能按提纲半脱稿陈述	4		
	2．教态自然大方，有感染力	2		
	3．说课时间在10—15分钟，不超时	2		
总分		100		

【案例·链接 4—02】

高中数学《数列》（第一课时）的说课稿

今天我将要为大家讲的课题是《数列》（第一课时）。

（一）教材结构与内容简析

本节内容在全书及章节的地位：《数列》（第一课时）是高中数学新教材第一册（上）第三章第一节。数列是在紧接着第二章函数之后的内容，数列是一个定义域为正整数集（或它的有限子集）的函数当自变量由小到大依次取值时对应的一列函数值。它在教材中起着承前启后的作用，一方面，可以加深学生对函数概念的认识，使他们了解不仅可以有自变量连续变化的函数，还可以有自变量离散变化的函数；另一方面，又可以从函数的观点出发，变动地、直观地研究数列的一些问题，以便对数列性质的认识更深入一步。数列还有着非常广泛的实际应用；数列还是培养学生数学能力的良好题材。所以说数列是高中数学重要内容之一。

数学思想方法分析：作为一名数学教师，不仅要传授给学生数学知识，更重要的是传授给学生数学思想、数学意识，因此本节课在教学中力图向学生展示观察、归纳、类比、联想等数学思想方法。

（二）教学目标

根据上述教材结构与内容分析，考虑到学生已有的认知结构心理特征，我制定如下教学目标：

1. 基础知识目标：形成并掌握数列的概念，理解数列的通项公式。并通过数列与函数的比较加深对数列的认识。

2. 能力训练目标：培养学生观察、归纳、类比、联想等发现规律的一般方法。

3. 情感目标：让学生在民主、和谐的共同活动中感受学习的乐趣。

（三）教学重点、难点、关键

根据课程标准，在吃透教材的基础上，我觉得本节课是本章内容的第一节课，是学生学习本章的基础，为了本章后面知识的学习，首先必须掌握数列的概念；其次数列的通项公式是研究后面等差数列、等比数列的灵魂，所以我认为数列的概念及其通项公式是教学的重点。由特殊到一般，由现象到本质，要学生从一个数列的前几项或相邻的几项来观察、归纳、类比、联想出数列的通项公式，学生必须通过自己的努力寻找出数列的通项 an 与项数 n 之间的关系，对学生的能力要求比较高，所以我认为建立数列的通项公式是教学的难点。我觉得教学的关键就是教会学生克服难点，办法是让学生学会观察数列的前几项的特点，在观察和比较中揭示数列的变化规律。

下面，为了讲清重点、难点，使学生能达到本节设定的教学目标，我再从教法和学法上谈谈。

（四）教法

数学是一门培养和发展人的思维的重要学科，因此，在教学中，不仅要使学生"知其然"更要使学生"知其所以然"。为了体现以学生发展为本，遵循学生的认知规律，体现循序渐进与启发式的教学原则，我进行了这样的教法设计：在教师的引导下，创设情景，通过开放性问题的设置来启发学生思考，在思考中体会数学概念形成过程中所蕴含的数学方法，使之获得内心感受。

（五）学法

我们常说："现代的文盲不是不识字的人，而是没有掌握学习方法的人。"因而在教学中要特别重视学法的指导。随着《基础教育课程改革纲要（试行）》的颁布实施，课程改革形成由点到面、逐步铺开的良好态势。其中转变学生学习方式是本次课程改革的重点之一。课程改革的具体目标之一是"改变课程实施过于强调接受学习、死记硬背、机械训练的现状，倡导学生主动参与、乐于探究、勤于动手，培养学生搜集和处理信息的能力、获取新知识的能力、分析和解决问题的能力以及交流与合作的能力"。数学作为基础教育的核心课程之一，转变学生数学学习方式，不仅有利于提高学生的数学素养，而且有利于促进学生整体学习方式的转变。我以建构主义理论为指导，辅以多媒体手段，采用着重于学生探索研究的启发式教学方法，并结合师生共同讨论、归纳。在课堂结构上，我根据学生的认知水平，设计了"创设情境——引入概念；观察归纳——形成概念；讨论研究——深化概念；即时训练——巩固新知；总结反思——提高认识；任务后延——自主探究"六个层次的学法，它们环环相扣，层层深入，从而顺利完成教学目标。

接下来，我再具体谈一谈这堂课的教学过程。

（六）教学程序及设想

1. 创设情境——引入概念

我经常在思考：长期以来，我们的学生为什么对数学不感兴趣，甚至害怕数学，其中的一个重要因素就是数学离学生的生活实际太远了。事实上，数学学习应该与学生的生活融合起来，从学生的生活经验和已有的知识背景出发，让他们在生活中去发现数学、探究数学、认识并掌握数学。

（1）由生活中的具体数列实例引入：

a. 时间：时钟、挂历　　b. 植物：植物的茎

（2）用古老的国际象棋的传说引入，符合高一学生喜欢探究新奇奥妙事物的特点，有利于激发学生的学习兴趣。

2. 观察归纳——形成概念

由实例得出几列数，再有目的地设计，如自然数、自然数的倒数、大于零的偶数、开关（0，1，0，1，0，1，…）、"一尺之棰，日取其半，永世不竭。"以及从1984年到2004年我国体育健儿参加六次奥运会获得的金牌数15，5，16，16，28，32所形成的数列，教师引导学生概括总结出本课新的知识点：数列的定义。

3. 讨论研究——深化概念

课前我精心设计的几个数列中已经涵盖了有穷数列、无穷数列、递增数列、递减数列、常数数列，等待学生观察、讨论、交流后掌握以上几个概念。数列的相关概念：数列中的每一个数都叫这个数列的项，并且依次叫作这个数列的第一项（首项），第二项，……第

n 项，……。数列的一般形式可写成：a1，a2，a3，……，an……，简记为 {an}，其中 an 表示数列的第 n 项。

接着引导学生再观察以上几个数列的项与项数之间的关系，如果数列 {an} 的第 n 项 an 与序号 n 之间的关系可以用一个公式 an＝f（n）来表示，那么这个公式就叫作这个数列的通项公式。

最后通过数列通项公式与函数解析式的对比研究，使学生得出数列通项公式 an＝f（n）的图像是一群孤立的点的结论。

在数列中，项数 n 与项 an 之间存在着对应关系。如果把项数 n 看作自变量，那么数列可以看作以自然数集（或它的有限子集 {1，2，3，……，n}）为定义域的函数当自变量由小到大依次取值时对应的一列函数值。而数列的通项公式也就是相应函数的解析式。当我们把直角坐标系的横坐标看作项数 n，纵坐标看作项 an 时，我们得到的图像就是一群孤立的点。

4. 即时训练——巩固新知

为了使学生达到对知识的深化理解，从而达到巩固提高的效果，我特地设计了一组即时训练题，并且把课本的例题融入即时训练题中，通过学生的观察尝试、讨论研究、教师引导来巩固新知识。

5. 总结反思——提高认识

由学生总结本节课所学习的主要内容：（1）数列及其有关概念；（2）根据数列的通项公式求其任意一项；（3）根据数列的一些相邻项求数列的通项公式；（4）数列与函数的关系（数列是一种特殊的函数）。让学生通过知识性内容的小结，把课堂教学传授的知识尽快消化；通过数学思想方法的小结，使学生更深刻地理解数学思想方法在解题中的地位和应用，并且逐渐培养学生良好的个性品质。

6. 任务后延——自主探究

学生经过以上五个环节的学习，已经初步掌握了探究数列规律的一般方法，有待进一步提高认知水平，因此我针对学生素质的差异设计了有层次的训练题，留给学生课后自主探究，这样既使学生掌握基础知识，又使学有余力的学生有所提高，从而达到拔尖和

"减负"的目的。

（七）简述板书设计

结束：以上，我从说教材、说学情、说教法、说学法、说教学程序上说明了"教什么"和"怎么教"，阐明了"为什么这样教"。

【思考·实践】

1. 教师结合平时自己的教学研究实际，谈谈说课要做哪些准备工作。

2. 教师结合平时自己的教学研究实际，谈谈说课的内容及要求。

3. 教师结合自己所教学科及学生的实际情况，写一篇说课稿。

第四节　观　课

观课又称"课堂观察"，是指运用多种感官以及必要的观察记录工具，有效地搜集和整理课堂信息的过程，同时通过对课堂教学的理性思考，对教学活动的体验、感悟和分析，获得对课堂教学的认识与理解的过程。在"观"和"察"的活动中，不仅关注教师如何教，同时也要关注学生如何学，"以学看教"是观课的基本思想。透过眼睛的观察，用心灵感受课堂，体悟课堂。除了师生的语言和行动，课堂的情境与故事、师生的状态与精神都将成为观课者观察的对象。

一、观课的基本含义

观课，即课堂观察，是指教师或研究者凭借眼、耳、手、脑等自身的感官及有关的辅助工具（听课记录、调查表、录音录像设备等），直接地（或间接地）从课堂情景中获取相关的信息，从感性到理性的一种学习、评价及研究教育教学的过程。

观课、议课实际上就是课堂观察、诊断与评价的过程，中心环节包括课前会议、课堂观察、课后评议三个阶段。观课、议课也是一种团队合作，一个教研组以分工又合作的方式进行，这种同伴互助的方式将会极大地改善教研组的教研方式和教研文化，使每一个教师都参与其中，并感受到团队的专业力量和专业关怀。

观课与传统听课的不同点在于以下几个方面：

1. 观课教师是带着明确的目的去观察课堂的。听课是不强调提前和执教教师沟通的，更不是带着明确的目的去观察课堂的。

2. 观课围绕观课目标，查阅资料，搜集信息，使观察问题有全面的把握，在观课的过程中发现问题，提高议课效率。听课往往是跟着感觉走，甚至走进课堂前还不知道要听什么课。

3. 观察课堂时必须精力高度集中，围绕观课目标发现问题，完成自己的任务。听课教师因为没有明确的目标和任务，所以在课堂上可以很放松。

4. 观课要求观课教师尽量坐在学生中间，这样可以更好地从学生的视角发现问题。而听课教师则往往坐在教室的最后。在传统的听课中，听课教师往往习惯于坐在教室的后边，观察上课教师的言行，如何引入新课，如何设计教学环节，如何引导学生，教师的教学目标是否明确，思路是否清晰，语言是否简练，教态是否自然，媒体运用是否恰当，在这里也有"观"的成分。观课教师更重视学生，看学生的发言是否积极，精神是否饱满，从学生的回答问题状况看上课教师的引导是否恰当。观课要过多地关注教师的行为表现，看学生的表现也是为了评价教师的教学效果。

随着课程改革的深化实施，听课变成了观课，"观"包括视和听，既要用耳，也要用眼，还要用脑、用心。观课是课堂参与者相互提供教学信息，共同搜集和感受课堂信息，在拥有充分信息的基础上，围绕共同关心的问题进行对话和反思，以改进教学的教师研修活动。观课作为一种教育研究的范畴，包括以作为教师教育方式的观课、作为理论研究方法的观课和作为考评手段的观课。而作为教师教育方式的观课，是以教师专业发展为目的的，又称同事互助观课，这是一种横向的，同事互助的指导活动，不含自上而下的考核成分和权威指导成分，而是教师同事之间的互助指导式的观课。其目的主要是通过观课过程中观课双方（即观课者、授课者）在某些事先预设的，双方都关心的课题方面的研讨、分析和相互交流，用以改进教学行为、提高教学水平。

二、观课的一般形式

依据不同的标准，可以把观课的形式划分为不同的类型。观课者应根据观课的不同目的和实际条件，选择适宜的形式。

（一）自然观课与实验观课

自然观课，即日常观课，是指在自然、正常的日常教学活动条件下进行的观课，也就是在对观察对象不加干预和控制的状态下进行的观课。这种观课，关注面广，随机性突出。

实验观课，是指通过人为地改变和控制一定条件，有目的地引起观察对象的某些行为表现的一种观课。这种观课，更具有一定的针对性，焦点集中，效果明显。

（二）直接观课与间接观课

直接观课，是观课者仅凭借自身感官直接对课堂进行观察。由于观察者与观察对象之间不存在中介物，不受中介物影响，所以具有直观、生动、具体的优点。但又往往会给被观察者带来一定的正面和负面的影响，导致观察失真。

间接观课，是指借助一定的仪器或装置对课堂进行观察。如利用照相机、录像机、录音机、摄像头、观察室等仪器设备，对教学过程进行观察。优点是可以重复观看，避免观察者对被观察者的干扰等；缺点是受观察视角和仪器性能等方面的制约。

（三）有结构观课与无结构观课

有结构观课，是指预先设计好观察项目和要求，统一制作观察表格或卡片，按预先的设计进行观察和记录。这种观课往往能获得大量、翔实的观察材料，有利于定量分析和对比研究，但它缺乏弹性。

无结构观课，是指观课者只持有一个总的观课目的和一般性要求或一个大致的观课内容和范围，到课堂上去根据当时的具体情况有选择地进行观课。这种观课比较灵活，适应性较强，而且简便易行。但观察所得的材料比较零散，很难进行定量分析和对比研究。

（四）实地观课与异地观课

实地观课，是指观课者进入教学现场进行观课。实地观课搜集到的材料直接、真实、具体、生动，便于准确分析。

异地观课，是指观课者在与教学现场不同的地点借助网络视频等设备进行的观课。这种观课不受时空和参加人数的限制，但异地观课也是间接观课，也会受观察视角和仪器性能等方面的制约，影响观课效果。

（五）参与观课与非参与观课

参与观课，是指观课者参与到观课对象的实际环境中去，与观课对象共同活动，从内部进行深层观察。这种观课往往比较全面和深入，能获得大量真实的第一手材料。但也容易受观课者主观情感的影响，也会影响原有的教学效果。

非参与观课，是指观课者不深入被观察者的群体中，不参与他们的任何活动，完全以局外人或旁观者的身份进行观察。这种观课获得的信息相对客观、公正，但获得的材料往往缺乏深刻性，有时甚至获得的只是表面或假象。

一般说来，每一种观课形式都有优点与不足，如若条件允许，可以把不同形式结合起来进行，以达到扬长避短，相互弥补，提高观课效果的目的。

三、观课的基本环节

为了保证观课有较好的收获，教师观课要做好以下三个环节的工作，即观课前的准备、观课中的表现和观课后的交流反思。

（一）观课前的准备

提倡观课者做有准备的观课，反对匆匆忙忙不作任何准备的观课。观课准备情况可分为三个层次：

第一个层次是一般性的准备。观课前，了解大致情况，如熟悉教材、教案、练习册，设想一下如何上好这堂课。甚至可以了解一下授课班级学生的情况，包括知识基础、学习习惯、学习态度、班风班貌等。

第二个层次是自己先上这堂课。备好课之后，找个班级自己试着上一下，对这堂课的总体把握会较清楚。这两个层次的工作综合起来，观课准备是较充分的。

第三个层次要以前两个层次作为基础，在征求授课教师的意见后，形成探讨的问题或主题，带着问题或主题去观课。

（二）观课中的表现

观课者在观课的过程中应具备三种角色：授课者角色、学习者角色和观课者角色，而且要根据情况随时实现这三种角色的转换。

1. 授课者角色。观课者观课时，对授课者课堂的出色表现或是不足之处要客观分析，不能不顾现实情况无限设想授课者的能力而做出不恰当的判断。要设想自己就是授课者，面临课堂的某种情况时可能采取的处理办法，或能达到的程度，才能使判断准确，充分肯定授课者的优点，使观课有收获。

2. 学习者角色。观课者有时也可设想自己为学生，课堂上要怎样学习才能有较高的课堂效率。如今，学生的个体差异越来越受到重视，更多地为学生设身处地，重视学生的实际接受情况，能提高学生的学习效率，做到真正地关怀每一个学生。因此学习者的角色也是观课者时时要扮演的角色。

3. 观课者角色。既然是观课，观课者角色还要贯穿于观课过程。观课者角色有利于冷静地对待课堂上的一切。观课者在课堂上所要做的工作，一是认真观察，注意搜集课堂上所能捕捉到的信息，特别是可视线索，如面部表情、手势、身体语言，因为这些现实没有"重来"的机会；二是详细记录，最简单的记录方式是笔录，有条件的话可以利用录像机记录，还可以采用录音记录，但各种方法都有利弊，要综合使用；三是深入分析思考，以比较高的视角俯视课堂，能够见人之所未见，有自己独特的见解。

（三）观课后的交流反思

观课后交流的焦点是课题内容、教学处理过程和学生的行为表现，但观课者、被观课者不要急于找结论，应对原先计划的内容展开探讨。观课之后的交流反思应该有以下追求：

首先通过交流反思，要使一堂课有新的建构。一堂课上下来都会出现这样那样的问题，要树立"问题是我们的朋友"的理念，在交流讨论过程中敞开问题，直面问题，但切忌把讨论会变成批评会。因此交流反思要有个明确的方向，与其问"你觉得这一堂课怎么样"，不如问"针对事前我们感兴趣的问题，你想先谈哪一个环节（部分）"，罗列观课的有关资料，再仔细讨论，集思广益。比如观课教师和授课教师都有兴趣探讨学生能否掌握某一个课题，那么，交流反思重心就要放在：授课教师在讲授的过程中，从课题的哪一方面入手，向学生提了什么问题，学生是怎样回答的，是谁回答了什么问题，教师分别有什么样的反应。观课者拿出当时的这些情况，提出自己当初的设想，突出现在的思考，与授课者一同探究、研讨，直至"重构"和"重建"出更好的教学设计。在观课的互动中追求课堂教学的"重构"和"重建"，这是观课实践活动最基本的目的。

其次通过交流反思，要使某个问题有质的突破。交流反思要处在观课的具体情境下，观课者、授课者双方都"审视"自己的经验，"解决"自己的问题，获得一种突破问题的贯通感，才能提升自己的理念，实现双赢。

四、观课的四个维度

观课应从以下四个维度进行思考：

维度一：学生学习。观察视角：准备/倾听/互动/自主/达成。

维度二：教师教学。观察视角：环节/呈示/对话/指导/机智。

维度三：课程性质。观察视角：目标/内容/实施/评价/资源。

维度四：课堂文化。观察视角：思考/民主/创新/关爱/特质。

（一）维度一：学生学习

视角——观察点举例

准备

1. 学生课前准备了什么？是怎样准备的？

2. 准备得怎么样？有多少学生做了准备？

3. 学优生、学困生的准备习惯怎么样？

倾听

4. 有多少学生能倾听教师的讲课？能倾听多少时间？

5. 有多少学生能倾听同学的发言？

6. 倾听时，学生有哪些辅助行为（记笔记/查阅/回应）？有多少人？

互动

7. 有哪些互动行为？学生的互动能为目标达成提供帮助吗？

8. 参与提问/回答的人数、时间、对象、过程、质量如何？

9. 参与小组讨论的人数、时间、对象、过程、质量如何？

10. 参与课堂活动（个人/小组）的人数、时间、对象、过程、质量如何？

11. 学生的互动习惯怎么样？出现了怎样的情感行为？

自主

12. 学生可以自主学习的时间有多少？有多少人参与？学困生的参与情况怎样？

13. 学生自主学习的形式（探究/记笔记/阅读/思考）有哪些？各有多少人？

14. 学生的自主学习有序吗？学生有无自主探究活动？学优生、学困生情况怎样？

15. 学生自主学习的质量如何？

达成

16. 学生清楚这节课的学习目标吗？

17. 预设的目标达成有什么证据（观点/作业/表情/板演/演示）？有多少人达成？

18. 这堂课生成了什么目标？效果如何？

（二）维度二：教师教学

视角——观察点举例

环节

19. 由哪些环节构成？是否围绕教学目标展开？

20. 这些环节是否面向全体学生？

21. 不同环节/行为/内容的时间是怎么分配的？

呈示

22. 怎样讲解？讲解是否有效（清晰/结构/契合主题/简洁/语速/音量/节奏）？

23. 板书怎样呈现的？是否为学生学习提供了帮助？

24. 媒体怎样呈现的？是否适当？是否有效？

25. 动作（如实验/动作/制作）怎样呈现的？是否规范？是否

有效？

对话

26. 提问的对象、次数、类型、结构、认知难度、候答时间怎样？是否有效？

27. 教师的回答方式和内容如何？有哪些辅助方式？是否有效？

28. 有哪些话题？话题与学习目标的关系如何？

指导

29. 怎样指导学生的自主学习（阅读/作业）？是否有效？

30. 怎样指导学生合作学习（讨论/活动/作业）？是否有效？

31. 怎样指导学生探究学习（实验/课题研究/作业）？是否有效？

机智

32. 教学设计有哪些调整？为什么？效果怎么样？

33. 如何处理来自学生或情景的突发事件？效果怎么样？

34. 呈现了哪些非言语行为（表情/移动/体态语）？效果怎么样？

35. 有哪些具有特色的课堂行为（语言/教态/学识/技能/思想）？

（三）维度三：课程性质

视角——观察点举例

目标

36. 预设的学习目标是什么？学习目标的表达是否规范和清晰？

37. 目标是根据什么（课程标准/学生/教材）预设的？是否适合该班学生？

38. 在课堂中是否生成新的学习目标？是否合理？

内容

39. 教材是如何处理的（增/删/合/立/换）？是否合理？

40. 课堂中生成了哪些内容？怎样处理？

41. 是否凸显了本学科的特点、思想、核心技能以及逻辑关系？

42. 容量是否适合该班学生？如何满足不同学生的需求？

实施

43. 预设哪些方法（讲授/讨论/活动/探究/互动）？与学习目标适合度？

44. 是否体现了本学科特点？有没有关注学习方法的指导？

45. 创设了什么样的情境？是否有效？

评价

46. 检测学习目标所采用的主要评价方式是什么？是否有效？

47. 是否关注在教学过程中获取相关的评价信息（回答/作业/表情）？

48. 如何利用所获得的评价信息（解释/反馈/改进建议）？

资源

49. 预设了哪些资源（师生/文本/实物与模型/实验/多媒体）？

50. 预设资源的利用是否有助于学习目标的达成？

51. 生成了哪些资源（错误/回答/作业/作品）？与学习目标达成的关系怎样？

52. 向学生推荐了哪些课外资源？可得到程度如何？

（四）维度四：课堂文化

视角——观察点举例

思考

53. 学习目标是否关注高级认知技能（解释/解决/迁移/综合/评价）？

54. 教学是否由问题驱动？问题链与学生认知水平、知识结构的关系如何？

55. 怎样指导学生开展独立思考？怎样对待或处理学生思考中的错误？

56. 学生思考的人数、时间、水平怎样？课堂气氛怎样？

民主

57. 课堂话语（数量/时间/对象/措辞/插话）是怎么样的？

58. 学生参与课堂教学活动的人数、时间怎样？课堂气氛怎样？

59. 师生行为（情境设置/叫答机会/座位安排）如何？学生间的关系如何？

创新

60. 教学设计、情境创设与资源利用有何新意？

61. 教学设计、课堂气氛是否有助于学生表达自己的奇思妙想？如何处理？

62. 课堂生成了哪些目标/资源？教师是如何处理的？

关爱

63. 学习目标是否面向全体学生？是否关注不同学生的需求？

64. 特殊（学习困难、残障、疾病）学生的学习是否得到关注？座位安排是否得当？

65. 课堂话语（数量/时间/对象/措辞/插话）、行为（叫答机会/座位安排）如何？

特质

66. 该课体现了教师哪些优势（语言风格/行为特点/思维品质）？

67. 整堂课设计是否有特色（环节安排/教材处理/导入/教学策略/学习指导/对话）？

68. 学生对该教师教学特色的评价如何？

五、观课的观察要点

（一）看目标设计

1. 教学目标全面、具体、明确，符合课标、教材、学生实际。

2. 三维目标渗透整合后，每一个维度的目标既不忽视，又不硬加和提高。

3. 突出重点，突破难点。

4. 重视开发潜能，注意培养学生的实践和创新能力。

（二）看使用教材

1. 教师正确理解新教材，抓住新教材的特点，思路清晰。

2. 教师有开发课程资源的意识，资源开发、利用合理有效。

3. 教师敢于对教材和资源从地域、时空等方面进行必要的加工、调整、活化，教材呈现生活性、简约性、整合性、探究性等。

（三）看教学方式

1. 教师体现以学定教，注重教学过程和知识的形成过程。

2. 教师教学组织形式巧妙、多样灵活、有情趣，学生乐学。

3. 教师发扬教学民主，营造宽松、和谐的课堂氛围。面向全体，因材施教，充分体现教师引导者、组织者、合作者、促进者的角色。

4. 教师注重教学过程评价，方法多样化，自评、互评、师评，评价真实有效。

（四）看学习方式

1. 学生积极参与，注重经历和体验，学生自主、合作、探究，学习扎实有效。

2. 学生在真实情景中体验、感悟，在思考交流中理解，在应用中巩固，在活动中深化。

3. 学生能用适合自己的方法去学习，又能在交流互动中学习、吸收别人的学习方法，能在多种学习方法中找到最佳方法并形成习惯。

（五）看教学素养

1. 教师说普通话，语言生动，有艺术性。

2. 教师教态亲切、端庄，有感染力。

3．教师课堂组织能力强，应变能力强。

4．教师知识面广，教育理念新。

（六）看教学效果

1．看学生学到了多少东西，看学生知识的增长、学习方法的获得、技能的训练、智力的发展、信念和价值观的形成。

2．看学生课堂学习是否愉快，是否有情感体验。

3．看课堂效率是否短时高效，学生学习负担是否适度。

（七）看教学个性

1．教师对教材的处理是否有独特性。

2．教师对教法的组织是否有个性。

3．教师是否体现个人文化底蕴和人格魅力。

六、观课的注意事项

观课要致力于发现课堂，思考课堂。通常应考虑以下几方面的问题：

（一）观课是用心灵感悟课堂

与听课对"听"的强调不同，观课的"观"强调用多种感官（包括一定的观察工具）搜集课堂信息。孔子说："视其所以，观其所由，察其所安。"也就是说，要认识人和事物，既要看他的作为，了解他的思路，更要考察他的动机、价值追求。这样才能更真切地认识、理解和把握观察对象。

（二）观课需要主动思考

思考的内容至少应该包括以下几个方面：

第一，在观察教师教的行为和学生学的行为时，必须思考授课教师行为背后的教学理念和教育追求。这种思考使我们对课堂教学的研究和讨论不是就行为而行为，而是行为和理念相统一，理论和实践相统一。必须判断和思考授课教师的教学行为是否收到了预期的效果，思考学生的学习效果与教师的教学行为之间有什么样的联系。这种思考使我们致力于从效果出发研究教学、改进教学，通过观课议课追求有效教学。

第二，观课时，需要思考"假如我来执教，我该怎么处理？"这种思考使观课者不做旁观者，而是置身其中。对"假如我来执教，我该怎么处理"进行思考，一方面，让自己在观课中真正有收获、有改变，是观察和研究一节课的过程成为自己学习这节课、准备这节课的过程。另一方面，可以防止自己在议课时信口开河，使自己关于教学改进的意见建立在可以操作、可以转变为实践行为的基础上，从而使议课能够真正对教学实践产生影响。

第三，观课时，需要思考议课时交流什么和怎么交流。观课议课致力于建设合作互助的教师文化，合作是共同的，互助是相互的。在授课教师无私地提供了研究和讨论课堂教学的案例平台以后，观课教师应该怎么办？"看而不说，道义何在？"从授课教师的教学中获得启迪和帮助以后，观课教师应该真诚地提供自己的经验、表达自己的意见，与他人分享，这是对观课议课参与者的道义要求。进课堂观课，不是为了完成学校布置的听课任务，也不是为了帮助授课教师，而是为了自助，即为了自己认识教学、理解教学，为了自己的专业成长。也就是说，观课首先是自助，然后是助人。为了自己更有收获，需要自己更加积极主动地参与。

七、观课技能的提升途径

（一）学习课程改革理论，确立现代课堂教学评价观

课堂教学评价的观念影响课堂教学评价的方向。教学从本质意义上来讲，就是教会学生做人、教会学生学习、传递人类文明。评价课堂，最重要的指标就是学生的学习效果，即知识与能力、过程

与方法、情感态度与价值观等"三位一体"的教学目标达成度。所以，教师的"教"应遵循"以学定教"的原则。要自觉主动地加强教育教学理论的学习，不断丰富自己的理论素养。在观课过程中，只有从学生"学"的角度去审视教师的"教"，才能实现课堂教学的"以学生的发展为本"，让教师的"教"为学生的"学"服务。

（二）聚焦课堂问题，以研究者的姿态参与观课活动

观课是一种专业性的研究活动，学术研究需要有问题指向，需要宽松、民主、和谐的研究氛围。教师要以研究者、参与者的身份平等地参与观课议课活动。在活动中，要有意识地聚焦课堂问题、课堂病态、课堂细节，带着要解决的问题走进课堂，研究教学。课后及时与执教教师进行沟通，对教学成功之处给予充分肯定，对教学中存在的问题与教师共同探讨，提出建议，寻求解决问题的对策。同时，通过广泛的观课活动和对诸多课堂现象的定性定量分析，归纳出课堂教学中存在的具有本质性、普遍性的问题，形成校本研究课题，进行共同探讨，合作攻关。

（三）学习研究课堂观察的方法，增强观课的针对性

课堂观察（观课），就是观课人要有目的、有一定的观察角度，借助一定的观察工具，针对具体问题所进行的观察，即"有意的课堂观察"。课堂诊断，就是观课人依据观察角度搜集课堂信息，判断筛选有价值的信息并进行整理，根据有价值信息对课堂教学进行评议，结合记录的课堂现象从理论与实践结合的角度点评议论课堂亮点及存在的"课堂教学病态"，一方面提炼教学经验，另一方面针对"病态教学"开出"药方"，提出课堂改进建议。在观课议课的课例研究活动中，根据要解决的问题确立课堂观察视角，研究课堂观察视点，制定课堂观察量表，并做好"课前交流研讨——课中观察记录——课后诊断评议"这种环环相扣的研究工作，增强听课评课的目的性和科学性，有针对性地解决和发现教学中存在的相关问题。

（四）积极自主读课，不断丰富课堂经验和实践智慧

所谓读课，就是自主阅读刊物上的课例实录、观看网络上的视频课例或课例光盘，零距离接触名师或专家课堂，运用课堂观察诊断技术，根据研究主题对课例进行剖析，感悟他们的教学理念和教育智慧。这种读课，既不受时间的限制，也不受空间的约束，既不受学科的限制，也不受名师团队的约束。积极自主读课，有利于丰富自己的教学经验，提升自己观课议课的专业技能。

【案例·链接 4—10】

课堂教学观察量表——学生参与课堂活动情况

科目：语文　　　　课题：《赵州桥》　　　　执教人：＊＊＊

学校：＊＊＊　　　　班级：＊＊＊　　　　　时间：＊＊＊

观察者：＊＊＊　　　被观察者：＊＊＊　　　量表设计：＊＊＊

观察维度：学生学习·自主

研究问题：学生参与课堂活动情况

参与状态／教学环节	倾听状态					思考状态								探究状态		
人次及参与度	专注		一般		无效		积极踊跃回答		引导后回答		非主动性指名回答		无应答		主动积极	引导参与	做其他事
导入新课：你见过什么样的桥?谈话导入	55	100%	0	0%	0	0%	55	100%	0	0%	0	0%	0	0%			
预习检查：1.生字词的掌握 2.朗读课文	52	95%	3	5%	0	0%	52	95%	0	0%	3	5%	0	0%			

教师专业素养的修炼

续表

参与状态 教学环节	倾听状态						思考状态								探究状态					
人次及参与度	专注		一般		无效		积极踊跃回答		引导后回答		非主动性指名回答		无应答		主动积极		引导参与		做其他事	
整体感知 1. 通过填空概括课文主要内容 2. 了解赵州桥的特点	51	93%	0	0%	4	7%	51	93%	0	0%	0	0%	4	7%	51	93%	0	0%	4	7%
品读感悟 读书、思考、汇报：赵州桥的设计特点是什么？这种设计的好处是什么？	42	76%	9	17%	4	7%	10	18%	32	58%	9	17%	4	7%	10	18%	33	75%	4	7%
合作学习：当导游，向大家介绍赵州桥。	38	69%	13	24%	4	7%	8	14%	30	55%	13	24%	4	7%	8	14%	43	79%	4	7%
总结 对照板书进行小结	55	100%	0	0%	0	0%	55	100%	0	0%	0	0%	0	0%						

观察结果分析：

教学过程中，我们对学生的倾听情况进行了观察：本节课能始终专注听讲的总人数为38人。其中，出现精力不集中人数平均每个环节时段内3人，注意度达到95%。这说明绝大多数学生保持了非常好的注意度。前两个环节学生倾听专注率低至95%，后两个环节学生倾听专注率低至69%。从这个方面看出学生前半节课的课堂参与度比较高。

在导入、预习检查阶段，学生发言积极，主动举手回答的人较

234

多，占95％。从举手率看，学生参与度相对比较高，为提高课堂教学效益奠定了好的基础。前半节课，从学生应答问题的状态来看，多数学生能主动举手，平均每人发言2—3次，学生参与度相对比较高，为提高课堂教学效益奠定了好的基础。在品读课文阶段，学生多数处于被动状态，被教师一个一个的问题牵着走，缺少主动探究。

根据以上数据的分析以及课堂上的观察，笔者发现在本节课的学习当中学生参与的积极性很高，教师能够在适当的时候给学生引导和帮助，努力使自己变成一个引导者。

观察结果思考：

从学生们听课的神态和表情来看，不举手发言的现象存在如下三方面的原因：一方面是不会，另一方面是因胆小而怕出错，此外我还发现有的时候是由于教师刚刚提出问题，当学生还处于思考的状态时，教师就开始提问，这个时候学生不能理清自己的思路，不知如何回答，这也是其中的一个主要原因。

个别学生精力不集中，精力集中时也是在小组讨论阶段。因此，我们必须思考，如何有效组织小组讨论，才能保证学生的课堂参与度。同时，从课堂观察中发现，精力不集中的学生布局有集中点，这说明，个别学生在课堂上做小动作，偏离教师的讲课思路现象是会相互影响的。究其原因，一是学生本身的问题，他们容易精力不集中；二是个别小组讨论时组织不利，致使小组个别学生精力不集中。

在细读第二自然段时，教师提出的问题多而且琐碎，总感觉学生一直处于被动思考回答的状态。能不能以牵一发动全身的问题引导学生去思考、质疑并讨论交流，以提高学生课堂参与的实效性。

建设性意见：

1. 教师课堂上应该留给学生足够的思考空间，让学生有理清思路的时间，给他们足够的空间去和同学交流。这样效果会更好。

2. 教师要加强小组讨论交流的研究，思考如何有效组织小组讨论，才能保证学生的课堂参与度以及小组交流的实效性。其中包括小组交流讨论时发言的顺序、小组讨论的组织（小组长的任命，小组成员的分工）、小组讨论的实施调控等等，这些问题都会影响到小组讨论时学生的参与度。

3. 教师在营造课堂气氛上多想想办法。比如小导游环节，可以加入游客与导游互动环节。

4. 师生双边活动中，还应进一步突出学生的主体地位。教师的问题精简一些，鼓励学生质疑，从学生不明白的地方多下功夫。

总之，教师能够让每一位学生积极参与到课堂中来，这也是一种教学机智。转变教学观念，优化教学过程，关注每一个学生，使每一个学生积极主动参与课堂活动，成为学习的主体，是一项任重而道远的工作，还需要教师以后好好研究，认真实施！

【案例·链接 4—11】

课堂教学观察量表——同课异构教学

科目：＊＊＊　　　课题：＊＊＊　　　执教人：＊＊＊

学校：＊＊＊　　　班级：＊＊＊　　　时间：＊＊＊

观察者：＊＊＊　　被观察者：＊＊＊　　量表设计：＊＊＊

观察维度：教师教学

研究问题：从教师教学维度上分析评价同课异构授课情况

维度 4：课堂文化			
观察维度	课堂文化	观察点评议	
视角	观察点	A老师	B老师
思考	①教学是否由问题驱动? 问题链与学生认知水平、知识结构的关系如何?	两位老师在每一个内容环节学习前或观看视频或动手探究，都设计了情景问题导入或过渡，也即教学过程中设计了问题驱动。问题的设计都紧紧围绕教学内容，指向性明了，学生学习目标明确	
		A老师在让学生观看视频前设计了问题，观察葫芦藓前也设计了问题，有了问题，学生活动时目的性强，易达到教学目标。只是问题没有展示，只用口头说，速度快了我没记住，不知学生能否领会。我认为要是把问题展示出来会更好。这样也会关注到全体学生	B老师在这节课中设计问题也没展示，不过B老师的语速放慢，问题重复两遍，问题就很清晰。但是有一处问题提出后，没有很好地联系相应的知识内容，也就是在引用《忆江南》中的诗句的时间："为什么水出现绿色?"这个问题B老师只是带过，基础不是很好的学生就不一定了解。这个问题我觉得A老师处理得好些，她链接了水污染是水变绿的真凶，既锻炼了学生的思维梯度，还渗透了情感教育

续表 1

维度 4：课堂文化			
	观察点	A老师	B老师
思考	②怎样指导学生开展独立思考？怎样对待或处理学生思考中的错误？	A老师是通过一个问题牵引一个知识环节来牵着学生思考。教学过程由问题串联，甚是流畅、清晰。整堂课是学生跟着老师的思维走	B老师也是由问题牵引思维，不过B老师的课堂特点是注重学生探究性学习，在这个过程中老师只是巡视指导，所以学生的思维得到发展，像在讲到藻类植物的生物环境时有个学生提出问题：陆地上有藻类植物吗？这个生成性问题的产生就是学生独立思考的结果
	③学生思考的人数、时间、水平怎样？课堂气氛怎样？	在两堂课两个班的学生都很善于思考，从学生对老师提出问题的反应程度、回答问题的准确性、动手的主动性等，都体现出学生的水平较高，特别是B老师的课通过分组较劲、知识抢答等活动激发学生的积极性，课堂氛围会更好些	
民主	①课堂话语（数量/时间/对象/措辞/插话）是怎么样的？	在两堂课中两位老师都注重发挥学生的主体性，学生在分析归纳过程中思维清晰	
	②学生参与课堂教学活动的人数、时间怎样？课堂气氛怎样？	在两堂课中两位老师都善于设计情景问题，利用课程资源（实物）吸引学生眼球，参与课堂活动的人数较多，而B老师在课堂中设计知识抢答环节，在学生参与人数上略胜一筹	
	③师生行为（情境设置/叫答机会/座位安排）如何？学生间的关系如何？	A老师善于用情景问题引导学生思考，学生思维很敏捷，配合得很好	B老师也善于用情景问题引导，而且还花相当长时间给学生自主探究，并让学生代表把探究结果综述，因此叫答机会会略胜一些

续表 2

维度 4：课堂文化			
	观察点	A 老师	B 老师
创新	①教学设计、情境创设与资源利用有何新意？	教学设计以问题牵引，各个环节过渡自然。善于创设情景，如导入，设计了太湖水污染致大量的藻类植物繁殖的视频，藻类植物的特点学习也设计了视频。从学生角度来看就是直观，兴趣高，当然还降低了学习难度。而从资源的利用的角度这两个视频的应用也是资源的整合。此外，在学习苔藓植物的特点时还整合了校园资源。如：图书馆旁边的小池塘长有青苔。在学习藻类植物与人类的关系时还挖掘了学生已有的生活经验。只是要是举些实例的话可能印象更深刻	教学设计以问题牵引学生探究为主。在让学生观察三类植物前设计了"观察'说明书'"这个设计新，"说明书"中既有学生要观察的内容对象，又有时间纪律的要求，观察前还让学生读了一遍，观察目标明确，观察活动也就井然有序。还有在学习三类植物与人类的关系这个环节设计了问题式的知识竞赛，不仅能激发学生的学习兴趣，还能评价教学效果的达成。在课的最后，B 老师用富有情感的语言让学生把课堂观察的植物送回适合生长的自然环境中。这种语感让学生都不忍不按着老师说的去做。这个情感教育环节把握得好。此外，王老师在课堂中也很善于创设情景，如导入是引用俄国著名植物生理学家季米里亚捷夫写的："它是窃取天火的普罗米修斯，它所获取的光和热，不仅养育了地球上的其他生物，而且使巨大的涡轮机旋转，使诗人的笔挥舞。"
		两位老师都善于整合诗句来创设情景。如在进入藻类植物的学习时，A 老师用到"西湖春色归，春水绿于染"，B 老师用《忆江南》中的"日出江花红胜火，春来江水绿如蓝"。还有在进入苔藓植物的学习时，两位老师都引用"苔痕上阶绿，草色入帘青"	
	②教学设计、课堂气氛是否有助于学生表达自己的创新性思维？如何处理？	无	在学习分析藻类植物的生活环境时说到大多数藻类植物生活在水中。有一男学生提出了问题：陆地上有吗？意指陆地是否有藻类植物，这就是自主学习下学生的创新性思维的表现，老师给予了分析解答
	③课堂生成了哪些目标或资源？教师是如何处理的？	无	在学习分析藻类植物的生活环境时说到大多数藻类植物生活在水中。有一男学生提出了问题：陆地上有吗？意指陆地是否有藻类植物，这就是自主学习下学生的生成性资源，老师给予了分析解答

续表3

	观察点	A老师	B老师
维度4：课堂文化			
关爱	①学习目标是否面向全体学生? 是否关注不同学生的需求?	学习目标基本上面向全体学生, 对在观察苔藓植物中出现困难的学生给予指导, 但是人数不多	学习目标基本上面向全体学生, 在学生观察三类植物时老师一直在指导有疑惑的学生, 而且这个在苔藓组和蕨类组尤为突出, 藻类植物相对少些
	②课堂话语(数量/时间/对象/措辞/插话)、行为(叫答机会/座位安排)如何?	能鼓励学生自主分析和解决问题, 并对学生的发言给予积极评价	鼓励学生发言, 把分析问题解决问题的发言权给了学生, 学生发言的人数相对多些, 而且在学生作出正确发言后能给予恰到好处的评价, 很具有激励性。只是有一个学生在发言时不完整, 老师没有给予评价和激励性的语言
特质	①该课体现了教师哪些优势(语言风格/行为特点/思维品质)?	A老师在本节课中教态亲切, 语言语速语感适中, 让人听了很舒服, 且对学生的发言都有积极性评价。课堂中思维比较敏捷, 如在分析藻类植物的生活环境时, 有学生说是大多数生物在水中, 老师及时点播, 那还有少数生活在…这样学生就对藻类植物的生活环境有了全面的认识。还有在观察苔藓植物时强调学生有两个观察点, 这样学生观察的目标就明朗, 易达到目的	B老师的课很有亲和力, 语言色彩丰富, 开始时像在上诗歌课, 很煽情。在课堂中对学生的自主学习和发言都给予恰到好处的鼓励性评价。在教学设计中也很睿智, 如在学生观察实物前设计了一个"观察说明书"不但让学生观察目的明确, 还能在时间纪律方面约束学生, 这让学生动手的有效性大幅提高
	②整个课堂设计是否有特色(环节安排/教材处理/导入/教学策略/学习指导/对话)?	教学设计两位老师都采用了导学案, 理是问题过渡, 自然流畅。 A老师的导入是插入视频(整合媒体资源), 环节按照教材安排而没有调整, 其内容是只学习两类植物。就是安排两个课时 在用教材的基础上适当整合媒体资源、文学资源和校园资源 创设情景设计问题导入或过渡。每个环节学习后都有习题(学案中的评价习题), 评价学习目标达成。在藻类植物与人类的关系这个环节开发了学生已有的生活经历资源	都注重情景的创设。在各个环节的过渡处 B老师是引用教材71页俄国著名植物生理学家季米里亚捷夫的话导入(用教材), 按照教材内容安排进行, 一节课学习完全部内容。只用一个课时 用教材同时适当整合与教学内容有关的资源如观察说明书、诗句和学生已有的生活经验 创设情景设计问题引入或过渡到新的环节学习。在三类植物的形态结构特征这个环节主要是设计学生带着问题有目的地观察老师指导学生自主学习, 并由学生交流观察结果。发挥了学生的主体性。在三类植物与人类的关系这个环节采用了知识竞赛的形式评价学习的有效性

【思考·实践】

1. 听课与观课的联系是什么？

2. 观课者的角色应如何定位？

3. 教师结合本学科特点，谈谈观课要注意哪些细节？

第五节 议 课

议课与观课一样，是教师为提高课堂教学质量而开展的一种校本研修活动。议课是观课者在观课之后，对上课教师及其课堂教学进行的研究和讨论，是观课者与观课者之间、观课者与上课教师之间展开的多向互动交流活动。

讨论议课问题，可以使我们对议课有一个比较全面而深入的了解，从理论和实践两个层面构建新课程背景下全新的议课文化，实现议课精神的人文化，议课性质的研修化，议课主体的多元化和议课方式的多样化。

一、议课的意义

从一般意义上讲，议课是观课者和上课者根据自己的印象和判断对课堂教学的情况和优劣作出评价、分析和解释，是一种教学研究活动和教学反思形式。从规范的意义上讲，议课是一门科学，必须遵循教育教学的基本要求和规律，能够运用教育理论对教学实践作出正确的评议和解释；议课同时又是一门艺术，是一种人际交往与精神对话，必须运用沟通的技巧以达到评议的目的。

议课具有独特的功能，对教育教学工作具有重要的作用和影响。在实施新课程的背景下，议课更具有重要的现实意义。

（一）议课是以课堂教学为中心的学校工作的客观需要

一名小学生在校约 90% 的时间是在课堂中度过的。教学工作是学校工作的中心，而课堂教学又是教学工作的主体。有眼光的教育部门的领导、有水平的学校校长和有发展前途的教师，会把目光投向课堂教学，把时间分流给课堂教学，把精力花在研究课堂教学。这就需要树立明确的以教学为中心、以狠抓课堂教学优化为关键的工作意识，建立相应的评议机制，强化议课活动。这是教师工作的重要职责之一，应该成为学校教研工作的主旋律。

（二）议课是推进课堂教学改革与创新的需要

新课程改革是对我国传统教育的反思，对国际先进教育文化的借鉴，对多年来众多教育教学研究成果的集成。推进新课程改革，落实新课改理念，立足点、落脚点、主战场都在课堂教学。教师是否树立了新的师生观、教材观和教学观？教师是否学习和把握了学科课程标准的新理念和新要求？教师对新课程的适应能力如何？学生的学习方式在多大程度上获得了转变？议课能诊断出课堂教学实践与新课程要求之间的差距，开出努力改进的药方，直接而有效地推进课堂教学改革。在教育教学的转型时期，议课能使课堂教学由传统走向现代，由僵化走向发展，由平庸走向优质。

（三）议课是推进校本教研制度建设的需要

在教育越来越由低层次向高层次发展的今天，教师工作的专业化程度越来越高，教育教学工作科学化、艺术化的要求也越来越紧迫。这就要求教师对教育教学工作加强研究和改革。只教不研的教师已经难以适应当今教育发展的要求。教学研究向学校回归，向教师回归，向教学实践回归，是大势所趋。大力加强以校为本的教学研究制度建设是学校迎接教育改革挑战、实现可持续发展的根本大计，是学校面临的紧迫任务。而校本教研的主要内容自然是课堂教学。建立和完善观课议课制度，积极开展经常性、长期性的观课议课活动，这既是校本教研制度建设的重要内容，又是推进校本教研制度建设的重要手段。

（四）议课是学校加强和优化教学管理的需要

管理出效益。学校只有加强教学管理才能提高教育教学质量。但是，不少学校其实没有真正意义上的教学管理。有的教学管理停留在口头一般性的要求上，有的教学管理则止步于检查教案和作业，都难以有效推动学校教学水平的提高和教师的成长。基本的教学管理应包含以下因素：重视，校长亲自抓，并身体力行；到位，深入到课堂教学中去；了解，对每一位教师的素质状况、教学水平、教学优缺点等基本的掌握；指导，能通过议课等方式对教师、对教学进行宏观、中观、微观等方面的指导。校长深入课堂观课，并与教师面对面交流，促进教师提高课堂教学的有效性，是加强教学管理的重要方式。因此，观课议课不仅对校长来说很重要，在学校加强和改进教学管理工作中也应该扮演重要的角色。

（五）议课是促进学校教学质量生成的需要

教学质量是学校的生命线。教学质量从哪里来？从课堂教学中来，从平时的教学过程中来。学校教学要取得高质量的结果，就必须打造高质量的教学过程。追求教学质量必须从重视教学质量的生成过程抓起。这就必须重视课堂教学质量的提高。必须经常性地观课议课，了解课堂教学状况，检查课堂教学质量，诊断课堂教学弊病，研究课堂教学优化，指导课堂教学改革。议课能够在不同程度上优化教师教育思想和理念，优化学科教学目标和内容，优化课堂教学过程，优化教学方法和手段，优化教师的教学设计和基本功，从而有效地促进教学质量的生成和持续发展。

二、议课的类型

根据议课的性质不同，议课者议课的任务、目的不同，议课一般可分为以下七种类型：

（一）检查型议课

这种类型的议课一般有三种情况。一是学校领导为了检查、了解学校教学全面或某一方面的情况而对所有或某个班级、学科、教师观课议课；二是教育行政部门或教学研究部门为了了解学校的教学状况，督促教学进步，指导教学改革，对某所学校的教学情况进行检查视导而观课议课；三是上级教育主管部门为了了解、评估某一方面改革的实施状况而组织有关专家对某些地区、某些学校的教学情况进行视察而观课议课。检查型议课往往是一种行政行为，具有明确的观课议课目的和明晰的指导意义。

（二）评比型议课

这种类型的议课多见于各种层次的教学比赛或优质课评比活动中。议课人往往是比赛组织单位的代表或受委托的专家。既是比赛，就要分出优劣。议课就要解释、论证评比的结果，站在客观、公正的立场上，侧重于在比较中甄别优劣，评议是非，阐明理由，给献课和观课的教师以启示和借鉴。

（三）指导型议课

这种类型的议课一般指以下两种情形的议课：一是学校领导或骨干教师有计划、有目的地对刚参加工作的新教师、教学基础比较薄弱的教师或存在明显教学问题的学科进行观课指导而议课；二是教学研究人员对学校学科教学或有献课任务的教师进行观课指导而议课。这种议课具有明显的指示性和引导性。议课的重点在于诊断课堂教学存在的问题和不足，有针对性地提出明确的达成目标和具体的行为模式，着力解决教师在教学中存在的问题，帮助教师加快成长。

（四）研讨型议课

这种类型的议课一般用于举办教学公开课、教学专题研究课、实验课这些教学研究活动。这类议课的特点是研究性、探索性与争鸣性。应充分发扬民主，实现多向交流，展示不同的观点，谋求最大程度的共识，获取应有的研讨结果，指导和促进教学改革与发展。

（五）推广型议课

这种类型的议课一般用于举办教学示范课、观摩课活动。议课的目的是推广某一种经得起理论和实践检验的教学内容、方法或手段，使之在更广大的范围内生根、开花和结果，使更多的教师和学生受益。和研讨型议课一样，推广型议课往往具有专题性、学术性、操作性比较强的特点，泛泛而谈或蜻蜓点水都收不到应有的说服效果。

（六）学习型议课

这种类型的议课是指议课者以学习者的心态，从学习的角度来议课，侧重于评论所观课的长处和自己的收益。其实，无论是学校领导还是骨干教师，无论是普通教学研究人员还是专家学者，如果议课者善于学习的话，任何人观任何课都会有所收益，都是一次有用的学习机会。但最适用这种议课类型的还是教师和学生，因为议课的出发点和归宿都是促进教师的专业成长和学生的学习发展。

（七）反思型议课

这种类型的议课指课堂教学的主体学生和教师对自己的教学进

行总结和反思的议课。议课可以由教师和学生分别进行，也可以师生共同参与。自觉地、经常地、有计划有组织有目的地开展反思型议课，对提高师生的教学水平和课堂教学质量有重要作用。

【案例·链接　4—12】

教什么课都不要忘记是在"教人"

杭州朱乐平老师，刚一上课，就列出讨论的问题：下表中是小明、小红和小强在三次考试中的数学成绩，请判断三个同学中哪一个人的数学成绩较好？

	第一次	第二次	第三次
小明	63	84	90
小红	82	78	80
小强	96	81	66

问题一提出，各小组立即展开热烈的讨论，大家各抒己见，争先发言。

生1：我认为是小明。因为从表上看，小明的成绩一次比一次好，而且在最后一次考试中他考的分数最高。

生2：我认为小强的成绩比较好，因为他的平均分数高。

生3：小红成绩好，她成绩比较平稳，不像其他两人，有时考得好有时考得不好。

生4：小强好，他第一次临场发挥最好，考了96分，是所有分数中的最高分。

生5：（振振有词地）小明好，虽然第一次他考得最差，但第三次他考得最好。俗话说，谁笑到最后，谁才是真正的胜利者。

生6：我认为小强好，因为他前两次都考得很好，第三次可能是考试失误。

生7：小明好。因为他第三次考得好，说明他现在是最好。（注意：他用了"现在是"这个词。）

师：刚才大家讲出了这么多看法，都有一定的道理。这说明我们选择了不同的标准，在不同的标准下，就会有不同的结果。（所有的同学都若有所悟地点头。课上到这儿，听课的教师都认为帷幕将要拉上了。可朱老师并不满足，只见他话锋一转。）通过这个例子，你们有什么总结的话要说吗？

大家略一沉思，又纷纷举起了小手。

生1：考虑问题时，应从不同的角度，用不同的方法进行思考，这样可拓宽我们的解题思路。

生2：想问题不能光凭一些数据，而应该把各种情况综合起来考虑。

生3：我认为面对问题时，只要我们善于拓展我们的思维，就能想出各种方法来。

生4：语文有多种答案，而数学往往是一种答案，所以我们要努力改变这种现状。数学也可以有多种答案，就像刚才的例子。

师（进行再次调控）：同学们说得真棒。刚才总结的是在解决数学问题方面的一些观点。那么在做人方面呢？（又是一石激起千层浪！）

生1：做每件事不能只站在自己的角度去考虑问题，而应该多站在他人的角度去想。

生2：看一个人，不能只看到他的缺点，还要看他的优点，每个人的优点应该是大于他的缺点的。

生3：多方面地看一个人，然后再总结，千万不能光凭一件事就断定一个人怎么样。

生4：看问题不能光用一种老方法，而要用新颖的眼光来看问题。

生5：看一个人不能只看外表，要看本质。

生6：解决问题要多用自己的脑子想，不能光听别人怎么说。

生7：应该允许每个人有自己的方法。比如吃面包时，不一定非要同时喝牛奶，也可以是果酱或其他什么的。

这一教学案例反映了我们的教师和课堂教学经过新课程改革理念的洗礼出现的可喜的变化：教师和课堂教学过于学科化和专业化的偏向得以纠正，教师的角色定位由学科教师向学生的老师转变，课堂教学由单纯教学学科知识向教书育人转变，教学目标和内容由单一向多元发展。朱老师在课堂中向学生提出三个不同层面的问题，表明他不单是一位有知识的教师，更是一位有思想的"人师"。课堂教学由于目标和内容的拓展上升到了一个全新的更高层的境界。学生在这样的课堂教学中既能学到丰厚的知识，也能学会做事与做人。

【案例·链接 4—13】

一次观念全新的议课活动

前不久，我去德国进修，期间参加了一堂体育课的议课活动，真令我感慨万千。

那天，一堂四年级的体育课在室内操场进行，执教的是艾默特女士。她身材修长，穿着一件健美服。优美的曲线加上鲜艳的服饰，在我这个东方人的眼里，觉得酷得过分。10分钟的热身操后，她开始了本堂课的主题教学：教学一个德国乡村婚礼上的集体舞。这个舞蹈共有四个动作：向左移三步；向右移三步；右手脱帽、弯腰行礼；将礼帽扔向空中并捡回。20分钟的教学真是"惨不忍睹"：四年级的学生左右不分，有的左手执帽，有的右手摘帽；有的先移左脚，有的先动右脚；伴着音乐，有的弯腰，有的挺身。于是胳膊碰胳膊，屁股撞头，混乱不堪。只有一个动作是一致的，那就是将手中的帽子扔向空中，再满操场地奔跑着捡回来。那些金发碧眼的脸上满是汗水和喜悦，我猜他们一定是乐在其中。

在喝咖啡的休息时间里，我梳理着自己的思路：隔着国情和民风，我不敢直抒其言，但除了激发学生的学习兴趣外，成功之处又有哪些呢？

议课活动开始了，议课教师凯根先向我们进行了简单的介绍：

艾默特已有15年教龄，是一位两个孩子的母亲。听到这里，我简直怀疑自己的眼睛，如此健美的体形，怎可能是一位母亲？而后凯根直奔主题，提了三个问题：

1. 你认为上体育课有必要穿得如此专业化吗？2. 你认为这堂体育课完成了教学目标吗？3. 你认为这堂课有何不足？

艾默特沉思了片刻，即答："我觉得自己穿健美服上体育课很有必要。因为，我给学生带来了美感。常有女学生对我说'艾默特小姐，我真希望以后像你这样苗条！'也有许多男生夸我说'你的身材真棒！'因此，我想，专业服饰在这个班上有利于我的教学。"凯根微笑着点头。

"这是一堂体育课，不是舞蹈课！"艾默特继续说着，"舞蹈动作的标准和整齐，不是这堂课的教学目标，舞蹈只是我的教学手段。我利用学生渴望学会舞蹈的心理，让他们达到一定的运动量。你们都看到了，我的每一个学生都达到并超过了这堂课的运动量目标。所以我认为我的教学目标完成得很好，没有什么遗憾和不足。"

这种西方式的自信，我听得目瞪口呆。可是从教学目标和手段、教师仪表和教学内容的关系上细细品味，她的答辩却自有道理。督导们开始讨论了，每一位发言的督导都用问答方式发表自己的意见，同时也给艾默特以解释的机会。在这样的交流过程中，一个教学环节的弊端显现无疑。那就是整堂课上学生对这个乡村婚礼上的集体舞没有一个完整准确的形象感知。随后凯根先生在总结这次活动时指出：有必要课后让学生看录像或光碟，以弥补学生对这个舞蹈缺乏的整体认知。艾默特心悦诚服地接受了。当凯根先生将目光转向我这个唯一来自东方的女教师时，我真是一言难尽。我想说，如此诠释教学目标与手段的关系，如此演绎教师服饰与美育的潜移默化作用令我茅塞顿开。我更想说，这种平等、开放、问答式的议课方式，是教师富有个性的教学思维的基底。不过说出口的则是这样一句话：我很欣赏这种议课方式，它既能使执教教师自由阐述自己的教学思想，又乐意改进教学中的失误，我将把它介绍给中国的教师。

在议课实践中，案例中展示的这种双向互动、关系平等、氛围和谐、研修味浓、效果良好的议课现象确实还并不多见，需要我们在更新灵魂与文化的基础上，大力改革、完善固有的议课形式，探索、建构符合时代要求的更有效的议课方法。

三、议课的方式

议课怎么议？在具体的议课实践中，由于所议的课的性质不同，议课的任务和目的不同，议课者的身份角色不同，议课的时间与机会不同，必须根据实际情况灵活地选择不同的评议角度和内容，采用不同的形式和方法。如果机械、教条、千课一律地进行议课，就很难抓住要害议到点子上，很难议得深透给人以启发，很难议得得体让人喜闻乐见。因此，议课必须了解议课的基本形式，分别选用最合适的议课方式。

目前常用的议课方式有以下十种：

（一）口头评议式

这是目前最常见的一种议课方式。一般有组织、有一定规模的观课议课活动都以此作为议课的主要形式。口头评议式议课有如下特点：一是及时。观完课即议课，反馈及时，安排紧凑，节省时间和精力。二是难度较大。由于时间仓促，议课难以做充分的准备，要求议课者具备较高的理论素养和实践经验。三是交际性强。一方面要求议课人要有较强的口语表达能力，不但看得准，而且要说得清；另一方面要求讲究说话的技巧，注意说话的态度和分寸，做到把课说准，把理说透，又把人说服。

（二）书面评议式

口头评议课法由于受时间、机会等因素的限制，总是听评的人多，参议的人少。很多教师观了课后有一肚子话想说，但往往难有正式公开表露的机会。采用书面评议方式议课的好处是：不受时间条件的限制，评议意见经深思熟虑会更完善和成熟；观课者只要愿意，人人都可以评议。这种评议方式是推动教师全员参与教学研究工作的好方式。有启发和借鉴价值的议课意见通过书面形式可以传播到更宽广的空间，使更多的人受益，发挥更大的作用和影响。

（三）量表评议式

这是观课者根据预先制定的课堂教学量化评分表对所看的课进行评分的议课方式。目前，各地不少教研部门和学校都研制有适用范围不同的课堂教学量化评分表，以此来指导和规范课堂教学的目标、过程、方法和效果，同时使评议课更全面和准确。不过，研制出一个融科学性和可操作性于一体的评价量表却不是一件容易的事情。使用设计不好的量表不仅会使评议课结果失去信度，也会误导课堂教学走势，失去准度。

量表评议举例：

学生学习评议表

评议方式 评议内容	自我评议 ☆◎◇	互相评议 ☆◎◇	教师评议 ☆◎◇
①掌握学习内容的能力			
②完成基本技能的速度			
③学习态度与毅力			
④思维的独立性			
⑤学习中的自我检查			
⑥遵守纪律的自觉性			
⑦合作态度与竞争意识			

这是由教师设计的用于指导学生单元学习和小结的评议量表。评议内容的设计有利于学生逐步形成良好的学习态度、方法和技能，评议方式的设计则通过评议多元化营造在合作与竞争中学习、共同

反思、互相促进的集体学习环境，对学生及其学习具有指导性、检测性和促进性，值得教师在学科教学中借鉴并发扬。

（四）问卷评议式

这是课后将事先设置好的学习效果调查表、课堂教学评议表和自评表分别发给上课学生、观课教师和上课教师，要求实事求是地填写的一种具有立体感的议课方式。这种问卷评议式有助于实现议课主体的多元化、评议的民主化和客观化。

（五）网络评议式

网络已经走进众多教师和学生的生活、工作和学习中，成为不少善于使用网络的教师跨越时空与各地同行交流教学得失的便利平台。网络议课将把议课的篇章点击到全新的一页。一些教师利用网络的便利，将自己的教学设计或教学过程用文字、图片或录像的形式呈现在网络上，由同行网友或有识之士在网上加以点评。这种网上讨评、网上求教的新的议课方式，具有其他方式无可比拟的灵活性、开放性、自由度和生命力。

（六）面谈评议式

在只有一两个人参与的普通意义的议课情况下，通常采用个别面谈评议的方式来议课。议课者与执教者面对面地单独交谈，双向沟通，使关系更和谐，讨论更深入，效果往往比较好，更受上课教师欢迎。有时在面向众人的集体议课结束之后，尚遗留有一些应该说但为了保护执教者的自尊心不便在公开场合谈论的问题，还可以私下再单独面谈。这样就可以减少一些因议课而无意带来的伤害，议课效果会更好。

（七）集体评议式

在观课较多或观课人较多的情况下，往往采取集体评议这种议课方式。它有三种情形：其一是观课者人人参与议课；其二是组成评委议课；其三是面对众多观课者议课。集体议课的特点是规格较高，参与者众多，公开性强，影响面大。议课要求高，难度大，须精心准备并把握好分寸，最忌打无准备之仗或信口开河。

（八）答辩式

这种答辩方式改变听课者评、授课者听的模式，尊重授课者的解释权和评价言语权，让授课者先陈述教学设想和对教学的评价，再与议课成员一答一问，直接对话，各抒己见，平等交流，经共同讨论，最终形成更客观、公正的评议结论。在比较重大的活动中采取这种议课方式是较科学也较慎重的选择。

（九）自评式

授课者自评是一种课后的总结和反思。授课教师自我评价可以鼓励自己积极参与评议过程，增强主人翁意识，有助于弘扬议课的民主气氛，有助于提高议课的客观性、可信性和有效性，更有利于通过自我反思、自我督促、自我教育，在事业上加快成长。可以在听别人议课之前通过口头形式自评，更应该在听了别人议课之后通过书面形式自评。尤其重要的是，在平时没有他人观课议课的教学工作中，如能自觉地不断总结和反思，常写教学后记，对教师的迅速成长将会起到极大的促进作用。学校也应该加强教师自评制度的建设，帮助教师有效地总结自己的教学行为和效果，为教师提供自评指导和参考，使教师明确自评的内容、思路及标准，以收到更好的自评效果。

（十）师生互议式

师生互议可以在课末进行，也可以在课外择时进行；可以评议当节课，也可以评议某阶段的教学状况；可以每课一议，也可以适时一议。教师既议自己的教，也议学生的学；学生既议自己的学，也议教师的教。评议的目的是肯定优点、成绩以继续发扬，找出问题与不足及时解决，促进师生进步，教学相长。这种体现教学民主的评议方式要在民主的氛围中进行，同时也要对学生进行必要的评议指导，以达到预期的评议目的。

同学互评表

同桌眼中的我	
语文作业☆☆☆☆☆	课上认真听讲☆☆☆☆☆
积极发表自己的见解☆☆☆☆☆	同桌合作学习☆☆☆☆☆
遵守纪律☆☆☆☆☆	文明行为☆☆☆☆☆
写字☆☆☆☆☆	背诵☆☆☆☆☆
识字☆☆☆☆☆	朗读☆☆☆☆☆

师生互评表

老师眼中的我
认真程度 （　　　　　　　）
积极发表意见 （　　　　　　　　）
与人合作 （　　　　　　）
最有价值的问题或发言 （　　　　　　　　　　　　　　　　）

学生眼中的老师	
组织艺术 （ ☆◎◇ ）	语言艺术 （ ☆◎◇ ）
激励艺术 （ ☆◎◇ ）	板书艺术 （ ☆◎◇ ）
引导艺术 （ ☆◎◇ ）	练习设计艺术 （ ☆◎◇ ）
合作艺术 （ ☆◎◇ ）	

四、议课的原则

议课一般应掌握下面四个原则：

（一）与人为善，态度诚恳

明确议课宗旨和端正议课指导思想，是议课取得良好效益的前提条件。议课者首先要去掉私心，树起爱心，使有利于师生的成长和发展成为议课的出发点和归宿。试图通过议课来显示议课人的"水平"，使教师对自己"服气"，追求这种效益的议课违背了议课的基本宗旨，自然会让人反感而无法拥有好的结果。

态度真诚是议课取得良好效益的基本保证。议课不光是一种学术交流，也是一种人际沟通，必须在民主、平等、和谐的平台上才能有效进行并取得良好的效果。居高临下的官僚作风和夸夸其谈的"学霸"作风都会严重损害议课的效益。在以人为本、以师生发展为本思想指导下的议课，氛围应是平等和谐的，态度应是真挚诚恳的，对师生既有指导性，更有激励性。这种善于艺术性地营造评议课者与被评议者、听评议者之间"心理零距离"的议课氛围，容易受到师生的欢迎。即使是实话实说，客观地提出问题和批评，也容易为师生所接受，从而达成议课的目标，取得应有的议课效益。

（二）明确目标，有的放矢

议课往往是在有目的、有计划、有组织的教研活动中进行的，应根据观课的目的明确议课的任务和目标，根据内容和对象的差异，有针对性地进行议课。提出问题、分析问题、解决问题应有选择性和侧重性，要围绕而不应偏离活动的主题与目标。因此，议课要遵循突出重点原则和因人而异原则，根据实际需要，抓住关键的问题，与不同层次和特点的教师探讨不同的问题，议课才会有明确的目的性和针对性，才会把课议得深入和透彻，才能解决问题取得实效。

（三）一分为二，注重实效

运用辩证的观点议课，既把课的优点讲足，又把课的缺点讲透，褒贬适当、适度，容易取得较好的议课效果。尊重执教者的劳动，肯定课的成功之处，能给教师以鼓励；分析课及教师的不足，并提出具体的改进意见，则有利于教师树立反思的意识和习惯，不断提高自己的专业修养和教学水平。一般情况下的议课都应坚持一分为二的原则，不宜片面地一味说好或专门挑刺。但褒贬并不是机械的半斤八两，适度的标准是适当、客观和公正。不切实际的肯定和鸡蛋里挑骨头的批评都不可取。褒贬的天平向哪一方倾斜，既要看课的实际表现，又要看教育教学的现实需要，考虑议课的实际效用，实现最大化的议课价值。

（四）理论引领，评析实践

将教育教学理论与课堂教学实践相结合，是议课应遵循的基本原则。

议课既是一种诊断，更是一种引导。对课的改进提出建议，既需要教育教学理论的支持，又要运用教育教学理论来加以解释，才能使人既知其然又知其所以然。

理论是行为的先导。要改进课堂教学行为，必须转变教育教学思想、观念和理论。如果议课只停留在就事论事的低层面上，就缺乏足够的说服力和指导价值。只有把理说透，才能把课说清，才能把人说服，才能使教师自觉地改进教学，取得好的议课效益。

【案例·链接 4—14】

《赶海》议课稿

《赶海》是苏教版语文第六册的一篇课文，这篇课文叙述了"我"童年时代跟着舅舅赶海的一件事，抒发了"我"热爱大海、热爱童年生活的真挚情怀。有一千个教师，就有一千种语文。本课中，教者用他的智慧、才情和对新课程的深切感悟，诠释出的语文具有典型的个性。

一、人性的语文——心理相容

语文具有工具性，同时又具有人文性，这是不争的事实。语文课堂应浸润人性的色彩，负载精神的使命，流溢生命的动感。

人性的语文，就是要挖掘课程中蕴含的美好人性。这堂课中说的是"我"和舅舅赶海的趣事，说的是"我"的童真、童心，说的是"我"热爱大海、热爱童年生活的真挚情怀。这些，无一不是美好情感在文本中的体现。

人性的语文，就是要创设唤醒学生、感染学生的课堂氛围，唤醒和培植学生心中的美好情感。课程中蕴含的情感只有成为唤醒学生心灵的源泉和动力时，才能实现其陶冶、熏陶的价值。上课伊始，教师播放歌曲《大海啊，故乡》，动情地谈道："这曲《大海啊，故乡》，'小时候，妈妈对我讲，大海就是我故乡'，每当我唱起这首歌，就想起我的童年生活。跟我一起写：赶——海。"教者做的，就是一种唤醒的工作，调动学生的情感和思维，使学生进入文本的情景，产生阅读期待。

人性的语文，就是要用教者自身的美好人性去关怀学生、滋润学生。当学生用洪亮的声音向老师问好后，教者赞道："好，多有精气神！"当学生画出了表现赶海之趣的语句时，教者欣喜地说："和我想得一样，很会读书！"当学生的朗读出现问题时，教者则摸了摸该学生的头，微笑着提醒道："对不起，打断一下，读慢些，这里是远景，是整体描写。"在这堂课中，教师和学生是课堂的参与者，他们真诚地敞开心扉，彼此欣赏，相互悦纳；学生感受到平等和自由、尊重和理解，同时受到关爱、激励、鞭策和鼓舞，形成积极的人生态度和情感体验；这种人文关怀使课堂处处充盈着奔涌的激情，闪耀着人性的光辉。这是这堂课得以存在和舒展的人文情境。

二、对话的语文——情趣彰显

对话的语文，就是在课堂这个特定的情境中，教师与学生、学生与学生、师生与文本之间交流沟通的过程。对话的语文，不局限于单纯的语言形式，也是双方精神、情感、生命的对话。

对话的语文，要留出足够的时间让学生读书。整体感知主要靠读，有所感悟主要靠读，培养语感主要靠读，情感熏陶主要靠读，积累语言更是靠读。正如清人唐彪所言："文章读之极熟，则与我为化，不知是人之文、我之文也。"上课之初，教者说："赶海有趣吗？趣在哪里？哪里有趣呢？"然后，让学生默读课文，画出自己认为文章写得有趣的地方。第二次读是教师引导学生放声朗读二和三节："怎样才能读得有趣？边读边思，读慢些，给自己想象的空间。"第三次读是指名学生个别读、教师指导读、全班读相结合，读出了赶海的情和趣。这种以"问问题"的形式带动学生与文本的对话，采用了多层次、多方式、循序渐进的读，使学生走进文本，与文本的有效对话得以实现。

对话的语文，不仅要让学生体会到语文的"形"，而且还要让他们触摸到语文的"情"与"神"。叶澜教授曾经说过："我们的语文教学，只有充分激活原本凝固的语言文字，才能使其变为生命的涌动。"本堂课中，教者引导学生"边读边想，将好的朗读体现在声音、表情、动作上"。如教者说："摸得很小心，再听听，为什么要这么慢、这么小心？"学生回答："因为螃蟹不容易捉到。""不能把它吓跑了。"又如："这只小螃蟹被我捉住了"应笑着读；读"捏"时做出动作等等。原本凝固的语言文字被声音、表情、动作激活了，课堂中充满着语文的情趣。

三、生活的语文——灵性涌动

语文的外延就是生活，学生带着自己生活的知识经验、兴致灵感、思考需求参与语文课堂。"世事洞明皆学问，人情练达即文章。"语文处处洋溢着生活的气息。

生活的语文，就是要从学生的生活体验出发来生成语文课程。从一定意义上说，生活的语文就是儿童的语文，就是基于儿童体验的语文。儿童在语文实践过程中，不但是课程意义的接受者，更是课程内涵的主动建构者。学生是以自己对生活的理解和体验去解读课程、建构意义的。本课中，教师坐在台前演舅舅，学生演小外甥或小外甥女，共同来表现"闹"的场景。学生有的甜甜地、撒娇地哀求舅舅，有的则用双手拽住舅舅，嘴里嚷嚷着"就要今天去，就要今天去"。这就是儿童以自己的生活经验对"闹"字进行的理解和对语文进行的解读。

生活的语文，就是能用之于学生生活的语文。下课前，教师让学生再看看课文，不懂之处可以再提出来。学生问道："退潮时为什么有很多人？"教师将这个问题转给其他学生，并提出下课后再继续交流问题。在这样的语文课堂上，学生将语文与生活相联系，主动建构语文；又将语文拓展到生活、拓展到课外，将语文的外延扩展到整个生活。语文课程的意义在学生的建构中得到了重新发掘，这一发掘，融入了学生的情感、智慧、悟性和灵性，使学生的积累和潜能得到了发挥和喷发。

在整堂课中，还有两点有待斟酌改进：

1. 课堂中的"生生对话"没能得到充分发挥，削弱了学生学习的主体性和多元理解。

2. 教师多次打断学生的朗读，使文本显得支离破碎，破坏了文本的内在联系。

在课堂上，师生对话很充分，但教师导得太多，引得太多，使得生生之间的对话显得较为苍白。在指名学生朗读第三小节时，教师为了指导学生理解和朗读，多次打断学生，以自己的思想代替了学生的个性感悟，也使得整段文字被割裂、被肢解，显得支离破碎。

我认为在学生自由朗读二小节、三小节后，教师完全可以放手让学生和学生之间展开阅读交流，让不同的学生展示其多元理解和个性化朗读。学生读完之后，可以让其他同学评价：他读得怎么样？有没有读出趣味来？加入表情和动作是不是会更好些？通过生生对话达到互助互补、互激互促的效果。此时教师则从旁适时地点拨、引导，体现出"平等中的首席"。这样设计，更有利于学生主体性发挥和个性的张扬，使语文真正成为教师与学生、学生与学生、师生与文本之间的平行对话过程。

五、议课的忌讳

归结起来，议课存在下面十个方面的不足和问题，应在议课实践中加以克服或避免。

（一）忌听而不议

由于教师对其作用缺乏应有的认识和体验，议课常常不被重视，议课活动的开展既不普遍也不经常。在教师观课活动中，重听而轻评、听多议少的现象普遍存在。当然，并不是教师每观一课都要评议，要视需要与必要而定。但如果连有些具有相当规模的比赛和观摩活动也不安排议课，议课的功能和作用就得不到应有的发挥，观课对观课者和执教者都失去了主要的意义，而花费了大量的人力和物力组织的教研活动更失去了大半的价值。

（二）忌徒有形式

不少该议的课之所以不议，除了意识问题之外，也与教师不会议课有很大的关系。有些课虽然议了，但并未取得议课应有的效益。有的教师、学校领导以至教研人员，由于对教学和议课缺少研究和实践，缺乏必要的议课素养和水平，观了课既看不出多少名堂来，也说不出几句有价值的意见，即使能看出点门道，也由于一知半解而难以评议到位。有的议课者也说了不少意见，但多是细枝末节的问题，评议重于琐碎而流于肤浅，对大家没有启发和指导意义。这样的议课都没有多大意思，难以受到教师们的重视和欢迎。

（三）忌态度生硬

如果说议课能力低会导致议课效益差的话，那么，议课态度生硬则很可能会使议课收到负效果。有的议课者以为议课只是简单的甄别，将课分出优劣与等级，忘记了议课为教师专业成长与发展服务的宗旨，不考虑执教者或听议人的感受和心理承受能力，议课态度生硬，语气逼人，语意伤人。有的议课者凭借地位和学识上的优势，习惯于居高临下地指手画脚，夸夸其谈，缺乏民主的作风、平等交往的意识和善于沟通、说服的技巧。有的学校领导或教研人员对一些上课能力较差的教师有恨铁不成钢之气，对一些陈旧落后、效果较差的课有深恶痛绝之愤，议起课来意气用事，直抒胸臆，狂轰滥炸而后快。有的教师为了显示自己的能耐，议课专挑别人的毛病，抓住一点，不及其余，拿着放大镜吹毛求疵，说起来头头是道，其实却恶化了议课的氛围和人际关系。总之，穿着布满针刺外衣的议课，对教师的成长和事业的发展不是更有利，而是更有害。

（四）忌好话连篇

有一种走极端的议课现象是议课者做老好人，议课怕伤感情，怕得罪人，一味唱赞歌，片面说好话，对存在的问题视而不见，讳莫如深。这种只讲人情关系而不求学术研究的议课不是真正的教学研究活动，对教师的成长和事业的发展都有害无益。

（五）忌面面俱到

由于观课议课一般都有明确的目的和任务，所议的课又各有特点和具体实际，再加上时间的限制，议课一般应有所侧重，不宜不分主次轻重，事无巨细、夸夸其谈。伤其十指不如断其一指。面面俱到的议课缺乏应有的针对性和目的性，抓不到要害、需要和重点，力量分散，泛泛而谈，蜻蜓点水，让人听来一头雾水，难以切实解决问题，也容易让人生厌和反感。

（六）忌标准失当

议课对师生的教学活动和行为具有重要的导向和调节作用，因而议课应持有正确的评议标准。否则一来诊断错误，评议失当，难以服人；二来误导教学，贻误师生，妨害事业。由于议课实践发展相对滞后和对议课的研究相对薄弱，目前还没有建立起比较成熟的议课理论、议课制度和议课操作方案。在议课实践中，评议标准失切、新旧标准冲突、理论与实践失调等现象时有发生。此外，由于不同学科具有不同的特点和要求，同一学科的不同教学阶段有不同的特点和要求，不同层次和水平的教学有不同的起点和发展要求，议课就没有一个放之四海而皆准的衡量标准。如果超出自己的专业范围和熟识界限，以只适用于某一范围的评议标准去衡量所有的课堂教学，肯定是不理智和不讨好的。在议课中，缺乏科学的标准或滥用标准，都是议课之大忌，会让教师无所适从，会让教师对议课敬而远之。

（七）忌重评人而轻议课

议课，顾名思义，评议的对象是课。课是由教师和学生共同参与构建的，是由教师设计并操作的，所以，议课又少不了议人，尤其是评议教师。但评议的重点是课本身，而不应该是人。有的观课者尤其是外行观课者，既不会看课的目标、内容、过程、方法和效果，也不看学生的学习情况，专看上课教师及其得失。议课则轻议课而重评人，轻学生而重教师，轻学而重教，往往容易以课论人，以偏概全，片面武断，由议课演化成对教师的评价，由一点上升到全面，甚至由一时之失导致对整个人的否定。这样的议课缺乏必要的专业研究精神、教研心态和良好议课氛围，容易引发议者与被议者之间的关系紧张，造成教师怕被议课、议课活动不受欢迎、议课的功能和效益难以发挥等不良后果。

（八）忌主体单一

在目前常见的议课活动中，作为课堂教学主体的学生基本上被剥夺了议课权，教师在多数情况下也只是议课的听众和观众，议课成为学校领导、专职教研人员和专家等少数人的专利。这种上级评议下级、少数评议多数的单向议课方式，少了民主性而多了独断性，少了客观性而多了片面性，不利于调动广大教师和学生主动、积极地关心、参与议课，自觉运用议课手段来改进教学，加快发展。

（九）忌方式单一

常用的议课的形式和方法，在现实议课实践中都应广泛地运用。各种议课方式均有其优势和缺陷，都有其适用范围和对象。根据实际需要，灵活地选择和使用不同的议课方式，实现议课方式由单一化向多样化发展，议课才更生动活泼，富于魅力和实效。

（十）忌议后无为

议课的意义在于诊断、指导、改进教师的教学实践，促进教师的成长和发展。议课本身只是一种认识交流和理论指引，还处在纸上谈兵的层面，只有落实到教学实践中，才能达到议课的最终目的，才能取得实际的效益。实际上，大多数议课停留于议课本身，满足于议课表面上的效果，止步于议课不再前行。议课者评议完课即以为大功告成，万事大吉，就鸣锣收兵，刀枪入库；由于缺乏应有的意识和督促机制，听评议者事后往往也无所作为，既不对议课意见加以深思并作出自己的判断，也不根据议课意见对自己的教学加以比照和反思，更不积极主动地根据议课意见去改进和提高自己的课堂教学。议后无为，议也白议。一切依旧，议课也就徒劳无功。因此，议课后的行为跟进，对议课取得应有的效益非常必要和重要。

对条件便利的议课者而言，对同一执教者采用"跟进式"观课议课，来回反复，有针对地提出问题和解决问题，可以有效地促使师生的教学水平和议课效益的提高。

【案例·链接 4—15】

S老师的"成长历程"

一次在一所农村小学的课堂观察深深地触动了我。这是一节三年级的关于重量单位换算的数学复习课。课堂上S老师和同学们共同做了约30分钟的练习（每节课是40分钟），练习的内容非常单一，类似于1吨是大于、等于还是小于1250千克的问题，练习的形式就是教师问学生答。根据我的判断，绝大部分同学是在猜谜一样的情境中上完了这节课。

课后，当我又随机地对6名学生（全班共有24名学生）问了几个我自己编的相当程度的相关问题后，发现学生们并没有真正理解重量单位及其之间的换算关系。例如：我问一位同学：现在校园里有两堆沙子（当时学校在修建教师宿舍，确实有好几堆沙子在校园里），一堆是1吨，另外一堆是1千克，哪堆重？这位同学思考了半天没有回答，之后便用眼神向班上一位学习最好的同学求救。这位学习最好的学生想了想说：1千克重。惊讶的我于是不断地追问：学生死记硬背来的单位换算公式到底有什么作用？学生连最起码的单位概念都不清楚，他们是如何做题的？这样的课堂教学方式有效吗？我们的教师知道学生真实的学习效果吗？

在自愿的基础上，我与这所农村小学的S老师开展了课堂教学的行动研究。我观察了S老师的课堂教学26节，根据观察发现，S老师行动研究前期在课堂中主要扮演的是灌输者和组织者的角色。S老师作为组织者的角色开展的活动不多，而且活动的内容在整个课堂教学活动中来看是非主体的。

在研究过程中，我们主要采用参与式课堂观察、深度访谈、写研究日志、参与式师资培训等方法和手段。通常是由我来观察S老师的课，之后我们首先会借助于研究日志各自进行反省，然后大家坐到一起，在平等、安全的氛围中报告自己所看到的教学事件和看法，进行交互的反省和验证。

在一年多的行动研究过程中，最明显的变化就是：Ｓ老师在课堂教学中渐渐由原来主要是灌输者的角色转变为组织者。相应地，学生的角色也由原来主要是接受者的角色转变为活动者。这种变化蕴涵着Ｓ老师对教师和学生在课堂教学中不同地位的重新理解和定位。Ｓ老师在自己的研究日志中写道："现在我真正地体会到了评价在教学中是多么的重要。当我通过反馈确实了解了学生的情况，我就能够提出适合学生的问题，调动起他们学习的积极性和情绪……学生的学习兴趣是如此的高，真让我感到我对于学生的学习来说是外在的了。"

作为议课效益的最终落实者和展示者，教师和学生的议后跟进行为显得更为重要。议课不论议得多么准确和精彩，如果不能贯彻落实到教师的教学实践中，就变得毫无意义。那么，教师应该怎样正确对待议课，做到议后有为呢？

态度理性。对待议课首先要有学术研究的态度。议课是一种教学研究活动。既是研究，就会无定论而有分歧，有分歧就会有争鸣，有争鸣才会有真理，才能达到研究的目的。对待议课不应掺杂过多的个人色彩和情感因素，而应强化科学研究精神和求真务实的风气。对待议课要有宽容的风度。议课虽然不是新生事物，但是发展比较滞后，由于研究和实践相对短缺，议课往往显得还不够成熟，在实践过程中容易显露诸多的缺憾，有时甚至会让人反感和讨厌。正确看待和对待成长中的议课，给议课多一点理解、宽容、耐心和扶助，让议课伴随我们共同成长，这是教师的明智选择和应尽的义务。对待议课还要有思辨的精神。对一些假教学、真表演、中看不中用的公开课、"优质课"要能明察而不亦步亦趋。对一些似是而非的议课意见要善于思考而不人云亦云。如果毫无主见地偏听盲从，既容易迷失自我，更无助于自己的成长。

善于反思。反思是教师不断提高教学水平和迅速成长的有效手段，也是教师实现议后有为不可或缺的重要环节。只有通过反思，才能内化继而外化议课的价值。

下表列出了教师进行教学反思应涵盖的有关内容，以供借鉴。

观课、议课与反思表

		观察与评议	教师的自我反思
学习状态	参与状态	是否全员参与学习全过程；是否对全体学生的学习有所帮助和启发	是否有效地激发了学生对所学内容的好奇心和求知欲；是否充分调动了全体学生的学习积极性
	交流状态	课堂上是否有多边、丰富多彩的信息联系与信息反馈；课堂上的人际关系是否有良好的合作氛围	是否营造了一个平等、民主、和谐的师生关系、生生关系；是否强调师生之间、学生之间、师生与环境之间的多向互动与对话
	思维状态	学生是否敢于提出问题，发表见解；所提出的问题和发表的见解是否有挑战性与独创性	在课堂教学中是否对学生表现出应有的热情和宽容；是否允许学生有不同的声音；启发是否有方；是否注意学生的求异思维能力，培养创新精神
	情绪状态	学生是否有适度的紧张感和愉悦感；学生能否自我控制与调节	课堂节奏是否适当；是否善于运用成功与失败之道；是否关注学生的情感、态度
	生成状态	学生能否各尽所能，学有所得，感到踏实和满足；学生是否对后继的学习更有信心，感到轻松	是否做到了面向全体，关注差异，因材施教

加强学习。议课者对课堂教学的评议是否正确？议课者对课堂教学存在问题的判断是否合理？上课者自己为什么会出现这样的教学失误和问题？应该如何加以改进？要找到这些议课后产生的问题的正确答案，上课者就必须有针对性地加强学习。学习的途径和对

象应该是多元的：争取专业人员的引领，谋求教师同伴的互助，征取学生信息的反馈，寻求教育教学理论的充实等。没有自主性学习的支撑，教师要想利用议课来实现自己的专业成长是难以实现的。学习的道路有多宽，教师成长的时速就有多快。

改进教学。改进师生的课堂教学是议课的着眼点和落脚点，也是教师议后有为的核心环节。改进自己的课堂教学行为和水平，一要靠通过学习来内化议课，实现教学思想、认识的觉悟、觉醒和提高；二要靠自己的自觉与自愿，主动和积极；三要通过加强对学生及其学习的指导，使学与教协调步调，共同改进；四要靠有意识地反复实践，在实践中生成新的教学技能、良好习惯和教学效果。

【思考·实践】

1. 议课应该注意哪几方面的问题？

2. 议课对促进教师个人专业发展的作用是什么？

3. 教师结合本学科特点，谈谈如何按照议课环节进行议课？

第五章　教师管理能力素养的修炼

　　教师管理能力素养是指教师在日常管理工作中在管理理念、管理知识、管理技能技巧等诸多方面应达到的基本要求。教师管理能力素养具有层次性、阶段性、复杂性、综合性、发展性等特点。教师的管理能力素养包括管理的理论素养、管理的能力素养和管理的道德素养以及实践经验等。教师管理能力素养的修炼路径主要包括课堂管理、班级管理、团队活动管理等能力的提高。

第一节　课堂管理

　　课堂管理是教师为了完成教学任务，调控人际关系，和谐教学环境，引导学生学习的一系列教学行为方式。管理好课堂是开展教学活动的基石，教师必须不断地提高课堂教学管理技能。

　　在课堂教学中，教师除了"教"的任务外，还有一个"管"的任务，也就是协调、控制课堂中各种教学因素及其关系，使之形成一个有序的整体，以保证教学活动的顺利进行。这一活动即为通常所说的课堂管理。

　　课堂管理的任务比较复杂。一般认为，课堂管理包括课堂人际关系管理、课堂环境管理、课堂纪律管理等方面。课堂人际关系的管理指的是对课堂中的师生关系、同伴关系的管理，包括建立良好的师生关系、确立群体规范、构建和谐的同伴关系等；课堂环境管理是指对课堂中的教学环境的管理，包括物理环境的安排、社会心理环境的营造等；课堂纪律管理指的是课堂行为规范、准则的制定与实施，应对学生的问题行为等活动。

一、课堂管理的相关要素

教师与学生置身于一定的课堂之中进行活动，首先要保证课堂的表层实体，即课堂物理环境的舒适与合理。

（一）座位安排

根据教学内容的要求和学生的特点，学生的座位安排一般有三种设计形式：基本的课堂座位设计、特殊的课堂座位设计和暂时性的课堂座位设计。

基本的课堂座位设计是以教师为中心的，教师的活动主要在教室的前面，学生只与教师进行目光接触和交流，也就是所有的学生都面向教师，因此学生的座位是以纵横排列的秧田形安排的。

这种设计模式有利于教师的教学活动，如讲解和演示等。教师能较好地调节和控制学生，有利于学生的注意集中于教师，适合于进行提问、回答和课堂作业。学生能更多地与教师进行接触和交流。如教师在教学中不仅在前面讲授，还可以在过道里来回走动。特别是在我国，班级人数比较多，课堂座次排列一般更倾向于采用这种排列方式。

特殊的课堂座位设计是以学生为中心、以课程为中心的一种座位排列模式。这种模式一般是需要学生对教学内容进行集体讨论才采用。学生和教师一样面对其他人，也就使学生与学生之间有接触和交流的机会。这样的座位排列的方式有矩形、环形和马蹄形。

这种座位的安排有利于学生之间的联系，允许学生之间谈话、相互帮助等。但教师对全班讲解和控制要困难一些，特别是在小学低年级采取这种形式，学生花在学习上的时间会减少。如果学生年龄小、自制力差，则往往容易出现不当行为，所以这种座位安排形式在高年级采用得较多。

暂时性的课堂座位设计是根据教学内容临时性的需要将座位进行暂时性调整，以有利于教学活动。如教师要进行演示，希望每个学生都能观察到，于是可以临时采用堆式，学生坐在一起靠近注意中心，后面的学生可以站着看。如果要进行全班性的辩论或看录像等，可以采取椭圆马蹄形。如果要求学生按兴趣进行合作学习，可采取按兴趣排位的方式安排座位。

（二）空间利用

教室的各个空间应得到充分的利用，以发挥教室的最大功效。如教室的墙壁上可以张贴名人名言及各种评比表，以激励学生进步，还可以将学生的作业、作品展览出来，给学生一种成功的体验；天花板横梁上可以装饰一些与季节相符的花、草及其他装饰物，这些装饰物可以由学生自己设计并制作，这样既美化了环境，又增强了学生身为班级主人翁的信念；窗台上可以种植植物，做科学小实验或展览手工作品；教室的一个角落还可以开辟"阅读区"等。

要充分利用教室的各个空间，教师既要进行精心的计划和准备，同时又要调动学生的积极性，让学生出主意、想办法，参与教室的设计和组织，只有这样，教室这个环境才能真正达到为教学服务的目的。

（三）课堂纪律

课堂的物理环境为课堂管理的运行提供了一个外在物质基础，同时，课堂管理活动也需要制度规范作为其运行的前提。在课堂管理的过程中，教师要把教学目标中提出的对学生的期待转变为课堂活动的程序和常规，并将一部分程序和常规制订为课堂规则，以便指导学生的行为，促使学生积极主动地学习。课堂规则是描述和表达行为规范的静态形式，而对于这些课堂规则所进行的动态的执行和实施，则是课堂纪律。课堂规则和课堂纪律是课堂情境中课堂活动的制度规范，成为教师进行课堂管理、评价和指导学生课堂行为的主要依据。

1. 课堂规则的制定

课堂规则是形成良好课堂纪律的前提条件，必须认真细致地制定课堂规则。制定课堂规则应遵循一定的原则和满足基本的要求。

（1）课堂规则应符合四个条件，即简短、明确、合理、可行。首先，规则和常规一定要简明扼要，使学生能迅速记住。其次，规则要明确、合理。如"注重自己的行为"，这种规则对于学生而言是不明确的，难以起到约束与指导作用。最后，规则应具有操作性。

（2）课堂规则应通过教师与学生的充分讨论，共同制定。课堂规则不可由教师凭个人好恶独断设立，而应经过学生的讨论与认同。学生通过参与讨论，共同制订课堂规则，就会自觉遵守并乐于承担责任。

（3）课堂规则应少而精，内容表述以正向引导为主。教师要对所制订的课堂规则进行归纳、删改，避免那些不相关或不必要的规则，制定出尽量简明的、最基本的、最适宜的规则，一般以5—10条为宜。如果不够全面，也应等学生学会一些规则后再逐步增加内容。规则内容的表述坚持正面引导为主，多用积极的语言，如"希望……""建议……"等，少用或不用"不准……""严禁……"等语句。

（4）课堂规则应及时制定和不断调整。教师应抓住学期开始的机会，制定课堂规则。在开学之初就与学生共同讨论，了解学生的状况和学习方式，征求学生对课堂规则的意见，与学生共同分享教师的需要与要求。在实施过程中要不断进行检查，并根据各方面的具体情况加以补充、修改和调整。

2. 课堂纪律的管理措施

课堂规则只是静态的条文，只有这些规则得以实施才能收到预期的效果。将课堂规则转变成为课堂纪律，具体要注意以下几个方面。

（1）合理组织课堂教学结构，维持学生学习的注意力和兴趣。

争取让更多学生把更多的时间用于学习，既是课堂纪律管理的重要目标之一，也是课堂纪律管理的有效策略之一。要求教师合理组织课堂教学结构，提高时间意识，注意课堂时间管理的策略，维持学生学习的注意力和兴趣，从而提高课堂教学效率。具体策略有增加参与、保持动量、保持教学的流畅性、教学过渡、上课时维持团体的注意焦点。

增加参与，要求教师的教学内容符合学生的需要，生动有趣，有参与性，与学生兴趣有关，学生愿意积极参与。教学方法要能激起学生的兴趣，如可采用悬念、精心提问和讨论的方法，不断变换刺激角度，集中学生的注意力。

保持动量，是指课堂教学要有紧凑的教学结构，避免打断或放慢，使学生总有学业任务。要求教师课前要做好充分准备，如确定教学目标、精心设计教案、选择教学策略、准备好教具等；课堂上要合理安排教学进度和节奏，选择适宜的课堂密度、课堂强度、课堂难度、课堂速度和课堂激情度。此外，教师要讲究语言艺术，精练而不拖泥带水。

教学的流畅性，是指不断注意教学意义的连贯性，即课堂上从一个活动转向另一个活动时所花的时间极少，并且能给学生一个注意信号。教师要保持教学的流畅性，就必须在课堂教学中给学生以有效足够的信息量，形成序列刺激，激活学生的接受能力，以维持学生学习的注意力和兴趣。

教学过渡，是指从一个教学活动向另一个活动的变化，如从讲授到讨论、从一门课程到另一门课程等。过渡时应遵循三个原则：①过渡时应给学生一个明确的信号；②在过渡之前，学生要明确收到信号后该做什么；③过渡时所有的人同时进行，不要一次一个学生地进行。

上课时维持团体的注意焦点，是指运用课堂组织策略和提问技术，确保班上所有的学生在课堂教学的每一部分都投入到学习中去。

（2）区别对待课堂环境中的三种行为。加拿大教育心理学家江绍伦将学生在课堂内的行为划分为积极行为、中性行为和消极行为三种形式。

积极行为是指那些与实现教学目标相联系的行为。有效的课堂纪律管理应鼓励学生的积极行为，其强化方式有社会强化、活动强化、行为协议和替代强化四种。社会强化是运用面部表情、身体接触、语言文字等增强学生的行为；活动强化是指学生表现出具体的课堂积极行为时，允许学生参与其最喜爱的活动，或提供较好的机会与条件；行为协议是指教师和学生共同制定旨在鼓励和强化积极行为的协议，如"如果期中考试平均成绩达到 80 分，就可以奖励一支钢笔"等；替代强化是指教师所做的具体行为示范充当了替代强化物，学生会模仿和学习。

消极行为是指那些明显干扰课堂教学秩序的行为。教师要针对消极行为的轻重程度选择有效的制止方法，及时制止消极行为。通常采用的制止方法主要有信号暗示、使用幽默、创设情境、转移注意、消除媒介、正确批评、劝其暂离课堂、利用处罚等。

中性行为是指那些既不增进又不干扰课堂教学的学习行为。如静坐在座位上思想开小差，看言情或武侠小说，在座位上不出声地睡觉等。中性行为是积极和消极这两个极端之间不可缺少的过渡环节，教师应利用中性行为的中介作用，使其向积极行为转变。

（3）正确、有效地处理课堂纪律问题。第一，运用非言语线索。非言语线索主要包括目光接触、手势、身体靠近或触摸等。如对表现不良的学生保持目光接触就可能制止其不良行为，还可以走过去停留一下，或者把手轻轻地放在学生的肩膀上。这些非言语线索传递了同一个信息："我看见你正在做什么，我不喜欢你这样，快回到学习上来。"第二，合理运用表扬和惩罚。教师要想减少学生的不良行为，可以从表扬他们所做出的与不良行为相反的行为入手。譬如某个学生上课爱做小动作，教师就可以在这个学生认真学习的时刻表扬他。教师还可以采取表扬其他学生的方式来减少某个学生的不当行为，一般选择他邻座的同学或他最要好的同学加以表扬，这样可使行为不当的学生意识到，教师已经知道了他的行为表现，他应控制不当行为。在课堂纪律管理中运用表扬应注意：表扬的应该是具体的课堂行为，表扬应让学生产生积极的纪律体验，表扬应及时，对学生的课堂行为应给予及时正强化。

二、课堂管理的基本取向

课堂管理的基本模式概括起来，可以分为三种取向：行为主义取向、人本主义取向和教师效能取向。

（一）行为主义取向

课堂管理行为主义取向模式的基本理念是，学生的成长和发展是由外部环境决定的，他们在课堂中所表现出来的不良行为，或者是通过学习获得的，或是因为没有学会正确的行为。在课堂管理中，教师的责任是强化适宜的行为并根除不宜的行为。典型的行为主义取向的课堂管理模式有斯金纳模式和坎特模式。

斯金纳模式又称为矫正模式。该模式认为人的行为本质是对环境刺激作出反应。行为能否得以维持，取决于后果。在课堂管理中，教师要想使学生在课堂中表现出适宜的行为，就必须奖励和强化适宜的行为，忽视学生的不良行为。为了维持良好的课堂环境，教师必须做好以下几个方面的工作：清楚地讲明规则；忽视不良行为；对遵守规则的行为给予奖励。

坎特模式又被称为果断纪律模式。该模式也是行为主义指导下的课堂管理模式，它与强调行为强化的行为主义模式侧重不同，它希望借助有效制定和实施课堂秩序来进行课堂纪律的管理。坎特指出，许多教师相信强力控制是沉闷的、残忍的等观点是错误的，仁慈的强力控制实际上是对学生负责的行为，也是行之有效的。教师应当使用果断的纪律来管理课堂，维持良好的课堂纪律，促进学生的发展。果断纪律包括事先陈述和解释要求、期望；坚持自己的期望和要求，如"我要求你……""我喜欢这种做法"等提示学生，但是不要伤害学生的自尊；运用明确、冷静、坚定的口气和目光；用非语言性的姿势来支持言语要求；不用威胁和斥责来影响学生的行为；时时重复自己的要求，不要升格为训斥。

（二）人本主义取向

与行为主义不同，人本主义取向的课堂管理者认为，学生有自己的决策能力，他们可以对控制自己的行为负主要责任。在课堂管理中，教师不应该要求学生百依百顺，而是应该关注学生的需要、情感和主动精神，向学生提供最好的机会去发掘归属感、成就感和积极的自我认同，以此来维持一种积极的课堂环境；出现问题行为时，教师应更多地运用沟通技能，引导学生分析问题的性质和后果，自己把问题解决。典型的人本主义取向的课堂管理模式有格拉塞模式和基诺特模式。

格拉塞模式被称为现实疗法和控制疗法。格拉塞认为人有两种基本需要，即爱和被爱的需要、希望自己的价值得到自己和他人认可的需要。如果学生的这些需要得不到满足时就会产生行为问题，对自己不负责任。另外要相信学生是有理性并可以控制自己的行为的，因此教师不应该接受学生的不良行为借口，而是应该帮助学生作出好的选择。格拉塞提出了现实疗法的基本程序：联系学生、正确对待学生面临的行为问题、形成判断、制订计划、作出承诺、不接受借口、承受自然后果。

基诺特模式又称明智信息模式，这种课堂管理的核心概念是强调教师用明智的方式和学生进行和谐的沟通。基诺特认为，纪律是一点一点地形成的。在纪律形成的过程中教师应该以身作则，在和有行为问题的学生进行沟通时应当做到设身处地地从对方的角度考虑。另外就是要相信学生的自控能力，并鼓励学生进行自我管理。教师与学生之间进行和谐沟通时应做到：表达"明智的"信息、接受感情宣泄而不是否决、避免贴标签、谨慎使用表扬、引导合作、理智地表达愤怒。

（三）教师效能取向

与行为主义和人本主义取向的课堂管理观不同，教师效能取向的课堂管理模式关注的是教师课堂管理技能的提高。持这一取向的研究者认为，课堂管理主要取决于教师的管理技能；通过培训提高教师的课堂管理技能可以达到改善课堂管理质量的效果。典型的教师效能取向的课堂管理模式有戈登模式和库宁模式。

戈登模式又称教师效能训练模式，这一模式深受人本主义哲学的影响，关注学习者的个体性和学生个人的权利，强调学生观点的重要作用。首先，每个人都有自己的问题，学生必须自己找到问题的解决办法。其次，教师应与学生合作，帮助学生满足自己需要，而不要施加自己的观点。教师应具有七个方面的熟练技能，包括行为观察、识别问题的责任人、显示理解别人、能被别人理解、表示常识、面对面的交流技能、双赢的问题解决策略。最后，教师改进师生关系时，要区分教师自身问题、学生自身问题和师生共有问题，从而采取相应策略。

库宁模式认为，课堂管理本质上是一种团体管理。当教师矫正一个学生的行为时，也会改变其他学生的行为。对教师而言，预防学生不良行为的发生比纠正错误行为更重要。其次，库宁模式强调，教师需要具备洞察全局的能力，掌握教室的每个角落里发生的事情，同时具备处理几件事的能力。最后，库宁模式认为，活动之间的平缓过渡和好势头的维持，是有效进行团体管理的关键；控制教学进度，因势利导和处理好活动之间的过渡，是教师维持课堂秩序所必须把握的基本技能。

三、课堂管理的气氛营造

课堂气氛影响学生的学习效率和人格发展。教师是课堂教学的组织者、领导者和管理者，良好课堂气氛的营造需要教师精心组织与主动创设。具体来说，以下条件会影响课堂气氛。

（一）教师的课堂运作

教师要创造良好的课堂气氛，必须进行课堂运作。课堂运作即强调课堂中有效的管理与有效的教学之间紧密的联系。课堂运作能力是通过教师的一系列课堂学习管理能力实现的。美国教育心理学家库尼经过多年的研究认为，教师要实现良好的课堂运作，必须具备以下六个方面的能力。

第一，洞悉。洞悉指教师在教学的同时，能注意到课堂上发生的所有情况，并用言语或非言语予以适当处理的能力。如一位教师在讲植物各个部分的功能时，同时注意到两个学生在小声说话，这时教师就提出"植物什么部分结果实"的问题，同时迅速走到那两个学生的桌子旁，平静而严肃地说"把手放在自己身边"，然后走到教室前面的讲台上，对其中一个学生提出进一步的问题："你看挂图上结果实的部位在哪儿？"教师的这种洞悉能力，有助于避免学生不良行为的产生，使课堂保持良好的秩序。这位教师一方面提出问题，以教学内容吸引全班学生的注意力，另一方面及时用言语制止了个别学生的违纪行为，将他们的注意力转移到教学中来，使教学活动顺利进行。教师"脑后有眼"使学生在课堂上不轻举妄动，从而避免可能发生的扰乱课堂秩序的行为。

第二，兼顾。兼顾是教师在同一时间内能注意或处理两个以上事件的能力，也就是在同一时间内，既能照顾到全班学生的学习活动，又能回答个别学生的问题。如教师在指导小组学习时，一方面指导全组学生读课文，另一方面迅速地回答个别学生的问题而不影响小组活动的顺利进行。缺乏经验的教师有时会因为处理个别学生的问题而拖延时间过久，使大多数学生精神涣散而影响学习。

第三，把握教学环节顺利过渡。在教学过程中，有时教学活动必须分段进行。在分段教学中，教师要具有能按计划组织学生，使他们迅速而有序地从一个阶段向另一个阶段过渡的能力。这要求教师向学生提出的要求明确、具体，如分组讨论时将座位较近的学生组成一组，搬动桌椅时要轻，讨论时声音不要影响其他小组，以及讨论多长时间等。这样使学生做到心中有数，使教学能按部就班、有条不紊地进行。

第四，组织学生始终参与学习活动。在课堂教学过程中，使学生始终保持一种积极参与的状态不是一件容易的事情。这需要教师在教学过程中采取必要的教学组织形式。一般在教学过程中采取以下的策略：教师讲解时可以结合教学内容向全班学生提出问题；指定某个学生在黑板上演算一道题，同时要求全班学生在座位上也演算这道题；在要求学生朗读课文时，对于篇幅较长的课文可以由多个学生接力朗读。

第五，创设多样化教学情境。生动活泼、多样化的教学情境可激发学生的动机与兴趣。教师可使用幻灯机、投影仪、录像和多媒体等教学手段，使教学内容更直观、生动活泼；教师还可以组织多种形式的教学活动，如团体比赛、合作学习、参观、访问、演说、角色扮演等，都有利于提高学生的积极性。

第六，避免责罚学生产生微波效应。在教学过程中，教师有时要在全班学生面前批评或责罚某个学生。但在责罚个别学生时，要避免产生微波效应。微波效应指教师责罚某一学生后，对班级中其他学生所产生的负面影响，如有的教师在责罚学生时，由于情绪比较激动，不能冷静对待，有时言辞过于偏激，甚至说出过头话，有损学生的人格，这样不但不能使犯错误的学生受到教育，反而会引起其他学生对这个学生的同情，甚至对教师产生反感。而如果被责罚的学生在班上部分学生中有一定的影响力，那么，教师的这种做法便会产生严重的负面影响。所以，教师处理个别学生问题时，应避免微波效应。

（二）教师的移情

移情指在人际交往中，当一个人感知对方的某种情绪时，他自己也能体验相应的情绪，即设身处地从对方的角度去体察其心情。

在课堂学习管理中，教师要有体察情感反应的能力，使自己在情感上和理解上都能处于学生的地位，多为学生着想。因此，移情是师生之间的一座桥梁，它可将教师和学生的意图、观点和情感连接起来，创造良好的课堂气氛。

如有一位班主任从自身角度出发，认为一个喜欢把小动物带进教室的学生是故意捣乱，因而采取批评的方法，结果弄得师生关系紧张，课堂气氛受到严重影响。后来换了一位新的班主任，他能从学生的角度想问题，理解学生的兴趣和爱好，并支持学生的这种爱好，让他担任动物饲养小组的组长，使小组活动开展得生动活泼，课堂气氛也不再受到小动物的干扰。

（三）教师的期望

期望是人们在对外界信息不断反应的经验基础上，或是在推动人们行为的内在力量需求基础上，所产生的对自己或他人行为结果的某种预测性认知。教师如果能充分了解每个学生的认知能力和人格特征，形成对每个学生恰如其分的高期望，那么，教师的这种期望可能对学生产生良好的自我实现预言效应，促使学生向好的方向发展，并形成和谐的课堂气氛。否则如果教师对学生带有偏见，看不到他们的优点而形成低期望，那么学生可能会自暴自弃，学习成绩越来越差，并严重影响课堂气氛。这种期望效应产生的方向性，以及它对学生行为和课堂气氛的影响，基本上是一致的。

（四）教师的焦虑

焦虑是个体由于不能达到目标或不能克服障碍，致使自尊心与自信心受挫，或使失败感和内疚感增加，形成一种紧张不安、带有恐惧的情绪状态。教师对教学能力和知识水平的自我评估，常常使自己感受到对自尊心的威胁而产生焦虑。教师的焦虑水平是不同的。一般认为，过高或过低的焦虑对于发挥教师的能力是不利的，只有维持在中等焦虑水平，才有利于教师的水平和能力的充分发挥。在创设课堂气氛过程中，如果教师的焦虑水平过低，则他对教学、对学生就容易采取无所谓的态度，师生之间很难引起情感共鸣，容易形成消极的课堂气氛。而如果教师的焦虑过度，在课堂上总是忧心忡忡，唯恐学生失控，害怕自己教学失败，那么，一旦学生出现问题行为，就可能缺乏随机应变的能力，作出不适当的反应，使课堂气氛紧张。所以只有当教师的焦虑处在中等程度时，他才会努力改变课堂状况，有效而灵活地处理课堂上出现的问题，努力创设出最佳的课堂气氛。

【案例·链接　5—01】

课堂管理案例分析

　　材料：给五年级一班的学生上汉语课之前，就听他们的班主任和科任教师说这个班是学校出了名的调皮班。因此开始给这个班上课时，我板起脸，向学生约法三章：课堂上不许这样，不许那样……果然课堂很肃静。可是当我提问题时，竟然没有一个学生回答问题。我火了："学语言是需要开口的，怎么你们都变成哑巴了？"这时，学生才说："老师，你不是规定我们上课不许说话吗？"我心里羞愧，但还是强辩说："是叫你们不要乱说话，不是叫你们不回答问题呀！"学生抗议："哪有这样不讲道理的老师？"有个平时最调皮的学生尖叫起来，惹得全班哄堂大笑。我一气之下，把他拉到教室外，把门关上，不让他听课。教室里的学生都成为"小木头人"，一动不动地听课。我提问一个学生，当我喊到他的名字时，他竟然吓得浑身发抖。

　　分析：教师的教学能力不仅仅体现在教课的成效上，还体现教师的课堂管理效果上。课堂管理能力是一位优秀教师诸方面能力的一个侧面，也是优秀教师一种不可或缺的能力。良好的课堂管理能力是教师进行授课的前提和条件。能否有效地控制课堂纪律，如何适当地调动课堂氛围，关系一堂课的成败。所谓课堂管理，指的是为学生参与课堂活动创造有利条件的过程，包括对学生确立明确的期待，建立的正常的课堂秩序，处理课上违纪行为，保证课堂教学活动的顺利进行。课堂管理主要是针对学生的问题行为进行相对的引导、规劝、制止等策略。针对不同的问题行为要有不同的对策，不能根据教师的主观情绪和个人好恶随意管理。教师的盲目管理会对学生的学习积极性造成不可弥补的创伤，教师的不恰当言行也会对学生的自尊心产生不可估量的影响。

材料中，这位汉语教师听班主任说这个班的学生非常调皮，上课前就对学生们约法三章，让学生们感觉到这是一位严厉的教师，产生了对教师的厌恶心理，学生们上课时"三缄其口"。最调皮的学生打乱了课堂秩序，汉语教师就直接让他站到门外去，使学生产生了畏怯心理。显然这位汉语教师的课堂管理技巧与方法同现代教育管理理念是格格不入的。下面作具体分析：

首先，教师对课堂问题行为的处理不能盲目，也不能搞一刀切，更不能仅仅根据自己的管理经验进行管理。处理课堂问题行为，重要的是细心观察分析，对行为进行正确的归因并根据学生的个体差异进行因材施教。材料中的这位汉语教师对这个班的学生并不了解，由于上课前班主任给他说这个班的学生很调皮，他就不分青红皂白向整个班级提出了最严厉的要求。显然，这位汉语教师的处理手段很盲目，在没有观察的情况下就作统一要求，试问是不是每个学生都很调皮？盲目的处理问题行为、一刀切式的处理问题行为，会给学生造成心理上的反感和抵制。学生不亲其师，怎么信其道、乐其学？这就埋下了整堂课教学效果失败的种子。教师正确的做法应该是在课上仔细观察到底是哪几位学生调皮，根据调皮学生的个性特点有针对性地说服教育。

其次，教师对语言艺术的运用也是考验一名教师课堂管理能力的重要方面。教师的课堂管理语言包括积极性语言和消极性语言。积极性语言表现出对学生的尊重和期望，减少学生的抵触情绪，激发学生的自尊心，自觉地纠正不恰当的行为。相反，一些强制、命令、打击性语言会产生与教师预期相反的结果，这也不是以学生为本的现代教育理念在实际教学活动中的运用。材料中的汉语教师，一上课就约法三章，不让学生这样、不让学生那样，这都是消极性的课堂管理语言。这些消极性语言会让学生产生心理上的抵制与叛逆，甚至某些学生会与教师"对着干"。当教师提出问题时，同学们也都保持沉默，没有一位同学回答问题了，学生们的行动其实是对教师课堂盲目管理的无言的反抗。很明显，教师的消极性语言不利于调动学生课堂的学习积极性，会直接影响到教师展开后继的教学活动。所以，教师应该多用积极性语言来引导学生而避免使用消极性语言，让学生体会到教师对学生是坦诚的、爱护的，这样学生才会愿意配合教师的课堂管理。

第三，教师应尽量以民主领导的方式管理学生，培养学生自动、自发与自律的能力。健康的课堂秩序是建立在民主的基础之上的，教师的惩罚措施会破坏课堂和谐气氛。健康的课堂离不开纪律的约束，但纪律靠的不是严厉的惩罚手段。健康的课堂中的纪律是以平等相待和相互尊重为支撑的，脱离了对学生人格的尊重，也就丢失了教师在学生心目中的"威信"。材料中的汉语教师在全体学生的面前让最调皮的学生出去，不让他听课，犯了课堂管理的大忌即不尊重学生的自尊心。这是教师人本教育理念的缺失，每个学生都是一个独立个体，都有独立的人格特点和强烈的自尊心。当教师践踏了学生的自尊心，那么他就失去了作为一名教师的最起码资格。教师一定不要以暴制暴，对学生大喊大叫、训斥、责备、体罚并不能扩大交流，只会使对话陷入僵局。教师要表现出应有的尊重和自制力，不试图控制学生，学会让学生获得良好的心理感觉，他们才会做得更好。只有在充满爱、接纳和温暖的氛围中，纪律约束才能发挥最大效力。针对这位最调皮的学生，教师应该采取的方法是：有意忽视法。这名学生想赢得大家的注意，对于这种学生如果教师采取言语反应，可能正好迎合其目的。教师应当不回应他，让他自讨没趣，改变这种行为。

总之，一名合格的教师不仅仅应该具有扎实的学科知识，还要有一套行之有效的课堂管理手段。具有扎实的学科知识加上良好的课堂管理能力才是真正的优秀教师。

【思考·实践】

1. 教师怎样让全体学生始终参加课堂活动?

2. 教师在课堂上如何控制自己的情绪?

3. 教师如何营造轻松、和谐的课堂学习氛围?

第二节　班级管理

班级是学校工作的一个基本单位,也是学生学习生活的基本组织。班级管理就是充分地调动学生参与班级管理的主动性和积极性,使学生成为学习、生活和班务管理的主人。良好的班级管理能加速学生的全面发展,并有效地展现学生各方面的潜质和才能,为学生发展提供一个广阔的空间。这样才能培养一大批能够自我管理、自我教育并逐步学会管理其他事务的时代需要的人才。

一、班级管理的内容

班级常规管理要以《中小学生守则》和《中小学生日常行为规范》为依据,结合班级学生的实际情况予以实施。班级常规管理有以下几个方面的内容。

(一)思想管理

思想管理是班级管理的重要组成部分。通过思想教育,可以调动学生的积极性、自觉性,使班级管理建立在广泛的群众基础上。实行思想管理,要注意以下三点:

一是在班级管理中要有必要的思想教育。在各种管理工作的前后,都应有思想工作相配合,把思想工作渗透到各项管理工作中去,才能使班级管理的过程成为对学生的教育过程。

二是有针对性地开展学生思想教育工作。就现在的学生来说，由于其自我意识的明显增长，自尊心强，要求得到别人的尊重和赞赏，要求独立自主，不需要别人过多地对他们进行监督和照顾。大多数学生具有广泛的兴趣和爱好、强烈的求知欲望，喜欢学习，喜欢了解国内外大事。他们精力充沛，喜爱各种各样的活动。由于身体发育成长，他们对物质需要的欲望极强，因此，他们常表现出逞强、好胜的特性。每个年级每个班级每个学生有哪些不同的需要，都应该了解清楚，只有这样，才能使学生思想管理工作更有针对性。

三是要更好地与学生沟通。要做好与学生的交流沟通工作，首先要将教师与学生之间的关系进行恰当的定位。在礼仪上，教师与学生应该是师生关系，这样的定位有利于树立教师的威信，同时能较好地规范教师和学生的言行。在生活上，教师与学生是朋友关系。既是学生的严师，更是学生的益友，在关心学生学习、纪律的同时，更加关注学生的生活和身心健康。每当学生有困难、身体不舒服、心理出现问题时，教师就应像父母对待自己的孩子那样关爱他们，使学生感觉到学校也有家的温暖。

1. 与学生沟通的内容

（1）谈心应在"心"

了解学生是师生沟通的首要条件。了解学生方能深刻理解学生，在互相理解的基础上，才能达到心理上的共鸣。教师要了解学生的家庭、性格、学习成绩、兴趣爱好等，只有这样才能使谈话达到目的。为使谈话顺利开展，教师可采取"投其所好"的沟通策略，找到学生感兴趣的内容并防止谈话过程无意识触及伤害学生的话题，例如家庭的变故，学生的一些缺陷等。

（2）谈心应在"情"

教师找学生谈心，对方往往开始时并不注意你讲的道理，而是看你的态度和感情。如果不首先搭起感情的"桥梁"，心中就会筑起一道无形的"高墙"，教师讲再好的道理学生也听不进去。谈心要交流思想，但首先要交流感情。教师和学生的谈心活动既是心理上的沟通，也是感情上的交流过程，只有在相互平等、相互尊重的基础上，才能建立良好的谈心气氛，才能谈得拢、谈得好。只有当教师给学生以真挚的爱，给学生以亲近感、信任感、期望感，学生才会对教师产生依恋仰慕的心理，才能向教师敞开内心世界，教师才能"对症下药"，收到应有的效果。因此，教师必须用自己的爱心去感化学生，做到动之以情、晓之以理、寓理于情、情理结合，才会产生动情效应，从而收到较好的德育效果。

（3）谈心应在"理"

谈心的目的是解决学生的思想问题，提高认识水平。这就要求教师，必须抓住一个"理"字，把道理讲透，用真理服人。谈心就是用理去分析，启迪学生的心灵，明辨是非，用正理说服歪理，用大道理管小道理，从小道理引出大道理，在总结经验教训中通过反思而明理，通过驳歪理树正气，同时还可以互相讨论，取长补短，交流思想，探讨真理。谈心时，切忌"就事论事"，不能讲虚理；切忌"简单从事"，只听到一点、看到一滴就评论是非，甚至以严厉的态度要学生服从，这样是得不到好效果的。要以理服人，就要允许学生反复思考，提高认识，从学生的觉悟程度出发，让学生接受，谈心才实在有力，达到心理相容见实效的目的。

（4）谈心应在"疏"

学生的思想基础、觉悟程度、知识水平、所处环境、性格特点都是各有差异的。教师疏通谈心之路，要具体情况具体分析。对有缺点错误的学生要诚恳劝导，切忌简单急躁，急于求成，要不怕麻烦，像绵绵细雨、涓涓流水一样去接触问题，彻底纠正"久旱不管、一下就满"的方式，谈心要有的放矢，"对症下药"；对性格内向的学生可采取"拉家常"的方法，由远而近，先轻后重，循循善诱地谈；对性情耿直爽快的学生，最好直截了当把问题点透，不转弯子，不兜圈子；对觉悟较低、性格独特的学生要善于从对方的内心情绪和要求谈起，先回避"烦恼""卡壳"的问题，从侧面迂回曲折地引导。总之，教师要把谈心的路多想几条，运用多种知识，因势利导，因势而疏。同时应尽可能地把解决思想问题与解决实际问题结合起来，才能取得最佳的谈心效果。

2. 与学生沟通的形式

（1）口头沟通

①利用会议与学生进行交流沟通。

会议形式主要包括班会、班干部会和有针对性地召集部分同学座谈等。会前，班主任应做好充分准备，明确开会的目的、内容和程序，做到有的放矢。在班级例会上，应多花时间总结班级工作的优点、剖析班级工作的不足，在肯定成绩的同时，毫不回避问题。及时发现、肯定和表扬学生，尤其是后进生的闪光点。正确认识和对待学生的缺点，尽可能不点名批评。根据班级情况，不定期召开主题班会。在班干部会上，应与班干部共同探讨班级管理的新方法、新途径，共同剖析班级存在的问题，认真听取他们的意见和建议，充分信任、支持、指导班干部的工作，教育班干部要以身作则、积极主动地开展工作，向他们阐明"其身正，不令也从；其身不正，虽令不从"的深刻道理。在座谈会上，要充分征求学生代表的意见和建议，传递班主任的班级管理意图、反馈同学的信息，对好的意见和建议加以采纳，并及时表扬，对于情况不属实或不切实际的意见和建议，班主任应做好耐心细致的解释工作，以统一思想共识。

②利用谈话与学生进行交流沟通。

首先是选择关心班集体、又有主见的学生进行个别交流，这些学生的意见和建议往往能切合实际，触到点子上，对于改进班级工作、弥补班级管理疏漏有不容忽视的作用。其次当发现班上有违纪苗头或违纪现象时，找个别学生了解情况，获取第一手资料，有助于问题的尽快解决，将问题处理在萌芽状态。找违纪、犯错的学生谈话，也是班主任日常教育管理的重要工作，只有"晓之以理，动之以情"，字字句句体现出班主任对学生的友爱、关心和帮助，才能赢得学生的尊重和配合，切忌生硬的"说教"和严厉的"训话"，以免把学生推向对立面。

③利用拉家常与学生进行交流沟通。

拉家常式的交流沟通，其特点是气氛随意，师生关系平等、和谐，常在下午课外活动时间或晚自习后、熄灯就寝前进行，可以在教室、宿舍、食堂，也可以在操场、花坛、路边。师生看似在"闲聊"，实则不经意间谈起班级和学生的事情，此时，最能获取学生的理解和信任，学生也愿意敞开心扉，向班主任掏心里话，从而在与学生聊天的过程中了解到他们如实反映的，而班主任常常看不到、难以掌握的班级情况，这对于师生加强了解、融洽关系、增进感情、凝集人心起着重要作用，同时也是加强和改进班级工作、提高工作效率的有力体现。

（2）书面沟通

书面沟通是一种"纸上谈心"，也叫"笔谈"。班主任从学生周记中可以了解到学生思想动态，基本掌握他们的心理活动。通过批语，评述学生的所想所为，寄予班主任的殷切希望，发现问题，及时解决。平常收到学生的信件或便条，也应重视，及时批示或回信，并给予教育和引导。也可以发挥板报的作用，做一些正面的宣传和鼓动，表扬班上的好人好事。

（3）电子媒介沟通

随着互联网的普及，人们的沟通方式也发生了很大改变。QQ、微信是最受学生欢迎的一种即时通信工具，班主任可以建一个班级QQ、微信群，在QQ聊天中教育学生，引导其正确上网，更加真实地了解学生的思想动态，对班级工作，对教师的意见看法等等，更好地与学生进行交流。学生可以在QQ、微信群上和教师公开讨论，也可以选择向教师说"悄悄话"，谈学习、谈家庭、谈情感，交流、互动、共勉，尤其在寒暑假能实现远程"零距离"沟通。此外，通过第三者如科任教师、家长等与学生接触较多且较亲近者协助班主任间接地与学生交流沟通，也能达到共同教育学生的目的。此外，在放假期间，通过电话、短信等方式，不时地"突袭"一下，让学生既感到班主任的关心，又能很好地督促学生不要忘记学业。

（二）纪律管理

纪律管理是班级常规管理工作中最经常最重要的内容。纪律是学生学习的保证。一个班级没有好的纪律根本不可能搞好学习，更谈不上懂得做人的道理。纪律是集体中协调成员行为、使其步调一致、实现共同目标的行为规范系统。纪律能起到统一行动、统一意志的作用。除此之外，纪律还是一个班级班风的具体而集中的反映。一个班级纪律严明，说明在教师的指导下，学生们学习努力，团结友爱，积极上进；相反，如果一个班级的纪律松弛，那么，学生的学习、锻炼、班级卫生可能都很懈怠。班主任通过纪律管理，除了为班级营造一个井然有序的学习工作的人文环境外，重要的是能培养学生遵规守纪、文明自律的品德素养。

对学生的纪律管理，有的班主任采取的方法是：开学初根据本班的实际情况，制定切合实际的班规班纪，组织学生学习、讨论，在教室中张贴，然后根据班规班纪，画出学生德育量化表。选好一个大公无私的纪律委员，直接对班主任负责，进行记录，每天由班主任审定，在教室中公布。大事当场处理，小事在操行扣到一定分数时，给予处理。

（三）学习管理

学生的学习需要学生承担责任，付出努力，甚至要牺牲一些个人短时间的快乐才能完成。对学生学习的管理是应多层次、多角度的。有对学习态度的引导，有对学习过程的环节的管理，有对学习方法的指导等。一个有良好学风的班级一定有好的班风。学风是关键，班风是基础。

1. 学习态度管理

对班级学生学习态度的管理，不只是对一两个学生的教育，而是面向全班学生的工作。要教育全体学生具有正确的学习态度，就要在班级形成良好的学风。学习风气制约、影响每一个学生的学习积极性，而每个学生的学习态度又影响到班级的学风。班级的学风重在建设。班主任可以领导全班学生建立必要的学习制度，规范学习行为；举行一些学习活动，提高学生的学习兴趣和动机；加强对学习环节的指导与协调，使学习的每个环节同学们都有高涨的热情。

2. 学习常规管理

学习常规管理要分为不同时间阶段和场所进行，可分为课堂学习常规、课外学习常规、考试常规等的管理。

（1）课堂学习常规

教师的教和学生的学都主要是在课堂上进行，课堂是教学的中心，因此课堂学习常规就显得尤为重要。比如《中小学生日常行为规范》就要求：上课前准备好学习用品。下课时，请老师先行。上课专心听讲，勇于提出问题，敢于发表自己的见解，积极回答老师的提问。这几条规范中包括三个方面的常规。第一，关于礼貌的常规。课堂上要表现对老师的尊敬及对老师劳动的尊重；第二，关于学习的一般要求。如准备好学习用品，专心听讲，积极回答问题；第三，关于积极主动性和个性的激励。表现出"勇于""敢于""积极"，这是高层次的要求，要求学生在遵守课堂纪律的范围内，表现个性，学习创新，体现纪律和创新的辩证统一关系。

（2）课外学习常规

课外是指课表上安排的课堂学习以外和校外的时间与空间。课外有广阔的天地，是中小学生学习锻炼的好场所，尤其是实行双休日制以后，属于课外的时间更多。总的来说，课内课外要以课内为中心，课外活动的学习要丰富课内学习。比如《中小学生日常行为规范》要求：课外要认真复习、预习，按时独立完成作业。合理安排课余生活。积极参加社会实践活动。不进营业性舞厅、营业性电子游戏厅、酒吧和音乐茶座等不适宜中小学生活动的场所。

（3）考试常规

考试是学校一个重要的教学环节。它的作用在于检测教师教学的质量，学生学习的质量，同时通过考试督促学生进一步巩固、系统化已经学过的知识。考试的常规管理要求分考试前、考试中和考试后。考试前要指导学生积极地进行系统复习，以迎接考试。考试中要教育学生沉着应考，诚实考试，"考试不作弊"，这是对学生最基本的行为要求，同时，也是对学生起码道德品质的检验。考试后要帮助学生分析考试中的成败得失，总结经验教训，以利再学习。同时，要做好各类学生的思想工作，尤其是要关心那些在考试中失利的学生。

（四）交往管理

1. 中小学生活动交往管理的意义

新的课程标准提出的三大体系：学科教学主阵地、覆盖各学科的活动课和综合实践活动课，把活动与学科教学纳入了同等地位。在我国学校教育现代化的过程中，活动将越来越受到重视。

活动交往是教育的重要载体。人的正确思想认识、知识技能，严格地说都来自活动。陶行知先生认为："生活即教育""社会即学校"。其实质是揭示了生活、社会、活动的教育价值。有些中小学生在文化科学知识的学习中，可能一时处于后进行列，平时在人们的眼里是"灰姑娘"，但在其他活动中，如文娱、体育、制作、劳作，他们却能大显身手，成为瞩目的"明星"。所以，活动是展现人的才能、思想的最好契机。

2. 中小学生活动交往管理的内容

活动交往常规指学生在生活、学习活动中，或在与人交往过程中应有的行为方式与举止态度。教师要依据国家教育行政部门颁布的《中小学生日常行为规范》和《中小学生守则》，对学生在校内外的基本行为举止给以训练、要求和规范，培养学生的文明行为举止，积极活动、勇于实践锻炼的性格和尊重他人、真诚友爱的品德以及辨别是非的基本能力。

（1）日常行为常规训练

日常行为常规指学生在个人日常生活和学校学习生活中应有的文明规范行为。根据《中小学生日常行为规范》，学校对学生的个人日常行为主要在如下几个方面进行训练：

个人行为方面："坐、立、行、读书、写字姿势正确，穿戴整洁，朴素大方。不随地吐痰、乱扔废弃物，不吸烟、喝酒。举止文明。不打架骂人、说脏话。情趣健康，爱惜名誉。"

爱护公物方面："爱护校舍和公物，不在黑板、墙壁、课桌、布告栏等处涂抹乱刻画。借公物要按时归还，损坏东西要赔偿。爱护公用设施、文物古迹。爱惜庄稼、花草、树木。保护有益动物和生态环境。"

遵守道路交通安全法和公德方面："遵守交通法规，不违章骑车，过马路走人行横道。乘公共车、船主动购票，给老、幼、病、残、孕让路、让座，不争抢座位。""遵守公共秩序，购票购物按顺序，对营业人员有礼貌。"

生活自理方面："学会料理个人生活，自己的衣物用品收放整齐。主动收拾房间、洗衣、做饭、洗刷餐具和打扫楼道。""生活节俭，不摆阔气，不乱花钱。"

正义感方面："遇有人问路，认真指引。""见义勇为，对违反社会公德的行为要进行劝阻，发现违法犯罪行为要及时报告。"

（2）与人交往常规训练

交往常规是指中小学生在与人交往时应具备的礼貌与行为规范。具备交往方面的礼貌与行为规则，是一个人做人的基本品德。

与同学交往："同学之间团结互助，正常交往，真诚相待，不叫侮辱性绰号，不欺侮同学，发生矛盾多做自我批评。"

与师长交往："尊敬教职工，见面行礼或主动问候。回答师长问话要起立，接受递送物品时要起立并用双手，给老师提意见态度要诚恳。""尊重父母意见和教导，经常把生活、学习、思想情况告诉父母。""尊重体贴帮助父母、祖父母。""对长辈有意见，有礼貌地提出，不要脾气，不顶撞。"

与人交往："尊重他人人格、宗教信仰和民族习惯。谦恭礼让，敬老爱幼。尊重妇女，帮助残疾人。遇见外宾，以礼相待，不卑不亢。""待客热情，起立迎送。邻里有困难时，主动关心、帮助。""未经允许不进入他人房间、动用他人物品、看他人信件和日记。""不随意打断别人的讲话、打扰他人学习工作和休息，妨碍别人要道歉。""守信用。答应别人的事要按时做到，做不到时表示歉意，借他人钱物要按时归还。"

（五）环境卫生管理

环境卫生常规管理指训练、要求学生讲究个人卫生和形成学生保持教室、校园及其他公共环境卫生的意识及习惯。保护环境，保护生态是国际上的共同呼吁；保护生态、善待生物是人类一种新的伦理道德。

环境卫生常规管理，首先要从学生的个人卫生教育督促做起。要求他们"穿戴整洁，头发干净整齐，不烫发，不化妆……男生不留长发，女生不穿高跟鞋。""养成良好的卫生习惯。不随地吐痰、乱扔废弃物。不吸烟，不喝酒。"然后要爱护周围的公共卫生环境，要"认真值日，保持教室、校园整洁优美"。最后要把爱护环境的意识上升到保护生态环境："爱惜庄稼、花草、树木。保护有益的动物和生态环境。"

二、班级管理的原则

班级管理原则是班主任在组织和管理班级活动中必须遵循的基本准则和要求，它是班主任教育思想、工作方向的具体体现，能否遵循和贯彻班级管理原则是班级管理有无成效的重要标志。班主任只有以正确的工作原则为指导，才能搞好班级教育与管理，形成良好的班风，使学生在良好的班集体里受到教育、感染和熏陶，使之健康地成长。班主任在班级管理中主要应遵循以下几条原则。

（一）教育性原则

班主任要在对学生进行思想教育、品德教育、个性培养的同时，运用一定的纪律或行为规范去约束、协调学生的思想行为，以促进其养成良好的行为习惯和思想品德。它能促进学生的社会化进程、学生的个性发展，能调适人际关系、加速优良班集体的形成。

贯彻教育性原则的基本要求是：

第一，在激励中将教育与管理结合起来。激励方法是现代科学管理的重要手段，对于调动学生的学习工作积极性具有很重要的作用，班主任在班级管理中应将精神激励、信息激励、物质激励三种激励方式有机结合起来。

但对于学生来说，主要是精神激励和信息激励，物质激励只作为辅助手段。这些激励措施，本身既具有管理功能，又具有教育功能。而在具体使用过程中则应及时地做好思想教育工作，以防激励不当产生不应有的副作用。

第二，在制度建设中将教育与管理结合起来。班主任管理班级、教育学生的重要手段之一就是加强制度建设。规章制度对学生的思想行为具有规范作用，制定规章制度的过程也是对学生实施教育的过程。因此，班主任应注意加强制度建设。制度建设包括贯彻学校的规章制度和制定本班的规章制度。

第三，在自我教育与自我管理中将教育与管理结合起来。学生既是教育和管理的客体，同时又是教育和管理的主体，班主任在对学生的教育与管理过程中，无论是采取激励方式还是制度约束的方式，学校的教育和管理只有被学生主动接受，而且使他们积极参与，才算是真正的成功。因此，班主任很有必要让学生参与教育管理，让他们在自我教育、自我管理中接受熏陶，促进发展。

（二）示范性原则

班主任管理的效果和威力主要来自正面教育（说服教育、以理服人）和自身行为的榜样作用两个方面，是言传与身教的有机结合。示范性原则是在说理的基础上充分发挥榜样（包括班主任）的示范作用，促进学生品德的养成。

贯彻示范性原则的基本要求是：

第一，班主任要以理服人，即注意言传的质量和可接受性。班主任应充分利用学生信赖班主任的这种心态加强对学生的说理教育，以理服人。要做到这一点，班主任就必须加强理论学习，学习《心理学》《教育学》《管理学》的有关知识，认真研究学生的心理、思想、行为发展规律，以求使自己的教育对象更具有针对性。如果一名班主任对学生教育时讲不出道理，光靠以势压人，或讲话口若悬河、不着边际，这样不仅教育不了学生，反而会引起学生的不满，降低班主任的威信。由此可见，班主任教育学生的过程，既是教人的过程，同时，又是修身的过程。

第二，班主任要以身作则，身教重于言传。班主任品德高尚，言行一致，说得有理，做得也好，他在学生中的威信就高，这样"身教"就能使"言传"发挥更大的作用。教师的语言是有声的行动，而行动应是无声的语言；前者使学生信服，后者使学生更加佩服。所以，班主任要重身教，从大处着眼、小处入手，身教必须是真实的。

（三）科学性原则

班主任对班级的各项教育管理工作都要建立在科学性的基础上，并要努力学习用科学方法和新技术来分析研究班级工作。科学性原则是实行有效的教育管理的前提和基础。

贯彻科学性原则的基本要求是：

第一，加强目标管理。班主任要通过树立目标，激发动机，指导学生在实现班级共同奋斗目标的过程中接受教育。随着目标的实现，班集体也逐步形成和巩固，而形成的班集体又成为班级管理的重要力量。

第二，实行制度管理。班主任要建立和健全各项规章制度，使班级工作制度化。没有制度，也就谈不上管理。

第三，吸收最新管理成果。班主任要在班级管理中实行标准化管理，可以根据班级的具体特点，制定德、智、体、美等方面的"量化考核"标准。有了标准，学生就有了奋斗目标，便于班主任进行检查、分析，促进工作质量的提高。

（四）民主性原则

班主任在班级管理过程中，要充分发扬民主精神，调动班级组织、全体学生、任课教师的主动性、积极性和创造性，共同参与班级的决策和管理。民主管理其实质和核心就是把教育的主动权教给学生，实现真正意义上的自我教育。其根本目的就是让学生学会做人，学会生活，使学生在自我体验、自我认识、自我控制三方面健康发展，形成良好的个性。而学生积极的自我体验能表现出自信自尊，从而消除自卑自傲的消极体验。

贯彻民主性原则的基本要求是：

第一，树立正确的管理思想。班主任在班级管理过程中，既要把学生看成管理对象，又要把他们看作是班级的主人，两者兼顾，不能只强调一方面，而忽视另一方面。班主任对班级管理既要有目标，有要求，又要大胆放手，广开言路，多层次多渠道地发动全体学生参加管理。

第二，与学生共同商量班级的事情。班主任提出班级的目标、制订班级计划、开展班级活动、处理违纪事件等，既要有自己的见解，又要与学生平等协商，广泛听取同学的意见，尊重学生的合理建议，不独断专行。

第三，鼓励和指导学生参与班级管理。班主任要力求做到班级的事大家干，让人人参加管理，让每个学生都在集体中找到自己的岗位。

第四，建立良好的师生关系。班主任尊重、热爱学生，必然会得到学生的尊敬和拥护，而师生之间的这种情感交流，有利于将班主任的要求转化为学生的自觉行为，这样会促进良好班风的形成。班主任对学生提出的各种建议，应予以鼓励，即使错了也不要指责。班主任不论在什么情况下都要善于控制自己的情绪和行为，做到心平气和，胸怀宽阔，处事冷静。

（五）规范性原则

班主任要按预先设计的程序、规范实施管理的各项工作。如建立健全各项规章制度，做到管理和教育有机结合，使班级管理始终做到标准化、有规律、有节奏地运行。

贯彻规范性原则的基本要求是：

第一，注意规范的教育性。班主任在进行规范管理时要加强思想教育工作，对学生说清道理，不能单纯地用规章制度去卡学生。

第二，建立健全规章制度。合理的规章制度，会使得班级各项工作有章可循、职责分明、奖惩合理，从而有利于稳定班级秩序，提高管理质量。班主任应结合本班的具体情况，制定实施细则，严格地按规章制度管理。

第三，严格要求，不断强化。班主任在规范实施的过程中要对学生严格要求，分期实施，步步落实，使学生不良习惯得以改正，班级好的风气得到强化。

三、班级管理的方法

班级管理离不开相应的管理方法，管理方法得当能提高班级管理效能，起到事半功倍的作用。中小学常用班级管理方法主要包括情操陶冶法、榜样激励法、自我教育法和规范约束法。

（一）情操陶冶法

情操陶冶法是指利用各种情境中的教育因素，特别是教育者自觉创设的教育情境对学生进行感化和熏陶，潜移默化地培养学生积极健康的思想情感，从而提高学生思想觉悟和品德水平的方法。但是，情操陶冶法并不对学生提出明确的要求，而是寓教育于各种情境之中，使人耳濡目染，在不知不觉中受到熏陶和影响。班主任要想把班级管理好，就必须创设各种情境，做到以境育人、以情育人，可以说，情操陶冶法是治班之本。

班级管理是一种正式人际交往活动，情感是联结班主任与学生的重要纽带，班主任不仅要以自身对班级、对教育事业的积极情感参与班级管理，而且应建立良好的师生关系、生生关系，以和谐的人际关系来推动班级管理工作。融洽的师生关系、良好的行为习惯的培养及对特殊学生的教育是使用情操陶冶法管理班级行之有效的方法。

（二）榜样激励法

榜样激励法是指班主任以自己符合某种要求的言语行动，为学生做出表率和榜样，激励学生效仿的一种班级管理方法。

班主任不仅是管理者，更是班级管理的标杆。班级管理中的"身教"至关重要，要求学生做到的，班主任要首先做到，要求学生做好的，班主任自身要做得更好。我国教育家孔子说得好："其身正，不令而行；其身不正，虽令不从。"班主任完美的人格魅力是敦促学生进步的无声语言，是推动学生进取的源泉和动力。只有这样，班主任的教育管理思想、引导班级发展的措施才会真正落到实处，对学生的严格要求才能有理有据，学生才会"信其道""亲其师"。

（三）自我教育法

自我教育法是指学生在班主任的循循诱导下产生的一种自己教育自己的内在要求，不断完善自我、改正错误、积极进取，不断向自己提出真、善、美的人生追求，进行自觉的思想转化的一种教育方法。在班级管理中，要通过"自我设计—自我践行—自我评价"三部曲，培养学生"自学、自理、自护、自强、自律"的人生观、价值观，引导他们向着积极健康的方向发展。班级管理应重视学生自我教育能力的培养，使学生学会自我教育、自我管理，最终实现从"他律"到"自律"，并求得自我发展。

自我教育法需要班主任给予学生特别的关注，适时对学生进行肯定和赞赏。班主任应运用值周、承包、竞争、合作、醒悟、分析等各种途径和方法，全面调动学生的主动性、积极性和创造性，使之以主人翁的姿态全员参与班级管理，达到自我管理、自我教育和自我完善的高层次教育管理目的。

（四）规范约束法

规范约束法是指班主任通过班规班纪来规范学生的行为，形成班级合力的一种班级管理方法。班级管理需要一定的规范来约束不良行为，如果没有规范约束，不良现象就得不到制止，正义得不到伸张。班主任要重视班规班纪的制定和实施，班规班纪应目的明确、针对性强，制定过程必须民主化、广泛吸纳各方面的意见，实施班规、班纪的方法必须恰当、合情合法。

班主任在实际的管理中应正视规范的局限性，特别要谨慎使用惩罚或制裁，可以把班级管理转化为"护优行动"，充分肯定所有学生都具有"优秀"的品质或潜力，促使学生反思能力的形成，使其自觉调节心境、每天生活都充满了希望和活力。

总之，班级管理是一门教育艺术，班主任只有正确理解各种方法的优劣，充分发挥自身教育智慧，才能灵活选用各种方法；只有用自己的真诚来赢得学生的信任，用自己的满腔热情去感化学生，用自己的人格魅力去影响学生，才能收到事半功倍的成效。

【案例·链接　5—02】

魏书生的全员管理制

备品承包现任制

1. 承包某项备品者须保持该项备品的清洁。如：承包暖气片者，应按学校规定，定期擦拭，在校例行卫生备品大检查时，不得因该项不合格而扣分。

2. 承包者要保证该项备品的合理使用：承包窗户者，热天负责开窗；承包灯具者，光线暗时及时开灯，日光明时及时关灯。

3. 提高备品的使用率。如：承包篮球、排球的同学，要使同学们在该玩的时间内有球可玩；承包暖壶的同学要使需要喝开水的同学有水可喝；承包鱼缸的同学使愿观赏鱼的同学时刻有鱼可观赏。

4. 保护备品不被损坏，及时加以维修，损坏严重的，查清现任承包者，及时赔偿或更新。

5. 具体承包人

（1）×××（教室门）

（2）×××（保管粉笔）

（3）×××（鱼缸及养鱼）

（4）×××（卫生角及洗手用具）

（5）×××（暖壶及杯）

（6）×××（班内及大会议室的灯具）

（7）×××（两个写字台）

（8）×××（保险柜及油画）

（9）×××（扫除用具）

（10）×××（大会议室的门）

（11）×××（擦瓷砖）

（12）×××（养班内的28盆花）

（13）×××（保管班级篮球、排球）

（14）×××（倒痰盂与清洗）

（15）×××（教室及大会议室黑板）

（16）×××（大会议室北部暖气片）

（17）×××（大会议室暖气片）

（18）×××（教室南部暖气片）

（19）×××（教室北部暖气片）

（20）×××（教室南数第一扇窗户）

以下窗户承包者略

（21）×××（大会议室北数第三扇窗户）

以下窗户承包者略

（22）×××（教室内的窗帘）

（23）×××（班级图书柜橱）

（24）×××（每把椅子上的紧固螺钉）

（25）×××（两个水桶）

（26）×××（讲桌）

（27）×××（班级奖状）

（28）×××等同学随时听从调遣。

专项任务承包责任制

1. 承包专项任务的同学必须持之以恒，对某项任务因事完成不了时须指定临时负责人或通过常务班长，重新委托他人负责。

2. 对所承包的专项任务，检查发现违纪者，有权按班规给予当事者惩罚。

3. 对所承包的专项任务应定期提出改进意见，对旧的奖惩规定发现不合理时，一面坚定不移地执行，一面向班长提出修改建议。

4. 专项任务承包人

（1）思想方面

①×××（检查日记，没按时完成者，当天补完，写500字的说明书；每拖一天加写500字；未经本人允许，私自看人日记者写1000字的说明书。）

②×××（负责记录每位同学在校内外做的好人好事。做好事一件，操行评定可加0.1分。）

③×××（检查座右铭，未摆到桌上者，立即摆上，并惩罚擦

一扇玻璃）

　　④×××（负责班级日报，凡在中午 12：00 前未出报者，罚 3000 字的说明书；本班内容不够 60％版面者，撕掉重办；按日报 10 条规定不合其他要求者，主管人酌情惩罚。）

　　⑤×××（负责记录、整理班规班法，同学违反规定，忘记班法时，及时给予查阅，督促专项承包人执行班规。）

　　⑥×××（对犯了错误、挨批评时只顾流泪的同学，写 1000 字的说明书。）

　　⑦×××（负责各项违纪者说明书的登记、收取、归类、统计。每写 1000 字的说明书，在该生操行总分中减去 0.1 分。）

　　⑧×××（检查黑板上每日一条格言写得是否认真，不认真者，擦掉重写。）

　　⑨×××（负责班会的准备工作，召开班会时可自己主持，也可指定有关同学主持。）

　　⑩×××（负责开展独往独来活动期间的独往独来监督工作，违反规定者，扫操场 45 分钟。）

　　⑪×××（负责班级课外书的借阅保管工作，指导不同类型的学生看不同内容的有益的课外书，对将不适合中学生看的内容的书籍带入班级者，书籍没收；并且写 1000 字的说明书。）

　　（2）学习方面

　　①×××（负责检查作业。可定期检查，亦可抽查，未完成者，立即补上，并罚打水一桶。）

　　②×××（负责语文文学常识的归类及解答同学们的疑问，辅导。）

　　其余承包字、词、标点、读写知识、汉语知识、修辞、课后习题、文言文等知识者略。

　　③×××（负责指导学生出互测试题，没按时出完者，写 1000 字的说明书，并当天补上。试卷没写出题人或没装订在一起，均写

500 字的说明书。负责收取试题，并组织同学们抽签考试。）

④×××（负责组织互测后未达到分数线的同学出补考试题，并组织补考。）

⑤×××（负责监督不懂装懂的同学。不懂装懂，打水三桶。）

⑥×××（负责组织每两周一次的智力竞赛活动，包括竞赛试题的选择，竞赛方式的确定。）

⑦×××（负责检查中午路上背一个英语单词的活动，没带单词本或书者，立即回教室取。）

⑧×××（负责帮助赵伟同学掌握学习方法，提高学习成绩。检查其各科作业完成情况。）

另外几名帮助后进同学者略。

（3）纪律方面

①值周班长（负责考勤。发现早晨上自习迟到者，罚扫操场 45 分钟；早退者写 500 字的说明书。）

②×××（负责检查班标，缺一次写 1000 字说明书。）

③×××（负责检查是否有进电子游戏厅的同学。发现进一次游戏厅，则罚其写 1000 字的说明书，并每天早自习扫操场，连扫一周。）

④×××（负责检查是否有买乱七八糟粘贴画的同学，发现以后，罚其买粘贴画款的 10 倍，交团支部，邮寄到贫困灾区。）

⑤×××（负责检查叫别人外号或骂人者：叫别人外号者写 2000 字的说明书，赞誉性外号另当别论；骂人者，写 3000 字的说明书。）

⑥×××（负责监督不爱护粉笔者。乱扔粉笔头者，一次写 500 字的说明书，擦一扇窗户。）

⑦×××（负责自习说话接力本，凡接力本上有名的，一次写 500 字的说明书，晚间没交出接力本的，写 1000 字的说明书。）

⑧值日班长（负责监督自习课借东西者。一经发现，则罚其写

500字的说明书，借东西给他人而不阻止者，写250字的说明书，自习课传作业本、文具等送还别人者，扫操场一节课。）

⑨×××（负责处理造谣的同学。造谣危害别人者，写5000字的说明书，传谣危害别人者，写2500字的说明书。）

⑩×××（负责监督班长民主表决，表决时，如发现由于情绪过于激动，举两只手以增加票数的人，即予以揭穿，并让其两只手举10分钟。）

⑪×××（负责每周六选举。选举说话最多者，或周退者，或周乱者，选举用微型选票，计票者需大声公布自己所计人姓名，凡10票以上者，每得一票写100字的说明书，并自己将名字及票数写到黑板上。）

⑫值日班长（发现无声日课间大声说话者，一次罚写500字的说明书；平时发现在教室走廊跑跳者，一次罚写250字的说明书。）

（4）体育卫生

①×××（发现课前唱一首歌时，手放在桌上者，一次罚写500字的说明书，发现唱歌时明显东张西望或低头者，一次罚写250字的说明书。）

②×××（发现课间操未穿运动服者，回家取，协助当天值日生扫除。发现衬衣上数第二个扣以下（含第二个）未系者，每有一个不系一次罚写100字的说明书。拉锁式运动服，自脖子以下应拉开在15厘米以内，超过此数，每超过10厘米，一次写100字的说明书。）

③×××（负责监督眼保健操。发现有一次睁眼者，写250字的说明书。）

④×××（负责监督练气功。放音乐入静时，有人走动或睁眼，则罚写250字的说明书。）

⑤值日班长（发现那位同学附近的地面有纸屑，则每平方厘米罚写100字的说明书。）

⑥×××（负责记录老师上课情况，注意提醒大家"坐如钟"，平时负责提醒同学们写字距离书本一尺远。）

⑦×××（负责检查劳动工具。每次劳动，发现未带工具者，命其回家去取；劳动结束后，第二天他还应再干半天活。）

⑧×××（发现不请假又不参加跑步活动或课间操活动者，罚写 1000 字的说明书。有病不能跑步或出操者，须写 400 字的请假条。）

⑨×××（负责督促同学不吃零食，吃零食一次罚写 500 字的说明书；再看衣袋里，每发现一种加写 100 字的说明书。）

【思考·实践】

1. 青少年学生本身具有极强的可塑性，改革开放的现代社会更具复杂性，加之德育工作固有的长期性，给班级管理增加了难度。班主任应该怎样多层次、多角度地探索、研究班级管理的措施？

2. 学生家长打工与留守儿童产生的蛋壳现象，使亲子关系有了疏离，也影响班级管理的预期效果。班主任怎样开展留守儿童的教育工作？

3. 独生子女是中小学教育的新生事物，外部教育环境的影响，个别学生的世界观、价值观、人生观发生了扭曲，道德严重缺失，信仰出现危机，这也为班级管理提出了新的课题。班主任应该怎样针对独生子女开展思想教育工作？

第三节　团、队活动管理

中国共产主义青年团（简称"共青团"）是中国共产党领导的先进青年的群众组织，是广大青年在实践中学习中国特色社会主义和共产主义的学校，是中国共产党的助手和后备军。简要地说，共青团是中国共产党领导下的一个负责青年工作的部门。

中国少年先锋队（简称"少先队"）是中国少年儿童的群众组织，是少年儿童学习共产主义的学校，是建设社会主义和共产主义的预备队。

学校共青团、少先队组织（简称"团、队"）是中国共产主义青年团和中国少年先锋队最基层的组织，是学校对青少年学生进行社会主义思想和共产主义精神教育的重要组织和阵地。引导、吸纳符合条件的儿童、青少年加入团、队组织，通过丰富多彩的活动引导他们听党的话，好好学习，天天向上，爱祖国，爱人民，爱劳动，爱科学，爱护公共财物，锻炼身体，培养能力，努力成长为社会主义现代化建设需要的合格人才，做共产主义事业的接班人。加强团、队组织建设，培养团、队管理和辅导人员，常态开展活动进行思想、道德、纪律、世界观、人生观、价值观等教育，是学校工作重要组成部分，团、队活动的管理尤为重要。

一、团、队活动在学校工作中的重要作用

团、队组织开展良好的有益的活动，在学校工作中发挥着极其重要的作用。学校对学生的道德、养成、行为、习惯、兴趣、爱好以及人生观、价值观、世界观的培养与形成，一般都体现在班会和团、队活动及日常教学活动中，活动形式、内容等直接影响到良好的班风、班纪和校风、校纪的建立。而团、队活动尤为重要，因为团、队对学生来说，是他们所追求的组织，在这样的组织中接受锻炼和熏陶，他们感到无上光荣。团、队活动的开展，会让学生更加努力学习科学文化知识，不断追求上进，展示自我，发展自我，不断进步，这为学校全面贯彻党的教育方针，加强学生思想道德和文化知识的学习，意义深远，作用重大。

（一）团结全体学生，锻炼每一个体，建设优秀班集体

作为青少年自己的群众组织，团、队对积极要求上进的青少年

学生具有极强的号召力和影响力。这种号召力和影响力会把优秀、积极的学生团结在一起，形成一种凝聚力，有了这种凝聚力，班集体就会是一个战斗的堡垒，就会创造很多让人刮目相看的成绩，对于形成一个良好的班集体起着十分重要的作用。团、队组织中的每一个成员在学习、生活以及各项活动中，都会不断得到良好的锻炼，发挥先锋模范作用，再影响和团结更多积极要求进步的同学，进而影响和团结全体同学，建设一个优秀的班集体。

（二）树立先进典型，弘扬时代正气，保持和发展班集体

坚持党的教育方针和办学方向，团、队组织开展有益的活动，教育引导组织的成员服从组织，严于律己、以身示范，就能在学校里起到表率带头作用。一批勤奋学习、努力上进、顽强拼搏的优秀学生团结在班集体周围，就组成班集体的坚强核心，这样的集体就会为班级目标努力奋斗，班集体就会越来越优异和具有感召力，就会让集体的每一个成员自豪、依恋，甚至留下永久美好的回忆，也会有益于学生终身的良好发展。

（三）深入开展多样活动，寓教于乐，教育效益不断提高

团、队组织的活动相对独立但不孤立，它是学校教育工作计划的一部分，在学校和班集体统一教育和教学工作计划的指导下配合有关教学活动开展的，因此它是为教育教学工作服务的，它的活动是和学校、班级的工作相互配合协调的。深入组织开展各类活动，结合现实生活，富于时代气息，寓教于乐，使之成为学校、班级管理的润滑剂，能使教育的层次更深入，教育的内容更丰富，教育的内涵更深邃，教育的外延更宽广。

（四）净化心灵，陶冶情操，让学生树立远大理想

青少年学生在知识增长，身体发育的可塑时期，认识、观念等都处于懵懂和萌芽阶段，教育的矫正和塑造作用具有深远的影响力。

团、队组织的具有正能量的活动，奠定了他们健康发展的基础。这些具有积极意义的多样活动，能让青少年学生抛弃顽劣、蒙昧的东西，接受健康、上进的东西，使其心灵得以净化，情操得以陶冶，形成正确的人生观、世界观，进而树立远大的理想。

二、团、队活动与学校工作的有效结合

（一）团、队活动计划依据学校及班级工作计划而制订

团、队组织是学校教育活动具体落实的基本单位，是班主任对学生进行教育的得力助手。班级执行学校教育活动安排，团、队组织具体实施。班主任制订工作计划，绝大部分就是制订团、队活动工作计划。团、队组织开展哪些活动，形式怎样，需要做哪些准备，预设有哪些困难以及如何应对等，都要以学校工作计划为蓝本，在制订班级计划时通盘考虑，做到胸中有数。团、队活动计划是学校工作计划的再细化，要可信、可行，有实效。

（二）团、队活动开展要在班主任和班委会的指导下进行

要把团员、队员凝聚在一起，形成一个团结向上、充满活力的战斗集体，经常性地开展多样的活动非常重要。因此，团、队活动开展要在班主任和班委会的指导下进行。

1. 在班委会选举成立后，相应要建立团支部、队委会，选配好班级的团、队干部。一般要有专门的人员担任，尽量不要让班委会成员兼任。

2. 加强学生对团、队组织的认识，学习团、队的章程和知识。让更多学生加入团支部、队委会，不断壮大团、队组织。

3. 定时开展团、队的日常工作和基本活动，让组织健全和具有生命的活力，进而具有吸引力。

（三）团支部、队委会与班委会做好协调工作

团支部、队委会工作具有相对独立性，但不是孤立的。指导、协调班委会、团支部、队委会工作，既要注重各自的独立性，又要注重协同融合性。情况不同，采用的方法和措施也有所不同。

（四）团员、队员在团、队活动中要发挥模范引领作用

团、队组织是一个对青少年学生有强大吸引力和感召力的组织，这源于它本身的先进性。共青团、少先队的先进性，主要是通过团、队的工作和团员、队员的示范引领作用具体体现出来的。团员、队员的模范带头作用是其个人进步的表现，也是团、队组织先进性的表现，关系到团、队组织在学生的威信与形象，关系到团、队组织是否有凝聚力、号召力。在一个班上，团、队组织在学生中威信的高低，很大程度上取决于团员、队员模范作用发挥得如何，团员、队员的思想和行为是其他学生评价团、队组织重要依据之一。

三、团、队活动的具体实施

（一）团、队活动的内容和形式

团、队活动的内容和形式丰富多样，如：报告会、演讲会、讨论会、辩论会、时事政治学习会、学习经验交流会、主题团会、主题队会，除此之外，还有进行新的尝试的观摩会、参观学习会，社会实践活动，学习雷锋做好事，组织学生进行评议，写观后感，写调查报告等等。在什么形势下，有什么要求，团、队活动内容与形式都各不相同。

（二）团、队活动的计划与准备

开展团、队活动，计划要先行，准备要充分。包括精心观察，深入了解；广泛拟题，充分酝酿；确定主题，周密计划；精心辅导，

扎实准备；布置环境，营造气氛。这些要先指导，多锻炼，再形成习惯，独立安排并完成活动，进而形成学生自己自觉的行为。

（三）团、队活动的组织过程

团、队活动是学生的活动，因此学生应该是主体。活动的策划、组织、主持等都应当让学生参与完成，鼓励人人参与，建立各项任务安排轮换制度。班主任只是以活动的参与和观摩者的身份参加，在部分环节上给予指导。活动中学生是主体，教师是主导，放手与导向结合，学生得到锻炼，教师得到解放，活动的意义和收获就非同一般了。

（四）团、队活动的总结

教育学生是团、队活动的最终目的，因此，团、队活动总结既要总结成绩也要找出问题。总结成绩可以不断提高深化对所受教育的认识；找出问题可以明确差距，下次改进。

四、团、队活动的有效指导

（一）抓住团、队的特点给予指导

班级团、队组织具有独立性，它直接接受上级共青团、少先队组织的领导。班主任只是予以辅助和指导。

1. 尊重团、队组织的独立性，放手工作，充分发挥团、队组织积极性、主动性和独创性。

2. 放手不是甩手不管，而是在独立的基础上热情、主动、悉心地指导团、队组织开展工作。

3. 根据上级团、队组织的要求帮助团、队开展适合团员、队员特点的活动。

（二）抓住团、队知识结构给予指导

在学校团、队组织中，每一个团员和队员思想品德好、学习成绩好，是团、队组织具有凝聚力、向心力和战斗力的主要标准，这样的团、队组织才能在班级乃至学校中起到核心作用。因此，要根据知识结构，指导团员、队员既要认真学习科学文化知识，又要加强思想政治教育。

（三）抓住青少年特点给予指导

1. 指导开展活动的方法。具体有：鼓励团、队干部树立自信，大胆开展活动；启发他们设计活动方案，教他们抓关键，推动活动顺利进行；教导他们严于律己，以身作则；有意识地培养团、队干部的民主意识和服务意识；培养他们实事求是、大公无私的工作作风；教育他们注意团结，顾全大局。合理方法的指导直接关系到团、队活动的成败。

2. 指导选择活动的内容。活动内容是整个团、队活动的核心，其选择既要适合党对团、队的要求，又要符合青少年的身心发展特点。内容应具有普遍性和指向性，重点突出，紧跟时代。

3. 指导开展活动的形式。班级团、队活动的形式，要体现多样、小型的原则。这样简单易行，吸引力强，对时空条件要求低，适合班级的实际条件和青少年学生的特点，有利于取得良好的活动效果。

4. 指导开展活动的管理。指导团、队干部加强活动管理，按照一定的活动程序，发挥主动性和创造性管理好活动，激励他们为实现各自的美好愿望而在各项活动中积极进取。

【案例·链接 5—03】

少先队活动：巴蜀心 中华情

汪小红：甘为人烛，照亮信仰，尊重队员，奉献青春。

（重庆市巴蜀小学中队辅导员，全市第四届少先队辅导员职业技能大赛特等奖获得者）

适合年级：5—6年级

活动目标

1. 通过活动使队员置身于世界舞台感受中华文化魅力，进一步增强民族自豪感，升华对家乡、对祖国的朴素感情；

2. 从一代代巴蜀少年的奋斗足迹与民族之情中，激发壮志，争做了不起的巴蜀人。

活动方法：看视频、看课件、讲故事、表演唱、诗歌诵读等。

活动准备

1. 辅导员与队员共同讨论活动方案；

2. 搜集巴蜀校友代表、巴蜀学校队员留学资料；

3. 搜集中国美景图、中国文化代表性图片，准备世界地图、小红旗、"巴蜀榜样"徽章。

活动过程

环节1：巴蜀少年世界行

1. 巴蜀少年世界寻亲

主持人：巴蜀，我们成长的摇篮。这里不仅培养了影响国际的莘莘学子，也造就了遍及世界的青年才俊。今天，让我们在世界地图前开始寻亲之旅。

小队活动：汇报前期搜集活跃在世界舞台的巴蜀学子资料，如：

队员1：在俄克拉荷马，看到了前几年毕业的校友张艺楠；

队员2：在哈佛，看到了20世纪90年代的校友朱迪；

队员3：在温哥华金斯威地区议会，看到了20世纪60年代的校友梁陈明；

队员4：在加州，看到了20世纪30年代的校友麦当劳大王尹集成……

2. 巴蜀少年世界游学

（1）小队汇报游学走过的地区，呈现照片。

（2）出示世界地图，在相应国家贴上队旗。

主持人：巴蜀少年在德国，在奥地利，在英国，在日本，在韩国，在美国，在加拿大……我们的足迹遍天下。看，（手指世界地图）队旗是我们前行的路标，世界是我们学习的舞台。

环节2：巴蜀少年中国情

主持人：巴蜀少年游走世界，但魂牵梦萦的还是中国那片多情的土地，还是华夏那份不变的情怀。

1. 感恩巴蜀：再现校友感言

张艺楠：感谢巴蜀给了我翱翔世界的平台和力量！

朱迪：得到哈佛的录取通知书，我想在第一时间与巴蜀的老师、同学们一起分享。

梁陈明：能活跃在加拿大政坛，服务世界，这是一个中国人的骄傲！

尹集成：岁月流逝，人事变迁，但始终没有忘记的是在巴蜀求学的少年时光。

主持人：2011年春节，中央电视台在世界各地追寻华人足迹进行专访。校友尹集成幸运地成为美国华人的唯一代表。（播放视频节选）他在节目中还特别提到"是巴蜀成就了他的现在。在他心中常常思念的也是那祖国的山水、故乡的云彩"。

2. 追忆故乡：表演歌曲《故乡的云》

天边飘过故乡的云

它不停地向我召唤

当身边的微风轻轻吹起

有个声音在对我呼唤

归来吧归来哟

浪迹天涯的游子

归来吧归来哟

别再四处漂泊……

3. 赞美中国：诗朗诵《我爱你，中国》

女：小时候，妈妈对我讲：

我们生长在一个非常美丽的地方。

她，从西到东，丘陵和高峰郁郁葱葱，

她，从北到南，两万多公里的海岸线碧波荡漾；

她，山明水秀，杨柳成行；

她，土地肥沃，鸟语花香；

她古老而年轻、她典雅而端庄——

她的形象从此便深深地铭刻在我幼小的心灵上。

男：上学时，老师对我讲：

这个美丽的地方就是所有炎黄子孙的故乡。

她幅员辽阔，有着九百六十万平方公里的疆土；

她美丽富饶，像一颗明珠镶嵌在世界的东方；

她延续了五千年的文明历史；

她创造了六十载的灿烂辉煌。

合：她，就是中国——全世界人民景仰的地方；

她，就是母亲——中华民族鲜红的太阳！

4. 传播文化：巴蜀少年汉语桥

（1）展示中国礼仪：鞠躬礼、注目礼、握手礼。

（2）交流中国文化：中国结、中国扇、中国画、唐装、书法、印章、京剧、诗词……

（3）推介中国饮食：茶、饺子、火锅、元宵……

（4）呈现巴蜀国际交流：市巴蜀小学先后和英国布鲁克塞德社区小学、美国俄克拉荷马州文物馆学校，缔结为国际友好学校。2011年1月6日，市巴蜀小学孔子课堂正式建立并开始稳步运行。

5. 情系华夏：演唱歌曲《红旗飘飘》

那是从旭日上采下的虹

没有人不爱你的色彩

一张天下最美的脸

没有人不留念你的容颜

你明亮的眼睛牵引着我

让我守在梦乡眺望未来

当我离开家的时候

你满怀深情吹响号角

五星红旗　你是我的骄傲

五星红旗　我为你自豪

为你欢呼　我为你祝福

你的名字比我生命更重要

……

主持人：中国历史悠久，文化迷醉世界，红旗是我们的方向，祖国是我们的骄傲！

环节3：巴蜀少年未来梦

主持人：长在巴蜀，回馈世界。明天，我们是希望；未来，我们是主人。

1. 队员活动：科技、绘画作品展

2. 队员活动：才艺秀

3. 队员活动：网络连线伦敦加油奥运

队员1：One World One Dream、2012伦敦奥运就要开幕了！巴蜀校友廖克力已获得参加残奥会的资格！

队员2：One World One Dream、我们将邀请英国友谊校的同学牵手伦敦加油奥运，喝彩中国！

主持人：科技挥洒了我们的才情，绘画表现了我们的创新，我们是继往开来的小达人。

辅导员讲话：巴蜀孩童，世界眼光。亲爱的队员们，今天我们跟随巴蜀学子放眼世界，发现中国，明天我们将用自己的努力与行动壮大中国，影响世界。让我们永怀巴蜀心，牢记中国情！

点评：随着时代的发展，交流愈加密切，地球逐步变成一个村庄。在感受外来文化的同时，需要对少先队员进行中国文化的强调与再现，让队员既有国际视野，又不忘民族之根。队会活动课通过"世界行、中华情、未来梦"三个板块，展示了巴蜀少年昂扬向上的精神风貌，并用寻访、唱诵、交流、表演等自主活动充分感受了引以为豪的祖国文化，深度体验了作为有民族之根的巴蜀学子的幸福，很好地激励了巴蜀人永怀巴蜀心，牢记中华情！活动课例注重结合实际，富有时代感、教育性。

【案例·链接　5—04】

共青团活动："青春团校，领跑未来"团校特色活动简述

时间：2012—4—23　作者：温州实验中学团委　来源：温州实验中学

一、活动背景

没有追求与理想，人便会碌碌无为；没有信念，就缺少了人生航标，人便会迷失方向甚至迷失自我，难以到达理想的彼岸，更不会完全发出自己的光和热，彰显人生的意义和生命的价值。

在全球化的时代背景下，现在的学生面临的诱惑与选择急剧增多，加上独生子女集万千宠爱于一身的现状，"理想""信念""责任"等意识大大削弱。歌德曾说过："人不是靠他生来就有的一切，而是靠他在学习中所得到的一切来造就自己。"共青团作为共产党的后备军，作为优秀青年的组织，如何通过这个平台吸收更多优秀学生加入这个组织，通过生动有效的团员意识教育活动，更好地引导广大学生积极向上，有道德、有诚信、有理想、有正确的世界观、人生观和价值观，是值得关注与深思的。

实践证明，团课是有效的载体与组织形式，精心组织它、策划它，的确在一定程度上能引导更多学生理解自己的时代责任，不断提升个人素质，并积极地影响他人和身边同学共勉努力。

二、活动目的

1. 经过团校生活，引导学生做思想的先锋。对"共青团"有真正意义上的理解和认识，了解了团的性质，奋斗目标，基本任务，还了解了她的先进性和影响力。

2. 经过团校生活，引导学生做理论的践行者。具有刻苦学习的

精神和勤奋工作的态度，具有"严于律己，宽以待人"的作风，要在学习、生活、工作中起到模范带头作用。

三、活动主题

共青团基础知识学习、团歌学习、时事政治、专题讲座等。

四、活动时间

每学期至少安排四次团课。

五、活动地点

各校区会议室。

六、参与对象

有热情、有理想、有行动的入团积极分子。

七、活动实施

我校少年团校自开办以来，在学校党委的领导下，团校基础建设日臻完善，已实现规范化、体系化，办学质量不断提高，为团组织培养和输送了一批又一批的合格团员。同时对于加强团的基础建设，提高团员素质，培训团的骨干起着重要的作用，并已经成为学校共青团工作的基本阵地和学校德育教育的重要组成部分，形成了一些颇具实效的特色项目：

1. 青春足迹——我的成长日记

团校有完善的学员报名制度和学员录取办法，结业时分发"温州实验中学团校结业证书"。其中，最具特色的项目就是每个学员都有一本成长日记，内容包括"我的决心书""入团寄语""综合表现反馈""班优我优——我为班级做件事记录表""校荣我荣——我为校园做件事记录表""家和我乐——我为我家做件事记录表""入团鉴定""团校学习收获"等十项内容，每一位学员借此定期记录自身的成长心迹，培养自己善于思考、笔耕不辍的良好习惯。

团校的"成长日记"除了学员记录自身的学习体会外，还包括团校对学员的管理内容，如"团校考勤表"对每个学员的出缺勤情况进行记录；"团校活动反馈表"根据学员在学习过程中"学习态度、社会实践、理论考核、作业情况、出缺勤情况"进行综合考评；

"入团鉴定"分班级民主评议和团校总评两栏，团校总评采取百分制。每一期都会评出优秀学员若干，并能及时张榜表彰，分发团校结业证和优秀学员证。

孩子们的成长心迹：

（1）家和我乐——我为我家做件事

学员：2009级1班　梁洛邑

家和我乐——我为我家做件事：拖地板

拖地板，没做之前对于我是一件自认为十分简单的事。但经过亲身体会，才明白其中的不易。背一直弯着，手支撑着重量。所以，拖完以后，整个人便十分劳累。这是我没做之前所不能体会的。

完成后，所感到的不仅是累，更是对父母的爱更好的体会。

家和我乐——为父母长辈做一件事：为妈妈捶背

每次下班回家，她总是很劳累，趴在沙发上，但为了让我们吃上热腾腾的饭菜，她又得从沙发上爬起来烧饭。所以，我为她捶背。

轻轻捶着，捶着……这代替了、也更好地诉说了：我爱你，我的妈妈！

家长留言：坚持最重要，坚持住为家里付出，是对家里最好的爱。

（2）校荣我荣——我为校园做件事

学员：2009级7班　戴豪成

活动主题：组织同学在学校特长生招收活动中担任引导员

活动内容：在2010年的暑假里，我组织学生会干部和一些优秀的同学，积极参加到温州市实验中学的特长生招收活动中，担任招生现场的引导员，并得到了校领导和一些家长的好评。

在现场，我担任楼层巡逻兼机动人员，戴着绶带，大多数时间在楼层里四处走动、巡逻，并负责处理一些紧急情况，比如传达老师的指令、调配人员、临时更换人员。有时候，我也会递送一些表格、矿泉水。中途还在某处的岗位代替别人。而每当一个任务交代下来时，我总会以最快的速度完成，并且不出差错。即使是出了一些临时的不可预料的状况，我也能及时将其处理妥当。当一些同学或是家长对校园不熟悉，或是对考试流程有疑问时，我总会耐心解答。

通过我们的努力，学校的特长生招收活动圆满结束。

我的心得体会：一天下来，整套校服几乎被汗浸透了，脚也有些酸痛，甚至中午事情很多，连午饭都得晚点吃。但是我还是在乐此不疲地东奔西走，因为我觉得，在工作中，我能获得一种成就感，还有一种普通人所没有的乐趣。因为它能提高我的工作能力，增加工作经验，还能促进我与老师、同学，甚至陌生人之间的交流能力。这种活动，不也是学习之余的一种放松，不也是另一种学习吗？这个活动也使学校的招生工作有条不紊地进行，算是为学校做出了力所能及的贡献。

2. 学生授课——少年讲师团

团校能针对学生的不同特点举办入团培训班、团员培训班与团干培训班。每学期至少举办四期入团培训、使团外积极分子通过团课学习，提高对共青团的基本认识、明确做一名共青团员所履行的义务以及所应担负的历史责任，增强争当一名光荣团员的责任感。而我校团校在授课上一大亮点就是挑选优秀学生干部成立少年讲师团。在老师的指导下，放开手让学生干部唱主角，从选题、备课、制作课件、上课、出卷，学生讲师团全情投入，积极组织。因此，学生干部的普遍工作能力较强，不仅在团校、且能在全校各类大中型活动中担任相当重要的组织工作和宣传工作，而学员们在这种积极饱满的学风，先进同学身体力行的带动与感染下，也就自然而然做到人人争优。

少年讲师团成员——桑爽的教学故事：

那天一周例会时，老师布置了一个任务给我：给新一批的团校学员上团课。

听到这个消息，我既兴奋又害怕。刚刚戴上团徽的我真的能胜任这个任务吗？我忽地想起曾经的团校学习，上届的学姐坐在会议室的主席台上，双手放在桌上，用眼角的余光瞥了我们大家一眼，嘴角露出浅浅的微笑。她一字一句地叫我们念团章上的内容，精致的课件，甜美的声音都给我留下了深刻的印象，当时第一次接触"马克思列宁主义""毛泽东思想"的我甚是兴奋，手中的笔不停地挥舞，拼命记录着学习要点。

那时的我，对于讲台上的学姐怀着一份敬畏的心情。

可现如今，我也将成为别人眼中那个厉害的学姐，成为别人敬畏的对象，心里竟有些紧张，不安和忐忑像潮水一般向我涌来，带给我窒息的感受。没有经验的我怎样才能完成这项任务呢？

俗话说："世上无难事，只怕有心人"，勤能补拙的道理谁会不懂呢？我抽出课余时间，将团长上的内容铭记于心，记住每一章课件上写的内容，还写了好多串联词。只等星期四的到来。

星期四中午，当所有学员就位时，我望着黑压压的人群，再一次地紧张起来。当坐在主席台上，看着下面与自己同龄，甚至比自己高一年级的同学用仰视的目光望向你时，心里的小鹿便开始不停地乱撞。我双手握成拳头，可两只腿还是不听使唤地抖着。原来准备的那些内容好像一下子全部逃走了一样，脑袋里只剩下空白。

随着老师的一句"开始"，我只好故作镇定地握住鼠标，开始讲课，我极力不去看他们，紧张开始得到缓解，渐渐进入状态。可就当我越讲越顺的时候，我突然发现我没有事先记下团章里这些重点内容的页数，于是，每当我讲完课件里的一个重点时，我就得拼命地寻找它在团章里的页数。看着一排排密密麻麻的小字，我感到一阵眩晕，脸上烫烫的。可事到如今，也只好让他们自己翻了。

当我念完最后一个字时，下面响起雷鸣般的掌声。那时，我似乎看到了一米阳光，照入昏暗的会议室，照亮了我的眼睛，也照亮了心扉。

走出会议室，我如释重负。其实完成每一件事情，对于你自己来说，是一种付出、一份艰辛，但同时也是一种收获、一份甘甜。有了这次经历，我对团校学习的流程也有了一定的了解，而其中的小插曲更是让我了解到做事前，应该考虑到方方面面，列出一个计划，并将这个计划细致地完成。这样才能做到事无巨细。在每一天的生活中，我们用心去努力，用心去感受，每一步的脚印都会显得弥足珍贵，都会有它最美好的意义，回头看看，我们已走出好远。感谢少年讲师团，她让我变得如此美丽。

3. 社会实践——学员在行动

社会实践活动一直被作为培养德、智、体、美、劳全面发展的合格人才和培养学生创新精神和实践能力的重要途径。我校团校就一直非常重视学员的实践动手能力培养，除了在暑期精心策划策划与安排社会实践活动，每逢学期中的重大节假日，也是精心策划选题，引导学员积极参与实践、提高社会竞争能力。以2010年国庆假期为例，团校组织开展了国庆假期"民族精神，薪火相传"活动。紧紧围绕"民生"主题，引导学生通过采访、调研、体验等形式进行实践，了解百姓心声，把握城市脉搏。充分利用家长资源，形成小手拉大手、家校共传承的局面，既有团队合作，又有个人独创，走进我市勤工俭学中心、房地产公司、安利销售处、机场、电视台、鞋厂、混凝土厂、冶炼厂、海关、货运码头、港务局、眼镜店、邮政局、移动公司、医疗机构、砂浆厂、工商局、印刷厂、铜带厂、书店、银行、行政执法局、公安系统、外事办、环保局、粮食局、电梯公司、人大、海军部队、学校、广电中心、拉链厂、制布厂、水务集团、保险公司、拆迁办、劳保局、律师事务所、税务局、法院、消防大队、电力局、皮革厂、银监所、皮革企业、社区、压铸厂、疾控中心、啤酒厂、火车站、计量局、武警部队等60多家企事业单位，进行了大量的走访、调研和体验活动。通过这些活动，学员们达到了打开眼界、深入社会、了解民情、传播文化的目的，既增长了知识，也锻炼了才干。

社会实践活动给予学生们很大的启发，使他们对自己有了更清醒的定位和更智慧的思考。正如学生在总结中所言：当一个果实静静地从树上掉下去而不为人知时，大地感受到它完结之美。当一件小事静静地发生时，胜利的喜悦只有我们这些行动者才能体会到。短短几天时间，我们在生活中收获了许多美丽的细节，学会了生活，理解了生活，寻找出了生活中最为美丽的真谛！

团校的目标是给学生以自信，给学生以成功的感觉，鼓励学生奋发向上，教育学生相互帮助、共同进步。我们会更加努力，力争使实验中学团校成为学生要求进步、树立理想、发扬先进、相互帮助、领跑未来的成长摇篮。

八、活动成效

1. 团外积极分子都能踊跃参加团校报名，团内外同学对参加团校学习的热情较高、普遍具有光荣感，团员素质稳步提高。

2. 团校举办质量逐年提高，团校学员的合格率、结业率逐年上升。

3. 团校能有效地配合学校德育工作，已成为学校总体工作中不可缺少的重要组成部分，成为诸多评比活动的重要参考因素。

【思考·实践】

1. 在新形势下，学校团、队活动如何有效地开展，教师结合学校实际，撰写一篇对学校团、队活动开展管理的论文。

2. 教师设计一个有实效性的团、队活动方案。

第六章　教师教育科研素养的修炼

教师的教育科研素养是指教师进行教育科学研究时在思想道德、教育观念、理论知识、科研能力等方面所应达到的基本要求。教师教育科研素养具有内隐性、积淀性、敏感性、实践性、综合性等特点。教师教育科研素养包括教育科研理论素养、教育科研能力素养和教育科研道德素养。教师教育科研素养的修炼路径，主要是校本教学研究、教育行动研究和微型课题研究。

第一节　校本教学研究

校本教学研究，是教师立足自己所在学校实际，为了改进自己的教学，在自己的教学中发现某个教学的问题，通过汲取他人的经验，并自主进行探索，解决教学问题的研究方式。

一、校本教学研究的基本特征

中小学教师的研究是一种实践性研究，实践既是研究的对象，又是研究的归宿。从研究的问题来源看，中小学教师研究的问题直接来自于自己在教育教学实践中的需要；从研究的过程来看，中小学教师的研究是在自己的教育教学中进行的，并与自己的教育教学活动不可分割地交织在一起；从研究的目的来看，中小学教师的研究主要是为了解决教育教学实践中的问题。可以说，实践性是中小学教师教学研究的最根本的特征。对中小学教师而言，不能解决自身真实教学问题的研究，不能提升教学水平和提高教学质量的研究，不能促进自身专业化发展的研究，就不是真正意义上的教学研究。校本教学研究的基本特征是：为了教学，在教学中，基于教学。

"为了教学"，是指校本教学研究的主要目的不在于验证某个教学理论，而在于解决教学中的实际问题，提升教学工作的效率，实现教学的内在价值。

"在教学中"，是指校本教学研究主要是研究教学之内的问题而不是让教师研究教学之外的问题；是研究自己的教室里发生的教学问题而不是研究别人的问题；是研究现实的教学问题而不是研究某种教学理论假设。

"基于教学"，是指校本教学研究就在日常教学的过程中，由教师本人亲自解决问题，而不是让教师把自己的日常教学工作放到一边，到另外的地方专门去做研究；也不是让教师放弃解决问题的责任而完全由别人来帮助解决问题。

校本教学研究以教师为研究的主体，教师即研究者，教师要形成研究意识，以研究者的心态置身于教学情境中，以研究者的眼光审视、分析和解决教学实践中的问题。校本教学研究强调研究的实效性和可持续性，把教学研究与教师的日常教学实践和在职学习培训融为一体，使之成为教师的一种职业生活方式，促进教师的专业发展。

二、校本教学研究的基本要素

教师个人、教师团体、专业研究人员是校本教学研究的三个核心要素，它们构成了校本教学研究的"三位一体"关系。教师个人的自我反思、教师团队的同伴互助、专业研究人员的专业引领是开展校本教学研究和促进教师专业成长的三种基本力量，三足鼎立，缺一不可。其关系可用下图表示：

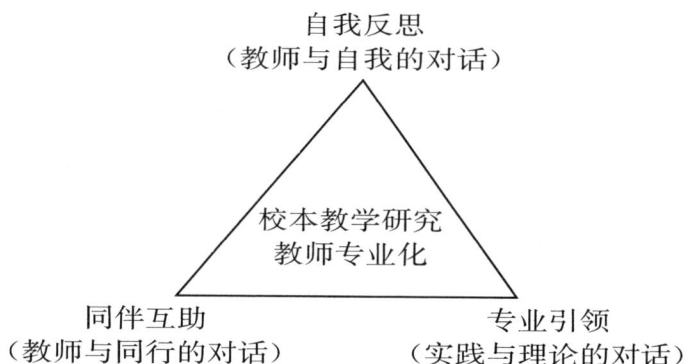

自我反思
（教师与自我的对话）

校本教学研究
教师专业化

同伴互助
（教师与同行的对话）

专业引领
（实践与理论的对话）

（一）自我反思

自我反思是教师以自己的职业活动为思考对象，对自己在职业中的行为以及由此产生的结果进行审视和分析的过程。自我反思不是一般意义上的"回顾"，而是反省、思考、探索和解决教育教学过程中各个方面存在的问题，它具有研究性质，是校本教学研究最基本的力量和最普遍的形式。自我反思是教师专业发展和自我成长的核心因素。

自我反思是教师开展校本教学研究的基础和前提，校本教学研究只有转化为教师个人的自我意识和自觉自愿的行为，才能得到真正的落实和实施。

按教学的进程，教学反思分为教学前、教学中、教学后三个阶段。

第一个阶段：在教学前的反思，这种反思具有前瞻性，能使教学成为一种自觉的实践，并有效地提高教师的教学预测和分析能力。

第二个阶段：在教学中的反思，这种反思是及时、自动地在行动过程中的反思，具有监控性，能使教学高质高效地进行，并有助于提高教师的教学调控和应变能力。

第三个阶段：在教学后的反思，这种反思是批判地在行动结束后进行反思，具有批判性，能使教学经验理论化，并有助于提高教师的教学总结能力和评价能力。

教师反思过程实际上是使教师在整个教育教学活动中充分地体现双重角色：既是引导者又是评论者，既是教育者又是受教育者。因此，教师反思过程，实际上是将"学会教学"与"学会学习"统一起来，努力提升教学实践合理性，使自己成为学者型教师的过程。通过反思、研究，教师不断更新教学观念，改善教学行为，提高教学工作的自主性和目的性，克服被动性、盲目性，提升教学水平。

（二）同伴互助

校本教学研究强调教师在自我反思的同时，以开放的精神、开放的态度、开放的行动把自己融入整个团队之中，利用团队的智慧，加强教师之间以及在课程实施等教学活动上的专业切磋、协调和合作，共同分享经验，互相学习，彼此支持，共同成长。

同伴互助的实质是教师作为专业人员之间的交往、互动与合作，其基本形式有：对话、协作和帮助。

1. 对话

对话的类型又可分为：

（1）信息交换。教师通过彼此间信息的交换可以最大范围地促进教育信息的流动，从而扩大和丰富自己的信息量和各种认识。信息交换的主要途径有：信息发布会——大家把自己拥有的最新最前沿的教育教学信息公之于众；读书汇报会——彼此交流看过的书、观点以及心得体会。

（2）经验共享。教师通过经验分享，反思和提升自己的经验，借鉴和吸收他人的经验。经验只有被激活、被分享，才会不断升值。经验分享的主要途径有：经验交流或经验总结会——大家把自己的成功事例和体会、失败的教训和感想与同事分享、交流。

（3）深度会谈。深度会谈可以是有主题的，也可以是无主题的。深度会谈关键在于教师间要有非常真诚的人际关系，大家彼此信任，互相视为伙伴。只有这样，大家才能无拘无束地发表意见，产生思维互动。深度会谈是一个自由的开放发散过程，它会诱使教师把深藏于心的甚至连自己都意识不到的看法、思想、智慧展示出来、表达出来，这个过程同时也是最具有生成性和建设性的，它会形成很多有价值的新见解。

（4）专题讨论。专题讨论是大家在一起围绕某个问题畅所欲言，提出各自的意见和看法。在这个过程中，每个人都为自己的意见辩护，同时也不断地思考和质疑他人的意见。教师们在专题讨论中互相丰富着彼此的思想，不断地提高自己和同事对问题的认识，知识也因此不断地更新和扩张。在专题讨论中每个教师都能获得单独学习所得不到的东西。

2. 协作

协作是指教师共同承担责任完成任务，课程改革要求教师共同承担教学研究课题或教学改革任务。协作强调团队精神，群策群力。第一，要发挥每个教师的兴趣爱好和个性特长，使教师在互补共生中成长；第二，要发挥每个教师的作用，每个教师都要贡献力量，在互助、合作中成长。

3. 帮助

帮助是指教学经验丰富、教学成绩突出的优秀教师指导其他普通教师，发挥传、帮、带的作用，使其尽快适应角色和环境的要求。骨干教师、学科带头人是教师中德才兼备的优秀人才，是教师队伍的核心和中坚力量。骨干教师、学科带头人要在同伴互助中发挥积极作用。同伴之间互帮互助，可以克服教师各自为政和孤立无助的现象。

帮助的形式多种多样，譬如公开课、研究课、示范课展示，是学校内部或学校之间教师同伴互助的常见形式之一，它使教师有互相交流与学习的机会，有助于教师深入研究教学和学生，有利于提高教育教学质量。

（三）专业引领

校本教学研究虽然是以学校教师为主体，是在"本校"展开的，是围绕"本校"的事实问题进行的，但它不完全局限于"本校"内的力量，离不开专业研究人员等"局外人"的参与。专业研究人员的参与是校本教学研究向纵深可持续性发展的关键。教师要积极主动争取他们的支持和指导。

专业研究人员主要包括教研人员、科研人员和大学教师，相对于一线的教师而言，他们的长处在于系统的教育理论素养。校本教学研究是一种理论指导下的实践性研究，理论指导、专业引领是校本教学研究得以深化发展的重要支撑。专业研究人员应该有高度的使命感和责任感以及对教学实践高度关注的热情，积极主动地参与校本教学研究制度的建设，为教师提供切实有效的帮助。

专业引领，是理论对实践的指导，是理论与实践之间的对话，是理论与实践关系的重建。从教师角度讲，加强理论学习，并自觉接受理论的指导，努力提高教学理论素养，增强理论思维能力，这是从教书匠通往教育家的必由之路。

专业引领的形式，主要有学术专题报告、理论学习辅导讲座、教学现场指导等。

学术专题报告。教师根据自身的实际需要，有选择地听专家对某个专门问题的阐释分析，从而获得一种新的认识。

理论学习辅导讲座。教师在繁忙的教学之余，难以系统地了解、掌握新的教育教学理论，要补这一课只能依靠专家学者对新兴理论的解读，这样可以节省教师苦悟理论的过程。

教学现场指导。专门从事教学研究的人员，深入学校、教师、学生之中，去寻求发现教师"教"和学生"学"的问题，并与之共同研讨，指导教师形成一种更有效的"教""学"模式。

此外，联合教研活动、教学专业咨询（座谈）等，都有其特定的功用，有助于达到某种目的，促进教师专业成长。

自我反思、同伴互助、专业引领三者具有相对独立性，同时又是相辅相成、相互补充、相互渗透、相互促进的关系。只有充分地发挥自我反思、同伴互助、专业引领各自的作用并注重相互间的整合，才能有效地促成以校为本的教学研究制度的建设。

三、校本教学研究的基本过程

校本教学研究既然是一种研究，就得遵循和体现研究的基本规范和基本程序，不同于一般的教育教学实践活动。校本教学研究一般有以下几个环节。

（一）寻求问题

研究总是从问题开始的。教学研究以教学问题为起点，教学问题可分为理论问题和实践问题两类，理论问题是针对"是什么"而提出的问题（事实问题）和针对"应该是什么"而提出的问题（价值问题）；实践问题则是基于事实问题与判断，针对"怎么做"而提出的问题。比如：根据新课程的教学观以及新课程所倡导的学习方式，在实践层面上教师具体应该怎么做，才能实现新课程的培养目标，这便是指向实际的教学问题。当前，随着新课程推进的不断深入，这类问题层出不穷，它突出表现在新课程理念与教师教学现状的矛盾和冲突上。但是，教学中出现的问题能否成为研究的问题，关键在于教师是否具有问题意识和探索精神。教师安于现状，把一切现存的都看成是合理的，那么他脑子里就不可能产生真正的问题（自己的问题）；同样，如果教师缺乏探索热情和教育责任感，即使面对问题，他也绝不会有改革的意向和追求。如此，问题也就不仅不能成为研究的推动力，反而成为实践的绊脚石。

教师能否以"参与者"而非"旁观者"的态度提出问题，教师能否以"当事人"而非"局外人"的角色提出问题，将直接影响着教师"参与"教学研究的程度，也直接影响着教学研究对教学实践的"改进"程度。校本教学研究所指向的教学问题是教师"自己的问题"而非"他人的问题"，是在教室里发生的"真实的问题"而非"假想的问题"。仅此还不够，还要进一步把教师个体发现和提出的问题转化为教师群体共同关注和思考的问题，把教室里发生的真实的问题概括、提炼、升华为有价值的课题，唯其如此，才会有真正意义上的校本教学研究。

校本教学研究强调自下而上地形成课题，但也决不排斥对学校改革和发展具有导向价值的自上而下的课题。

（二）方案设计

方案设计指的是为解决问题而设计的一种方案、提出的设想、做出的策划。设计意味着针对问题，提出假设，寻求解决办法。任何假设都具有假定性、科学性和预见性。假设具有推测的性质，它在现实中暂不存在的或未被确认的，或虽见于彼处却未见于此处的，它可能被实践证实，也可能被证伪，因此，假设具有假定性，这也决定了研究的探索性。假设并非臆断，它以科学理论为导向、以经验事实为根据，又经过研究者的论证和交流，因此，假设又具有科学性，这就避免了研究的盲目性。假设也是一种走在行动之前的思想、一种先于事实的猜想，是研究者从思想观念上对未来的洞察和把握，所以它能使研究活动更富有预见性。

事实证明，一个好的假设，是解决教学问题、发现教学规律、形成科学的教学理论的前提，是进行教学研究的核心。当然，一个好的有价值的研究假设的提出是经过一个过程的，研究者要在研究过程中不断修改、完善研究假设。

凡事预则立，不预则废。教学设计犹如施工之前的建筑设计图纸，是教学研究活动的直接依据。教师要把日常的备课活动提升到教学设计的高度来认识，使备课与研究成为一件事而非两件事，这正是"教学即研究"的本意。当前要坚决纠正教师备课中存在的两种不良倾向：一是照搬现成的教案，以"他思"取代"我思"；二是过分依赖已有的教学经验，凭原来的经验设计教学方案，甚至照抄以往的备课笔记。这种行为不但谈不上研究，还将直接导致教学的形式化、低效化。

（三）展开行动

展开行动是设计方案付诸实施的过程，对教师而言，展开行动意味着改革、改进和进步。它具有以下特性：

第一，验证性，检验设计方案的可行性。所有的设计在行动之前都只是一种假设，它的科学性、有效性是需要实践来检验的。从这个角度来说，教师作为研究者要尽量按原计划行动，否则检验也就无从谈起，研究的科学性也就无从保证。

第二，探索性，发现和寻找各种新的可能性。行动绝不是按图索骥的、按部就班的机械活动，而是一种积极寻找和探索解决问题、达到目的的最佳途径和最佳策略的过程。这意味着教师在行动时，不能拘泥于事先的设计，要根据实际情况，随时对设计作出有根据的调整、变更。反映在课堂上，上课不是执行教案而是教案再创造的过程。反映在教师身上，教师不是教教材，而是用教材教；教师不是把心思放在教材、教参和教案上，而是放在观察学生、倾听学生、发现学生身上；教师不是把学生当作一种对教的配合，而是把学生看作学习的真正主体和教学过程运行的不可或缺的重要组成部分。

第三，教育性，服从、服务于学生的成长和发展。任何行动都应该无一例外地遵循人道主义原则，体现教育活动的价值导向和人文关怀，无条件地旨在有利于所有学生的成长和发展，这是行动的最高原则。验证和探索只有在完整地关注学生的全面成长和发展的前提下进行才是有价值、符合教育道德的。

（四）总结反思

总结反思在校本教学研究中既是一个螺旋圈的终结，又是过渡到另一个螺旋圈的中介。在总结反思这个环节中教师作为研究者应主要做以下几件事：

第一，整理和描述。即对已经观察到和感受到的，与问题、设计和行动有关的各种现象进行回顾、归纳和整理，并且特别注重对有意义的"细节"及其"情节"的描述和勾画，使其成为教师自己的教育故事或教学案例。这是叙事研究在校本教学研究中的体现，它会给教师的研究带来新的变化，教师作为研究者不再依赖于他人的话语而转向直接讲述自己的教育生活经历和教育生活体验，"做自己的事""说自己的话"。这是校本教学研究改变教师职业生活方式的关键。

第二，评价和解释。在回顾、归纳和整理的基础上，对问题、设计与行动的过程和结果作出判断，对有关现象和原因作出分析和解释，探讨各种教学事件背后的理念，揭示规律，提高认识，提炼经验。

第三，重新设计。针对原有方案及其实施中存在的各种偏差或"失误"，以及新的感悟、新的发现、新的认识和新的思考，修改原有方案或重新设计方案，并付诸实施，进行进一步的检验、论证和改革探索。校本教学研究的目的是为了改进和改正，它不可能停滞在一个凝固的"成果"上，而是一个不间断的自我修订、自我完善的"过程"。

校本教学研究过程就是"问题——设计——行动——总结"循环往复、螺旋式上升的过程。值得强调的是，在实际运行的过程中，四个环节的顺序并不是固定不变的，提出问题可以在研究之始，也可以在行动之中，检验也并不一定是等到最后才进行，它们中间有的可以两个环节合并起来，有的环节也可以匆匆带过，关键在于解决问题，促进教师专业发展，提高教育教学质量。

【案例·链接　6—01】

开展多层教研，促进专题研究

校本研究强调教师在自我反思的同时，开放自己，加强教师之间以及在课程实施等教学活动上的专业切磋、协调和合作，共同分享经验，互相学习，彼此支持，共同成长。可见，同伴合作是校本教学研究的标志和灵魂。实践中，我们充分利用同伴合作这一校本研修方式，构建了"以同科同组研究为基础，以同科异组研究为辅助，以异科异组研究为拓展"的多层次、宽领域、全员性的校本教学研究机制，促进了课题研究的发展。我们的具体做法是：

一、同科同组教学研究

同科同组教学研究即相同学科同一个教研组的教学研究活动。通常由教研组长负责，每月进行一个小专题的研究。

研究活动流程是：确定专题→理论学习→行为设计→集体备课→组内观摩→反思诊断→重新备课→二次观摩→再度反思。

1. 确定专题。依据教研组的研究课题，教师结合本教研组在教育教学中存在的突出问题，确定教研组每月教研活动的研究专题。它通过教研组全体教师共同学习、研讨、实践，解决本教研组教学中的问题，有利于教师教育教学能力的提高、教育教学质量的提高。

2. 理论学习。校本研究活动必须以先进的教育理论作为支撑。理论功底的深浅，直接关系到研究活动的质量和学校课程改革的水平。为此，各教研组在确定了研究专题后，都要组织教师围绕研究专题学习相关理论和先进的经验，为教学行为设计奠定理论基础。学习方法是个人自学与组内学习相结合。学校为教师学习提供理论学习资料（购置有关书籍）。

3. 行为设计。同科同组教研活动中对教学行为的设计实际上是对学科教学中同一种类型的课进行教学策略的设计，是组织教师将"有效的教学"理念通过教学的基本思路与方法表现出来。它是教师安排此类型课堂教学环节、学生的学习方式、教师的教学方式的依据。我们要求教师根据主题，围绕课程标准的要求，从教学环节（教学顺序、教学活动程序）、学生学习行为（教学目标、学习方式）、教师教学行为（教学方式、教学方法、教学组织形式和教学媒体）、评价等方面对同一类课的教学行为进行设计。在行为设计时，要以"自主·合作·探究"的新学习方式为依据，先定学生的学法，再以学定教，设计教师达成目标的教学方式。

4. 集体备课。集体备课是发挥教研组的群体优势，群策群力，为解决教研组教学中的问题，共同备好一堂课。它为教师的现场研究提供了极为有利的条件。我们要求教师围绕教学行为设计做到六备：即备三维目标的确定；备教学环节的安排；备学法；备教法；备教学情境的设置；备练习题设计。教师集体研究要根据"课标"的要求、教学内容、本课的教学目标、学生状态，重点解决让学生主动参与学习活动，变重"教"为重"学"。把备课的过程作为学法研究的过程。

5. 组内观摩。在教研组集体备课的基础上，教研组先安排一名教师上课，教研组成员以预先制定的教学设计为标准进行观摩。

6. 反思诊断。课后，执教者要对本课的设计和课堂教学行为进行自我反思。听课者围绕教研组的研究专题，从四个方面进行诊断：本课的优点、缺点、对优缺点的理论阐述、提出改进意见。

7. 重新备课。专家说，教案的改造＝教案＋反思，重新备课实际就是对教案的改造。在重新备课过程中，教师依据相应理论，针对上次教学实践中存在的问题，经过"实践——反思"，有针对性地又一次寻找解决问题的策略和方法。它不但充分体现了研究的过程，也延长了教案的寿命，使教案由"教学前对教学的'假设'"转化为"反思活动的载体、经验的积累"。

8. 二次观摩。重新确定教学设计后，另外安排一名教师重上这节课，组织教研组成员进行二次观摩。通过课堂教学中教与学的效果体现，再次验证教学策略的科学性和可操作性。体现"设计→实践→再设计→再实践"的过程。

9. 再度反思。课后先由执教者对自己的教学进行分析综述，然后组内成员一起针对具体的课题研究内容进行再度反思总结、提炼。使教师在反思中超越自我，在总结中提升自我。经过一轮的校本研究，设计出了一种类型课的教学行为设计，并在下一步的教学实践中不断完善和发展。

二、同科异组教学研究

同科异组研究是指相同学科不同教研组的集体研究，通常由教导主任负责，每月进行两次。它是在同科同组研究的基础上进行的，是对同科同组教学研究的辅助与补充，是同伴合作范围的拓展。如果说同科同组研究的是特殊问题的话，那么同科异组研究则是研究本学科课堂教学中的共性问题。与同科同组研究相比，它更具有学科典型性和规范性的特点。

同科异组研究流程是：理论学习→年级研究→学科观摩→集体诊评→分组实践。

同科异组的教学研究，针对具体研究内容采取灵活的组织形式，可以是两三个年级组，也可以是全校同学科的各年级组。例如在品德与生活学科的研究中，我们将一、二年级的教师作为异组成员。在语文阅读教学中，我们将四、五、六年级语文教师作为同科异组成员。在识字教学中我们将低段年级教师作为异组成员。在数学概念、应用题教学中，我们则将全校各年级的数学教师作为异组成员等等。

教导主任深入到各教研组内指导，抓典型。把在研究过程中成效好的或者把教研组研究时发现的问题，以课例的形式向全校同学科教师展示，组织教师观摩、诊断、分析。从教法和学法上归纳总结，使同科异组教师达成共识。观摩评议后，各教研组针对本组实际进行改进，取长补短，将研究向深层推进。

三、异科异组教学研究

异科异组教学研究是指全校性的不同学科的集体教研活动，通常是由主管教学的副校长牵头组织的教研活动，每月进行一次。它是在同科同组、同科异组教学研究的基础上，对教师同伴互助范围的再拓展，对研究行为的专业引领。学校将各学科教研活动中的典型，通过教学观摩的形式，展示给教师。组织不同学科教师进行诊断评议。以点带面、以点促面。使教师通过观摩认识到研究中可能遇到的问题，同时也可以通过观摩吸取经验。校长在教研活动结束后，围绕学校的研究专题，针对教学研究中存在的问题，举办专题讲座。提出下一步要求，全校达成共识。教研活动后，各教研组根据本次教研活动所揭示的问题进行反思，查找不足，进一步完善自我，提高自我。

其研究流程是：立标放样→集体评议→专家引领→完善提高。

两年来，我校充分运用"以同科同组研究为基础，以同科异组研究为辅助，以异科异组教学研究为拓展"的校本教学研究机制，强化了教师间的同伴合作，促进了科研专题的研究，使校本研究初见成效。

1. 提高了教师的科研意识和合作意识。各教研组之间、教师之间相互借鉴，取长补短，强化了同伴合作，教师的学习意识、研究意识增强了，学校形成浓厚的学术研究风气，促进了学习型学校的建立。

2. 构建了校本教学研究的机制。我们构建的"以同科同组研究为基础，以同科异组研究为辅助，以异科异组研究为拓展"的校本教学研究的机制将学校的课题研究与教学研究紧密地结合起来，使"研、管、训、用"一体化得到落实，保证了教学研究活动的科学性，保证了课题落到实处。使得教师在学习、研究的状态下工作，在工作的状态下学习、研究，促进了教师专业化发展和学校的发展。

3. 实现了教师教学研究水平的螺旋式上升。在研究中提高了教师的教学能力，也提高了教育教学质量。

【案例·链接 6—02】

在成长中研修，在研修中成长

时下"研修"这个词很流行，开始我对研修也是一知半解。在2011年9月的开学典礼上，我校边东书校长提出了"三年三步走，三年上水平"的学校发展目标，在同期初中部成立了第一期教师研修团队，我有幸成为团队中的一员。学校给我们的研修时间是一年，现在一年的时间已经过去了，回顾过去的一年，我对"研修"的理解也从最初的一知半解变得越来越清晰了。我觉得"研修"可从不同的角度来进行诠释，形式也是多样化的：日常的教学是一种研修，同伴间的交流是一种研修，出试卷是一种研修，承担课题同样也是一种研修等等。在过去的一年里，发生的几件事对我的研修起到了关键性的作用。

2010年9月开学之初，学校就接到了市教科所送教下乡的任务，这次送教不同于以往，送教的学校是平山外国语中学（一所程度比较好的学校），我有幸承担了这次作课任务，但同时又面临时间紧迫（中间正好赶上中秋节的假期）、教材不同（县中使用的是人教版教材）等困难，这给我试讲带来了比较大的困难。为此学校领导进行了周密的部署，区教研员郝老师、学校领导和组里的教师牺牲自己的休息时间，跟我一起听课、评课、改课，克服了许多困难，终于完成了8遍试讲，课基本定型，包括每一句关键性的语言。虽然自己觉得课的设计不错，课堂语言、问题的设计也比较流畅，但总觉得上不出味道来，其实每一次讲课、评课、改课，再讲课、评课、改课，感觉真是一种煎熬。

9月12日我与郝老师来到了平山外国语中学，同行的还有市教科所的张慧英副所长，她是数学界的专家，专门来听课的。按照我们的教学设计这节课应该说是比较流畅地上下来，学生的表现真的很棒。记得我一讲完张所长问了我一句话："这样上课累不累呀？"这句话到现在我也没有忘记。回来后，我进行了深刻反思，这节课的设计还是更多地考虑了教师能够顺畅地完成教学任务，课堂的预设过于明显，没有给学生更大的空间去提出问题并解决问题，说白了就是给学生画好了一个圈，就让学生在这个圈里活动，千万不能跳出去，一出去，教师就驾驭不了，暴露出自己在驾驭课堂，把课堂还给学生这方面还有欠缺。再有一点感受就是在讲课的过程中不够灵活，生怕说错事先准备好的语言，太关注自己的语言，忽略了学生的感受。通过这一次活动，与专家近距离接触，让我这个有着将近20年教龄的老教师看到了自己在教学观念上与现代教学观的差距，真是不学习不行，不改变更不行。

我在2011年的2月20日和5月19日又进行了两次作课展示，

这两次作课的内容都是二元一次方程（组），这既是一节开篇课又是一节概念课，而且作课的对象也不一样，前者是在我校作的一节展示课，用的是我自己的学生，后者是参与了由河北师范大学牵头的"行动教育"赴宁晋送教下乡。有了上次的经历，在这次准备课的过程中，我深入地学习了由张慧英主编的《中学数学课堂活动设计及其案例》，其中有概念课的授课范例。在确定了本节课的教学目标、教学重点、难点之后，我按照范例对这节课进行了恰当的设计，尤其是课的主线围绕着几个有价值的问题展开，但同时我又进行了大胆的尝试，在得到了二元一次方程（组）的概念后，放手让学生对鸡兔同笼问题的答案尝试着求解，一些反应较快的同学完全可以利用下节课将要学习的解二元一次方程组的方法——代入消元法或加减消元法求出方程组的解，令听课的教师们为之惊讶。课后的交流中我也表达了这样一种观点：相信学生，总有思维超前的学生能想到也能做到，为下节课学习解法做了铺垫。而在宁晋六中上的这节课，与在学校上的又不完全一样，到那里我才知道学生已经讲过这节课了，但是我们按照自己的设计完美地展示了概念课的较为科学、合理的教学模式，学生们精彩的表现把整节课推向了高潮，达到了师生融为一体的境界。这节课得到了教研员郝老师和在场听课教师的一致好评，上完课后我还意犹未尽，久久回味。这一次作课由于时间和内容的关系我没有进行试讲，这也是我最大的自豪。一节课你要明确什么是主要的——设计有价值的问题和放手让学生尽情地展示，以学生为主体关注学生，把全部精力放在学生身上。当然能放还要能收，这就是一节好课，一节成功的课。

2010 年 12 月份，教研员郝老师接到了由张慧英副所长牵头的全国教育科学规划专项课题"网络研修与数学教师的专业成长"的子课题"基于网络研修下的集体备课研究"的任务，这个子课题同时又是河北省教育科学研究"十二·五"规划专项课题"网络研修与初中数学骨干教师培养"的重要内容之一。为此郝老师成立了专项课题组，成员由桥西区 7 所中学的 10 位骨干教师组成，并在第一时间进行了课题组的第一次准备会，会上对每位成员的工作进行了布置。虽然以前也总是听其他学科的老师提起课题研究，但是我从来没有参与过数学学科课题研究，这一次对于我来说既是一次机会又是一次挑战。由于课标的修订版在年前就已经发布，而"几何直观"又成为十个关键词之一，张所长想就"数学直观"用网络研修下的集体备课的模式暨课例研修来进行解读。2012年2月22日，在石家庄市桥西区教育局研训室召开了由郝旭岚老师组织课题组成员参加的"网络研修下的集体备课"课题组第二次准备会，一起制定本学期研修活动主题——对"数学直观"的认识和理解，并对本学期围绕着活动主题"数学直观"进行研讨。

这次研讨会之后，经过一段时期紧张、周密的准备，在2012年6月1日，课题组全体成员与北京师范大学、首都师范大学等专家组成员进行了以"几何直观"暨课例"多项式乘以多项式"为主要探讨内容的在线交流。参加交流的专家有：北京师范大学博士生导师綦春霞老师，北京师范大学张彬老师，首都师范大学王瑞霖老师等。研修活动一开始首先由郝旭岚老师就几何直观从四个方面进行了全面的阐述，一是对几何直观的认识；二是课例"多项式乘以多项式"的几何直观体现；三是几何直观在数学教学中的重要体现；四是几何直观能力培养的教学建议。接着由我就课例"多项式乘以多项式"教学设计进行了详尽的展示，之后是与专家的交流。张所长对我们整个的准备及交流的过程给予较高的评价，并对"几何直观"的概念又进行了详尽的解读。经过这次网络研修集体备课活动的筹备、实施等过程，我的思维经历了一次又一次的碰撞，这又是我教学生涯的一次收获与成长，使我转变了以前对几何直观肤浅的认识，同时也让我感受到了网络研修下集体备课是一种新的尝试，更是高效备课一种全新模式的开始。我们的课题研究还会继续，并将在下半年再承担一次主发言人的任务。

总之，研修已经渗透到了我工作中的点点滴滴。研修应该成为我们一种自觉的行为，愿我们都能在成长中研修，在研修中成长。

【思考·实践】

1. 教师结合平时自己教学研究实际，谈谈你对校本教学研究基本特征的理解。

2. 教师回忆自己教学中难忘的精彩的片段或特别遗憾的片段，写一篇案例反思的文章。

3. 教师结合自己所在教研组的实际情况，为教研组制订一次"校本教学研究"计划，供教研组内教师教学研究作参考。

第二节　教育行动研究

教育行动研究是教育实践的参与者与教育理论工作者或组织中的成员共同合作，为了解决实际问题的需要，在教育实践过程中进行的一种教育科学研究方式。

一、教育行动研究的基本特征

（一）教育行动研究的特点

教育行动研究是在教育实践中进行的研究，它是通过对现实实践中的问题的深入思考和探讨，形成关于这类问题的一般解决方法，将教师在遇到这类问题时的思考和感受系统化，将教师个人的"隐性知识"（可意会不可言传的知识）显性化，提高教师行为的理论自觉性，增强教师行为的教育教学有效性，从而实现教师的专业成长。

教育行动研究主要有以下几个特点：

1. 研究的目的是解决教育实践中存在的实际问题。将教育教学实践中存在的问题发展成课题，设计出解决方案，并逐个实施，达到解决问题、提高教育教学质量的目的。

2. 研究的主体是教育行动实践者。中小学教师相互之间，他们与理论工作者之间合作对教育教学问题开展研究。

3. 在真实的教育教学实践过程中研究。研究过程也是实践过程，边实践，边研究，边解决问题。

4. 研究具有动态性。研究方案可以不断修改，方法可灵活多样。

教育行动研究，即为行动而研究，在行动中研究，由行动者研究。在教育行动研究中，问题即课题，工作及研究，教师即专家，效果即成果。

（二）教育行动研究的原则

教育行动研究是围绕教师的教育行动展开的，是教师的"行动之旅"。教育行动研究有以下几个原则：

1. 实践性原则。行动研究的第一要义是教育教学实践。提倡在教育教学实践中发现问题、研究问题、解决问题，以改进对实践的认识和改进实践发生、发展、变化的情境、环境为研究的出发点和归宿。要将问题作为课题来研究，课题要经过学校教育教学实践的检验，经过教师、学生学习、成长实践的检验。

2. 应用性原则。实施教育行动研究，其研究成果的价值大小关键看其成果是否具有推广价值和应用价值，归根到底要接受社会的或教育的实践经验。主要看是否解决了学校实际问题，是否改进了教育教学，是否提高了办学质量，是否有利于教师和学生的再学习、再实践、再创造。

3. 合作原则。在教育行动研究中，所有参与者必须完成角色转换，以平等的身份合作研究；研究过程中，要做到争鸣不争锋，辩论不辩解，批评不批判；所有参与者都要深入观察、静心思考，杜绝任何成员的浮躁、取巧，杜绝以感情代替理智，以主观代替客观，以臆断代替事实。

4. 动态原则。教育行动研究要注意操作程序各个环节信息的及时反馈。所谓信息的及时反馈，就是要尽量缩短反馈时程。因为用系统论的观点来分析，行动研究属于负反馈类型，只有缩短反馈时程，系统才能依靠反馈信息，修正或调整由于干扰所引起的偏差。

5.科学性原则。教育行动研究要具有科学性，这是研究的前提。教育科学的本质是经验科学，教育行动研究要做到经验与科学的对立统一。

（三）教育行动研究与一般教育研究的比较

将教育行动研究同一般教育研究相比，有下表列出的诸多不同。

教育行动研究与一般教育研究的比较

范围	一般教育研究	教育行动研究
1.需要的训练	在测量、统计学和研究方法方面需要接受广泛的训练	由于无须严格的设计和分析，所需的统计学和研究法的训练不必很多
2.目的	获得可普遍应用于总体内较大范围的结论；发展与检验理论	获得能直接应用于当地小范围情境的知识；训练提高教师的研究能力
3.课题的确定	以各种方法确定课题；研究者必须了解问题，但通常不直接涉及其中	从学校情境中研究者所遇到的教育教学方面的困扰来确定课题
4.假设	需要提供可操作化处理和检验的特定假设	常常把问题的特别说明作为假设；但从理想角度看，其假设应接近正式研究所要求的严谨程度
5.文献查阅	需广泛查阅资料，以对所研究课题的领域有充分的了解	给教师阅读可用的间接资料，使之对所研究的领域有一般性的了解
6.抽样	从研究总体中获取随机的或无偏见的样本，但常常难以圆满做到	通常以学校、班级中的教师或学生作为研究对象
7.设计	开始研究前，进行详细设计；注意维持比较所需的条件，控制无关变量，以减少误差	开始研究前，按一般方式设计；研究期间，可以调整，看其是否有利；对条件控制和降低误差方面要求不高
8.测量	选取最有效的测量工具；研究前要对测量工具做预测试验	无需对测量工具作严格的检验；参与者不一定要有测量方面的许多训练。在行家的指导下进行即可
9.资料分析	要求有复杂的分析，强调统计上的显著性	简单的分析即可，强调实际意义的显著性而不是统计意义上的显著性
10.结果应用	结果可以普遍应用，但由于研究人员与教师在训练和经验方面的差异所造成的沟通问题，使得许多有用的成果无法应用于实践	结果可立即应用于研究者的工作情境中，导致持久性的改变，但其应用范围往往限于所研究的情境中

二、教育行动研究的基本环节

教育行动研究是一个螺旋式加深的发展过程，每一个螺旋发展圈又都包括计划、实施、观察、反思四个相互联系、相互依赖的基本环节。

（一）计划

计划是行动研究的第一个环节。它包含下列几个方面的内容与要求。

1. 计划始于解决问题的需要，它要求研究者从现状调研、问题诊断入手。弄清楚：第一，现状如何？为什么会如此？第二，存在哪些问题？从什么意义上讲有问题？第三，关键问题是什么？它的解决受哪些因素的制约？第四，众多的制约因素中哪些虽然重要但一时改变不了？哪些虽然可以改变但不重要？哪些是重要的而且可以创造条件改变它？第五，创造怎样的条件、采取哪些方式才能有所改进？第六，什么样的设想是最佳的？

2. 计划包括总体设想和每一个具体行动步骤，最起码应安排好第一步、第二步行动研究进度。

3. 计划必须有充分的灵活性、开放性。随着对问题的认识需要逐渐加深，制订计划时既要考虑和包容已知的制约因素、矛盾、条件，又要把始料不及、未曾认识、在行动中才发现的各种情况、因素容纳进去。从这一意义上讲，计划是暂时的，允许修改的。

（二）实施

实施是按计划、有控制地进行变革。在变革中促进工作的改进、认识的改进和行动所在环境的改进。实施计划应是：

1. 行动是在获得了关于背景和行动本身的反馈信息，经过思考并有一定程度的理解后的有目的、负责任、按计划采取的实际步骤。这样的行动具有贯彻计划和逼近解决问题的性质。

2. 实际工作者和研究者一同行动。在教育研究中，家长、社会人士和学生均可作为合作的对象。要协调各方面的力量，保证实施到位。

3. 重视实际情况的变化。随着对行动及背景认识的逐步加深，及各方面参与者的监督观察和评价建议，不断调整行动。它是灵活的、能动的。

（三）观察

观察即搜集研究的资料、监察行动的全过程。由于在实际工作环境所进行的研究受到多种因素的影响和制约，而且许多因素不可能事先确定和预测，更不可能全部控制，而需借助于行动过程中的观察，不断发现问题，获得反馈信息，修改行动计划，这就使得观察在行动研究中显得十分重要。

观察的内容有：第一，行动背景因素及其制约方式。第二，行动过程，包括什么样的人以什么方式参与了计划的实施，使用了哪些材料，安排了哪些主要活动，有无意外的变化、干扰，如何排除等等。第三，行动的结果，包括预期的与非预期的，积极的和消极的。背景资料是分析计划设想的有效性的基础材料，过程资料是判断效果是不是由方案带来的和怎样带来的观察依据，结果资料是分析方案带来了什么样的效果的直接依据。这些材料对于效果分析来讲是缺一不可的。

提高行动研究的质量，必须追求观察的科学性，灵活运用各种已知的观察技术和数据、资料，采集分析技术，实况详录与工作时间取样、事件取样，日记描述与轶事记录、清单，行动检核记录与行为编码记录，直接观察与间接性的调查访问测验，文字描写与录音录像等现代化技术手段等等。为了保证观察的客观性，要让研究者与实际工作者、局外人与当事人从不同的方面进行多视角的观察，全面而深刻地把握行动的全过程。

（四）反思

反思是一个螺旋圈的结束，又是过渡到另一个螺旋圈的中介。这一环节：包括整理和描述，即对观察到的、感受到的与制订计划、实施计划有关的各种现象加以归纳整理，描述出本循环的过程和结果；评价解释，即对行动的过程和结果做出判断评价，对有关现象和原因做出分析解释，找出计划与结果的不一致性，从而形成基本设想、总体计划和下一步行动计划是否需要修正，需作哪些修正的判断和构想。

首先，归纳、整理和描述。研究者在行动研究告一段落，获得初步成果时，教师将获得的所有的资料及时进行总结分析，必要时可用统计方法，将实验数据转为有意义的统计，作为解释后果和预测之用。对已经观察和感受到的、与制订计划和实施计划有关的活动与各种现象进行归纳、分类和整理，描述出本次循环的过程和结果，在此基础上，教师对照行动方案，主动检查教育教学改进的成效与存在的不足，总结行动研究的得失，并根据问题的情境、行动的步骤等写成研究报告。

其次，评价与解释。对行动过程和结果、有关现象与原因进行分析解释，说明所进行的活动以及结果对最初行动研究确定的问题所构成的意义，指出计划与结果的一致性和不一致性的原因，获得理性的提高和成长。从而形成下一步行动研究的基本设想、总体计划、判断、构想和下一步行动的建议，完成第一个循环，开始第二个循环的起点。

在行动研究过程中，教师合作的意义、重要性和可能性得到体现，教师职业的专业能力得到强化，从被研究者成为研究的主体、研究的动力，教师的教育行动质量得到提高，基本素质得到提升，生存环境得到改变，增强了教师对自身职业生活乐趣的享受能力。同时研究者的协调作用、咨询者和推动者的作用也得到体现。行动研究是沟通理论和实践的桥梁。

教育行动研究要做以下一些具体工作：

1．拟订行动研究计划

教育行动研究是同工作结合在一起进行的，制订一个研究计划可以提高研究效率，有利于作为"行动之旅的指向"，明确"我要进行的研究是什么"，促使研究者在研究过程中不断进行实践反思和行为调节。

一份比较合适的行动研究计划应当包括：

（1）研究的问题。行动研究要集中于亟须解决的问题，具有针对性。

（2）研究的设想。设想就是关于怎样解决问题的假设，强调的是在展开的过程中，用怎样的方法将行动与研究结合在一起，使问题得到比较好的解决。

（3）过程的规划。需要规划的是行动的过程，以及伴随在一起不可分离的讨论、反思、调节、资料的搜集积累等研究过程，行动与研究是融为一体的。

（4）研究的大致时间表。由于行动研究中研究与工作改进是同步的，所以研究的时间具有一定的灵活性，可以适当地缩短或延长。

（5）技术性的问题。怎样进行资料积累、处理等。

从理论上讲，一项研究的行动计划和研究计划应该是分开的，但从教师行动研究的实际来看，两者却是结合的。一个大家能比较认同的行动研究计划中的行动，包括实践过程的各个环节；计划中也应该有研究、设想、反思、调节、资料积累等。

总之，当研究的目标和解决的实际问题游离时，不是好计划；当工作目标完全取代研究目标时，行动研究就没有研究只有行动；计划有大有小，要根据实施的时间长短来加以考虑。

2．不断澄清问题

教育行动研究的目的是解决实践中的问题，行动与研究在研究过程中是密不可分的，有时容易混淆行动与研究，因此，教师在思考研究的目标时，还是应该将工作与研究适当地剥离。

教师行动研究的过程，是不断澄清研究问题的过程，也是不断清晰问题解决策略的过程。教师要澄清研究问题一般要经历这样几个阶段：一是通过调查研究，发现有关的多个问题，找出关键问题；二是通过一定的方法，在尝试问题解决的过程中，将问题聚焦，在可能的范围内对问题进行进一步定位；三是从已经解决或尚未解决的问题中引出新的问题。这是一个深化研究的过程，很多时候也是一个新研究的开始。当然，这一过程并不是并行的而是交替进行的。

3. 选择适合的解决问题的方法

行动研究是一种具有兼容性和开放性的研究方式。从事行动研究时要根据实际情况选择适合的解决问题的方法和途径，需要兼用多种研究方法，诸如个案研究、教育观察、调查研究、经验总结、实验研究、比较研究、文献研究、教育测量等，凡是能够改进行动的方法都可以运用。从根本上说，行动研究法是一种研究理念，是以教师为主体的研究。对教师而言，方法并无难易之分，有的只是适合或不适合的方法。行动研究解决问题的方法是多样的，获得方法的途径也是不同的，但是要留心这样几点：一是要学习别人的经验，要学习先进的理念；二是教师相互之间要切磋与研讨，弥补各自的缺陷，发挥各自的优点；三是要将反思贯穿于整个解决问题的过程中，要将实践的方法、途径同研究计划、目标追求等不断进行对照，以确定选择怎样的方法与途径。

4. 搜集行动过程中的资料

教师的行动研究过程就是一个边总结、边研究、边积累资料，逐步地提升认识水平的过程。积累资料的过程是分析情况的过程，也是教师专业素养提高的过程，因此，搜集和积累资料是行动研究的一个重要环节。积累资料时首先要做有心人，重视实践中的反思，凭事实说话，关注实践中的细节，呈现我们研究中所走过的每一步。

5. 撰写研究报告

撰写研究报告是进行研究的必要过程。教育行动研究要在对行动过程进行充分反思的基础上，找出导致行动结果的深层原因，找出行动与结果之间那些稳定的规律性的关系与联系，对材料与观点进行梳理、归类和总结，形成行动研究报告。行动研究报告和学术研究报告应该有所不同。行动研究报告必须依照研究的内容，以别人最清楚的方式呈现，让其他教师看了之后。能够立即明了研究者的方法与结果。教师行动研究报告不是学术研究报告，它应当具有与教师群体分享经验和公开研究成果的效能，以便推广和改进。

三、教育行动研究的重要方式

（一）叙事研究

叙事研究是一种"研究性叙事"。带有研究性的教育叙事的关键在于，选择适当的主题，切入教师的日常教育生活，对教师亲历的教育生活加以梳理、选择、整合、贯通，从而在一种基于教师亲历的现场感的叙述之中，能把真实的教育生活淋漓尽致地展现出来，又能在众多具体的偶然多变的现场中去透析种种关系，解析现象背后所隐蔽的真实，从而使教育生活故事焕发出理性的光辉和智慧的魅力。

1. 经验的汇聚

教师的叙事研究可以立足于学校及课堂中的日常教育教学实践。也就是说，学校或课堂本身就是教师进行叙事研究的场所或现场。因此，即便是自身或他人的叙事，都不仅仅是事件的实录，而体现为研究者与参与者之间的合作关系，并且为一种经过选择、演绎、诠释的经验经历过程。这种经历通过以下两个方面来进行经验的搜集。

（1）搜集个人的经历或历史素材，包括个人经历故事、口述史、日记和日志、书信等；通过与参与者的深入交往而进入参与者的内心世界，采用参与性观察、开发访谈、注意倾听、双向交流、现场笔记等方式进一步深化叙事研究。

（2）注意相关背景资料，包括年鉴和编年史、各种文献、纪念性物品（照片、奖品、纪念品等）。

2. 意义的诠释

叙事不仅仅是记录与叙述故事，更在于一种不断反思自身教育生活与实践的专业精神，以及对教师和学生在日常教学情境中教与学的交往、追问的过程。这种反思与追问在叙事研究看来，是对经验的重组和理解，以及提供意义诠释的过程。

首先，有了叙事素材，还需要对这些叙事素材进行提取、分析并界定这些叙事事件如何形成、改变的基本元素和基本特征，以及它们之间的相互影响和相互作用关系。还要将搜集来的所有故事和叙事素材进行比较，分析每个故事的主题，然后将这些互不相同的主题重组成一个完整的事件发展过程。研究者不能根据现存的理论来加以诠释，应该把熟知的答案或意见搁置起来，要直面需要探究的现象，并尽可能地从自己的理解和与参与者交往过程中的理解、体验来进行分析，由此可能产生一种新的理解。

其次，经历和实践经验的意义是由一系列交往过程构成的，或者说，意义隐含在所有的叙事事件和故事之中。只有对这些叙述事件和故事进行诠释，经历和实践经验的内在意义才会逐渐被人领会和把握。因此，强调光有叙事描述是不够的，还必须把诠释和理解呈现给读者。

3. 语言的表述

（1）采用"深描"的手法。"深描"即教师比较详细地介绍教育问题或教育事件的发生与解决的整个过程，留意一些有意义的具体细节和情境，在叙事研究的报告文本中引入一些原汁原味的资料。这种"深描"使叙事显得真实、可信而且富有情趣。

（2）注重故事的"情节"。讲故事总得讲述某个事件。这个事件是日常生活中的一个偶然的变化，一个不确定的波折，这种起伏跌宕构成故事的情节。正因为它是日常生活的波折、起伏、跌宕，它才显得曲折、委婉而动听、可读。

（3）凸显故事的"结构"。所有的"结构"都可以归结为一点，就是"意义"。要求一个故事有"结构"，实质就是要这个故事有"意义"，让人听了故事以后能明白某种道理，当然，这些教育道理、教育理论只能隐藏在故事或事件的背后，即用藏而不露的方式表达某种关于教育或人生的道理。

（二）案例研究

案例研究就是通过对有关案例的分析和研究，向人们提供一些分析技术、技巧和解决问题的体验，从而达到理解有关教育教学或者管理的事实，掌握教育教学的或者管理的知识与技能，以提升学习者的学习与工作品质。

1. 选择有助于达到研究目的的研究对象

案例研究要根据研究的不同目的采取不同的抽样方法来选择研究对象。

（1）典型性抽样。如果要研究现象的一般情况，就要选择有代表性的个案。这就像平常工作中说的"抓典型"。

（2）关键性抽样。确定一些关键的特征进行考察。

（3）分层抽样。选择最好和最差两个极端类型的个案进行研究。可以最大限度地掌握该现象中的各种信息，尤其是有显著差异的信息将有助于我们深入思考。

2. 获取各种资料信息

案例研究要采用调查、观察、测查、访谈、成品分析等多种手段，全面、客观地获取各种资料信息。

案例研究并不是完全独立的研究方法。为了搜集到更多的个案资料，从多角度把握研究对象的发展变化，就必须结合教育观察、教育调查、教育实验、教育测量等多种研究方法，综合各种研究手段。

3. 形成科学的结论

案例研究要深入地分析和研究对象的各种特征，揭示其关系与联系形成科学的结论。案例研究既可以研究案例的现在，也可以研究案例的过去，还可以追踪案例的未来发展。案例研究可以做静态的分析诊断，也可以做动态的调查或跟踪。由于案例研究的对象不多，所以研究时就要进行透彻深入、全面系统的分析与研究。

4. 撰写案例研究的报告

将案例研究的结果写成文章，就是案例研究报告。案例研究报告可分为两个部分。第一部分是对案例的详细说明介绍，包括案例的背景材料、历史状况、现实表现，作者对初步获得材料的分析与判断，采取的相应处置措施，以后的发展变化和表现，新产生的问题和矛盾与解决方法，获得什么结果等等。这部分要具体、真实的描述，采取定量与定性相结合的办法，给出足够的数据、事实和其他材料。第二部分是对案例的分析与讨论，要在认真核查证据的基础上确立诊断，由"例"及"类"地分析案例材料中具有普遍意义的现象与规律，并且与类似的其他案例相比较对照，提炼出结论。

（三）经验研究

经验研究是依据教育实践所提供的事实，有目的、有计划地分析、概括教育现象，揭示其内在联系和规律，使之从感性认识上升到理性认识，成为教育理论的科学研究方法。经验研究包括三个方面的内容：经验的积累、经验的重构、经验的共享。主要方式有：

1. 经验的概念化

经验的概念化研究就是以概念或概念系统来表述实践经验，或者说是以理论表述的形式去抽象概括实际教育。这是经验研究最主要的一种方式。经验的概念化作为教育经验走向教育理论的一种表达方式，是一种简约化的机制，它可以帮助教师确定问题的范围和核心所在，以"缩小包围圈"的形式，在思想和行为上从复杂和繁乱中寻找到简单，建立起秩序，从而使教育的不断改进和完善成为可能。

（1）寻找核心概念。当教师敏感地捕捉到一些有研究意义的教育现象和问题时，教师就可以去努力寻找一个或几个相应的核心概念来标识和表达自己的教育经验，用以指导自己的教育实践。这样的教育概念既可以从已有的概念中移植、借用和改造，也可以创造性地提出。

（2）构筑概念框架。当一个或几个核心概念不足以完整地表达教育经验时，往往还需要运用一些子概念和相应的范畴来构筑概念系统或概念框架，因为单个概念只有在与其相关的概念框架体系内才能获得其准确的意义。

（3）解释教育现象。教师要善于运用一个合理的概念框架来解释自己经历的教育现象、教育事实和教育行为，让这个概念框架把教育实践中的问题放大，把问题的症结、要害或本质、原理、要领看得更加清楚和明白，澄清误解、消除曲解，加深对教育的认识和理解，探索正确的行动策略。

（4）改善教育实践。真正建立在原理水平上的认识蕴含着巨大的丰富性。唯有原理，才具有认识实践的穿透力，成为创建新实践的理论基石。

2. 经验的叙事化

经验的叙事研究就是由教师本人"反思"和"叙述"自己在教育教学探索中所遇到的一系列教育事件。透过对教育事件的反思和叙述，教师澄清、积累、保存、丰富和公开自己的教育经验，进行教育经验的交流与分享，从而提高自身的教育教学修养和水平。这种表达方式改变了以往抽象的议论文和说明文式的理论提升或逻辑推导，转向记叙文、散文、手记、口语化的讲故事，谈体会。这种表达方式可以指向课堂教学叙事、学校生活叙事和教师自传叙事。

3. 经验的序列化

经验的序列化研究是以一种列举的方式排定各种经验事实。特别是当实践经验主要指向各种具体"做法"，并从不同角度去探索的时候，经验常常是以某种序列的形式被呈现出来的。当然，这种序列化的经验也要有一个中心，也要围绕一定的观念或概念，也要有一个内在的叙述逻辑，但它的重点或用意并不是要抽象和概括出什么理论的认识，而是要记述各种具体化操作样式。许多经验研究都是循着这种"发散""具体化"的思维方式而进行的。

【案例·链接　6—03】

以师爱化解学生对学校生活的恐惧

问题发现：学生P在校内外反差大

一天早上，看见班上的P正对送他上学的父亲大发脾气。样子很凶，全不像平时一副胆小怕事的样子。印象中P好像对老师有畏惧感，从来不敢正面看老师，不敢大声说话，很少课堂发言，很少欢笑。

为什么反差这么大？

问题症结：解读

询问P的父亲，得知P在家很任性，常对父母发脾气，有时还同母亲对骂对打。P在上学路上常常赌气而来，但一到校门遇见老师，马上会住口收敛，紧张得不得了。P的母亲来参加家长会，我又了解到P在幼儿园时调皮好动。有一次，因为扯小朋友的小辫子受到老师惩罚，罚她待在厕所里。吃过中午饭教师才想起来，她整整哭了两个小时。她母亲回想说，好像是从此开始性情发生变化。

我猜想：可能是幼年这段不正常的经历深深刺激了P，导致现在的她对学校和老师心怀恐惧；她爱在家里大发泄，也许又跟她在学校里过得不愉快有关。

问题解决：转变

这样的猜测对不对，我心里也没数。但是，不论什么原因，当务之急是帮助她消除在老师面前和学校生活中的紧张感。

1. 对策与方案设计

（1）建议P的父母耐心对待P，多给予鼓励，不训斥。

（2）老师教育她，改变居高临下的教育方式，建立起相互信任。具体办法是，课堂轻松对话和交往，闲聊似的交谈。

（3）引导她体会老师的关爱，最后引导她改变对父母的态度。

2. 方案实施

（1）辅导性谈话：设法接近她，寻找与她闲聊的时机。

（2）创造更多机会让她参与课堂英语对话：鼓励她大胆参与。她开始变化：在家里喜欢谈论自己的老师了，对父母的态度也有好转，但还任性和大发脾气。

（3）教育性谈话：在好转的基础上能够与她直接探讨对父母的态度。

3. 实施效果

P同以往大不一样，主动举手发言了，能与同学创造性地表演对话，神情也比以前轻松愉快多了，在家里的脾气也有所改变。但还无证据表明关心与体谅父母有实质性进步。

4. 反思讨论

我感到教育工作实在是一件感情与理智相互交融的工作。对学生缺乏爱心或关爱不得体，就难以赢得学生的信赖，更不用说引导他们逐渐学会关心。另一方面，对学生的内心需要和行为问题要有敏感性、洞察力、理解力。教育工作是一项非常困难和艰苦的工作，又是一项有创造性的、非常吸引人的工作。

我的一些行动策略是成功的，但也有遗憾。"教育性谈话"的效果不明显，P对父母的态度尚无实质性改变。那次教育性谈话设计还不精细，错失了一次机会。这些方面确实可以作为我教育上的努力。

【案例·链接 6—04】

提高学生课堂讨论效果的行动研究

一、问题的提出

（一）实际工作中的问题与困惑

课堂讨论是帮助学生互相学习，提高学习能力，培养数学思维品质的一种手段。它不仅能够激发学生的学习兴趣、提高课堂教学效果，更能体现和培养学生的个性。因此，我在平时的课堂教学中，经常组织学生讨论，但讨论的学生参与率比较低，大部分学生只是处在观众地位，坐在那儿一动也不动，等待尖子生回答，没有融入讨论的气氛之中。讨论流于形式，陷入平面化的怪圈。

（二）问题的聚焦与定位

提高课堂讨论的效果，进而提高课堂教学的质量。

（三）问题的严重性调查

在四人一小组的讨论中，一般只有50%的小组讨论比较热烈，讨论不热烈的小组参与率比较低，往往冷场。讨论热烈的小组中也只有19%的学生能比较充分地发表自己的意见和看法。班干部和尖子生只顾发表自己的看法和见解，而没有组织小组全体成员参与讨论；学习有困难的学生很少有发表意见和提出问题的机会。部分小组在讨论时甚至呈"顶牛"之势，降低了信息交流和思维碰撞的价值。

二、学生难以展开讨论的原因

那么，问题的症结在哪里？我们继而从不同的角度进行了思考、分析。

（一）学生氛围不够民主

课堂教学是双向信息沟通的过程。教学中，教师要充分发扬民主，尊重学生，使教学活动充满着激情、灵感，弥漫着人情味，尽可能多地给学生思考的时间和余地，激活讨论气氛。

（二）教师没有把握合适的讨论契机，未采用合理的组织方式

课堂讨论的效果与教师组织才能的高低，教学观念的新旧以及对学生了解的深浅等有着密切的联系。

（三）没有建立合理的讨论小组

将优等生与学困生编在同一组，压抑了学困生的讨论积极性。

三、提高课堂讨论效果的措施

（一）善于把握课堂讨论的契机

课堂讨论的成败很大程度上取决于教师是否把握了课堂讨论的时机，是否组织了合理的讨论小组。一般来说，当学生在学习知识

的部分与部分、部分与整体的关系，以及区别不同点与相同点时，在学习教材的重点、难点时，在概括学习内容、发现规律、提炼思维精华时，在新授课之后判断某些数量关系时，教师组织学生开展讨论，能够引起学生的浓厚兴趣，并产生良好的学习效果。

（二）合理组建学习小组，创设良好讨论氛围

组织学生进行课堂讨论，不能放任自流，这就要求教师必须具有较强的控制课堂气氛的能力。在组建学习小组时，可以四人一组或同桌两人为一组，采用集体讨论、小组讨论和同桌讨论等不同形式。譬如在教学"长短"时，提出了这样一个问题："你是怎么知道这些物品有长有短的？"让学生通过小组合作探究比较长短的方法。学生说出了各种不同的方法，有的说"我是看出来的"，有的说"把它们横着平放在桌子上一头对齐比另一端"，有的说"我是把它们竖着戳在手心上来比的"，还有的说"把它们两头不对齐也能比较出来"。学生由于观察、比较的方法不同，得出的结论也各不相同，但是这些结论都是有道理的，我都给予肯定。

（三）挖掘教材，开展深入的探讨活动

数学教材是专家编的供教师和学生进行教学活动时使用的材料，有一定的抽象性。教师要认真钻研和熟悉教材，把蕴藏在教材中的知识点挖掘出来，组织探讨活动，以培养学生的研究能力。比如计算 $4+1=$？就以"四人学习小组"为单位，引导学生交流各自的算法，不同的学生就有不同的算法。有的学生说他是掰手指 1、2、3、4、5 数的；有的说他是从 4 开始，再往下数一个数（4、5）；还有的学生是利用数的组成的知识得出 $4+1=5$。我肯定学生的不同思考方法，然后再引导学生讨论："这几种算法中，你认为哪些比较简便？"通过讨论，学生初步认识到利用数的组成的知识来计算比较简便。又如在教学不同标准的分类方法时，以小组为单位，要求每个学生把自己的铅笔全部拿出来，然后互相交流、讨论，看看可以怎么分类。有的学生是按铅笔的颜色来分的，有的是按铅笔有无橡皮头来分的，有的是按铅笔有没有削过来分的，还有的是按铅笔的长短来

分的。

（四）故意示错，开展探讨活动

教师在课堂教学中，根据教材内容的重点、难点和学生容易出现错误处，故意出错，引导学生去探究，让学生来纠正，这对保护学生创新意识，培养学生探究能力很有好处。如讲解数学教材第31页的思考题时，教师得出结论：右边小猴的桃子比左边小猴的桃子多。有的学生看了书以后马上反对，教师则"坚持错误"，要求学生拿出事实依据来。学生兴趣很高，通过小组讨论，跟教师据理力争，教师终于"认输"，并得出结论："不能确定右边小猴的桃子个数肯定比左边小猴多"，还向学生"道谢"。学生通过讨论，经过跟教师进行一番智力"搏斗"，最后战胜教师，"夺取"知识。这样的活动，学生得到的不仅仅是知识，更多的是增强了自信心，培养了科学的探究精神。

（五）开展争辩式的讨论

教师通过整理学生对同一问题所持的几种不同看法，把见解、观点一致的学生编成组，然后各组之间进行争辩式的讨论，充分调动学生思维的活动空间，大胆抒发各自的见解，在你来我往的交锋中，使正确答案显露出来，加深学生对问题的理解，释放错误信息。当然，这种争辩式的讨论方式可以从学生个体出发，扩展到全班，形成一个大范围的讨论。这种争辩式的讨论方式较多地运用于两难或多结论的课堂讨论中。

包括事实在内，所有学科中的问题都可以成为讨论的主题，讨论的价值在于讨论过程中学生自己对事实清晰、准确的表达，倾听并评价他人对同一内容的不同表达形式，最终获得准确的表达形式。同时，讨论有助于激发学生搜寻新信息，重新调整自己的思维方式，进一步发展和完善自己的思维品质。

在教学实践中，我们认识到，课堂讨论不但满足了学生爱动、好玩、乐于交往等心理需求，同时还赋予了其他教学法所无法赋予的民主性与自主性，为学生提供了展示自我、体现个性的良好时机。此时，他们的思维处于开放状态，不同的见解、不同的思路可以广泛地进行交流，并且能得到及时的反馈，从而有效地使学生的认识趋于完善。课堂讨论还使部分较为内向的学生能逐渐适应讨论这种氛围，渐渐地敢于谈自己所想，而不至于常常处于被动消极的聆听、吸收状态；部分外向的学生则能够在讨论中学会尊重别人的意见，在解决问题的过程中，逐渐趋向于谦虚和宽容。对于少部分目的不明确的学生，课堂讨论也提供了一定的指向性，弥补了无向思维的不足。

四、阶段性评估与反思

经过一个学年的尝试，我们的探索取得了良好的效果。在课堂教学中，有60%的学生会积极地参与讨论；只有20%的同学由于个性内向，胆子太小，不敢热烈地讨论。与第一次调查相比，显然有了进步。当然讨论的深入程度还不够好。下一步重点是培养学生主动地、深入地探究问题的能力。

【思考·实践】

1. 教师举例谈谈教育行动研究的特点。

2. 教师根据教育行动研究的环节就某一问题开展一次实证研究。

3. 教师查阅相关文献资料，结合自身教育教学实践，提出一个有价值的"真问题"，并拟订开展教育行动研究计划。

第三节　微型课题研究

微型课题研究是指教师把日常教育教学过程中遇到的问题即时梳理、筛选和提炼，使之成为一个课题，并展开扎实的研究。微型课题的着眼点是教育教学细节，研究内容是教育教学实践中碰到的真问题、实问题、小问题，它以"小切口、短周期、重过程、有实效"为基本特征。

一、微型课题研究的基本特征

（一）微型课题的基本理念

1. 问题即课题。教师要树立问题即课题的意识，按照切口要小、选题要准、研究要实的指导思想开展微型课题研究。教师要从自身的需求出发，从一个个实际的教学实例出发，认真解析自己的课堂教学行为，寻找课堂教学中存在的问题，进行出自我诊断，然后在若干问题中筛选出自己最感兴趣的、迫切需要解决的问题作为课题。

2. 对策即研究。教师要将确立的问题作为研究对象，解决问题的过程就是研究的过程，将在不断提出问题、解决问题的过程中实现自己的专业发展。微型课题研究的一般思路是：确立问题（提出解决什么问题）——预设目标（期望获得什么结果）——设计步骤（设计研究的步骤方法）——主题阅读（围绕问题查找资料）——研究实施（在教学中应用验证）——撰写报告（提供经验和成果，总结提高）。

3. 收获即成果。教师要把微型课题研究目标定位为，收获先进的教育理念，增添灵动的教育智慧的平台。教师要把研究过程中的感悟、体会记录下来，撰写教学随笔和教学反思。

（二）微型课题的基本特点

1. 小，即微小。研究的范围小、问题微、人员少、时间短、成本低。问题可以具体到一堂课的教学设计、授课导入方式、课堂提问、作业设计等等。

2. 活，即灵活。在实施流程上，没有规划课题那么复杂。在组织形式上，可以教师个人单独研究，也可以几位教师合作研究。在选题上，灵活、自由，什么问题都可以研究。可以说微型课题研究没有固定的研究模式，没有强制的操作流程，人人都可以研究，时时都可以开展，处处都可以进行。

3. 实，即实在。研究要重实践，讲实用。首先是选题"务实"，要立足于当前教育教学工作，选择教师教育工作中遇到的盲点、热点、难点、疑点问题，贴近学校、贴近教师、贴近教学实际。其次，过程"踏实"，要在教中研、研中教，不游离于教育教学实践之外。再次，成果"真实"，强调在"做得好"的基础上"写得好"。

4. 短，即周期短。研究时间短的两至三周，长的三至五个月，最长的一般不超过一年。

5. 快，即见效快。研究问题小、周期短，问题解决快，见成效也快。

（三）微型课题研究的基本定位

1. 价值定位：取向"草根"。微型课题研究的价值定位不在于发展和检验理论，而在于解决教育教学实践中的矛盾和疑难。微型课题研究扎根于实践、扎根于课堂、扎根于教师；倡导自主、自立、自为、自用的平民化研究方式；一般通过"问题生成""旧题新做""小题大做""散题整合""老树新芽"等有效策略，提炼成微型课题，按照"问题—分析—计划—行动—观察—反思"的步骤，自觉地促进学习、思考和研究；从直击教育教学中的小问题开始——小现象、小策略、小故事，提出自己的草根理论，形成自己的教育教学特色——草根文化或草根成果。

2. 研究内容：关注"细节"。微型课题研究既可以是教师、学生、课堂等表现对象的富有特色的细枝末节，也可以具体到一堂课的教学案例设计、授课导入方式、课堂提问、作业设计等等。关注细节就是要求教师留心观察，善于捕捉、找准问题，谋求解决问题的方法，即要求教师必须具有一双慧眼，具有一颗匠心，在纷繁复杂的教育教学中发现有意义的事件，在纷乱迷离的工作实践中发现有价值的困惑，并在实践中、细节中解决。

3. 研究组织：基于"校本"。微型课题研究在研究的组织形式上，可以教师个人单独研究，也可以本校内两三人合作研究。在具体操作过程中要将研究的重心下移到学校、班级、课堂，以学校管理、教育教学和新课程实施中面对的各种具体问题为研究对象，以教师为研究主体、专业人员共同参与的研究活动，研究内容具体，研究主体突出，专业引领落实；研究过程的每一环节都是以教师本人为主体，是教师自主发展的精彩呈现。

4. 研究过程：注重"行动"。微型课题研究是"做出来的"，不是"写出来的"，要在教中研，一边研一边教，要"根据现象找问题，根据问题定选题，根据选题去实践，根据实践得总结"；要在"问题即课题、实践即探索、过程即收获"思路指引下，经历"实践—反思—总结—实践"的循序渐进、螺旋上升的运作过程。教师参与微型课题研究的意义不在于发现教育教学的普遍规律，而在于能够更新自身的教育教学观念，提升自己解决教育教学实际问题的能力。教师进行研究最根本的目的在于服务于教学。

二、微型课题研究的一般步骤

（一）准备阶段

1. 选择研究课题

选择研究课题就是确立研究的目的、对象、内容和方法。选题的过程，是反思、总结、学习和研究的过程，一个好选题的产生需要经过严密的思维过程和实践活动才能定下来。这一过程大体为：第一，把自己的教育教学活动放到素质教育和新课标要求的框架中来反思，并依据实践经验梳理出存在的问题；第二，对梳理出来的问题进行筛选，把最重要、最需要解决的问题找出来，并提出初步的研究课题构想；第三，对提出的问题进行论证，确定这个问题是不是真问题，是不是科学，是不是有意义、有价值，是不是有条件、有能力进行研究；第四，采取多种方法，广泛查阅、学习与所选问题有关的文献资料，弄清楚这个问题有没有人研究过，以及研究的现状；第五，根据主观客观条件形成具体、明确的研究课题。

2. 查阅文献资料

文献资料原指用文字记载形式保存下来的有价值的图书资料，现在泛指一切记录知识或保存信息的有参考价值的媒体。查阅、研读文献资料是教育科研的一项重要活动，它贯穿研究的全过程。查阅文献资料要根据研究的需要有目的、有计划地进行。首先，要根据研究的方向和要求，确定所需文献资料的主题和范围。一般来说，研究的问题越明确、越具体，查阅文献资料的针对性就越强。其次，要明确从哪儿查，怎么查。目前，一线教师因掌握的信息源很有限，开展研究时，要尽可能从更大的范围去查阅文献资料。找到信息源后要确定查找的方法。通常情况下，查阅文献的方法都是综合运用的。第三，对搜集到的文献资料进行筛选和加工。去粗取精、去伪存真，剔除重复的、过时的、不适用的材料，保留那些与研究有关的，完整、全面、深刻、正确的文献资料。

3. 制订研究方案

制订研究方案是整个研究工作中非常重要的一环，它不仅影响到研究工作的效率，而且会影响到研究结果的科学性和真实性。研究方案不仅在于把研究目的、思路具体化，也是研究工作整体的规划图和研究实施过程的路线图。作为规划图，研究方案要交代清楚研究的整体思路、研究过程的框架、研究工作的布局、研究成果的预设等。而作为路线图，每一步做什么、谁去做、什么时候做、要达到什么效果、如何评价等等都要具体明确。研究方案制订越周密详细、切实可行，就越可以避免研究工作的盲目性、随意性，从而使研究工作能有序地开展，并取得预期的效果。

制订研究方案既要考虑课题研究的具体要求，又要紧密结合教育教学的实际。从研究的目的和形式看，微型课题研究过程和教育教学过程实为一体，因而，研究方案和教育教学计划要相互融合。离开了教学，微型课题研究就成了无源之水、无本之木，就失去了依靠和支撑；离开了研究，经验性的教学实践还会在"老调重弹"中"涛声依旧"，还会用应试的"旧船票"登课改的"新客船"，还会靠日光加灯光搞拼耗。只有坚持把教学与研究融为一体，在做中研、研中做，才能避免"有研究无方案"或"有方案无研究"。

（二）实施阶段

1. 根据研究方案开展研究活动

课题研究实施阶段中，研究者要根据研究方案的安排有计划、有目的、有序地开展研究活动。根据微型课题研究的特点，研究活动大致可以分为两大类。

（1）专题研究活动

专题研究活动是指根据研究目的和研究内容，运用具体的研究方法对研究对象进行调查、观察、验证、分析与探究的过程。这类活动主要包括：

①调查活动。它是运用调查法从不同的维度对研究对象进行了解和分析并得出相应结论的过程。调查活动是微型课题研究最基本，也是最主要的活动。调查活动主要解决"是什么"和"为什么"的问题，只有解决了这两个问题，才能解决"怎么办"的问题。

②观察活动。它是运用观察研究的方法，从具体的教育教学场景或情境中获取研究信息和资料的过程。观察活动一般是在课堂上进行的，所以又称课堂观察。观察活动也是微型课题研究经常性的重要活动，它通常和调查活动结合在一起，都旨在了解、掌握教育现象之间的关系、特点以及原因。

③实验活动。它是运用实验研究的方法在教育教学活动中验证自己的研究假设（具体的教育教学方法、形式或手段）是否成立的过程。研究的过程实际上就是一个"假设"与"求证"的过程。实验研究就是一个"假设"与"求证"的活动。

（2）主题研究活动

主题研究活动是指围绕特定的研究目的和研究内容开展的学习、

讨论、交流、展示、观摩、培训和评比等活动。这类活动主要包括：

①阅读活动。教师研究的过程，也就是一个持续学习的过程，不存在无阅读、无学习的研究。主持人要有针对性地组织主题阅读，也就是要有方向和范围。要通过学习学会把别人的论述、思想以及实践经验转化为对自己研究的解读与说明，并注意将自己已有的经验与别人的思想、理论相联系，使自己的研究思路更清晰、目的更明确。

②沙龙研讨。组织沙龙研讨活动要有明确的研讨主题、参加对象、活动时间、地点等。就微型课题研究而言，沙龙研讨的主题一般是研究方法、技术和策略层面的探讨，以及在研究中如何解决教育教学实际问题的研讨，可以是思想的碰撞、理论的探讨，也可以是心得体会的交流。每次活动前，主持人要把研讨的主题通知参加的对象，参加研讨的教师要事先做好发言的准备，保证研讨的针对性和有效性。沙龙研讨的重点要放在研究的内容和解决具体的问题上，尤其要研讨研究内容中"怎么办"的问题。

③展示与观摩。展示就是公开自己研究的过程和研究的成果。从展示的形式看，有现场展示、书面展示、媒体展示等。从展示的内容看，可以是课堂教学（研究课），也可以是教育（德育）场景以及反映研究过程和成效的物化材料，但都必须与研究的内容有关。从展示范围看，还可分为对外展示和内部展示，内部展示主要是通过多种形式展示、交流课题组成员的研究情况。观摩就是观看别人的研究过程和成果，并进行评价和探讨。展示的目的是为了得到专家、同行的评价和指导。通过展示可以知道自己研究的进展和工作的优劣，从而为改进和提高研究工作提供依据。通过观摩可以学到别人研究的经验。了解别人研究的不足。主持人要积极参与展示与观摩活动，尤其要多上"研究课"。"研究课"不同于一般的课堂教学，在教学设计和实施上，它既要有教学目标又要有研究目标，既要有教学内容又要有研究的内容，既要有教学方法又要有研究方法。

④合作与交流。在研究过程中，教师要主动去和领导、同伴、

学生交流与沟通，尽可能得到他们的帮助和支持。同时，微型课题研究也离不开专家的引领。课题最终是否成功，最现实的是你做的课题能否结题，能否得到专家的认可。因此，做课题还要多向专家请教，多与教科研人员沟通，尽可能得到他们的指点，使研究的课题更具有严密性、科学性。当然，在课题研究的过程中得到家人的支持和理解也是非常重要的。尽管提倡教师寓研于教，在教育教学的过程中开展研究，但平时肯定要花时间充电、补课，回家要看看书、写写文章。因此，要取得家人的理解。

2. 建立研究台账或研究手册

研究台账或研究手册是理清研究思路、安排研究工作、记录研究过程的重要手段。通过研究台账或研究手册记录课题研究的大事、工作安排、工作会议、培训、交流、考察学习的内容、成果、档案等等。为执行计划、调控过程、提高效率提供依据，同时，也为积累完整的研究资料打下基础。

3. 做好课题研究的组织管理工作

尽管微型课题研究的规模小，课题组的成员不多，但一旦建立了课题组，就必须分工明确。做什么、怎么做、什么时候做、要达到什么要求、如何考核评价等，都要明确具体。主持人要组织课题组成员认真学习、讨论研究计划和方案，领会其精神实质，认清研究的目标，熟悉、掌握研究的步骤和方法，明确自己的任务和操作要领。

课题主持人不仅仅是研究者，还是课题研究的组织者和管理者。在课题研究实施阶段，要定期组织检查、总结、交流活动。为了掌握课题研究的进度，调控研究过程，要定期组织课题组成员进行总结交流，检查是否认真执行了计划，研究到了哪一步，解决了哪些问题，有了哪些效果，资料搜集是否完整、保存是否完好，下一阶段的工作是什么等等。如果是个人单独进行研究的，也要进行自查自纠。

在整个研究过程中，要有计划地通过书面报告、座谈交流、现场会议等形式展示阶段性的研究情况和研究成果。课题研究者既要写出书面的阶段研究情况报告，又要在课题组成员座谈会上介绍研究情况、听取大家的意见。同时，还要通过听研究课、观摩研究活动、观看影像记录、参观实物展览等活动来开展评估和交流。

4. 及时梳理积累研究资料

在研究中，研究者通过对文献资料的学习，对问题的调查、分析，与他人的交流碰撞等，都会产生一些新的思想、新的认识，都会有或多或少的心得体会和感悟。及时将这些思想认识和心得体会加以梳理，是研究工作非常重要的一环。这些内容不仅反映了研究过程的思路、程序、内容、方法等，也在一定程度上反映了研究者做了什么，做得怎么样。

研究的过程中，要注意搜集保存好研究资料。

从资料的内容来分，可以把研究资料分为四类：一是理论类资料，是研究者围绕课题研究搜集、整理的文献资料。二是方法类资料，是与课题研究有关的方法，以及操作案例等。三是事例类资料，是研究过程中的调查分析、数据统计、案例等能说明研究成果的材料。四是实物类资料，包括会议、活动照片、课堂实录、课件、获奖证书、师生作品等等。

从资料的特点看，可以分为三类：一是准备性资料。也把它称为原始资料，包括下载、复印文章、文摘等理论资料，以及国家、教育行政部门、学校有关的政策、法规、文件等政策性资料。二是过程性资料。包括微型课题研究的申报表、研究计划或研究方案、研究目标责任书、教学案设计、调查观察记录、研究日记、会议及研讨活动记录、接受培训及考察学习的材料、学生作业、有关试卷、图片等与研究过程有关的所有资料。三是总结性资料。包括调查报告、观察报告、工作小结、研究课课例实录、研究报告、随笔、论文、经验总结、师生作品、课件、结题鉴定意见等能反映研究成果的材料。

搜集资料的工作不能等到结题的时候再做，平时就要注意积累，有些原始资料一旦丢失了就很难找到。为了使资料充实、完整，并有助于研究工作的开展，除平时注意积累外，还可以开展主题调查，进行专题搜集。

（三）结题阶段

1. 做好结题的准备工作

（1）整理研究资料。包括课题的申报表，研究计划或研究方案，围绕课题研究的教学设计、主题活动方案、各种活动记录、学生作品、调查报告、实验报告、随笔、案例、论文、图片、影像资料等。

（2）撰写研究报告。研究报告是集中、概括地反映微型课题研究所取得的最主要、最有价值的成果，包括课题缘起、实施过程、研究成效和研究后反思。

（3）撰写工作总结。它是对课题研究工作计划的制订与执行、过程的组织、活动的开展等情况进行简单的事务性总结。也可以将研究报告与工作总结合二为一，统称结题报告。

（4）准备研究课。根据研究的内容，研究课可以是学科教学，也可以是其他主题教育活动。

2. 了解结题的一般形式

微型课题结题一般采用集体结题的形式，即研究内容相似或相近的课题、同一所学校的课题集中一起结题。通常有以下几个程序：一是课题主持人作结题报告（主持人向验收组介绍自己的研究过程，重点介绍做法和成果。如果同时结题的课题比较少的话，这个程序也可以省略）。二是观摩主持人的研究课或主题教育活动（看主持人研究的问题在教育、教学中有没有解决，解决了多少）。三是验收组查阅课题组的研究档案。查看研究的原始性资料、过程性资料、结果性资料是否齐全，是否真实，研究结果是否丰富、是否有价值。四是验收组写鉴定意见。表明是否同意结题（就听课和查阅资料的情况验收组会与主持人进行交换）。

3. 提交研究成果

从微型课题研究的性质看，研究成果的表现形式有别于宏观、中观课题的研究，应该用符合一线教师工作特点的、大家习惯的、喜闻乐见的形式来呈现。如教育日志、教育叙事、案例、调查报告、实验报告、论文、经验报告、结题报告等都可以作为研究成果。

4. 做好结题后续工作

课题结题了不等于研究工作结束了，结题后，还有很多工作要做。首先，要把研究成果运用到教育教学工作中去，通过对研究成果的应用来改进自己的工作，努力提高工作效率和工作质量。要把研究成果在更大的范围内推广应用，让更多的教师能分享自己的研究成果。其次，要总结和反思自己的研究过程，重新审视自己的选题、研究的内容、方法、计划、成果等是否科学合理，整个研究有没有达到你自己预设的目标，尤其要反思，这样的研究对提高自己的教育教学质量和个人进步有没有帮助，有什么样的帮助。这样的思考会使你的研究得到进一步的提升。再次，要进行后续研究。在前面的研究中，教师可能解决了一些问题，有些问题可能还没有完全解决，甚至于就没能解决，而且在研究中还出现了新的问题，这些问题都需要进一步去探究。对一个问题你挖得越深，就越贴近你的工作实际，你的研究和研究成果就越有价值，也就越有现实的指导意义，你的思想认识也会越来越深刻。

三、微型课题研究的基本方法

（一）调查研究法

调查研究法是研究者有目的、有计划地运用问卷、访谈等方式，搜集有关教育现象及问题的实证资料，进而分析、探讨、解释和说明研究问题的一种研究方法。调查研究包含两个层面的工作：一是调查，即运用询问、测量等方式搜集事实和数据，是一种感性的认识活动；二是研究，指通过对事实资料的思维加工，由感性认识上升到理性认识。调查研究方法是教育研究最基本的方法，也是在微型课题研究中单独使用最广泛、最普遍的一种方法。

1. 调查研究的基本类型

在微型课题研究中，要根据研究的目标和内容来选择和确定适当的调查类型。这样才能有效地制订调查方案，确定调查对象、调查方法和调查程序。调查研究既可以根据调查阶段又可以根据分析研究阶段的不同特征来分类。各个类型虽然相互区别，但它们的共同点都是运用调查的方法搜集资料，并通过资料的分析得出对教育现象的理性认识。

（1）从调查研究的目的分类。可分为现状调查、原因调查、比较调查和发展调查。

（2）从调查对象的范围分类。可分为全面调查、个案调查和抽样调查。

（3）从调查的形式分类。可分为横向调查、纵向调查、书面调查和口头调查。

（4）从调查研究的范式分类。可分为定性调查和统计调查。

（5）从调查的具体方法分类。可分为问卷调查、访谈调查、观察调查、测验调查、实验调查和文献调查。

2. 调查研究的一般步骤

依据调查过程的顺序，调查研究一般有以下几个步骤：制订调查计划、选择调查对象、确定调查内容、实施调查和整理资料。在这个过程中，每个步骤都有各自特定的具体活动和要求，研究者应根据实际情况进行适当的调整，以保证研究的顺利进行。

3. 调查研究的主要形式

（1）问卷调查

问卷调查是研究者通过事先设计好的问题来获取有关信息和资料的一种方法。研究者将研究的问题分解为若干个项目，编制成标准化书面问卷或表格发给调查对象填写，然后收回整理、统计、分析研究，得出结论。问卷调查一般是间接的、匿名的，也就是调查者不与被调查者直接见面，而是由被调查者自己匿名填写问卷。问卷调查操作方便、实用，可以在同一时间内收集到研究所需的资料，是教育调查中最常用的，也是最基本的搜集资料的方法。

（2）访谈调查

访谈就是访问者与被访问者面对面的交谈。访谈调查就是调查者通过与被调查者面谈来了解情况、获取信息和搜集资料的一种调查方法。教育研究中的访谈是一种研究性交谈，是两个人（或更多人）之间的一种谈话，由研究者引导被访者回答问题，以此了解被调查对象的行为或态度，最终达到调查目的。研究性访谈是一种有目的、有计划、有准备的谈话，它的针对性很强，谈话的过程紧紧围绕着研究的主题展开，而一般情况下的谈话，是一种非正式的谈话，它没有明确的目的，随意性较强。

（二）个案研究法

个案研究法就是通过对单一的对象进行深入的观察、调查、分析来了解、认识其现状、发展变化过程的一种研究方法。个案研究法是微型课题研究最适用的基本方法。它不仅易于掌握，而且便于一线教师对学生个体、小群体、个别教育事件或个别教育现象等进行深入细致的考察、分析和研究。个案研究法可以独立使用，也往往与观察法、调查法、实验法等研究方法结合，综合使用。

1. 个案研究的基本类型

（1）个案跟踪。个案跟踪研究，就是在一定时期内研究者根据研究的目的和内容，对某一研究对象进行有意识的跟踪，搜集相关资料，揭示现状以及发展变化的过程。个案跟踪是对研究者进行长期（六个月以上）而连续的观察，研究者能真实而直接获得研究对象发展变化的第一手资料，能深入了解个人或某一教育现象的发展情况，弄清发展过程中的个体差异现象。

（2）个案追因。个案追因研究是指由已经存在的事实去追溯和探究形成事实的原因。也就是追寻和探究某一教育问题或教育现象的成因。追因研究与实验研究的因果关系正好相反。实验研究是先假设原因，然后就此原因求出其产生的结果。追因研究则是由既成事实分析研究其产生的原因。简言之，实验研究由因到果，追因研究则由果溯因。两者都是微型课题研究常用的方法。

（3）个案谈话。个案谈话研究就是通过谈话的形式进行的一种个案研究，故又称临床谈话法。临床谈话可以是面对面的口头谈话，也可以用书面谈话的方式。

（4）个案会诊。个案会诊研究是研究者通过集体讨论，就某一学生的行为，某一教育问题或某一教育事件进行分析研究，从而发现研究对象的特点以及发展趋势，并拿出改进工作方案的一种研究类型。个案会诊研究的适用范围比较广泛。既适用于学生个体，也适用小组或班级；既适用于学生负面行为的研究，也适用于学生正面行为的研究。

（5）个案作品分析。个案作品分析研究就是通过对研究对象的作品进行分析研究，以获取研究需要的信息。个案作品分析又称活动产品分析，主要是通过分析研究对象的有关作品来了解其观念、态度、能力、水平等。

2. 个案研究的一般步骤

个案研究的一般步骤有确定问题的性质、了解问题的背景、提出解决问题的方案并付诸行动、检验方案的有效度和形成最佳方案。

（三）观察研究法

观察研究法是研究者有目的、有计划地运用自己的感官及有关工具直接从教育教学情境中搜集资料的一种研究方法。教育研究所进行的观察与日常的观察是有区别的，日常的观察是人们在实践中有意识或无意识的自然习得的一种能力，而研究中的观察是一种有目的、有计划、有方法的特殊技术，对教育问题、教育现象洞察的深度和广度是日常观察无法达到的。观察法也是微型课题研究一种基础的和常用的研究方法。

1. 观察研究的类型

（1）直接观察与间接观察。从观察的方式来分类，观察可以分为直接观察和间接观察。直接观察就是观察者凭借自己的感官对观察对象进行感知和描述。间接观察就是观察者利用录音机、摄像机等技术手段对观察对象进行考察。相比较而言，直接观察直观而具体，间接观察可以避免观察者的主观性，扩展观察的深度和广度。

（2）参与性观察与非参与性观察。这是从观察者是否参与观察对象所从事的活动来区分的。参与性观察就是指研究者参与被观察对象所进行的活动，在一起活动中观察、了解、分析被观察对象的思想观念和行为表现。非参与性观察是指研究者不介入被观察对象的活动，只是作为一个旁观者观察、了解被观察对象的行为表现。

（3）结构性观察与非结构性观察。结构性观察就是研究者根据研究的目的和研究的内容，进行有计划、有步骤、有方法的观察。非结构性观察只有总体的目的和大致的内容，没有周密的观察计划和严格的观察过程。结构性观察计划严密、过程规范严谨，能获取大量翔实的研究资料；非结构性观察灵活、适应性强、简便易行，但观察材料不太系统，不便进行统计分析。

（4）时间抽样观察、场合抽样观察和阶段抽样观察。时间抽样观察是在选定的时间内对研究对象的各种行为表现和现象做观察和记录的一种方法。场合抽样观察是有意识地选择某个自然场合，观察研究对象行为表现的一种方法。阶段抽样观察是研究者选择某一阶段，对观察对象的状态进行观察。

（5）定量观察和定性观察。从搜集资料方式来分，观察可以分为定量观察和定性观察。定量观察指研究者运用一套定量的、结构化的记录方式进行观察；一般有一定的分类体系或具体的观察工具，对预先设置的分类下的行为进行记录，这种观察的结果一般是一些规范的数据。定性观察是指研究者依据粗线条的观察纲要，搜集对课堂事件进行细节描述的信息材料，资料搜集的规则是灵活的，是基于需要在观察的过程中形成的；在观察后根据回忆加以追溯的补充和完善，并通过描述性的和评价性的文字记录现场感受和领悟。

2. 观察研究的一般步骤

（1）制订观察计划。观察计划一般应包括：观察目的；确定观察的内容和对象；拟订观察提纲，列出需要通过观察获得材料的要目；设计观察过程；根据研究的要求以及观察对象的特点，列出观察的注意事项；设计打印观察的记录表格、速记符号，规定有关的统一参照标准；准备观察用的工具；根据观察研究的要求培训观察人员并进行组织分工，观察什么、谁去观察、何时观察、怎么观察等要具体明确。

（2）做好观察前的准备工作。实施观察前，要根据观察的要求做好准备工作，如果观察需要借助有关仪器，如照相机、录音机、摄像机等，就必须事先调试、安装好。如果需要专业技术人员帮助，也要事先安排好。及时做好与被观察对象所在单位（班级）负责人的联系、沟通工作，说明观察研究的有关安排，争取对方的配合与支持。做好参与观察人员的培训指导工作，让他们了解观察的目的、内容和重点，熟悉观察的方法和记录的要求以及观察过程中的注意事项。

（3）实施观察。

①观察的途径。通过参观、听课、参加活动、列席会议、结合个别谈话、召开座谈会等形式的调查方法进行观察。

②进入观察现场的注意点。明确进入现场的时间与任务；找准合适的角度；做好记录；规范观察行为；观察和分析要相结合。

（4）整理分析观察记录。观察记录的原始材料比较繁杂，不少资料可能是错误的，还有些材料与课题研究可能是无关的，因此，观察活动结束后，就要及时梳理、筛选和整理，然后对有价值的典型材料进行分析研究，并得出研究结论，撰写研究报告。

（5）撰写观察报告。观察报告的格式一般分标题、前言、正文和结尾四部分。

①标题要明确。观察的主题要清晰具体，一目了然。

②前言是报告的开头部分，主要写出观察目的和计划，其次是写明观察的时间、地点、对象、范围、经过和可能取得的一手技术资料的测定及记录方式等。

③正文是报告的核心部分。这一部分首先要对观察得到的各种第一手资料进行叙述，然后分类进行归纳、整理。有些情况和数据尽可能采用表格方式表示，这样可以减少文字叙述的烦琐，使人一目了然。同时，通过图表的显示，有时还会发现新的问题。最后再将归纳、整理的情况进行分析和综合，得到正确的客观事物运行规律。

④结尾为观察报告的结束语。该部分常用理论对被观察的客观事物运动规律进行总结，并与传统的理论进行比较，看是否有弥补、创新之处。

（四）经验总结法

经验总结法，就是在不受控制的自然状态下，对教育过程中所出现的教育事实或教育现象进行深入、系统的分析、归纳和提炼，寻找出规律性的东西，由局部"经验"发掘其普遍意义，并以此预测、指导今后的工作，改善工作质量，提高工作效率的一种研究方法。教育经验总结既可以是个人总结，也可以是集体总结；既可以总结自己的经验，也可以总结他人的经验。经验总结既是教育研究活动的一种基本类型，也是一种常见的、行之有效的研究方法。

1. 经验总结法的基本类型

（1）具体经验总结。具体经验总结又称为实践性总结，它是以具体的实践事实为基础，总结一次教育或教学活动的经验。具体工作经验总结的内容一般包括三个方面：一是教育活动的目的、内容、筹备和过程以及师生参与的情况等；二是活动的效果，主要是师生参与活动后的反映和收获等；三是活动的心得体会。具体经验总结是经验总结的初级层次，是对具体经验最简单的记录和描述，方便易行，是广大一线教师积累资料的重要方式。具体经验总结接近教育教学实践，为进一步解释教育事实和抽象教育事实提供了素材，奠定了基础。

（2）一般经验总结。一般经验总结是在一般经验的基础上，从中概括出经验的一般形式。一般性经验总结的主要内容有：教育活动的基本原则和举例；教育活动的指导思想和优越性；教育活动的使用范围和实施的具体建议。一般性经验比具体经验更有普遍性，可以成为一类教育的参考和借鉴。

（3）科学经验总结。科学经验总结是在一般经验总结的基础上，进行理性的、逻辑的分析，揭示教育教学行为与效果之间的关系以及在教育实践中的地位和作用。科学经验总结是把对教育实践的感性认识上升到理性认识，是对教育事实的抽象概括，并归纳出具有普遍意义的规律，是经验总结的最高层次。

2. 经验总结法的一般步骤

（1）设计研究方案。主要包括确定经验总结的主题、查阅文献资料、确定经验总结的程序。

（2）搜集事实材料。从搜集材料的范围看，既要搜集整体的材料，又要搜集局部的和个别的材料；从搜集材料的类型看，既要搜集量化的材料，又要搜集非数量化的材料、文字材料以及声像材料等；从搜集材料的性质看，既要搜集正面材料、主体材料和历史材料，又要搜集反面材料、背景材料和现实材料等。

（3）整理分析材料。搜集的材料需要按一定的逻辑关系进行编排、归类。资料整合是从搜集资料阶段过渡到研究阶段，由感性认识上升到理性认识的重要环节，直接关系到经验的可信度与准确性。

首先，要对照研究的目的和内容，对搜集到的事实资料进行检查，剔除那些与研究无关的资料，整理、完善不完整且有缺陷的资料，保证资料完整全面，使事实资料系统化、条理化。其次，根据研究的具体要求，将整理好的资料按时间顺序或事物发展的顺序，或按事物的不同性质分门别类地进行编排、归类，使资料能够清晰、全面地反映研究对象的现状或发展的脉络。整合资料不只是对原始资料进行整理、归类，还要进行分析。分析就是对事实材料的价值和实际效果进行认真分析，从而以现象作为向导，揭示具体事实的内在本质联系，分析哪些材料反映的问题是主要的，哪些是次要的，哪些是有所创新的，哪些还需要进一步观察。

（4）解释经验事实。解释经验事实面对的问题以及解决问题的过程，说明教育问题或现象发生变化的事实，揭示解决问题的思想观念、方法、策略所蕴含的规律，探求经验形成过程中的各种因果关系，告诉人们怎么做才能取得好的工作效果是解释经验事实的核心。能否科学地从经验事实中提炼、概括出规律性的东西，或者说，能不能从教育科学的角度解释教育事实，很大程度上取决于研究者的理论素养。

（5）撰写经验总结报告。经验总结是以改进实践为目的，对已经发生过的教育教学工作进行反思式的研究，通过对教育事实的分析、提炼，总结出人们可以借鉴的经验。教育经验总结报告一般包括以下内容：一是说明经验总结的目的、内容以及寻求经验的价值和意义；二是概括提炼出教育事实内在联系的规律，即经验，经验要先进、要新，论点要科学、正确，看问题的角度要独特，论据要充足，要有层次，可信度要高；三是通过对教育事实资料的归纳和分析，阐述经验结果产生的过程及条件，说明教育事实的现状以及发展变化的因果关系，经验必须清晰、明确，不仅要说明清楚是怎么做的，还要说清楚为什么这样做，经验必须与当前的教育教学实际相吻合，能够推广和使用，给人以可操作感；四是表明研究者对经验及其产生发展过程的认识、看法和理由，目的是提高经验的理论层次和被认可的程度，同时提出推广应用经验的建议。

（五）实验研究法

实验研究法是一种通过控制一个或多个自变量并引起因变量变化以检验假设的研究方法。作为自然科学研究的基本方法之一，实验研究是最早被应用到教育领域的一种传统、科学、经典的研究方法。掌握实验研究的基本方法，是中小学教师开展微型课题研究乃至教育科研的重要条件，因为，只有通过实验才能认识、理解并改进我们的工作。

1. 实验研究的基本类型

（1）标准实验和非标准试验。标准实验也称"真实验"。标准实验比较规范，对实验条件的控制比较严格，一般具备以下要素：随机选择和分配被试；两个或多个相同的组；前测和后测；封闭的实验环境、实验刺激的控制和操纵等。非标准实验也称"准实验"。非标准实验不具备标准实验所要求的所有条件，根据研究的需要可以进行的必要的省略或者特殊设计。在微型课题研究中，限于能力和条件，研究者很难对自变量进行有效的设计与操纵，对无关变量的控制也很难严密，在选取研究样本方面，很难将原来的班级打乱，进行随机分组。但进行非标准实验要以标准实验为依据，在设计和操作上向标准实验靠拢，尽可能做到科学、规范、合理。

（2）实验室实验与实地实验。在实验室进行实验可以进行比较好的条件控制，可以集中配置所需要的实验设备，而且不受场所变化的影响，所以自然科学的实验研究基本上都是在实验室中进行的。微型课题研究也可以在实验室做一些简单的实验。实地实验是指研究者在自然、真实的环境中观察、测量被研究对象的行为。

（3）探索性实验与验证性实验。为了探索一个新的教育规律或解决教育实践中的新问题，从事具有开创性的研究实验，称作探索性实验。要揭示的规律是教育研究人员并未认识的。严格地说，探索性实验研究实际上是一种试验，因为探索性实验的假设是不完善的，变量难以控制，只能边尝试、边改、边完善。验证性实验是指以验证已取得的认识成果或实践活动方法为目的的实验。通过实验对已经揭示出的教育活动规律进行验证，检验其科学性程度，并对其进行修正和补充。微型课题进行的实验一般都属于验证性实验。

（4）单组实验、等组实验和轮组实验。单组实验是一种向一个或一组实验对象施加实验因子（自变量），然后测量因变量产生的变化，借以确定实验因子效果的方法。等组实验是一种以不同的实验因子分别施行于两组或两组以上情况基本相同或相等的实验对象，然后比较实验因变量发生的变化，借以确定实验效果的方法。轮组实验是对两组或两组以上的对象，轮番循环两个或两个以上的实验处理。

2. 实验研究的一般步骤

（1）根据假设提出实验课题。

（2）实验方案的设计与实施。一是实验操作部分。确定实验自变量的内容以及操作方法和实施程序；规定实验对象的选择原则、分组方法和实施程序；制定无关变量控制的方法与程序；对变量的指标进行分解以及观测设计；确定实验资料的积累要求、实验数据的处理方法。二是实验管理部分。制订以上述内容为核心的实验工作计划，包括组织保证、规章制度、设备筹划、经费使用、时间进程的安排等具体方案。

（3）实验资料的整理。整理研究资料是对前面工作的总结，也是对实验结果的陈述，同时也是实验目的的体现。它一般分为两个部分的内容：一是整理汇总实验材料、对观测记录进行统计、分析，得出实验结果，以此检验假设，提出理论解释和推论。二是撰写研究报告。根据实验的结果和前期的文献资料撰写研究报告。研究报告是实验的最终成果。

【案例·链接　6—05】

数学教学中使用主题图实验研究

一、本课题研究的意义

1. 人教版小学数学教材中大量使用了主题图，体现了《数学课程标准》中"从学生已有的经验出发，重视学生的经验和体验"的基本理念。本研究是新课程理念下小学数学教师教学方法的研究，顺应时代的教学要求。

2. 有利于弄清小学数学教师由于认识的误解和操作的偏差，在使用"主题图"教学中存在的误区。

3. 有利于丰富当前小学数学主题图教学研究的理论。

4. 有利于形成创造性使用主题图教学的策略，对小学数学教师的课堂教学有现实的指导意义。

5. 有利于推进基础教育改革。

二、相关研究述评

南京农业大学图书馆何建新教授在《主题图及其应用》一书中这样写道："主题图（Topic Maps）的概念最初是由 W3C 提出的，并由国际标准组织 SGML 委员会第三工作小组的研究人员开发，用来实现索引和辞典构建过程的形式化。主题图是一种用于描述信息资源的知识结构的元数据格式，它可以定位某一知识概念所在的资源位置，也可以表示知识概念间的相互联系。主题就是主题图中的基本构成单元，是现实事物的具体化，它可以是表示任何事物对象的名词，通过主题表述的概念被形式化之后就是标题。主题图中最有价值的部分就是主题间的关联。"

关于主题图的运用，相关文章零零碎碎看到过很多，他们的观点是：正确运用主题图，体现主题图的价值；创造性地运用主题图，发挥主题图的功能。

三、拟研究的问题

一堂数学课，运用主题图会产生什么样的效果？不用主题图又会产生什么样的效果？同一主题图不同使用方法会产生什么不同的结果？有的主题图对有的地区的学生不适宜，我们应该怎样来创造性地使用主题图？在使用主题图的过程中，教师怎样引导学生从图中提取有用的信息？等。

四、改革方案概述

1. 理论依据

（1）建构主义理论认为，学习是学生主动的建构活动，在这个建构活动中，情境对学生的学习尤为重要，主题图总是一个情境的再现。主题图中的情境是生活与数学的桥梁，是数学的发现与运用的载体。

（2）从心理学观点来看，儿童认识事物是从感知开始的，然后形成表象，由表象逐步发展到抽象。主题图的情境是否引入课堂，与儿童的学习态度呈显著相关性。主题图来源于现实世界，贴近学生的生活。课堂引入情境，让学生在熟悉的事物中学习数学和理解数学，明确数学的价值。心理学研究表明，在熟悉的带有现实事件的环境作用下，儿童更容易将自己的情感移入所感知的对象中去，促使他们以更高的情绪自主学习。

（3）《数学课程标准（试行）》中指出："数学教学要紧密结合学生的生活经验，从现实中寻找学生学习的素材，使学生感受到数学存在于自己熟悉的现实世界中。"自主探索是学生学习数学的主要形式，让他们在主题图中发现数学问题，通过探究、合作交流解决数学问题，获得数学学习的方法、乐趣。

2. 研究目标

（1）建立目标明确、操作有效的情境化数学课堂教学方式。

（2）在富有创意的主题图文化的氛围中，让学生初步学会用数学眼光观察主题图，从数学的角度发现数学问题，提出数学问题；会用数学的思想方法去分析问题、解决问题，体验解决问题策略的多样性，发展实践能力与创新精神；学会与人合作，并能与他人进行数学交流。

3. 研究的基本内容：

研究的内容主要是从学生学习数学的兴趣及现状和教师课堂教学中主题图使用的现状调查、分析入手，探讨小学数学教材主题图的应用：挖掘出主题图丰富的内涵，把握主题图的最佳应用时机，掌握主题图的应用方法，力争走出主题图应用的几个误区。

（1）通过调查研究，了解各类学生的学习兴趣、特点、能力、方法，做到因材施教；使教师掌握高效应用主题图进行情境教学的基本方法、基本技能。初步形成在小学数学教学中应用主题图的课堂教学基本模式，试图走出主题图"弃置不用"这一误区。

（2）通过研究，先深入挖掘教材主题图中，蕴含着的丰富的信息资源，渗透着的相关的数学知识，然后创造性地处理和使用主题图，再引导学生观察、分析主题图，学会等待学生去发现知识。使主题图资源化、故事化、生活化、活动化、问题化、人文化，充分发挥主题图的功能价值。让主题图真正的"活"起来，以避免主题图的机械使用。

（3）通过分学段研究，探究出各学段数学主题图教学的有效策略，提炼出主题图教学的运用方法，形成小学低、中、高段数学主题图教学的基本模式。

（4）通过研究，使学生有目的地学习、乐于学习、能独创性地学习，能和集体成员相互协作、相互尊重，对所学习的内容能展开独立思考，进行多向思维，创造性地使用所学到的内容，从而去适应新的情况，探索新的问题。

4. 研究方法：

本课题的研究方法以行动研究法为主。同时辅之以调查法、文献法、实验法等研究方法。即在行动研究的基础上，了解实际问题，确定突破方向，充分借鉴并利用已有的丰富素材库及课件内容等资源，加以创新。

5. 课题研究原则

（1）全面性原则：主题图课堂教学既要面向全体学生，又要根据学生的个体差异，开设适合学生的生活环境、已有知识经验和学习需要的典型主题图课堂教学，同时注重对学生学习能力的培养。

（2）开放性原则：立足于研究、解决当前小学数学主题图教学中存在的实际问题，注重实效，在研究过程中，注意广泛吸收其他兄弟学校、外地主题图课堂教学的经验，与他们加强联系、学习、沟通、合作、交流研究的过程。

（3）实践性原则：小学数学主题图课堂教学的研究，一定要结合本地实际，结合学校、学生的特点，找到适用学校实际的主题图教学方法。

五、预期改革效益

1. 通过对创造性应用小学数学主题图的实验研究，试图走出当前小学数学教学中对主题图"弃之不顾"的误区，初步形成在小学数学教学中应用主题图的课堂教学的基本模式。

2. 通过实验研究，我们将总结出有效运用主题图教学的方式和方法，试图走出主题图"机械使用"的误区。

3. 通过实验研究，我们可以总结归纳出一些创造性使用和处理主题图的策略，使主题图更贴近学生实际，解决使用主题图"随意更改、本末倒置"的误区，更好地促进有效教学。

【案例·链接　6—06】

《小学低年级开放式识字教学探索》研究报告

一、问题的提出

识字教学是小学语文教学的重要组成部分，识字是阅读和写作的基础，培养读写能力，识字是前提。目前识字教学，存在如下问题：

1. 忽视识字内容和学生年龄特点。

2. 忽视学生的自主识字。

3. 忽视字理教学，一味机械抄写。

二、课题关键词界定

"开放式识字"是指突破传统识字模式的束缚，突破课堂的束缚，鼓励学生在家庭中、在游戏中、在日常各种各样的活动中开动脑筋自主识字，这样一来，识字融入学生的生活中去，成为他们生活的一部分。

"开放式识字教学"具有鲜明的时代特点和强烈的现代意识，是一种有利于学生发散思维和创造思维的教学新思路，它具有的特点是空间上的灵活性，学生对活动的选择性，课程内容的综合性和积极活跃的课堂气氛。

三、课题研究目标

1. 发掘识字资源，让学生走出课堂，走出课本，在生活中识字。

2. 探索出多样的、高效率的识字教学方法，提高识字教学的效率。

四、课题研究的内容

（一）开放识字资源

1. 语文实践活动是最主要的教学资源

（1）姓名识字法。设计出与姓名相关的系列活动主题：①确定"自我介绍""最美的名字""我的名片""我的成长"等主题，让学生从自己的姓名入手，研究汉字，把自己的名字介绍给别人，介绍给全班同学。形式包括请教询问，引导学生询问家长，名字的含义、寓意寄托着长辈的何种希望；手工制作，动手做名片，写简历，不会写的字请教别人，注音或让别人代写，留下识字痕迹；口语交际，同学间、小组里、全班内互相交流，互相学习姓名中的汉字；再结合着小小演讲会、识字比赛、写字比赛等形式，引导学生广泛参与。②由"我"到"我的同桌""我的同学""我的朋友""我的父母"

"我的亲戚""我的偶像",再到"我的家人""我的小组""我的集体"等,使姓名所涉及的范围逐步扩大。③扩展到历史文化名人、动画人物、生活周围的人物、影视作品中的人物等。④延伸到动植物的名称等。从一年级开始,形成活动系列,培养学生识字兴趣。其识字活动是动态发展的,认识字为主,结合说话写字,涉及姓名的相关内容可深可浅、可多可少,尊重学生的个体差异。

(2)手工制作识字法。把识字与手工制作紧密地结合起来,先手工制作,引导学生认识制作工具、各种成品的名称;到作品各部分的名称,都可以写下来或让别人代写下来或汉字注音;再到作品简介、制作过程、解说词、广告语等,介绍制作方法,介绍自己的作品,在活动中留下识字痕迹。

(3)自主归类识字法。把事物归类,动手操作集在一起,以画片、卡片为主,写字注音,留下识字痕迹。根据各自的兴趣爱好选取活动专题。在日常生活中注意搜集,像集邮一样,分门别类地自主归类。形式有剪一剪、画一画、涂一涂、贴一贴、写一写、认一认。充分利用废旧画报、废旧画片、废旧挂历,搜集整理,合理分类,介绍交流,展示作品。

(4)商标识字法。指导学生充分利用这些宝贵的文化资源,收集各种类型的商标,可以在商标上标标、画画,也可以把商标剪贴在一张大纸上,给生字注音,写上识字途径方法。学生可根据自己的喜好分类搜集,可从商标的形状、大小、类别、产地、颜色、说明等方面,识字、说话、交流、展示,获取识字信息。

(5)贴标签识字法。在学生的家庭中有彩电、音响、闹钟、桌椅、门窗、枕头、玩具柜等,在教室里有黑板、粉笔盒、幻灯机、教室标牌等,这些都可以让学生认一认、写一写、贴一贴、读一读,作交流、作介绍,形式多样,再引入竞争评比机制,学生们都会积极参与,家长也会大力支持,参与其中,帮助学生利用环境自主活动、识字学词,做生活中的有心人。引导学生利用更多的事物,设计、书写更多的标签，接触更多的汉字。

（6）给玩具起名字、编童话识字法。让学生把自己喜欢的玩具玩一玩，摆一摆，给玩具起个名字，创设情境，合理想象，编小童话故事，说一说，讲一讲。也可以拓展为把课本中的生字生词，放在玩具名字中，放在童话故事里，这样认字学词的印象深刻，联想丰富。在学生自主、教师指导下，使生字词与具体的意境画面有机结合起来，让学习汉字不再枯燥乏味，而变得兴趣盎然，生机无限。

（7）课外阅读识字法。字理猜字谜识字法，电视广告识字法，兴趣识字法，网络识字法。

2. 识字教材是最基本的教学资源

开发利用识字教学资源，教材是最基本的教学资源，是保底工程。只有充分利用教材，巧妙结合课外的综合实践活动，做识字教材内容的有机结合、有机拓展，识字教学资源的开发研究才是有本之木，有源之水，才是有绿色活力的学生生命活动。

在低年级段充分开发、利用识字教学资源，开展丰富多彩的实践活动，引导学生自主识字，掌握一定的学习方法，学会学习，培养学生热爱祖国语言文字的情感。上学放学路上，看到的广告牌、站牌、单位标牌，生活中接触到的食品包装、商品商标、卡通卡片等等是资源；学生周围的同学、老师、家长是资源；各种报纸、杂志、电视媒体也是资源。

（二）开放识字方式

1. 形象识字法。如教学"蚯蚓"两字：蚯蚓是条虫，所以是虫字旁。她生活在土里，所以虫字旁加个"土丘"的"丘"字，它没有脚，"丘"不能错写成"兵"。蚯蚓的身体弯弯曲曲，就像一张"弓"，但有时候又很直，是一条直线，所以"蚓"字是虫旁加个"引"。

2. 会意识字法。如学习"灭"字，把它理解为在火上加一个盖子，火不熄灭。学习"休"字，把它理解为人靠在大树旁，休息后再走。

3. 顺口溜识字法。如学习"美"字，编顺口溜："羊"字没尾巴，大字在底下。学习"床"字，编顺口溜：一点一横长，竖撇像堵墙，里面有个木，就当一张床。

4. 谜语识字法。如学习"告"字，编谜语：一口咬掉牛尾巴。学习"生"字，编谜语：牛过独木桥。学习"坐"字，编字谜："一个人，两个人，并肩坐在土堆上。"

5. 熟字加减法。如学习"猫"字，由熟字"苗＋犭＝猫"。学习"本"字，由熟字"体－人＝本"。

6. 置换部件法。如学习"桃"字，去掉"跳"字的"足"置换上"木"就是"桃"。学习"飘"字，去掉"漂"字左边的"三点水"，在右边置换上"风"就是"飘"。

7. 特征识字法。如学习"笑"字，它下边容易误写为"天"，可以抓住它的特征识记：上边是个竹字头，下边"大"字歪戴帽。

8. 看图识字法。如学习"旗"字，借助国旗、队旗等图片，就能获得很深的印象。学习"菜"字，借助萝卜、黄瓜等蔬菜，就容易记住。

9. 归类识字法。如把"桃、树、松、梅""搭、捉、拔、打""跑、跳、跟、路""河、洗、江、游"这些字按偏旁归类，理解它们分别与树木、手、脚和水的关系，就容易识记了。

10. 语境识字法。如学习"呢、啊、吧"这几个字，把他们分别放进"你到哪儿去呢?""啊，下雪了!""你过来吧!"这三个句子中，就容易理解并识记了。

11. 联想识字法。如学"沿"字，可以这样联想：有一个人走了很长的路，他口渴了，很想喝水。他就在周围找来找去，找到一口井，他站在井边，往井里一看有水，很高兴，心想：终于有水喝了。还可让学生把头脑中的画面描绘出来："沿"字的"几"是井上边的轳辘，"口"是一口井，"氵"是井里的水。通过让学生在联想中识字，既有效地认识了生字的音、形、义，又在编故事、编儿歌或描述画面中发展了语言表达能力。

12. 动作识字法。如学习"看"时，可以一边请学生上台表演孙悟空往远处看的动作，一边引导学生观察他是怎么看的。通过观察，让学生一下子明白了"把手搭在眼睛上就表示看"。"看"是由"手"的变形和"目"组成的。再如学习"打、拔、拍、跳、跑"时，如果仅让学生知道这些字与手、脚的动作有关，显然是很不够的。如果让学生动手演示，不但记清了字形，而且还加深了对字义和用法的理解。

13. 歌诀识字法。根据字的形和义把生字编成儿歌，也便于识字的形和义。如：一人门里躲——"闪"；两人土上蹲——"坐"；颜色丰富就是——"艳"；四四方方一个口，一个十字在里头——"田"。

（三）开放激励措施

1. 建立识字档案袋。为班级的每个学生建立识字档案袋，让学生随时把包装盒、包装袋、商标、报纸等上面已经认识的字剪下来，搜集在识字档案袋中。

2. 评选"识字小博士"。根据学生们的识字量依次将他们封为"识字能手""识字高手""识字超人""识字小博士"。

3. 举行"精彩3分钟"展示活动。每节语文课上课铃之后，正式上课之前，都设有精彩3分钟的时间，用来展示学生的识字成果。根据个人的自主识字方法，交流识字成果，像介绍人物、展示商标、介绍手工制作、介绍图画、介绍卡通图片，介绍自己的识字报、介绍一本书、介绍一个动画片等。

五、课题的研究成效

1. 增强了学生识字兴趣。实验班的绝大多数学生喜欢识字活动，课堂上发言积极、思维活跃，养成了在生活中主动识字的习惯，学习生字由"苦学"变为"乐学"。

2. 增加了学生的识字量。2014 年 3 月我们对实验班学生识字量作了一次统计，发现优秀的学生识字量已达到 4000 多个，能力较差的学生对四册教材中所要求会认的字也基本能认读出来，远远超出了《课程标准》对小学一年级、二年级学生识字量 1600—1800 字的要求。

3. 提高了学生识字能力。实验班的学生有 95％能够联系生字的具体出现环境，进行记忆，知道运用生字；98.8％的学生能够采用多种方法记忆生字，做到了由"学会"到"会学"的转变。大量快速识字，实现了尽早阅读，发展了儿童朗读能力和写话能力，开阔了学生的视野，增长了知识。

【思考·实践】

1. 教师结合自己教育教学实际，列出不少于五个你认为有必要解决的问题，与同伴交流，找专家咨询，集思广益后确定一个最值得研究的问题作为自己开展研究的微型课题，并写出研究方案。

2. 教师反思自己教育教学的特长或特色，进行一次经验总结，写出自己教育教学某一方面的经验总结报告。

3. 教师制订一个观察研究计划，并在教研组或学校教研活动中实施，写出观察报告。

第七章　教师教育智慧素养的修炼

　　教育智慧是教师整体素质的核心构成，它内在地决定着教师教育教学工作的状态、质量和水平，进而深刻地影响着人才培养的质量。教育智慧是教师在对教育目的、教育价值、教育情境、教育过程和教育结果的深刻理解和把握的基础上，在教育教学实践中形成的一种创造性的综合教育能力和教育艺术。它是教师毕生追求和努力达到的一种尊重生命、关注个性的独特的教育境界，是教育成功的活的灵魂。

　　教育智慧赋予教育教学工作永恒的魅力。只有智慧型教师才能培养出有智慧的学生。真正地拥有教育智慧应当成为每一个教师的理想和追求。教师必须提升自我教育智慧素养，以教育的智慧去创造智慧的教育。

第一节　课堂教学的智慧

　　课堂教学离不开教师的教学智慧，如果没有了教学智慧，教学就失去了很多光彩。教学智慧是教师在课堂教学过程中的一种特殊的教学机智和策略艺术，是教师教学理论修养与教学实践经验的融合，是教师优良心理品质和高超教学艺术的集中体现。具有教学智慧的教师，可以把偏离预设、偶发事件、自身失误、教学疑难等状况弥合在如同行云流水般的教学活动中，随机应变地解决课堂教学过程中出现的各种问题，以保证课堂教学的顺利进行，并达到天衣无缝的妙境，从而取得良好的教学效果。

一、偏离预设的即时生成

教师在教学过程中经常会遇到课堂教学临时出现了偏离课前预设的情况。对于偏离课前预设的情况，教师是置之不理，还是即时生成呢？一个有教学智慧的教师，一定会对偏离课前预设的情况进行即时生成，使课前预设与课堂生成和谐相生，创造出高潮迭起、生机勃勃的高效课堂。

课前预设是教师在课前对课堂教学的目标、内容、方法、手段、过程等规划、设计和安排，使课堂教学能有目的、有计划地进行。

课堂生成是指在教学过程中，教师、学生、文本三者之间互动，形成开放的、充满活力的、促进学生发展的动态教学活动。

基础教育课程改革倡导"重视课前预设，关注课堂生成"。课前预设是课堂生成的基础，课堂生成是课前预设的升华。要处理好课堂教学中预设与生成的关系，寻找平衡课前预设与课堂生成的核心元素，就需要教师即时采取师生共同活动中促进学生发展的策略，调整课前预设，机智地驾驭课堂，使课堂呈现别样的精彩。

（一）课前预设应有意留有拓展空间

教师在备课过程中，基于对教材的钻研和对学情的了解，进行充分的课前预设是必要的。但预设应该是有弹性、留有空白的。因为教学过程本身是一个动态的建构过程。因此，教师充分考虑课堂教学中可能会出现的情况，在预设时，预留"弹性时空"，从而使整个预设留有更大的包容度和自由度。在实施过程的设计上教师不应一厢情愿、滴水不漏地预设，应注重全程大环节的关联式策划，在每个大环节中又要充分考虑到各种情况。例如：学生会提出什么疑问，教师如何作答；教师提出某个问题，学生会怎样回答，一般有几种答案，教师怎样引导，最后该怎样归纳等。如果在备课过程中多从学生方面考虑，则会有利于教师的课堂生成应变。

（二）课堂生成应切实把握其基本特点

课堂生成具有自己的特点：

1. 强烈的现场性。课堂教学的过程，是一个动态建构的过程。在课堂交流互动中，学生往往带着自己的知识、经验、思考、灵感、兴趣参与，从而使这种"现场"交流呈现"即时"因素。

2. 完全的过程性。课堂教学的过程是师生共同成长的生命历程，更是学生的生活经验、知识结构、情感态度与价值观等多方面进行的解码、重组、提升、再解码、再重组、再提升的过程。

3. 突发性和不确定性。每个学生都是独立的生命体，而每个生命又各不相同，课堂教学源于学生的个体差异。因而课堂教学过程中便会存在突发性事件和不确定性因素发生。

根据课堂生成的特点，教师要顺学而导，学导结合，要把握好学生自主性得以充分彰显的各个环节。学生发现问题、提出问题是他们学习需求的反映和探究学习的开端，也是教师掌握学生学习情况的最佳时机。

（三）课堂生成应充分利用生成性教学资源

在课堂生成过程中，教师要引导学生主动参与、全员参与、全程参与、全面参与。要发挥教学机智，充分利用生成性教学资源。教学机智反映在对学生学习信息的及时捕捉和反馈上，反映在点拨的教学艺术上。教师课前精心备课，设计教案，探寻课堂生成的规律。学生在"自学活动、质疑问难、自由感悟、引发体验、解答作业"的过程中产生"生成"。对学生在学习中的"生成"信息，教师要及时捕捉，敏锐把握，准确判断，恰当反馈。对有价值的"生成"可以改变课前预设的教学方向，实现对文本、对教师的超越。对有意义的独特见解要让全班学生共同分享，对某些偶发事件、情感的闪念、思维的火花，可以引导学生展开讨论，既尊重独特体验，又达成共识。教师要掌握课堂点拨的时机，在瞬息之间作出判断和选择，这就需要教师靠教学经验和教育智慧，靠平时的锤炼和积淀。

（四）课堂生成应灵活驾驭实施过程

有智慧的教师会对学生和课堂的实际情况作出敏锐反应，适时调整教学预案，该压缩的时候就压缩，该放开的地方就放开，因为教学总是处在动态的发展变化之中，不是固定不变的。教师在教学过程中切不可因循守旧，墨守成规，而要灵活驾驭课堂生成，搞好丰富多彩的课堂教学。教师要运用其教学机智，发挥其教学艺术。教师要善于觉察教育教学过程中发生的独特而细微的环境变化，并且以相应的方式采取行动。许多优秀的教师就是凭借独特的教学机智，在教育教学过程中出现新的意外情况下灵活应变，及时做出反应，采取恰如其分的教育措施，成功驾驭教育活动的。

【案例·链接　7—01】

"万万是多少？"

著名语文特级教师于漪有一次上公开课，讲《宇宙里有些什么》，让学生自由提出疑问。有一名学生站起来发问："老师，课文中有这么一句话，'这些恒星系大都有一千万万颗以上的恒星，'这里的'万万'是多少？"话音刚落，全班同学都笑了。有一个学生说："'万万'就是亿呗，这是小学数学知识呀！"提问的学生非常后悔自己提了一个被人讥笑的问题，深深地埋下了头。

于漪老师见状，便微笑着对大家说："同学们不要笑，也不要小看这个问题，它里面有学问呢。哪位同学能看出其中的奥妙？"经于老师这么一问，课堂一下子沉寂下来了。

过了一会儿，一位学生站起来回答："我觉得'万万'读起来响亮许多，顺口许多。'亿'却听不清楚。"于教师说："讲得好！其他同学还有高见吗？"另一位学生站起来说："还有强调作用，好像'万万'比'亿'多。"在确认没有不同看法后，于老师总结道："通过对'万万'的讨论，我们了解到汉字重叠的修辞作用，发现了汉语修辞中的一个规律，字的重叠可以产生两个效果，一是听得清楚，二是强调数量多。那么，请同学们想一想，我们今天这个知识是怎样获得的呢?"全班同学不约而同地将视线集中到刚才发问的学生身上。

这个学生如释重负，先前的惭愧、自责一扫而光，仿佛自己一下子聪明了许多。

在这个案例中，学生提出"万万是多少"的问题，教师是不可能提前预设的，但教师抓住这个问题进行的课堂生成却是非常精彩的。因为精彩的生成是教师的机智把握和即兴创造，它既需要教师长期实践积累的教学技巧，又需要教师充满激情与智慧的超越，精彩的生成涌动着生命的灵性，闪现着智慧的灵光。

二、偶发事件的应急处理

课堂偶发事件，是指与课堂教学目的、教学计划无关而出乎教师意料突然发生的、直接影响和干扰课堂教学过程的无关刺激事件。

课堂偶发事件，大多数是由主观因素诱发。教师对课堂偶发事件处理得当，教学得以顺利进行，处理不当，就会影响教学的顺利进行。

（一）课堂偶发事件的特点

1. 突发性，即它往往是突然发生、出乎意料的。

2. 偶然性，即它是偶然发生的，不是经常的和固定的。

3. 新异性，即它是课堂教学中一种无关的新异刺激，干扰或破坏课堂教学活动的正常进行。

4. 不定性，即它表现不一，有时明显，有时较为隐蔽。

5. 两极性，即对它处理是否得当，将会带来积极或消极两种不同的结果。

教师处理课堂偶发事件，既要体现科学性，更要体现艺术性。

（二）课堂偶发事件处理的原则

1. 敏锐观察，正确决策

处理课堂偶发事件，教师要有敏锐的观察能力，良好的决策能力。面对课堂偶发事件，教师首先要敏锐观察，洞察事件的状态、程度和影响，观察学生对此的反应、态度和言行，了解或推测事件的原因，预测事件的结果或发展的趋势，从而把握事件的性质，学生思想跳动的脉搏和发展的苗头，以及课堂变化的趋势。在此基础上，作出准确的判断，再迅速、正确地决策。该淡化的淡化，该化解的化解，该疏导的疏导，该堵截的堵截，该当堂处理的当堂处理，该课后解决的课后解决，如此等等。教师要运用教学艺术，使教学工作更具有针对性、计划性和有效性。

2. 沉着冷静，以静制动

处理课堂偶发事件，教师要冷静沉着，不急不躁，这样才容易计上心头。制怒戒躁，在平静中思索，这是运用教学艺术的前提；沉着自制，善于支配情感，这是优秀教师坚强的心理品质的一个共同特点。遇到偶发事件时，尤其是遇到"爆炸式"、"动乱型"偶发事件时，教师要善于控制自己的情感，抑制无益的激情和冲动，心平气和，泰然处之，以静制动，冷静地掌握全班，迅速地使课堂安静下来。要善于具体问题具体分析，坚持耐心细致的教育，态度严肃而亲和，心胸平静而理智，正确处理师生矛盾，缓解学生的对立情绪。这样，既不影响课堂教学，又不放弃原则来姑息迁就学生的问题行为，以至于有利于教学艺术的运用。

3. 时效统一，及时高效

处理课堂偶发事件，教师要讲求时间和效益，既抓紧时间，又不偏离课堂教学目的，不中断教学进程，这是处理课堂偶发事件的前提和原则。为此，教师在处理偶发事件时应力求做到：①尽力缩短处理的时间，把偶发事件消灭在始发状态，不使其蔓延。②尽力限制、减少、消除偶发事件的消极影响，尽可能不影响全班，不影响教学，并迅速搞好教学组织，保证继续上课。③点到为止，见好就收，只要阻止、平息偶发事件即可，不要陷入无意的纠缠，没完没了，随意发挥。如果在课堂上一时不能解决，或者不能完全解决，最好放在课后解决，以免引起连锁反应或诱发新的偶发事件。④尽力运用教学机智，化消极为积极，化被动为主动，把处理偶发事件作为教育学生的一个时机，既处理好偶发事件，又教育学生，以取得最佳效果。

4. 化弊为利，长善救失

处理课堂偶发事件，教师要变不利为有利，发扬优点克服缺点。有些偶发事件，表面上看干扰了课堂教学、破坏了课堂纪律、影响了教学进程、打断了教师的教学思路，但其中往往包含着一些积极因素，这就需要教师充分认识和挖掘，并加以利用，化消极因素为积极因素，变不利因素为有利因素，把处理偶发事件变成提高学生认识、激发学生情趣、磨炼学生意志、培养学生品质，以及教育大多数学生的一次机会。特别是对因"后进生"的问题行为引发的偶发事件，教师更要扬长避短和长善救失，在坏事中寻找积极因素，利用积极因素来进行教育。这样做既处理好了偶发事件，又教育转化了学生。

（三）课堂偶发事件处理的方法

一般来说，处理课堂偶发事件的办法有三种，即冷处理、温处理和热处理。

1. 冷处理

所谓冷处理，是指教师在课堂上对一些偶发事件给予暂时"冻结"，仍按照原教学计划进行教学活动，等到课后的其他时间再作处理的方法。此法能使教师有比较充裕的时间去考虑，选择恰当的教育方案，能够冷静地处理偶发事件。

对待某种问题行为，可以采取不理会的态度，但使用这种方法应考虑以下几种情况：问题的行为性质不是太严重或不带危害性；

出事的学生平时表现不错；教师处理会惊动全班，会破坏教学气氛；出事的同学会因批评被班内同学歧视。

常见的冷处理方式有发散、换元和转向三种。发散，指教师将全班学生视线的焦点从偶发事件上发散开去，避免事件继续成为关注的焦点。换元，指教师巧妙地将发生的事件转为教育的材料，借助事实启发学生。转向，指教师用新颖别致的方式，将学生的注意中心引到教师安排的方向。

2. 温处理

所谓温处理，即教师对于因为自己疏忽、不慎造成的不利影响，如板书错别字、发音错误等引起的课堂骚动等，应态度温和地及时承认失误，并自然地过渡到原教学活动的程序中。

3. 热处理

所谓热处理，即指在课堂教学中，当偶发事件发生时，教师应抓住时机，马上给予处理，以取得最佳教育效果。此法往往能使偶发事件及时得到解决，并给学生以强烈的思想震动和深刻影响，对日后偶发事件的产生起到震慑作用。

热处理方式主要是针对严重扰乱课堂秩序和屡教不改的违纪行为的。教师运用热处理方式应注意：不要长时间中断教学；批评应清楚而肯定，不要有粗鲁和威胁性语言，避免出现"顶牛"现象；批评应围绕一个中心，不要多方非难，要特别避免出现"波浪效应"，即不因指责一名学生而波及全班；应避免采用苛刻而大动感情的指责。

【案例·链接 7—02】

由"壁虎"引发的作文课

上课铃声响了，这节课是四年级一班作文评讲课。贾老师来到教室时，课堂里竟乱成一团：有的学生握着扫把，站在桌子上挥舞着；有的学生在走道上东跑西跑；有的学生直着嗓子大喊大叫……看到这个混乱场面，一团怒火从贾教师胸中升起："太不像话了！"

但是，从事教育工作多年的贾老师懂得：越是在这种情况下，教师越要善于控制自己的情感。

看到老师进了教室，孩子们一个个旋风般地回到了座位上。教室里一片寂静，气氛显得很紧张。大家怀着忐忑不安的心情，睁大眼睛，望着贾老师严肃的表情。

"刚才发生了什么事呀？"贾老师想先把事情弄清楚。

"墙上发现了一只壁虎！"孩子们颤颤抖抖地回答。

原来事出有因。既然孩子们对壁虎如此好奇，何不借此做一点文章呢？于是，贾老师边想边把"壁虎"两个字工工整整地写在黑板上。

"平常上课时，教室里是怎样的情况？谁能用一个学过的词语来形容一下？"

"鸦雀无声。"有个同学回答。

贾老师随手把"鸦雀无声"写在黑板上。

"刚才教室里又怎么样呢？"

"成了一盘散沙。"

贾老师又把"一盘散沙"写在黑板上。

"谁第一个发现壁虎的呢？"

这一下卡壳了，谁也不敢主动承担责任。

在贾老师的启发下，周池终于承认了，可是她解释说："是我第一个发现壁虎的，不过只用手臂捅了康慧一下，悄悄地告诉她一个人。"

贾老师又转而问康慧："你当时怎么样呢？"

"我情不自禁地叫了起来……"

于是"悄悄地""情不自禁"这些词也出现在黑板上。

康慧又说，她惊叫之后，整个班级都轰起来了。有的同学说壁虎的尾巴要钻耳朵的，有的同学更夸大说，尾巴钻进耳朵要死人的……这样一来，胆小的女同学个个捂住了耳朵。当时只有张承同学上前劝阻说："壁虎是益虫，不能打。"有的同学不服气，问他是怎么知道的。张承说："《十万个为什么》里讲的，再说，上课捉壁虎，影响大家学习……"正在这时，老师进来了。

事情调查清楚了，黑板上的词语也写满了。

贾老师究竟要干什么呢？孩子们迷惑不解地等待着。

然而，使学生感到奇怪的是，贾老师嘴角边还挂着笑容，显得那么和颜悦色。他亲切地说："今天我首先要表扬张承同学。你们大家想想看，这是为什么呢？"孩子们在疑惑中思索起来……

"张承课外读了许多读物，知道壁虎是益虫，应该好好保护。"

"张承能在大家混乱的时候，独立思考，坚持自己的正确意见，这一点值得我们学习。"

"张承有鲜明的是非观念。"

同学们七嘴八舌地议论着。

"是呀！张承不仅知识面广，懂得科学道理，而且能在全班混乱的时候，坚持要大家维护课堂纪律，这是多么可贵的品质呀！让我们用热烈的掌声来感谢他！"教室里爆发出一阵掌声……

"我相信，同学们今后碰到类似的情况。都会像张承那样正确处理的，是吗？"贾老师用信任的目光扫视了全场，发现孩子们都在会意地点头。

思想认识问题解决了，贾老师又把话题一转："刚才的'壁虎事件'，同学们都身临其境，如果我们写一写当时所见所闻，并且谈谈自己的看法，也许不是一件难事吧！"孩子们都表示同意。

贾老师指着黑板上这些有关的词语，接着说："谁能够用上面这些词语，把刚才发生的一切描绘一遍呢？"同学们争先恐后地要求尝试，他们的写作热情被激发出来了。

贾老师笑着说："为了使每个同学都有机会练习描写，发表看法，请把练习本拿出来，每人写一篇作文，题目是'教室里的一场风波'。"

孩子们兴致勃勃地构思起来。这堂作文课就这样有了意想不到的收获。

贾老师机敏地抓住教学的最佳有利时机，随机应变地调整教学计划，把一节准备讲的作文评讲课改为作文课，充分体现了他的教学机智，最后取得了意想不到的教学效果。

三、教学疑难的敏捷应对

教学疑难是指教师在课堂教学过程中被学生临时提出的、自己一时难以解答的有疑问和困扰的问题。对教学疑难问题的敏捷应对体现出教师的教学智慧。

教师在正常的课堂教学中，在讲解、提问、组织讨论时，会碰到一些难度很大的问题。虽然教师认真备课，考虑再三，但仍然不可避免有时被学生突然提出一些意想不到的疑难问题所难住。这些问题或是寻根究底的，或是节外生枝的，或是刁钻古怪的等等，由于问题本身有一定的难度，往往会使教师一时难以回答。对这些问题，如果教师不予理睬，并对学生严加指责或讽刺挖苦，就会挫伤学生的学习积极性，处理不好，也会打乱正常的教学秩序。

从某种意义上来说，课堂上学生提出的疑难问题是学生善于思考的结果，闪耀着学生思维的火花，包含着追根究底、追求真知的热情。教师应把它看作好事，不能斥之为奇谈怪论，要妥善对待。要敏捷应对课堂教学中学生提出的疑难问题，就要求教师不仅要具有良好的知识修养，而且还要有灵活运用知识、机智处理问题和圆满组织课堂教学的能力，以免因疑难问题的出现而干扰了教学的正常进行。

课程改革理念下的原生态课堂教学活动，给学生创设了独立思考、自主创新的机会。在宽松的课堂教学情境里，有的学生会提出一些质疑，其中不乏使教师始料未及，将教师难住的问题，这是正常的。这正好是教师利用教学疑难问题作为课程资源进行课堂生成的有利机遇。在这种情况下，教师应以积极的态度面对学生的疑问，特别是被学生难住的疑问。教师既不能模棱两可支吾推脱，更不能自作聪明糊弄学生。如果教师对有些疑难问题在课堂上一时解答不了，那就更加说明这个质疑具有较大的价值，可以记下来，师生共同研究、思考加以解决。对学生中的疑难问题的清晰解决，会给教师以情感上的愉悦和知识上的扩充。

对于课堂教学中临时出现的疑难问题，教师要敏捷应对，不能消极回避，要有正确处理课堂疑难问题的积极态度和教学机智。

一要做到实事求是，不懂不能装懂，更不能胡编乱造欺骗学生，可采用存疑待答或讨论共答的方法。

二要寻找最恰当的方式，用最短的时间，把学生的思路引向疑难问题的"结局"，尽快导入正常教学。

三要保护学生的好奇心，不能压制学生思维，对学生提出问题要肯定，并鼓励其勇于提问的精神。

四要课上没有解决的问题，许诺课后解决的，一定要及时兑现承诺。

【案例·链接　7—03】

"两只脚的跳鱼儿"是什么"鱼"?

上海市语文特级教师钱梦龙的教学机智体现于课堂教学过程中，面对学生出其不意的问题，总能巧妙应对。

如教学《故乡》时，学生对文中的一个细节提出疑惑："鱼怎么会有青蛙似的两只脚呢?"这还真是一个难以回答的问题。面对这个问题，钱老师顺水推舟地问："是啊，鱼怎么会有脚?"这既是把问题反弹给了学生，让学生思考，发挥主体作用，也为教师争取到了思考应对策略的时间。想不到有学生竟回答："有!"教师奇怪地问："什么鱼啊!"学生说："娃娃鱼!"全班同学都笑了。教师笑着说："啊，你真见多识广!我想跳鱼也有两只脚，可是，我没有看到过，你们谁看到过?"学生齐声说："没有。"教师顺势提出："可是少年闰土就知道这种鱼，这说明什么问题?"学生回答："这说明闰土见多识广，他'心里有无穷无尽的稀奇的事，都是我们往常的朋友所不知道的'。"

面对课堂上的疑难问题，有的教师可能会简单地说："不知道。"

还有的甚至会批评学生："不要问这些与课文没有关系的问题！""不要捣乱！"但钱老师却顺其势而导，使这个没有什么讨论价值的问题，竟化"废"为"宝"，加深了学生对闰土见多识广的认识，使教学绽放出智慧的火花。这是钱梦龙老师机智灵活解决疑难问题的教学策略的生动再现。

四、自身失误的及时弥补

自身失误是指教师在课堂教学中由于准备不足或临场发挥不好而出现的写错、记错、讲错或解答不了等过失性错误情况。对自身失误的及时弥补体现了教师突出的教学智慧。

课堂教学是一项复杂活动，尽管教师在上课之前，认真准备，考虑再三，但在课堂上仍然会出现一些预料不到的失误。如语文教师读错了字；数学教师算错了数；英语教师拼错了单词；或者有的教师碰到被学生问题问住的尴尬局面等。即便是经验丰富的教师，也难免出现"卡壳""走调"现象，过失在所难免。这就要求教师面对自身的失误，机智对待，随机应变，及时纠错。并抓住契机发掘其中有价值的教育因素，在补遗拾漏的同时，给学生以启迪和教训，这也是成熟教师的应有表现。在面对自身失误时，不少教师遮遮掩掩，想蒙混过关，保住所谓"面子"。这样做，实际上是用一个错误掩盖另一个错误，误人子弟，而在答不上学生问题时也很少敢说"不知道"，觉得作为一名教师说"不知道"是一件丢人的事。其实有时候教师坦诚、机智地说出"不知道"，学生往往会加深对教师的信任感。更何况，有些问题本身就很难找到圆满、完整的答案。因此，在发现错误时，机智的教师不但勇敢地承认错误和调整思路，而且还及时地从学生身上得到反馈的信息，把失误作为督促自身完善的动力。教师通过及时弥补自身失误，不但纠正了已出现的失误，还提高了学生的认识能力，使他们不犯同样的错误。

教师在教学过程中出现了失误，不能采用种种方式遮掩自己的错误，轻描淡写地逃过这些错误。其实教学中的错误恰恰是可贵的，是教师可以利用的一种教育资源。有时候在教学过程中，教师犯错误并不一定是件坏事，错误所引发的问题可能就是探究的切入点，关键是教师能慧眼识珠，在出现问题时不急不躁，正确处理，将其视为一种可利用的资源，积极引导，使自己和学生在纠错、探究的过程中学习知识，培养能力。一个拥有教育智慧的教师要能够面对失误因情而动，抓住课堂生成中的错误、偏差与不足，充分挖掘其中的合理因素，与学生一道共同构建起灵活开放与生成发展的课堂，提高课堂教学的有效性。

教师对于自身的教学失误要及时灵活地弥补。

一要学会自我监督和及时从学生身上反馈，发现失误，及时纠正，以避免小错变大错，一错到底。

二要端正态度，实事求是，严谨从教，知错必改，及时纠正。

三要反应敏捷，迅速思考对策，选择最巧妙的办法纠正，不要手忙脚乱。

四要考虑成熟，慎重纠错，避免一个问题造成两次失误，更不能为失误辩护。

五要在发现及时的情况下做到不动声色，对有些失误力争在不转移学生注意力的前提下及时纠正，如写错的擦掉重写，读错的反过来读准。

六要善于动脑，善于变消极因素为积极因素，把失误变为教育学生的机会。

【案例·链接 7—04】

图形的倍数关系

在教学"一个数是另一个数的几倍"这一内容时，教师设计了这样一道题，要求学生说出下列两种图形的倍数关系：

○　○　○

□　□　□　□　□

（　　）是（　　）的（　　）倍

　　题目刚刚出来，学生就大喊："题目错啦！题目错啦！""这题不好做！"教师仔细一看，果然正想补画上一个□，突然灵机一动，改变了主意，马上调整了心态，故作难色"求"学生："是吗？那怎么办呢？谁来帮帮我？"学生一听说要帮老师，兴趣一下子被激发出来了，他们个个跃跃欲试，想出了各种办法。

　　方法1：再添上一个□

○ ○ ○
□ □ □ □ ■

（□）是（○）的（2）倍

　　方法2：再添上二个○

○ ○ ○ ● ●
□ □ □ □ □

（□）是（○）的（1）倍

　　方法3：去掉2个○

○
□ □ □ □ □

（□）是（○）的（5）倍

　　方法4：去掉2个□

○ ○ ○
□ □

（□）是（○）的（1）倍

　　方法5：不增加也不减少图形的个数

（□）是（○）的（1）倍多2个或（□）是（○）的（2）倍少1个

　　二年级学生的智慧真是不可估量，他们你一言，我一语，说出了很多富有创意的方法，将一场即将发生混乱的课，刹那间变成了展示学生聪明才智、提高学生交流辩论能力的课。教师的失误——漏画了一个□，却给课堂带来了巨大的诱惑力。学生在这道题的练习中，从不同的角度思考问题，折射出他们的创造精神，闪烁着他们智慧的火花。教师在课堂教学中出现了错误，并及时改变教学程序，弥补错误，更显得课堂的生机勃勃，体现出教师的教学智慧。

【思考·实践】

1. 教师在课堂教学中怎样正确处理"预设"与"生成"的关系，以提高课堂教学的有效性？

2. 教师应该怎样及时灵活地处理课堂教学中的偶发事件？

第二节　教育学生的智慧

教育学生，注重学生良好的品德、行为、习惯的养成，促进学生全面发展，是教师教育活动的重要组成部分。要做好教育学生的工作，需要教师发挥自我的教育智慧。在社会不断发展和急剧变化的新时期，中小学学生的身体和心理，所处的家庭环境和社会环境，都呈现出许多新的特点，增大了教师教育学生的难度，对教师的教育能力和水平也提出了更高的要求。这就更需要教师认真观察，研究学生，切实了解掌握学生特点，采取灵活变通的教育技艺，以教育的智慧，智慧地教育学生。教师在教育学生过程中善于运用巧妙批评、善于表扬、随机应变、假装糊涂等教育智慧，定会收到教育学生的良好效果。

一、巧妙批评

教师批评学生，是唤起学生对自己不良行为的警觉，终止不良行为，向着正确方向前进的心理刺激，是教育学生的常规方法。

教师恰当使用批评，能对学生指点迷津，启迪心智。在现实生活中，"直来直去，直言不讳"常常用来形容一个人心底坦荡，待人真诚，被认为是一个人的优点，即使对对方有所冒犯，也会因为"良药苦口利于病，忠言逆耳利于行"而得到谅解。但是，"直言"

并非处处适用，事事可行。教师在批评学生的时候如果使用不当，不但达不到教育学生的目的，反而可能使教师与学生之间产生隔阂。

真正富有教育智慧的批评，不是对学生心灵的伤害，不是教师广施威风，使学生无地自容，而是在于培养学生的尊严感，激发学生的上进心，促进学生道德上的自勉。因此，批评不但是教师教育学生的一种手段，也是一门艺术。教师在批评学生时要掌握分寸，恰当运用教育智慧，巧妙地使批评能被学生接受，真正地使学生按照教师的指导，及时改正错误，完善自我。

（一）批评的巧妙方法

对学生所犯错误进行批评，教师除了用直截了当的方法以外，还要根据具体情况，运用教育智慧，采取一些巧妙的批评方法，以最大限度地发挥批评的正效应，达到教育学生改过自新，向好的方向转变的良好效果。

1. 启发暗示法

启发暗示法，是指教师不直截了当地把批评意见讲给学生听，而是借用其他委婉隐蔽的语言形式，或是通过神情、体态等传达批评的信息，从而启发学生自觉认识并克服缺点、改正错误。

启发暗示，较之直来直去的批评，气氛显得平和，有利于教师保护学生的自尊心，维护师生之间的感情。恰当的暗示批评，需生动贴切、新鲜活泼，注意被批评事物性质的相关性。此种暗示的方法有很多。

（1）故事暗示法，即教师通过说故事的形式来表明一个道理，从而对学生进行暗示批评，这既生动形象，又富有感染力。

（2）示范暗示法，即教师对一些屡犯同样错误的学生不直接批评，让他去做好某一件事情，给其他同学做出示范，使之体会到示范的责任感和成就感，进而消除以前的错误。

（3）情态暗示法，即教师对学生所犯不太严重的错误，及时通过眼神、神情、手势等表情或体态语言，提醒学生存在不良言行，让学生认识到这样做是不对的。学生如果能心领神会，接受批评，纠正过错，就能达到"此时无声胜有声"的批评功效。

2. 委婉劝诫法

委婉劝诫法，适用于批评自尊心很强、自觉性和悟性较高的学生。教师委婉地提出希望并加以劝诫更容易让这类学生接受批评。教师应尽量不用激烈的言辞，避免说话过分生硬，尽量淡化批评的痕迹，既不伤害学生的自尊，又要使学生认识到错误的危害性，使他们能够接受批评并愿意改正错误。当然，劝诫或批评必须基于学生所犯的错误是一些不太严重的小错误才行。对于这类学生，有的时候，教师只要让其明白错误行为及错误所在就可以罢手，也就是"点到为止"。这样"点"的方式，既可以保护学生的自尊，又达到了促进其警醒的目的。

由于此类批评主要针对觉悟较高的学生，所以要把握好尺度，不能喋喋不休，只需指出问题，指出危害即可，要相信学生是有能力自己纠正错误的。

3. 扬抑结合法

扬抑结合法，是教师将表扬和批评相结合的批评方法。在批评之前，对学生表现出的好的方面进行表扬，给予充分肯定。这是批评与表扬相结合的方法，既肯定学生的长处，又指出他存在的缺点，促使他全面认识自己，求得更大进步。有些学生虽然成绩差、毛病多，但只要有一个优点、一点进步都是难能可贵的。如劳动不怕脏、文艺表演突出、体育比赛积极等均应及时表扬，使其产生心理平衡效应。其优点是：学生能在心情愉快的状况下接受批评，没有逆反心理，使批评加表扬成为转变的开端、前进的基石、进步的动力。

实施扬抑结合法批评学生时，教师要注意符合实际情况，做到客观公正。切忌言过其实，特别是表扬时不要夸大其词；切忌本末倒置，要抓住事物的本质，即抓住事物主要矛盾的主要方面。教师充分肯定学生的优点，只是起到心理平衡的辅助作用，居于矛盾的次要方面，而主要方面在于怎样更好地对学生进行批评、教育、帮助。

（二）批评的注意事项

批评教育学生要取得良好效果，教师必须注意批评的艺术，批评学生时，一定要抓时机、选场合、看对象，达到教育的目的。

1. 批评要抓住时机

教师自己在心情轻松、愉快时去对学生进行批评教育，就会收到良好的效果。如果自己情绪不佳，面带冰霜，显得阴沉、冷峻，则可能让学生误认为教师对他的错误性质看得过于严重。

教师批评学生时也要尽量避开学生的消极心境，待其情绪较为平静、心境较好时进行，才易于为其接受。人在情绪激动的时候很难听进去别人的意见，批评教育也难以奏效。教师盲目地在学生情绪还未平静下来时就实施教育，表面上看该说的都说了，但实际上学生很难接受，有时不仅于事无补，还会起到相反的作用。这时最好的办法是，教师先设法使学生冷静，再在适合的时候加以引导和教育。

2. 批评要选择场合

教师批评学生时一定要注意选择场合。一般来说，对于个别学生的批评宜单独进行。对于那些一时不能正确认识自己的错误、比较固执的学生，可以适当在办公室进行批评，教师批评用语宜重触动其思想，使其及时认识并改正错误；对于自尊心很强又内向的学生，则应以单独聊天的方式进行批评，创造一种轻松和谐的气氛，在平等交谈中使其认识到自己的错误。只有被批评的错误具有代表性、批评一人可以教育全班学生时，才可公开批评，起到对全班学生"敲警钟"的作用。

3. 批评要因人而异

教师对学生进行批评要因人而异，对症下药，有的放矢，切忌千篇一律。教师在对学生进行批评的时候，要根据学生的接受能力和个性心理特征的差异，慎重选择批评方式。批评要因学生性格不同而不同。对于豁达坦诚的学生，可开门见山，一语中的。对于胸有城府、工于心计的学生，可含蓄委婉，暗示启发，陈述利害，晓之以理。对于性格内向孤僻的学生，应倾注关爱，动之以情。对于不肯轻易认错的学生，批评时要证据确凿，言之有理，持之有据。对于依赖性强、胆小懦弱的学生，批评时要以鼓励、引导为主，并请家长配合。对于刚愎自用、目中无人的学生，批评时要注意高屋建瓴，用语清新隽永、警示性强。

4. 批评要将心比心

教师与学生实行"心理位置互换"是做好批评教育工作的关键，教师应经常想，假使自己处在被批评学生那种境遇和心理状态，将会如何想，如何做？这样推己及人，将心比心，就能使自己的批评热情而诚恳，更具针对性和可接受性。受批评的学生感到教师的温暖，从而不存戒心和敌意，这就为接受批评的学生提供了最佳的心理状态。

总之，教师的批评应该给学生鼓气而不是泄气，俗话说："箭伤肉体，话伤灵魂"。批评应讲究语言艺术，只有通情，方能达理。

【案例·链接　7—05】

把批评变成阳光雨露

有一次，几个属鼠的男同学在期中考试中考了满分，挺得意，有点飘飘然，他们的班主任发现了，就对他们说："怎么，得意了？你们知道得意扬扬意味着什么吗？请注意今天下午的班会。"那几个学生猜想：糟了！在下午的班会上，等待他们的准是狂风暴雨！可奇怪的是，在班会上，班主任的批评却妙趣横生。他是这么说的："树林子要是大了，就什么鸟儿都有，自然，天下大了，就什么老鼠都有。我就听说过这么一个故事。有只小老鼠外出旅游，恰好两个孩子在下斗兽棋，小老鼠就悄悄地看，还发现了一个秘密，这就是，尽管斗兽棋中的老鼠可以被猫吃掉，被狼吃掉，被虎吃掉，却可以战胜大象，于是小老鼠立刻认定，我才是真正的百兽之王呢！就这么一想，小老鼠就得意起来了，从此瞧不起猫，看不起狗，甚至拿狼开心。有一天，他还大摇大摆地爬到老虎的背上，恰好老虎正打瞌睡，懒得动，就抖了抖身子。小老鼠于是更加得意，他还趁着黑夜钻进了大象的鼻子，大象变得鼻子痒痒，也就打了个喷嚏，小老鼠立刻像出膛炮弹似的飞了出去，就这么飞呀飞呀飞，结果扑通一声掉在臭水坑里！好，现在就请大家注意一下'臭'字的写法，怎么写的？'自''大'再加一点就是'臭'。有趣的是，今年正好是鼠年，咱们班有不少属鼠的同学，那么，这些'小老鼠'们会不会也掉到臭水坑里呢？我想不会，但必须有一个条件，这就是永不骄傲！"说到这，这位老师还特意看了看那几个男同学，那几个男同学当然明白，老师的批评全包含在那个有趣的故事中了！他们挺感激，很快改正了自己的缺点。

可见，批评是需要讲究方法和艺术的，艺术性的批评不仅能化解师生间的矛盾，而且能收到良好的教育效果。

【案例·链接 7—06】

巧用"肥皂水"哲学

一位教师发现学生将自己的画像画在黑板上，还标明"某某遗像"，她没有发作，而是环视全班平静地说："画得很像我，字也写得不错，只是好像多写了一个字。"当她从同学的表情中得知了"真凶"时，就提问他说："请你说说多了个什么字呢？"那位同学回答，多了一个"遗"字。老师说："对，因为老师没有死，所以多了这个字。"

结果是，那位同学课后主动找到老师承认错误。他说他没有想到老师居然没有大发雷霆，反而心平气和，给他留了机会。

另一位教师发现教室一面墙不知何时涂黑了，于是她先欣赏一下那堵墙，然后诚恳地说："我们班有一名幽默感很强的同学，他还很有创造力，因为没有一个人想到应该把墙涂黑，而我们这位同学想到了。我相信这位同学以后会大有出息，我也相信这位同学既然能够把墙涂成黑的，也能把它还原成白的，先让我们用掌声表示对他的信任。"教室里紧张的气氛顿时不见了，无疑，这位同学课后自动将黑墙涂回了白色。

这两位教师的成功之处，就在于运用了"肥皂水"哲学，来达到教育学生的目的。

何为"肥皂水"哲学？就是理发师给顾客刮胡子时要先涂上肥皂水，因为用肥皂水滋润皮肤，刮胡子时刮起来使人感觉不痛。

教师批评教育学生时，运用"肥皂水"哲学，也就是采用以退为进、攻守兼备的方法教育学生，会得到意想不到的效果。运用这种哲学，让学生在温情脉脉中接受教育，改正错误，这要比教师严肃对待、严厉批评的刚直态度更见效。

二、善于表扬

表扬就是对个人或集体用语言、文字公开表示赞美、夸奖。教师对学生进行表扬，能激励学生并促使其产生愉悦的情感，让学生增强自信心，激发内驱力，促使学生向着更高层次迈进。恰当的表扬，能使学生看到自己的长处和优点，激起进取心、自信心和荣誉感，对学生的思想行为产生积极的导向作用。教师善于利用表扬，对教育学生，促进学生进步将会起到事半功倍。相反，不恰当的表扬，不但不能起到鼓励作用，反而会降低教师在学生中的威信，增加学生的不信任感。

表扬是教师教育激励学生的一种重要手段。教师善于对学生进行表扬，恰当地运用表扬，能达到"四两拨千斤"的良好教育效果。

（一）表扬的常见方式

1. 赞赏式

在学校教育中，赞赏是教师对学生的突出表现、取得成绩、获得进步等情况的称赞和欣赏，能提高学生做事或以某种方式行事的积极性，能激发学生内心深处的多种潜能，产生奋进的动力。正如美国著名成功学家卡耐基所说："要称赞最微小的进步，并称赞每一个进步，往往会点燃学生的自信之火，给予进步向上之助力。"

教师赞赏学生应着重赞赏他们内在的和后天的优点，赞赏他们自身的才能和精神，赞赏他们取得成功的过程和有效方法。这有利于提高他们的自信心和继续努力的动力。

2. 期望式

期望是一种力量，积极的期望就会产生积极的效果。不管学生是怎样的普通人，只要教师能对他们充满积极的期望和信心，尊重他们，关爱他们，不断地鼓励他们，学生就会感受到来自教师的期望，变得自尊、自爱、自信、自强。这时候学生在心理、生理上都会调整到一个最积极、最活跃的状态，从而努力朝着教师所期望的目标发展，最终将取得较好的成绩。

3. 兼顾式

兼顾式表扬就是既肯定对学生个人的良好表现，又兼顾对学生群体进行表扬。比如：班级集体活动取得好成绩，而其中又有个别学生表现突出时，就可以兼顾个别学生和全体学生进行表扬。这样的表扬，既肯定了有突出贡献的学生个人，又顾及了全班学生，使全体学生都得到了精神上的满足，也为进一步搞好班级活动打下了良好的基础，达到了表扬的预期目的。

4. "非语言"式

表扬一般都是语言式的称赞。"非语言"式的表扬也能收到良好的激励效果。

"非语言"式表扬有表情体态表扬式、文字图像表扬式、活动实物表扬式等。这类形式的表扬可以调动学生的积极性、自我肯定感、榜样的荣誉感等。

表情体态表扬式，如微笑表示欣赏，显露惊喜之色、点头表示肯定，"V"形手势表示祝贺胜利等。

文字图像表扬式，即利用文字、图像进行表扬的方式，如利用书面评语、墙报、板报、班级日志等方式进行的表扬。

活动实物表扬式，指在班级内开展各种评比活动，它能使优秀的学生产生再创先进的愿望，中等生激发奋起直追的渴求，后进生萌发改变现状的心理，根据评比的结果可以给予不同的奖励，物质奖励与精神奖励可以并用。

（二）表扬的注意事项

1. 表扬要真诚

如果教师对学生的表扬是真诚而发自内心的，那么学生会感受到教师的关怀和信任，从而产生情感共鸣，欣然接受。这样的表扬就是有效的表扬，可以激发学生从心底对学习和生活的热情。如果教师的表扬不论事情大小，都是浓墨重彩，言过其实，或是蜻蜓点水，轻描淡写，就容易让学生觉得虚假做作、言不由衷，好像有一种"其实他并不喜欢我"，只是为了某种目的"不得不表扬"的感觉。学生产生了这种感觉，就会产生对教师表扬的冷漠甚至逆反效应。这种表扬产生的教育效果自然要大打折扣，甚至会产生不良影响。

2. 表扬要适时

教师对学生适时的表扬，往往是学生思想转变、奋发进取的"催化剂"。实践证明，行为过程中的鼓励、成功后的表扬，对学生良好思想及行为的形成能起到促进作用。但是表扬过早，易使学生产生骄傲情绪，甚至会使学生做事半途而废；表扬过迟了，事过境迁，又易使学生良好的思想行为得不到及时强化而渐次消退。

学生取得进步、期望得到肯定之时是表扬的好时机。对班级里的后进生，教师更要看到他们进步的点点滴滴，抓住契机，不失时机地表扬他们。

学生处于困境时，教师适当的表扬会给予他们走出困境的信心与勇气。当学生面临困境时，表扬如一剂强心针，会让他振作起来；当学生沉浸在失败的痛苦之中时，表扬如黑暗中的明灯，会照亮他心中的希望。

3. 表扬要及时

教师对学生表扬，就是通过及时的反馈来刺激强化学生的积极愉快的成功体验，使之巩固、发展，从而更好地调节他们的学习动机和学习行为。教师对学生良好表现的表扬，作为一种积极的反馈，一定要及时给予。这样，不仅能坚定学生采取正确行动的信念，维护学生本人的积极性，还能教育其他学生，产生积极向上的心理倾向。

如果教师对学生的进步迟迟不作出反应，学生的积极心理未能得到教师的认同，学生就会产生失望、压抑的情绪。等到教师哪天想起来表扬了，学生情绪早已低落了。因此，教师对学生表扬一定要及时，"迟到"的表扬会错过学生对表扬渴盼的最佳时期。

4. 表扬要适度

教师对学生进行表扬要注意适度。对学生的表扬既不能过多，也不能过少。

心理学实验也表明：对人第一次表扬产生的动力比较大，但是如果连续多次给人同类的表扬，被表扬者所产生的满足感将呈递减趋势，此时的表扬所带来的刺激或激发的效果将会下降，被表扬者甚至会陷入一种麻木状态，而且其他人向先进看齐、向先进学习的劲头也可能锐减，甚至产生反感。但太少的表扬，又起不到应有的教育刺激作用。

教师对学生表扬次数多了，学生会觉得唾手可得而不再珍惜，起不到激励作用。相反，教师对学生的表扬少了，学生会因为长久对表扬的期待而屡屡失望，渐渐地就可能不再期待了，表扬对于他们的刺激作用也就无从谈起了。

（三）表扬的效果状况

教师对学生的表扬有助于提升学生的自尊心、自主性、自立感、成就感和积极性。但如果表扬成为教师对学生的一种控制手段，就会减少学生的内在动力。如"很好，你在做应该做的"，会降低学生的内在动力。"我表扬（奖励）你，是因为我认识到了你这样做的价值"，就远比"你得到这个表扬（奖励）是因为你达到了我的要求"好得多。

有效的表扬与无效的表扬

有效的表扬	无效的表扬
依据学生的行为和真实表现	随意地，不加鉴别地，没有特别关注到学生的真实表现
给学生明确指出值得表扬的具体方面	大而化之地，不具体指出值得表扬的地方
真诚地表达，发自内心，所用语言形式多样，还伴有非语言的确认信号	平淡无味，不带感情和兴致地表达，例行公事地使用程式化的语言
表扬的依据是学生付出的真实努力，取得的进步和成绩，以符合他本人实际情况的标准来判断	表扬的依据是跟其他学生的比较，而没有考虑到学生所付出的努力，或跟他自己比起来所取得的成绩
让学生对其自身能力和取得的成绩的价值有客观的认识	没有为学生提供客观认识自身能力和成绩的信息
帮助学生更好地改进他们的思维能力、问题解决能力和行为表现	引导学生把自己跟其他同学进行比较
将学生的成功归功于他自己的能力和努力，暗示他在今后还可能会取得类似成功	将学生的成功仅仅归功于他的能力，或诸如运气、任务容易等外部因素
鼓励学生对自己的付出进行肯定，引发他们的内在满足感	鼓励学生为了外部原因而去争取成功，如讨好教师、获得优胜或奖励等

【案例·链接 7—07】

母亲的吻

一个孩子，在学校时功课差极了，老师说他的智力有问题。看上去，孩子的确有些沉默寡言，他可以一个人坐在屋前的花园里看着花草小虫很长时间。他的父亲教训他："除了打猎、养狗、捉老鼠以外，你什么都不操心，将来会有辱你自己，也会有辱你的整个家庭。"他的姐妹也看不起这个学习成绩平平、行为怪异的兄弟。他在家庭中是一个不受欢迎的人。

但是孩子的母亲很喜欢他，她想，如果孩子没有那些乐趣，不知道他的生活还会有什么色彩。她就对丈夫说："你应该学会赞赏我们的孩子，让他慢慢学会改变吧。"丈夫说："你这不是赞赏，而是怜悯，你不恰当的赞赏会毁了他的一生。"但她却固执己见，他是她的孩子，需要她的安慰和鼓励。她支持孩子到花园里去，还让孩子的姐姐也去。母亲耍了一个小心计，对孩子和他的姐姐说："比一下吧，孩子，看谁从花瓣上先认出这是什么花？"孩子比他的姐姐认得快，于是她就吻了他一下。这对孩子来说，是多么令人兴奋的一件事，他回答出了姐姐无法回答的问题。他开始整天研究花园的植物、蝴蝶，甚至观察细致到了蝴蝶翅膀上的斑点的数量。

对于她的做法，她的丈夫觉得不可理喻。那种赞赏是无助无望的，除了暂时麻醉孩子之外，根本毫无益处。但是，就是这位醉心于花草之中的孩子，多年后成为生物学家，创立了著名的"进化论"。他就是达尔文。

达尔文的母亲以"吻"这样的"非语言"的表扬方式，对达尔文从花瓣认出花予以赞赏和肯定，促进了达尔文潜在能力的发展，使他最终成为生物学家。

【案例·链接 7—08】

削梨的孩子

这几年，我每学期都要在班上搞一次特长展示活动。这个学期的特长展示活动，我把它命名为"多彩的舞台"。早在一个星期前，我就让大家各自去准备，以便在"比武"那天"露一手"。不久，孩子们陆续将自己的"拿手绝技"报到了我这里。他们的特长真让我有些眼花缭乱。手工、书法、唱歌、独舞、水粉画、电脑、弹钢琴、打乒乓球……全班有 47 名学生都报了节目，唯独缺一个叫刘巍的孩子。

刘巍是今年从农村转来的，学习很差。他的父母对我说，不指望他能学成什么，只要求他不违法犯罪就行。我想：我搞这种特长展示活动的指导思想，是面向每一个学生，刘巍怎么能不参加呢？于是，我把刘巍找来，热情地鼓励他参加特长展示活动。刘巍低着头自卑地说："汤老师，不是我不想参加，只因为我什么都不会。"我慢慢启发他："不管是什么，只要是拿手的，都可以展示出来！你千万不要拘束。"刘巍却急得快哭了："汤老师，我真的什么都不会！"

我想了一下说："既然这样，你慢慢想一想，想好了再告诉老师吧。"第二天早上，刘巍找到我怯怯地问："老师，我会削梨，每次家里来客人，爸爸都让我削。请问削梨能算是特长吗？"我当即拍板："就这个了，行！"

开班会那天，我隆重地请刘巍同学表演削梨。在大家好奇的目光下，刘巍拿出了一只黄澄澄的大鸭梨和一把小刀，两手飞快地旋转。不一会儿就削出了一整条细细的果皮，真是干脆利落！那只梨子圆滑晶莹，匀称漂亮。那条细长的果皮展开了足有两米长，就像一条金色的缎带。同学们都情不自禁地鼓起掌来。

那一天，刘巍显得特别兴奋，拿着我奖给他的硬壳笔记本，飞快回家报喜。从此，刘巍学习可带劲了，虽然许多课听得很吃力，可他始终没有放弃，一直坚持下来，他的学习成绩也有了很大提高。

最能培养学生自信心的是来自教师的褒奖，尽管并不是每个学生都极其优秀，但是每个学生都会有一定的长处，教师要怀着对教育的热爱去发现学生的长处，并抓住机会给予赞扬，让学生树立自己的自信，在快乐中成长。

三、随机应变

随机应变是一种教育智慧，也是一条教育原则。面对个性各不相同的学生，教师想以不变应万变的方式去实施教育，是不可能收到良好效果的。教有法，而无定法。教师在教育过程中，遇到新的、意外的情况，就要具有教育机智，快速地作出反应，随机应变，及时地采取恰当的教育措施，这样才能收到良好的教育效果。

教师随机应变的教育机智，是教师良好的心理素质和熟练的教育技能的结合。教师要为搞好教育工作，有意识地运用教育机智，有效地组织教育活动，游刃有余地应对教育突发事件。有教育机智的教师，才能取得良好的教育效果，同时也能提高自己在学生心目中的威信。

随机应变的教育方式有很多种，这里主要介绍三种方式，即借题发挥式、将错就错式、声东击西式。

（一）借题发挥式

借题发挥，原指借某事为题做文章，或借某事为由做别的事。教育中的借题发挥，是为了营造和维护融洽的教育氛围，创设有利于生成的最佳情境。这是教师的一种教育机智。

一是主动式"借题发挥"，这是教师的一种主动行为，其所借之题并非出自学生，因而，关键在于一个"借"字。教师要善于捕捉教育契机，善于从一般人熟视无睹、林林总总的事物、现象中巧借话题，并加以生发引申，以达到预期的教育目的。

二是被动式"借题发挥"，这是教师的一种被动行为，其所借之题完全出自学生，且多属非良性突发事件，因而，关键在于一个"发"字。教师的思维必须要有高度敏捷性，要迅速从突发事件中捕捉其所透露或隐含的正面信息，并加以合理的生发引申，从而化被动为主动，维护教育活动的正常运行。

（二）将错就错式

将错就错，是指顺着已经发生的错误继续"错"下去，以求别开生面的一种逆向思维的处事机智。

在学校教育中，当教师由于本身的失误或学生的错误而陷入某种不利境地时，采用将错就错之策则可化险为夷，变被动为主动，甚至可以把这种失误或错误转化为不可多得的绝妙的教育资源。

将错就错用于应对教师本身的失误，其含义是，教师顺着已经发出的某种错误言行可以延伸或曲解，以达到补救的目的。

将错就错用于应对学生的错误，其含义是，教师顺着学生的某种错误言行加以延伸或曲解，以导致理想的结果；或者，教师顺着学生的某种错误习惯行为，施以貌似更为过激的"纵容"，以达到最终制止的目的。

（三）声东击西式

声东击西，原指造成要攻打东边的声势，实际上却攻打西边。是使对方产生错觉而出奇制胜的一种谋略。在教育过程中，教师对教育突发事件不作正面回应，而是示假隐真，或突出次要目的，隐藏主要目的，使学生产生错觉，从而在最有利的时机实现教师真正的教育目的。

【案例·链接　7—09】

在哪里跌倒，就从哪里站起

某高校讲师应邀到监狱为服刑人员开讲座。由于之前未曾经历如此场面，加上监狱长和全体狱警都来听讲，他未免有点紧张，刚踏上讲坛，不留神摔了一跤。台下都为他捏了一把汗。只见他站起身来，定了定神，掸掸衣服，从容不迫地说："各位请安静！这就是今天我要给大家上的第一课！人生的道路上，谁能不跌跤？可咱不怕！在哪里跌倒，就从哪里站起来！"全场掌声雷动。讲师乘兴在多媒体屏幕上打出一行醒目的大字——"这，就是人生的道路！"

这一跌竟然跌出如此贴切煽情的开场白！讲座的成功度，自然不在话下。

【案例·链接　7—10】

测银戒指的密度

课上，物理老师刚刚引出新课题"密度的应用"，便发现两个女生在摆弄一枚银戒指。老师悄悄地走到她们跟前，一把拿过戒指。两个女生一愣，以为老师要没收银戒指，不料老师却风趣地说："二位翻来覆去地观察这枚戒指，大概怀疑它不是银的吧！那就让我教你们运用'密度'知识鉴别真伪的方法吧。"

就在错愕之际，两个女生很快便发觉并改正了自己的错误，兴趣盎然地投入课堂学习。而"银戒指"这一干扰课堂教学的"罪魁祸首"则瞬间成了"密度的应用"这一新课题导入的精彩"道具"。

物理老师假装没收银戒指意在示假隐真，借题发挥——"大概怀疑它不是银的吧"，此"声东击西"之一；借题发挥时突出次要目的——"教你们运用'密度'知识鉴别真伪的方法"，隐藏主要目的——批评她们不专心听课，此"声东击西"之二。而"大概怀疑它不是银的吧"，用的又是"无中生有"之计，意在以调侃的方式含蓄委婉地指出她们的错误。

四、假装糊涂

古人有云："水至清则无鱼，人至察则无徒。"在某些场合，在特定事件和特殊事情上，即使自己明白，也要假装糊涂。假装糊涂一点远比明察秋毫、显示精明更有好处。若取为人处世这一积极合理的内核用于教育，假装糊涂则是教师教育学生的智慧。

心理学揭示的规律告诉我们：教育是教师与学生相互作用的过程。在这个互动过程中，教师的教育态度一经转化为学生的情感体验，学生就会产生相应的态度来对待教师。一旦作为教育者的教师与受教育者的学生之间有情感的沟通，如教师对学生的期待、关爱、信任，教师就会取得学生的信任，学生接受教育的反感就会被消除，取而代之的是认为教师是值得信赖的人。这就为学生接受教育打下了基础，而教师明知学生犯了错误而装糊涂，从某种角度上说则是教师对学生宽容，达到情感沟通，促进学生自省而改正错误的教育智慧。

学生犯了错误，教师应该给他们改正的机会，用自己的期待和信任表示对学生人格的尊重。这种期待和信任会变成一股无形的力量，使学生不断努力，取得进步。教师假装糊涂，表现出的是对犯错误学生转变的期待和信任，是对学生的真爱。假装糊涂根植于真聪明，根植于教师对学生的真爱，根植于教师的明察秋毫及其与专业学识水乳交融的教育机智。

教师运用"假装糊涂"的教育手法教育学生要注意选择时机。

（一）当学生犯了一些小错时，教师应"假装糊涂"

学生在做错事之后，一般都会认识到自己的错误，如果事情不大，教师大可不必小题大做，揪着学生的错误不放，摆出一副不弄个明白誓不罢休的姿态。这时，教师不妨适当装装糊涂，在轻松的氛围中轻描淡写地点明学生错在什么地方，并提出建议。对于学生的错误，教师没有必要总挂在嘴边，要"糊涂"地忘记。

（二）当学生的成绩不理想时，教师应"假装糊涂"

学生的学习成绩是教师较为关注的内容。学生一次没考好，教师可以故作"糊涂"地问学生考试失利的原因，促使学生进行自我批评。这种做法的效果要远远胜于教师批评学生的效果。

（三）当学生与教师发生冲突时，教师应"假装糊涂"

教师在自己与学生有矛盾冲突时，应缓和一下僵持的局面，可以促使双方冷静反思，这样更易于问题的解决，更容易实现教育学生的目的。如果学生顶撞教师，教师就动辄责罚学生，往往会使教育走入死胡同，使师生关系陷入僵局，达不到教育学生的目的。

总之，教师的"假装糊涂"，其实是对学生莫大的宽容和信任。这种"糊涂"蕴含了一种教育的智慧，是对学生更为智慧的爱。当然，把握"糊涂"的尺度是相当关键的。过度"糊涂"就成了放任，成了纵容，是万万不可的。

【案例·链接　7—11】

暂借分数

著名德育特级教师张万祥，他带的班里有一个叫李钟立的学生，由于玩心太重，入学以来考试成绩总是不及格。为了激励他提高学习成绩，张老师有意采取了假装糊涂、暂借分数的策略。

一次单元测验，李钟立应得 56 分，张万祥老师却在试卷上写了个大大的"66"。李钟立看了卷子后找到张老师说："老师，我算了几遍，都是 56 分，卷子上却是 66 分，您把分加错了。"张老师故作惊讶地说："不会错吧？让我再算算。"他装作十分认真的样子又算了一遍，然后说："钟立同学真是个诚实的好学生。你的品行不是 66 分，而是 100 分。好啦！这个成绩不动了，这 10 分，老师算借给你的。不过，下一个单元测验时，你可要还给我呀！"李钟立暗暗地想：这是升入初中以来第一次"得的"及格分，这 10 分的账，下次测验一定要还上。他郑重地向张老师鞠了个躬。这 10 分对他产生了压力，也产生了巨大的动力。他再不敢昏天黑地地玩了，上课专心听讲，下课认真完成作业。下一个单元测验后，他找到张老师兴奋地说:"老师,我来'还分'。您看,我得了76分,还您10分,还可以得66分。"张老师也高兴地拍着他的肩膀说:"世上无难事,只要肯登攀。76分何足挂齿。以后,你一定会得86分、96分、100分。你一定会成功,老师相信你!"从此,李钟立在学习上步入了良性循环的轨道。

张万祥老师对后进学生"暂借分数"这一招,可以说出奇制胜、"计"高一筹。他巧妙地运用了将错就错,及时激励的教育智慧,激发学生的上进精神,促进学生不断进步,取得了良好的教育效果。

【案例·链接 7—12】

以教师健康的心理去促进学生心理健康

我永远不会忘记的是一个春节的早晨,一个20多年前我教过的学生,领着他10岁的儿子来看我,一进门,就给我跪下了,并对儿子说:"叫奶奶,你知道吗,没有奶奶,就没有你爸爸的今天。"他边说边泪流满面。看着眼前这个如今已为国家做出贡献的成年人,我想起了20多年前的一件往事。在他还是一个十几岁的孩子的时候,我查出是他偷了别人的东西,他当时吓坏了。可我没有当着全班同学的面叫他"小偷",也没有公布他偷东西的事儿,更没有告诉其家长,而是悄悄告诉他:你不是"小偷",因为我知道你一定很喜欢这件东西,想看看后就还给人家,不是你的东西你是不会要的。之后,我买了相同的东西送给了他,并告诉他,以后喜欢什么就告诉我,没有经过人家允许,动人家东西会变成小偷的。他以后真的再也没拿过别人的东西。没想到,事隔20多年了,他还记着。这倒使我很后怕,我不敢想如果当时我在班上大喊"我抓住了小偷,他就是小偷",20多年后的今天他将是什么样子,也可能小偷的帽子一直会戴到今天。

"宽容一个人的过去,就会拯救一个犯罪的灵魂。"我们应该容许学生犯错误,因为他是学生,他应该享有犯错误的权利。人的一生哪能一点儿错误都不犯呢?更何况一个孩子。如果我们能明白这个道理，我们的心态一定会变得平和，也一定会做到宽容。当然，我们也绝不是一概的宽容，该惩罚的还是要惩罚。其实，你能查出是他偷拿了人家的东西，这就是对他最大的惩罚，也是一个教师最应该尽的责任。而我们有些老师并不把精力放在如何查出"小偷"上，却把主要的精力放在"小偷"出现后的惩罚办法上。这无疑给查出的"小偷"身上埋下了"炸弹"，也可能给一时糊涂的孩子戴上"小偷"的帽子。这不能说不是我们当老师的失职。

　　这是著名优秀班主任丁榕老师假装糊涂，教育学生的事例。丁榕老师假装糊涂，保护了学生的自尊心，对学生的影响不是一时一事，而是一生一世，在学生的成长过程中发挥了正面地促进其健康发展的巨大作用。丁榕老师这一教育行为，体现了她对学生的怜悯之心、爱护之心、宽容之心和期冀之心，是一种教育的"真聪明"和大智慧。

【思考·实践】

　　1. 教师在学科教学中应该通过哪些途径对学生进行思想教育的渗透？

　　2. 教师同学生有效沟通应该运用哪些技巧？

第三节　幽默表达的智慧

　　幽默表达是教师教育智慧的体现。教师在教育教学活动中恰当地运用幽默语言，营造和谐轻松的气氛，给学生以愉悦的感受，能使教育教学充满乐趣，增进魅力，能使教育教学闪现智慧火花，提高艺术效果。

一、教师幽默表达的特点

　　教师的幽默表达，是指教师将幽默运用于教育教学之中，并以其独特的艺术魅力在学生会心的微笑中提高教育教学艺术效果和水平的活动。

教师在教育教学活动中的幽默表达，一般有四种类型。

一是口头语言的幽默。它是指教师在教育教学过程中运用幽默手段讲述的语言，以达到愉悦谐趣的效果。

二是书面语言的幽默。它是指教师在板书或学生作业评语中运用幽默手段写下的语言，以达到教育学生的效果。

三是体态语言的幽默。它是指教师在教育教学过程中运用幽默化的眼神、表情、肢体、手势等体态语言进行形象表达，以达到引起学生注意或深思的效果。

四是辅助手段的幽默。它是指教师在教育教学过程中运用教具、模型、标本、挂图、视频等辅助手段进行形象表达，以达到提高学生兴趣的效果。

教师在教育教学活动中的幽默表达，既具有幽默的一般特点，如机智性和娱乐性，又具有其自身的特点，如教育性和启迪性。

教师幽默表达具有以下一些主要特点：

（一）滑稽诙谐，趣味横生

滑稽诙谐是幽默的一个最基本的特点，欢乐的笑声也正是因此而产生的。与谈吐幽默的人在一起，听着他们幽默的话语，人们就会欢笑不断，感觉生活中充满了无限乐趣。

幽默具有滑稽诙谐的特点，但必须把握分寸，寓庄于谐。著名作家老舍说："幽默一放开手，便会成为瞎胡闹和开玩笑。"如果幽默失去了分寸，变成油滑，即使产生了引人入胜的效果，也会是低级趣味的效果。

滑稽诙谐比较偏重于形式的怪诞、可笑，对于内容上的情趣性、思考性要求较少，而幽默对可笑性和机智性都有相当高的要求，既有滑稽诙谐的形式，又比较注重内容与形式、主体与表现的统一。

真正的幽默让人在微笑中思考。

幽默还具有谐趣性的特点。这里所说的"谐趣性"不是一般意义上的滑稽诙谐，而是指由于揭示了内容与形式、现象与本质、愿望与结果等内在矛盾而产生的一种耐人寻味的情趣。这种谐趣性引人发笑，却是一种高雅的笑。

谐趣的幽默语言是以一种轻松、诙谐、欢乐的格调来表达深刻的内容。教师在教育教学过程中恰到好处地运用幽默语言，是启迪学生思维、增强教育教学吸引力的重要手段。教师的幽默语言可以打破教育教学的沉闷，融洽师生感情，激发学生的兴趣，让学生在愉快的笑声中掌握知识，发展思维。

【案例·链接　7—13】

有一位教师在讲"唯利是图、贪得无厌是资本家的本性"时，引用了日本一家电影公司为一部专门介绍自杀方法的影片所做的广告："喂——你失恋了吗？你破产了吗？你患艾滋病了吗？你在人生的道路上遭毁灭性的打击了吗？请自杀吧！本片谨向你提供最佳自杀方法，既简便易行，又毫无痛苦，是一种美的享受！"学生们听了教师这段幽默的语言后都忍俊不禁，哑然失笑。广告词列举的现象，能使学生们初步了解资本家不择手段进行生产的直接目的和根本动机。

【案例·链接　7—14】

有一位教师在讲"罪恶的鸦片贸易"时，结合个别学生吸烟的现象，诙谐地道出了吸烟的危害，来个正话反说："同学们，吸烟有两大好处：一是吸烟能引起咳嗽，夜间尤剧，咳嗽声会吓跑盗贼；二是长期吸烟，可以形成驼背，做衣服能节省布料。大家说是吗？"学生听了后会心一笑，在笑声中自然明白了吸烟的害处，几个课余偷偷抽烟的同学羞愧地低下了头。"吸烟危害健康，吸食鸦片危害健康就更厉害了。"教师这样的幽默语言，既能使学生对鸦片贸易的罪恶有初步认识，又渗透思想品德教育，还活跃了课堂气氛，起到了一箭三雕的作用。

社会生活中，人们随时随处都可以使用幽默语言。幽默语言经过智慧的发挥和巧妙的联想，机智地表达富有情趣的意味，以此博得人们的会心一笑。

幽默是将生活中那些出人意料的喜剧因素智慧奇巧地表现出来，使人们感受到真善美的力量，从而获得精神上的愉悦，呈现出欢笑的情感反映，因此它就必然显得含蓄，具有了意味深长的特点。

幽默言近旨远，它绝不直露地表达自己的观点，而是寓深刻的知性于丰富的情感之中，沉着达观，给人意味深长、回味无穷之感。

幽默不是简单地制造一些笑料，它包含着某种只能意会不能言传的东西，需要人们灵性的领悟。它能使人敏锐地发现生活中的趣事，既看到可笑的一面，又看到可爱的一面。只有具备这种领悟能力，人们才可能理解幽默，自如地进行幽默的表达。

【案例·链接 7—15】

有一位教师去家访，学生的父亲问："我儿子的历史怎么样？我做学生时最头痛的就是历史，经常考不及格。"教师笑了，随口说道："我想同您商量，怎样'使历'史不再重演。"他们相视而笑。教师这信手拈来的幽默一语双关，含蓄诙谐，既说出了不便直言的话，又争取了家长的配合，"润滑"了与家长的关系。

【案例·链接 7—16】

李政道教授为了向学生说明科研能力就是一种自己提出问题的能力，他在讲台上侧转身子，一边以手演示，一边解释说："大家看看我脑袋侧面的轮廓吧，从眉间到额部再到头顶，然后到后脑勺，再向下画一条线，这曲线像标点符号中的一个什么符号？""问号！"话犹未了，学生就齐声回答，李教授接着说："对！咱们人的模样从侧面看长得像个大大的问号，做了一个人而不善于提问题，你对得起自己的模样吗？"一句诙谐语，引得学生们哄堂大笑。大家对李教授讲的道理留下了深刻的印象。

（三）机敏睿智，情趣高雅

幽默往往是在生活的瞬间产生的，它是一个人睿智的表现，是机敏的反应，简短的几句话，就把人的高雅情趣完全展现出来了，显示了自尊优越的人格力量和乐观豁达的人生态度。

幽默绝不仅仅是语言的俏皮、行为的滑稽，它更是一种人生智慧、一种生活态度。它以逗人发笑的方式表达真善美，是知识的结晶和人生境界的升华。

人们每天都在与幽默打交道，每个人也都具有幽默的能力。听了别人的幽默人们都会开心地大笑，这说明人们都具有起码的幽默感。

高品位的幽默，能让别人开心地笑起来，把自己的个人风采展示出来。高品位的幽默，都富有平等意识和人情味。一个人经常自嘲，自己拿自己开玩笑，把自己的真诚、大方和善良通过幽默的语言加以展现，就会让个人才华和高雅的情趣熠熠生辉，拉近人与人之间的距离，填补人与人之间的鸿沟，笑声就会在自己身边长留不去。

【案例·链接　7—17】

有一位教师正在组织学生讨论关于理想的话题，他问一个学生："我想知道你将来喜欢干什么？""我所喜欢干的？老师，这很简单，"学生说，"我想整天坐着汽车兜风而且口袋里装满了钱。"教师知道，这位学生的理想无非就是享受，而不愿劳动。他没有批评学生，而是故意曲解学生的意思说道："我知道了，你将来想做一名公共汽车售票员。"学生瞪圆了眼睛看着教师，嘴唇动了动，准备辩解。但他看到教师脸上露出了意味深长的笑容，突然明白了教师另有所指，发觉自己的理想是不正确的，马上低下了头。学生们都会心地笑了。

【案例·链接 7—18】

有一位教师接到新班的第二天，他去上课，未走进教室，就听见里边乱哄哄的。他走进教室，发现黑板上画了他的漫画，并在旁边加注："不准擦掉。"这位教师明明知道是学生羞辱自己，但他仍然冷静地说："画画的同学很有想象力，画也切合人物的个性特点，做教师的一靠嘴，传授知识；二靠耳朵倾听同学的真知灼见；三靠眼睛，观察学生心灵的秘密。所以，画的作者，把这三种器官画得都挺大的。我建议课余时间，这位同学多向美术老师请教，一定会取得更大的进步。我们现在是语文课，是不是先擦掉再上课？"至此，学生们都露出了会心的微笑。这位教师机敏应对学生的恶作剧，运用了幽默语言，不仅教育了学生，也平息了一场风波，胸有成竹地把突发事情转入了正常的教学轨道。

二、教师幽默表达的作用

幽默是人类智慧火花艺术的闪现，它通过语言、表情、动作等一定的表达方式表现出来，其效果能愉悦身心，启迪心智。教师把幽默带进教育教学之中，融合于教育教学之中，将蕴含着的深刻的思想或哲理传达给学生，给学生以启迪，使学生在笑声中接受教育。教师的幽默表达具有巨大的教育作用。

（一）激发学生学习兴趣

教师的幽默本身就像"激发剂"，能使学生保持浓厚的学习兴趣。幽默是一种艺术，它是很美的。教师在教育教学中进行幽默表达，集中体现了教师的智慧。

教育教学艺术高超的教师，无论是讲授深奥的哲学原理，还是教读声情并茂的小说或散文，抑或推导高度抽象的数学公式，都能时时夹杂一些幽默的语言，使学生在笑过之后得到启示，受到教益，激发起学生强烈的学习兴趣。

【案例·链接　7—19】

有位教师讲二重复句时，设计了这样一个导语："今天我们学习二重复句，这可是本册书最难的知识点，难度系数二点零，大家可要注意听哟！"此语一出，学生们都笑了，笑后他们听得格外认真。

【案例·链接　7—20】

有位教师在上综合实践活动课《噪音与乐音》时，运用了风趣幽默、引人入胜的导语："那天，我不在家，由小祎的爸爸带她睡觉，可她怎么也不肯睡，还大哭着要妈妈。实在没办法，她爸爸就只好唱起了摇篮曲。还不到两分钟，你们猜怎么了？小祎睡着了吗？不，邻居来敲门了：'你不要唱了，还是让孩子哭吧！'"学生先是沉默了一会儿（思考），然后爆发出开心的笑声。"大家说说看，我的邻居他认为小祎的爸爸发出的是噪音还是乐音呢？"（板书：噪音与乐音）这样的导语大大吸引了学生的注意力，激发了学生学习兴趣。

（二）加深学生理解知识

教师的幽默能把教育教学内容具体化、形象化，这样有助于学生理解知识。幽默是教师智慧和自信心的表现，因此幽默常常富于启发性，可使学生通过积极的思考和想象会意，加深对教育教学内容的理解。幽默以学生喜闻乐见的形式出现，易于学生巩固知识。国外有人研究，如果在叙述一个概念时，首先举一个幽默的例子，然后再解释概念，学生的记忆就会深刻。有人曾设计过这样的实验：给 285 名小学生播放一组视听材料，过后请他们复述。结果发现，学生对含有幽默色彩的内容记忆更深刻。

【案例·链接 7—21】

有位语文教师在讲"如何写议论文"时，对学生说："议论文其实并不神秘，我三岁的小孙女也会写议论文。有一次，小孙女说：'我最喜欢爷爷了！'（论点）'爷爷喜欢我，不骂我，买冰棒给我吃，还带我到儿童乐园去玩。'（四个论据）'所以我喜欢爷爷。'（结论与开头呼应）"这个例子一举，整个教室充满一片笑声，在笑声中，学生们理解了议论文的写法。

【案例·链接 7—22】

有位语文教师给学生讲《谈修改文章》一文时，以幽默的语言加深学生的理解和巩固。

什么叫"文章"呢？辞书上说："画绘之事，青与赤谓之文，赤与白谓之章。"人的脸皮，有青有赤亦有白。可见，每个人的脸皮就是一篇天生的"文章"。

许多女同胞非常讲究"修改文章"，你看：她们每天早晨梳妆，对着镜子，用增白霜反复"揣摩"（指涂抹），再用高级胭脂、唇膏精心"润色"，还要用特制的眉笔仔细地修改"眉题"。甚至连标点符号也毫不含糊——非要用手术刀将"单引号"（指单眼皮）改为"双引号"（指双眼皮）不可！你们看，这是何等严肃认真、高度负责的态度啊！

教师这段话运用了许多种修辞手法，新颖别致、委婉含蓄，既引人入胜、妙趣横生，也启发思考、令人回味，让学生对所讲的"修改文章"有深刻的记忆。

（三）活跃课堂气氛

心理学研究表明，人在良好的情绪状态下，思路开阔、思维敏捷，解决问题迅速；而在心境低沉和郁闷时，则思路阻塞、动作迟钝，无创造性可言。教师的幽默具有极强的情绪感染力，能有效地活跃课堂气氛，使学生人人精神愉快、个个情绪饱满。在这种愉快、欢乐的课堂气氛中，学生不仅会受到教师情绪的感染，而且能使师生之间的交流畅通无阻，教师的才干、学识、教学技能很容易转化为学生的智慧。

【案例·链接 7—23】

有位语文教师在讲《荷花淀》一文中，就有意制造了幽默的效果。课文中有这么一句话："女人鼻子里有些酸，但她并没有哭，只说：'你明白家里的难处就好了。'"写出了水生嫂对丈夫的痴情和对家园的热爱。

为使学生进一步领会作者这样写的好处，教师有意设想了另一种写法："女人定了定神，从嘴里吟出一首诗：'生命诚可贵，爱情价更高，若为自由故，二者皆可抛。'孩子他爹，你就放心大胆地去吧！"

教师此言一出，学生们顿时爆发出一阵哄笑。课堂气氛活跃起来，学生们在笑声中对课文加深了理解。

【案例·链接 7—24】

有位数学教师引导学生解决"鸡兔同笼"的题目："笼内有头45个，足116只，问鸡、兔各有多少只？"学生们面对这个问题议论纷纷，不少学生感到无从下手、面露难色。为了激发学生的兴趣，这时教师说："全体兔子立正！全部抬起前面两足。"学生们大笑，并迅速地思考：为什么这样做呢？这时，教师问："现在，兔和鸡的足数都是两只，上面有 45 个头，下面有多少只足呢？"学生答："90只。"教师又问："少了多少只足？"学生答："26 只！"这时，学生们恍然大悟，欢呼起来："有 13 只兔子、32 只鸡！"教师幽默的语言，既激发学生积极思考，培养学生解决实际问题的能力，又活跃了课堂气氛，提高了学生的学习兴趣，这就使师生在愉快、欢乐的气氛中圆满地完成了教学任务。

（四）消除学生学习疲劳

教育教学是一项身心高度紧张的活动，课堂中出现学生学习疲劳是正常现象。教师如果适当运用幽默，引起学生欢乐和愉悦，则能消除疲劳，使学生在整堂课中保持振奋的精神状态。对此，心理学研究已经给予了科学的解释：娱乐会使大脑皮层出现一个新的兴奋灶，根据负诱导规律，紧张脑力劳动所引起的皮层兴奋区域得到了休息，起到了消除疲劳、调节神经活动的良好作用。

有时候，教师在讲授过程中适当插入一些插科打诨的闲话，能够提振学生精神，消除学生疲劳，提高学生的学习效果。

【案例·链接 7—25】

上课时教师发现有学生睡着了，他马上中断讲述，故意小声说："啊！轻些呀轻些，他（她）正在蓝天里遨游，在大海中嬉戏……饶了他（她）吧，别打扰他（她）的酣梦。"接着教师又自我责备说："现在有人睡着了，这是对我最委婉的批评，希望能听听你直接的建议好吗？"这样一来，学生活跃起来，教室里天真无邪的笑声赶走了他（她）的睡意，学生非但不会对教师的讽喻产生抵触，反而会更加崇拜教师，自然而然地进入教师设计的教学天地里。

（五）有效批评教育学生

当教师发现学生有缺点需要指出、有错误需要纠正时，教师如果直言不讳地给学生指出来，很可能会使学生接受不了，不能起到应有的教育效果。但如果坐视不管，任由学生一错再错下去，又很可能会给学生成长埋下隐患，贻害无穷。

教师如果掌握了幽默的方法，就好办多了。教师只要把批评的意思用幽默的方法表述出来，使学生在笑声中轻松地接受，教育的效果就会更显著。教师运用幽默的方法对学生进行批评教育，能收到事半功倍之效，既能达到批评教育的目的，又能融洽师生的关系。

【案例·链接 7—26】

有个学生把电解水的化学反应式写错了，教师看了，故意说："谁家如果缺燃料，这下不用发愁了。"

学生听得莫名其妙，教师指着这个错误的化学反应式，接着补充说："因为我们有一位同学现在有办法把水煮成能点燃的氢气和能支持燃烧的氧气，我们这里的水很多，制造燃料，要发财还不容易吗？"

学生一听，不好意思地笑了，从此，他记住了写化学方程式一定要认真。

【案例·链接 7—27】

有位教师住在一个小镇上，常常有学生要他顺便帮忙买点东西。有一次，他帮一个学生买东西带到学校交给学生后，那个学生居然没有说"谢谢"就准备走。作为教师可不能听任学生这么不讲礼貌。于是他叫住那位学生，一本正经地说："小文，你刚才说什么？"

小文很迷惑的样子："老师，我什么也没有说呀。"

"喔，对不起，我还以为你在说'谢谢'呢。"

学生一下子脸就红了，赶紧说："谢谢老师。"从此，那个学生再没有忘记在需要的时候说一些礼貌用语。

如果这位教师声色俱厉地对学生说："你怎么一点儿也不懂得礼貌，读书不长进也就罢了，连礼貌都不懂，真是浪费你爸爸妈妈给你的学费钱。"那学生会这样心悦诚服地接受批评吗？所以，有时教师运用幽默语言对学生进行批评教育会收到良好的效果。

三、教师幽默表达的运用

幽默，是让人意想不到而在情理之中的诙谐和机智。有幽默感的人是富有情趣又有魅力的人。一个智慧型教师一定是富有幽默感的教师。

2010 年 9 月 10 日教师节前夕，上海市学生德育发展中心进行的一项专题调研显示，学生们认为一名优秀教师身上应该具备的最主要特征依次为：富有幽默感（23.52%），责任心强、尊重和关爱同学（23.42%），和蔼、开朗（21.72%），专业技能强（19.02%），外表端庄大方（9.41%），严厉（2.80%），其他（0.10%）。

可见，学生最喜欢有幽默感的教师。美国教育家海特指出："幽默是一个好教师最优秀的品质之一。幽默有多种功用，最明显的功用就是它能使学生富有生气和积极注意。在教学中，幽默的真正目的要更为深入、更为有价值得多。它在快乐之中把教师和学生联结在一起。"的确，教师幽默诙谐的语言、机智和谐的微笑和滑稽有趣的动作，能开启学生心智，使学生在看似说笑打趣中得到有益的启迪；能活跃教育教学气氛，和谐师生关系，造就趣味横生的愉悦境界。

（一）以幽默拉近师生心理距离

在教师的教学实践中，经常有这样的情形：一些教师态度严肃、讲话语调刻板或常以树立"师道尊严"为己任，导致师生关系紧张。而另一些教师则注意语言技巧，富于幽默感，因此课堂气氛活跃，很受学生欢迎。

教师幽默的语言、风趣的谈吐，可以淡化师生冲突，协调师生关系，拉近师生心理距离，创造良好的教育氛围。

【案例·链接　7—28】

　　著名特级教师李镇西上课不乏幽默。他在博客《与青春同行》中，写过一个他上课以幽默在最短时间内拉近与学生的心理距离的例子：

　　有一年，我去成都西藏中学代课，走进教室，看到满教室的藏族学生，我笑眯眯地说："虽然我们第一次见面，但我站在这里和你们一样，都是少数民族。"学生们马上很欣喜地问："老师也是藏族吗？"我说："不，我是汉族。"他们很疑惑地问："那您说您是少数民族……"我笑了："我说我站在这里是少数民族。你们看，在这教室里，就我一个是汉族人，我还不是少数民族？"学生爆笑。课后一个学生对我说："老师，您进来第一句话就让我喜欢上了您！"

　　有幽默感的教师也会通过极度夸张的手法来嘲讽自己的某种缺点，在学生面前主动贬低自己以体现教师心灵的豁达与纯净，并缩短与学生的心理距离。

【案例·链接　7—29】

　　有一位教师较胖，在接手所教班级的时候，就向学生自我介绍道："我最大的特点就是能够超水平地发挥带头作用，出门的时候，你们跟在我后面，夏天晒不着太阳，冬天吹不到冷风，怎么样，欢迎我这个带头人吗？"

　　有一位教师很矮，一到教室与学生见面时，他就对学生说："我一无所长，却身不由己，但民主意识很好，与同学平起平坐，绝不会高高在上，小心我会借你的漂亮小衣服来穿哟。"学生们都发出了会心的笑声。

　　有一位梁老师，每到一个新的班级，都会在黑板上写两个字

"梁""粱"，让学生说说这两个字的形和义的不同之处，等学生说完，再介绍自己姓"梁"，是栋梁的"梁"，让学生别把它写成高粱的"粱"，把老师当粮食给吃了。几句幽默的开场白便使课堂气氛轻松起来，缩短了师生间的心理距离，后面的授课便如顺水行舟。

苏联教育家苏霍姆林斯基说："如果教师缺乏幽默感，就会筑起一道师生互不理解的高墙。"教师的幽默可以使学生快乐地开怀大笑，可以使学生感到教师的人情之美和性格优点，缩短师生间的心理距离，收到良好的教学效果。

复旦大学外语系教授陆谷孙先生提出"课堂三笑理论"，即一堂课至少要让学生大笑三次。他讲课妙语连珠，别具情趣，具有独特的个性魅力，在丰富的知识教学中，不失时机地"幽"它一"默"，显示出一种大师的气度和智慧。他开的讲座，不仅外语系的学生喜欢，其他系的学生也踊跃前往，场场爆满。在复旦大学评选最杰出教授活动中，陆谷孙先生以最高票数雄居榜首。

（二）以幽默启迪学生思想

真正的幽默是在丰富多彩的现实生活中表现出来的，是亦庄亦谐、内庄外谐、寓庄于谐的。所谓"庄"，是指幽默的严肃性、深刻性、抽象性、知识性、真理性、科学性；所谓"谐"，是指幽默的趣味性、感染性、机智性、含蓄性、艺术性、审美性、启发性。教师的教学幽默作为教师高雅情致的自然流露，得力于教师豁达的胸怀、乐观的态度、豁达的气度以及个性的品质。幽默的教学艺术的运用因人而异，内心沉稳型教师在不显山不露水的情况下，以语言的机智性"幽"它一"默"，使学生在片刻沉思之后方觉回味无穷。

【案例·链接　7—30】

有一位学生在教室里高声夸口："我从来不复习，照样得60分。"恰巧被一位老师听见，这位老师就说："还是你最能干，同学们看，得 60 分多好呀！可以看爸爸表演'吹胡子瞪眼睛'，可以听妈妈演唱'唉声叹气'，还可以整天玩得'提心吊胆'，将来不能升学了，更可得心应手地运用'一筹莫展'……"此时同学们都发出了心领神会的笑声，这实际上就给了该同学善意的嘲讽，这位学生定然也会从中有所感悟而努力学习的。

教师在课堂教学中表现出来的幽默既有"庄"的特点又有"谐"的特点。教学幽默中有"庄"无"谐"，未免枯燥乏味，显得呆板；有"谐"无"庄"，会流于油滑。寓"庄"于"谐"、"庄""谐"适度，才会给课堂带来一缕清爽之风，带来朝气蓬勃的气氛，这才是课堂教学幽默最鲜明的特色。

【案例·链接 7—31】

有一位化学教师在讲"化学元素"一节时，没有直截了当地进入正题，而是开始绘声绘色地谈起作为"万物之灵"的人的化学组成来："一个人的人体中的水，足可以装满一只容量为 45 升的水桶；人体中的脂肪，可以制造 7 块肥皂；人体中的碳，可以制造 9000 支铅笔；人体中的磷，可以制造 2200 根火柴；人体中的铁，可以制造 2 根铁钉；人体中的石灰，可以足够粉刷两个鸡棚……"

在这里，这位化学教师说得越精细，讲得越严肃认真，学生越觉得可笑。因为人体本来与肥皂、铅笔、铁钉、石灰等东西并没有什么直接关系，可经教师煞有介事地一联系，而且数目还是那么大，形成了一种谐趣，使学生领悟了严肃的新知。这位教师就这样把"万物之灵"之体由诸多化学元素组成描绘得栩栩如生，又天衣无缝地用"谐"的方式把人体的化学组成与人们日常生活中常见的物质结合起来，让学生在轻松愉快的氛围中开始了对化学元素的了解。

（三）以幽默开启学生心智

教师良好的教学幽默能够有效地激发学生的求知欲望，有利于学生对知识的理解和掌握。幽默产生的时刻，也正是人的情绪处于坦然开放的时刻。在学生因心中喜悦而开怀大笑之后，通常会感到精神振奋，对自己和周围的一切都充满了信心。教师的教学幽默可以培养学生乐观豁达的气度和积极进取的精神，以新的眼光去看待生活，以饱满的热情和高度的注意力投入到学习之中。有研究表明，如果在叙述一个概念时紧跟着举一个幽默的例子，然后再进行解释，会提高学生的注意力，会增强学生对知识探究的兴趣，也会提高学生的学习成绩。

现代心理学告诉我们，一般人把注意力完全集中于一件事情上面而不被其他思想干扰的最长时间只有 11 秒。所以说，教师在课堂教学中时不时来点幽默，犹如兴奋剂一样可以给学生增加活力，调节学生的情绪，驱散学生的疲倦感，提高学生的注意力。教师的教学幽默可以开启学生的心智，给学生以艺术灵气，瓦解思维的障碍，促进思维的敏捷，使理性认识建立在形象感性认识之上，使理智建立在审美情感基础之上。有人说，幽默是一种艺术、一种情趣、一种对事物矛盾性的机敏反映、一种把普遍现象喜剧化的处理方式。课堂教学比较程式化，内容大多是固定的知识和抽象的理论，不认真处理就会使教学枯燥无味。因此，对教师课堂教学来说，幽默是一种行之有效的教学手段。当然在教学中，追求幽默语言，应该是教师高尚情操的外露，是意味深长的启迪；而不是哗众取宠，不是博得廉价的一笑。

【案例·链接　7—32】

在学了《守株待兔》后，一位教师为了让学生反复吃透课文，领会寓意，便开玩笑地启发学生："学了本文后，老师觉得守株待兔是一个好办法，决定不教书了，也到那个地方去白捡撞死的兔子。同学们，你们赞成老师的想法吗？"学生们都笑了，说这种想法是错误的。学生们在哄笑中急切地表达自己的聪明。有的说，不想努力，而希望侥幸获得成功是不行的；有的说，死守狭隘经验，不知变通是不会取得成功的。

教师这样故意装傻的幽默语言，激发了学生的思维，让学生展开了议论，使学生在思考和议论中领会了"守株待兔"的寓意，达到了开启学生心智的教学目的。

【案例·链接 7—33】

一位政治课教师在其课中曾引用一则阿拉伯幽默寓言来增强学生对"人民群众是实践的主体"这一内容的理解：

一个船夫送一位哲学家过河，当船划动时，哲学家问船夫："你懂得历史吗？"船夫答："不懂。"哲学家说："那你就失去一半生命。"哲学家又问："你研究过数学吗？"船夫答："没有。"哲学家又说："那你就失去了一半以上的生命。"当他们正交谈时，一阵狂风将船掀翻，两人都被抛进河里，船夫喊："你会游泳吗？"哲学家答："不会。"船夫说："那你就失去了整个生命。"

这个寓有哲理情趣的幽默，深深地感染和吸引了学生。它告诉学生，即使学到了许多知识也不能看不起人民群众，仍要虚心向人民群众学习。因此，教师富有哲理情趣的幽默能感染学生，启迪他们的思维能力，提高他们的思想觉悟。

（四）以幽默造就愉悦境界

幽默是一种境界，是一种智慧，是一种能力，是一种修养，是一种创造。只有热爱生活、热爱生命并且能够深刻认识到事物本质矛盾的人，才可能具有幽默感。教师的幽默是其才华横溢的展现，是其教育智慧的自然流露，是教育创造力的结晶。教师的幽默是其审美情趣、艺术修养和文化素质的综合体现。具有幽默素养的教师在课堂教学中通过各种各样的幽默方式，如漫画法、故意夸张法、引述法、随机发挥法、打破时空法、无中生有法、形象比喻法、大词小用法、重新释文法、巧编顺口溜和巧用广告语的方法、言行情结合法，或使师生关系更加和谐，或使课堂矛盾得以轻松化解，或使教育效果保持更加长久，或活跃课堂气氛和振奋学生的精神，或激发学生的求知欲和开启学生心智，或有益于陶冶学生的情操，从而让课堂妙趣横生，让师生体验到教与学其乐融融，不知不觉达到愉悦的境界。

教师在课堂教学中表现出来的幽默之"形"是制造诙谐的笑料，幽默之"神"是达到教学目的。"形""神"兼具的教学幽默才称得上是艺术化了的教学幽默。

【案例·链接　7—34】

有一位教师在上课时，发现学生有些疲倦，精力不太集中，便机智地结合所讲内容话锋一转："好了！同学们！咱们现在开始'幸运大搜索'，看看哪一位幸运者被选中回答问题。"同学们一下子"震惊"了，马上振奋起了精神。教师用"幸运大搜索"之"形"间接地、巧妙地处理了学生课堂上精神不集中之"神"的问题。

【案例·链接　7—35】

有一位政治课教师在讲"运动与静止的辩证关系"时，一位靠窗边而坐的同学正凝神窗外，显然是走神了。于是教师点名说："你凝望无边无际的苍穹在想什么呢？也许是在想运动与静止的关系吧。你坐在教室里，心想窗外，这叫静中有动，动中有静嘛。"在大家的笑声中，这位学生的心收回到课堂里来了，又活化了教师所讲的知识。

在教学中，幽默能解除学生对教师的戒备心理和思想顾虑，能创造和谐的气氛，增进师生的友谊和理解；能把深奥抽象的知识寓于形象化的言谈话语中，使学生带着愉悦的情感从事学习，使他们学得快，记得牢。正因为如此，苏联著名教育家斯维洛夫认为："教育家最主要也是第一位的助手是幽默。"著名特级教师于漪主张："要努力把课上得情趣横溢。"著名特级教师魏书生明确地向自己提出"每堂课都要让学生有笑声"的要求，他在课堂上一向"力求使用幽默风趣的教学语言，不仅使优秀学生因成功而发生笑声，也尽可能使后进生在愉快和谐的气氛中受到触动"。

教师的幽默是以真善美为底蕴的一种处世态度。幽默的教师会活得洒脱而愉快，并给学生带来健康心态和愉悦心境。英国学者鲍门在《幽默教学：一门表演的艺术》一文中指出："理想的教师应当达到艺术化的教学水平，利用幽默来激发学生的兴趣，使学生学得更好。"如果说教师的教育教学艺术如同烟波浩渺的大海，那么教师的幽默艺术则是茫茫大海中翻腾跳跃的浪花，是教师睿智的心灵绽放的一朵奇葩。教师的幽默，定能使学生学习有兴趣、生趣，使课堂生活有情趣、雅趣，使"教"与"学"双向交流有理趣、艺趣。

【思考·实践】

1. 教师应该从哪些方面入手提高自己的语言表达能力？
2. 教师幽默语言的运用会对学生产生怎样的教育效果？

后 记

　　本书是教师培训机构的教研及培训人员集体合作编写的一本中小学教师学习和培训使用的参考用书，专论教师专业素养修炼的问题，将对教师专业素养的提升起到积极的引导作用。

　　本书各章编写人员如下：

　　第一章：周荣华

　　第二章：文　欣　冯　泽

　　第三章：魏良平　李煜波　曹　琎

　　第四章：刘　炜　曹　东　郭　平　杨　俊　刘　颖　谭贵菊

　　第五章：敬　文　罗德龙　蒲葆秀

　　第六章：蒲大勇　张才扬

　　第七章：欧阳明

　　本书在编写过程中，作者引用了相关一些有价值的文献材料，特向有关文献材料作者致谢。由于本书文稿是多人撰写，各人行文风格不尽一致，可能还存在不如人意的地方，望读者见谅。

本书编委会
2015 年 9 月